# 中国近代出版史稿

元　青　主编

王建明　王晓霞等　著

南开大学出版社

天　津

**图书在版编目(CIP)数据**

中国近代出版史稿 / 元青主编. —天津：南开大学出
版社，2011.2
ISBN 978-7-310-03638-7

Ⅰ.①中… Ⅱ.①元… Ⅲ.①出版工作—文化史—中
国—近代 Ⅳ.①G239.295.2

中国版本图书馆 CIP 数据核字(2011)第 019908 号

# 序　言

　　上限为 19 世纪初叶、下限为 1949 年的中国近代出版史,经历了大约一百三十余年的曲折历程。与源远流长的中国古代出版史相比,这一阶段历史跨度虽然小得多,但在中国出版史长河中却是一个极为重要的历史时期。这一时期,以铅活字排版、机械化印刷和新式出版机构设立等为主要特征的真正近代意义上的出版得以发生发展,并随着民族民营出版业主体地位的确立与巩固,愈发显示出近代出版的历史性特征。它是对古代刻印时期手工作坊式出版的继承与发展,又为新中国出版业及出版活动积累了丰厚的历史资源,准备了可观的出版生产力。因此,它在出版史中承上启下的重要性是不言而喻的。同样,近代出版的发展,使西方新知识、新思想、新学说得以深入到各个阶层和人们生活的各个方面,大大推动了中国的近代化进程。因此,近代出版对中国社会变革的伟大作用,同样是不可低估的。对这样一段历史做深入的、不同角度不同侧面、具有不同特点的研究,其重要性也是不言而喻的。

　　因此,尽管中国出版史学界已有一些研究中国近代出版史的著述问世,但我们还是愿意做出自己的尝试。

　　历史研究,特别是通史性研究,其首要在于历史分期。作为出版史来讲,尽管出版活动有其自身发展脉络和规律,出版分期不可简单等同于一般历史分期,但出版毕竟是社会文化的有机组成部分,出版的近代化步伐与民族、国家的近代化过程同步,政治风云、经济发展、社会变革、文化思潮无不对出版活动产生影响。基于这种认识,我们把中国近代出版史划分为两次鸦片战争时期的出版、洋务运动时期的出版、清末的出版、北洋政府时期的出版、国民政府初期的出版、抗战时期的出版、抗战胜利后的出版等七个历史阶段。希望这样的分期能较好地体现出中国近代出版史不同阶段的特征。

分期确定后，如何把握中国近代出版史的研究对象？简而言之，中国近代出版史是研究中国近代出版发生发展及其客观规律的科学，其主要研究对象或内容应包括：不同历史阶段出版活动的经济、政治、文化背景；出版机构的创办与发展；出版机构的内部管理制度及运营方式与活动；出版新技术的引进与运用；重要的编译（辑）出版活动；丰富多彩的出版物；出版活动及出版物传播的效益与影响；著名出版人的出版思想与实践；出版管理及法律法规；出版行业商会，等等。我们力图在研究中体现这些内容，以勾勒出中国近代出版的发展脉络及规律、特点，但学力所限，有些内容未能充分展开。

中国近代出版史是中国出版史上最为活跃、最富有成果的时期之一，其内容千头万绪，研究资料卷帙浩繁，研究难度之大，超出想象。实事求是地说，我们所做的研究工作，只是以时间为主轴的历史性描述，而缺乏深入的专题性研究，特别是从学术史、教育史、文化史、思想史的角度切入出版史研究，则未及尝试。这都是我们未来出版史研究努力的方向。聊以自慰的是，万丈高楼平地起，有了近代出版的通史性著述，也就如同高楼打好了坚实的地基，只要我们的研究团队持之以恒，不断地添砖加瓦，又何愁盖不起来中国近代出版史这座大厦呢？

史学是一门实证的科学。在写作过程中，我们尽力挖掘使用各种已经整理出版及分散的出版史料，力图使我们的研究建立在翔实、可靠的资料基础上。同时，我们也充分吸收了出版史学界已有的研究成果，力图使我们的研究在前人研究的基础上有所前进。这里，谨对为本书写作提供重要资料基础和研究便利的出版史学界时贤及同仁们表示衷心的感谢。

本书是集体智慧的结晶。写作分工如下：

元青提出全书写作体系和指导思想，拟定编写大纲及序言，全书最后定稿。

第一章、第四章及第九章第一部分由徐世博负责；第二章、第九章第四、七部分由王晓霞负责；第三章由王晓霞、岳婷婷负责；第五章、第九章第二、三部分由王建明负责；第六章由王建明、孙增德负责；第七章、第八章及第九章第五、六部分由郭晓勇负责。王建明、王晓霞参与全书统稿。

最后，需要特别指出的是，本书的写作与出版，得到了著名的中国编辑出版史研究专家肖占鹏教授的热情鼓励与鼎力支持，在此表示诚挚的谢意！

元　青

2011 年 2 月于南开

# 目 录

# 第一章　中国古代出版业的发展

## 一、从手抄复制到雕版、活字：中国古代文字传播与印刷技术的发展

### 1. 书籍的起源和早期的手抄传播

书籍产生之前的文字记录方式　　我国有着 5000 年的灿烂文明史，大约在距今 3500 年以前，就出现了最早的文字。这些原始的文字符号是人类历史发展的结晶，其记录方式也随着长期保存的需要、传播范围的扩大逐渐演进。语言、文字的系统化和人类寻求记录文字之载体的过程是同步的。根据考古发现，我国最早的文字是刻于兽骨、竹木、泥石等自然材料上的助记符号，是为"契"。后来又出现了陶器刻符。从发掘到的这类陶器来看，其上的刻符无论笔画、符号特征、刻法还是在陶器上的位置都大致相似，并且出土范围很广，故有些学者认为这就是中国最早的文字。虽然这种论断在学术界尚存争议，但是无论如何，这一时期文字（或称文字符号）和其记录方式相较上古时代已经具备了些许现在我们谓之"书"的原始特征。

现在学术界公认的我国最早的文字是甲骨文。这种文字于 19 世纪末始被发现，据传清光绪二十五年（1899 年）国子监祭酒王懿荣患疟疾，所吃的中药里有一味药材叫龙骨，他发现上面刻有文字，确定是古代的遗存，于是派人把药店里文字较为清楚的龙骨全部买下。后来，这些甲骨经过学者的研究断定是商代史官所保管的文献资料，并认定出土这些甲骨的现河南省安阳县小屯村是古代殷商的首都，所以后来这些刻于龟甲兽骨上的文字被称为甲骨文，又称殷墟文字。甲骨文大多被刻于乌龟的腹甲、背甲和牛的肩胛骨上，内容大多是关于占卜的，也有少量的记事，涉及政治、农业、军事、文化、习俗、天文、历法、医药等，十分广泛。在已经发现的大约 10 余万片甲

骨中,已发现 5000 多个单字,其中大约 1500 多个已能识别。这些甲骨文字具备了象形、会意、形声、指事、转注、假借的造字方法,已是一种十分成熟的文字了。

除甲骨文之外,至商代末期青铜器文字开始出现,这些文字大多随青铜器一同铸造于器件表面,也有少量是后刻的。此时,我国青铜器铸造业已经颇具规模,凡有文书需要长期保存或遇有重大事件,统治者或贵族都要铸造青铜器以资纪念。青铜器的种类有很多,大体上有礼器、乐器、兵器、食器和日用器物,如钟、鼎、戈、钺、爵、觥、盂等。其上的铭文最初在字型上接近于甲骨文,后来逐渐演变成其他形体,它们被通称为"钟鼎文字",在文字学上亦称"籀文"、"古文"或"大篆",后来有人把这些字当作一种字体来描摹,成为书法的一种字体。

与青铜铭文作用相仿的,还有石刻文字。石刻记事,古已有之,《墨经》中就有"镂于金石"的说法。我国现存最早的石刻是陕西凤翔县出土的秦代石鼓,其上刻有歌颂打猎的四言诗,记述的是秦国君打猎的情况。这些石鼓在唐初被发现,字体为籀文,其书法被历代名家所推崇,后来这种文字被称为"石鼓文"。此外还有大量的石刻,多被用做歌功颂德、彪炳战功的纪念。由于所用石头的形状和作用不同,这些石刻遂有碑、碣、摩崖等不同名称。除大型石刻之外,古人还于玉石、石片上刻字或书写。1965 年在临汾地区侯马市出土了大量写有古代文字的玉片和石片,这些文字以毛笔书写,字迹一般为朱红色,也有黑色,内容是当时晋国的盟誓文书。

甲骨、青铜器和石头作为最早的承载文字的介质,虽然有其保存和传播的价值,但是这些材料很难适应大规模传播的要求。于是,便于传阅的简策、帛书乃至纸写书本开始出现。

"竹帛成书"和纸的发明　　简策、木牍和帛书是中国最早的书籍形式,简策、木牍最早出现于商朝末年,而后者稍晚一些。它们的出现,使中国古代开始出现适于规模传播的文字载体。

一根竹片谓之"简",把许多简用线或皮条编连在一起谓之"策";一块木板谓之"版",写了字的木板谓之"牍",一尺见方的牍叫做"尺",它们是中国古代对竹木书籍的称谓。据《仪礼·聘礼》记载,"百名以上书于策,不及百名书于方"[①],就是说长篇的文字要写在简策上,而短篇文字则作于木牍上。另外,木牍还被大量应用于信件。一片竹简一般只写一行,木牍则不同,一

---

① 《仪礼》卷 8,据四部丛刊景明徐氏翻宋刻本。

般可写四到五行。竹简按次序编为简策之后，须在文头与文末处各留一片空白的简，称为"赘简"，赘简的背面书写书名或者篇名，简策卷起来后，赘简上的字就露在外面，起到了现代书籍封面的作用，这是书卷的最初形式。

竹木简的使用，自商周始以迄后汉，时间相当长，一直到东晋末年才逐渐被纸取代。竹木简在中国古代文化知识传播史上曾担当过重要的角色，但是随着古代文化的发展，由于其笨重不堪、编绳易断而造成阅读、收藏的困难，使这种书籍载体已难以适应阅读、传播的需要，于是便出现了轻便且不易损坏的帛书。

帛是丝织品的统称。我国是世界上最早养蚕缫丝的国家，早在殷代就已开始生产丝织品。后来随着丝织品生产规模的扩大，人们开始使用缣帛书写文字。帛书的起源已很难考证，但由古代的文字记载大致可以推测其产生的年代。《墨子·明鬼》中有"古者圣王必以鬼神为，其务鬼神厚矣，又恐后世子孙不能知也，故书之竹帛，遗传后世子孙"①的记载。墨子是春秋战国之交的人，可见帛书最晚在战国时代已经成为书籍的主要载体之一，并与竹简木牍并行于世了。丝织品有帛、缯、缣、素等名称，故而帛书也被称为"缯书"、"缣书"或"素书"。

帛书较之竹木书籍有很多优点，首先是它极其轻薄，便于携带，这更加利于传播；其次是它便于剪裁而不易损坏，这更加利于保存。此外，简策由竹简编成而竹简之间空隙较大，不利于作画，而帛书满足了图画的要求。但是由于帛书成本太高，价格昂贵，一般的人根本无法使用，这恰恰是规模流通中最大的弊端，所以帛书出现之后还是难以取代竹木简牍，而且其使用范围也仅仅局限于贵族、国家重要文书、祭祀等不计成本的情况之内。

随着汉代文化的兴盛，简重缣贵阻碍了书籍的传播发展，人们迫切需要一种既经济又便于翻阅携带的书写材料，在这种需求的刺激下，纸开始产生。最初产生的纸是一种以破旧丝绵为原料的丝质纤维纸，这种纸既能包裹东西又能书写文字，但是由于产量不多，也难以推广。现代纸的肇始者，一般认为是东汉的蔡伦。据《后汉书·蔡伦传》记载，"自古书契，多编以竹简，其用缣帛者，谓之为纸。缣贵而简重，并不便于人。伦乃造意，用树肤麻头及敝布鱼网以为纸。元兴元年，奏上之，帝善其能，自是莫不从用焉，故天下咸称蔡侯纸"②。蔡侯纸是利用植物纤维造纸的首例，它使用新原料造

① 《墨子》卷8，据明正统道藏本。
② 《后汉书》卷78宦者列传第68《蔡伦传》，据百衲本景宋绍熙刻本。

纸,大大降低了造纸成本。另外,蔡伦在造纸的过程中,进一步改进了造纸技术流程,这些工艺的创造革新为此后我国造纸技术的进一步发展奠定了基础。至汉末,造纸技术又有了新的发展,时有"左伯纸",光亮整洁,特别适于书写,盛行一时。

造纸术发明之后,于7世纪经朝鲜传入日本,8世纪中叶自中亚传入阿拉伯,不久又由阿拉伯人传入欧洲,可见其影响。纸作为最适合于书写的介质开始广泛应用于写作和文化传播,纸的出现,进而促使以批量复制、规模传播为特征的出版业开始兴起。

**纸写本书的流行和早期的手抄传播**　　虽然自东汉始,纸已经作为书写的载体,但是纸写本书的普及也经历了漫长的过程。这是因为纸作为书写材料,其质量和产量要完全适应书写的需求需要一个过程,另外,改变人们以往使用竹帛书写的习惯也需要一个过程。这样一来,从东汉到魏晋,中国的书籍材料一直维持简、帛、纸并存的状态。东晋末年,豪族桓玄废晋自立为皇帝,看到纸作为书写材料的价值,遂下令全国废简用纸,这是中国历史上统治者下令用纸最早的记载。由于国家自上而下的推广,竹简最终退出了历史舞台,纸写本书开始流行。帛书的存世时间更长些,直到唐朝时仍有使用,但最终还是被质量上乘的纸所取代。

最初文字的传播,并没有出版的概念,复制全赖手抄。早在先秦,一种著作就常有不同的手抄本。汉代以后,各朝帝王均重视书籍收藏,东汉桓帝设置秘书监以管理国家藏书,后被魏、晋、隋、唐各代所沿用,而其整理、收藏书籍的形式都是手抄复制。特别是纸发明之后,由于它的经济和便利,抄书的风气更为兴盛,官府、寺院、书商、私人等对书籍的大量复制更直接导致了古代佣书业的兴盛。

到魏晋南北朝时期,佣书业已经发展成为一个成熟的产业,许多贫穷而又饱读诗书的人都以此为业。据《北齐书·祖珽传》记载:"州客至,请卖《华林遍略》,文襄多集书人,一日一夜写毕,退其本,曰:'不须也'。"①《华林遍略》是南北朝时期最重要的类书之一,此书由梁武帝萧衍下令华林园学士编纂,多达700卷。将这部鸿篇巨制的类书经一昼夜抄毕归还,可想而知当时佣书业的规模何其庞大。隋唐两代,抄书、佣书事业更为发达,由官府发起的大小规模的抄书活动不计其数,这从当时政府从事手抄复制工作的职位设置便可知道。隋朝政府各部门都配备了大量的专业书手,如中书省有书

---

① 《北齐书》卷39列传第31《祖珽传》,据清乾隆武英殿刻本。

手 200 人,秘书省有书手 20 人。唐朝时政府更对从事手抄复制的职官做了明确的规定,根据《唐书·职官志》的记载,政府各部门的这类职官有校书郎、正字、典书、楷书手、拓书手、笔匠、熟纸装潢匠等,分工十分清晰。可以看出,此时手抄复制已经发展到了非常成熟的地步。此外,与官方行为同时发展的还有民间的大规模抄书活动,特别是对佛经的抄写。佛教自汉末传入我国以来,对中原文化产生了巨大的影响,加之历代帝王的推崇,民间对于佛教的虔诚自不待言。又佛教有传播佛经能避祸祈福的说法,致使善男信女对传抄经文的活动莫不趋之若鹜,至隋朝,"民间佛经多于六经数十百倍"[①],可见当时民间抄制经文数量之巨。

对文本、书籍进行手抄复制传播的方式,满足了文化发展初期的需求,但是随着各类文本、特别是书籍在数量上的激增以及文化传播范围的扩大,原始的手抄复制办法终究不能跟上文化发展的脚步。另外,手抄复制对抄写者的素质要求较高,即便如此,字体的多变,错误、疏漏难以避免都成为手抄传播的积弊。此后不久,雕版印刷技术便应运而生了。

### 2. 雕版印刷术的发明

**雕版印刷术发明的技术基础**　　雕版印刷术是中国古代出版史上划时代的创造。"雕版印刷的发明,在中国确实就是印刷术的发明。由于这一发明,在量的生产方面,大大改变了中国的文化;也由于这一发明,在质的方面产生了中国最精美的书籍。"[②]雕版印刷术是凸版印刷术的一种,它是利用在版料上雕刻的图文进行印刷的技术,版料一般选用纹质细密坚实的木材,如枣木、梨木等。雕版印刷的大体步骤是:将图文写于薄纸,并反贴于事先准备好的版料上,然后根据图文所成的纹路,用刻刀刻出阳文,这是制版;将制成的印版涂上印墨,把纸覆于版上,然后用刷子轻刷,即成一页,最后把印毕的书页装订起来就成了书。此种批量印刷的关键在于雕版,故称之为雕版印刷。当然,这样的发明不是一蹴而就的,在这以前,中国就已经具备了进行大规模刻板印刷的技术基础。

**印章和捶拓**　　早在传说中的尧、舜、禹时期,我国就出现了印章。据《后汉书·祭祀志》记载,"三皇无文,结绳以治,自五帝始有书契。至于三王,俗化雕文,诈伪渐兴,始有印玺以检奸萌"[③],此时的印玺只用于防伪。

---

① 《隋书》卷 35 志第 30,据清乾隆武英殿刻本。
② 卡特著、吴泽炎译:《中国印刷术的发明和它的西传》,商务印书馆 1991 年版,第 37 页。
③ 《后汉书》卷 99 祭祀志第 9《祭祀志下》迎春条,据百衲本景宋绍熙刻本。

后来随着社会的发展,印章逐渐成为身份与权力的象征并被广泛使用。雕刻技术和印章制造工艺的不断革新,为雕刻整块印版提供了经验,此后雕版印刷术的发明就大大受益于此。同样,由复制石刻文字而产生的捶拓技术客观上也成为雕版印刷技术的准备。那时候,人们为了保存石刻碑文,把沾湿的纸贴于刻石表面,并且用软刷轻轻捶打,使文字部分的纸凹于刻石表面,最后刷上墨,揭下来晾干的拓片便是"拓本"。这两项技术实质上都是手抄复制之外的图文复制方法,并成为促进印刷技术脱离手抄模式的先导。

　　**纸的改进**　　随着造纸技术、工艺的进步和产量的提升,纸愈来愈成为文化生活中不可或缺的一部分。三国以后,特别是到了晋代,书写用纸的质量有了明显提高,晋人付咸就曾作《纸赋》以记:"既作契以代绳兮,又造纸以当策。犹纯俭之从宜,亦惟变而是适。夫其为物,厥美可珍,廉方有则,体洁性贞,含章蕴藻,实好斯文。取彼之弊,以为此新。览之则舒,舍之则卷,可屈可伸,能幽能显"。[①]可见文人雅士对纸的喜爱。到了隋唐五代,造纸的原料已由麻类、破布、鱼网等扩大到楮皮、桑皮、藤皮、檀皮、木芙蓉以及竹子等。另外,这一时期出现了新的造纸工艺,如唐代开始出现熟纸——即对抄出烘干的生纸进行涂布、加蜡、染色、填料等处理的纸;开始使用植物粘液代替淀粉糊作为施胶剂以抄出比以往更薄的纸等。同时,随着对纸需求的不断增长,纸的产地扩展到今天浙江、江苏、江西、安徽、河南和四川等省,分布于长安、洛阳、许昌、凤翔、幽州、蒲州、兰州等三十多处,成都的薛涛纸,安徽泾县、宣城等地的宣纸,杭州、嵊县等地的藤纸都十分著名。

　　**雕版印刷术的发明**　　关于雕版印刷术发明的具体时间,学界尚存争议,先后有"东汉说"、"晋代说"、"六朝说"、"隋代说"、"唐初说"、"唐中说"、"唐末说"、"五代说"等论断,这是因为考察雕版印刷术的起源问题有其特殊性。首先,雕版印刷术是一个庞杂的工艺系统,最早萌发于民间普通印刷物的生产,因此在不具备可靠的证据之前,很难断定这种工艺是何时何人之发明。其次,以往的研究大多继承了清代以来训诂考证的研究方法,持着史书中的只言片语望文生义甚至牵强附会的结论不在少数,这样的结论显然也不能证明什么。随着研究的深入,研究者先后否定了过早和过晚的几种说法,大体上推断雕版印刷术出现于隋唐之际,但仍有待深入的研究加以证实。

　　就目前的发现而言,我国最早的雕版印刷品是 1966 年在韩国南部庆州

---

① （唐）徐坚:《初学记》卷 21 文部,据清光绪孔氏三十三万卷堂本。

佛国寺释迦塔内发现的汉字印刷品《无垢净光大陀罗尼经》。虽然该经并未注明刊刻时间，但是根据经中使用的 4 个武则天时创制"制字"和寺庙及藏经石塔的完工时间等史实考证，该件应该是唐武后长安四年至玄宗天宝十年之间的刊印品。另外一件颇具影响的雕版印刷品是 20 世纪初英国考古家斯坦因在敦煌发现的《金刚经》手卷。全经包括正文 6 页，木刻图 1 页，全长 16 尺，高 1 尺，印刷精美，图文并茂，卷末还印有"咸通九年四月十五日王玠为二亲敬造普施"的文字。这是目前世界上最早的标有刻造时间的雕版印刷品，并被认为是雕版印刷技术成熟时期的作品。此外，在敦煌还出土了一大批雕版印刷的唐代佛经印品，如木刻《佛说观世音经》残卷（存九十八行）、《法华经》、《大方广佛华严经》、《无量寿决定光明王如来陀罗尼经》、《观无量寿佛经甘露疏》、《阿弥陀经》、《瑜伽集要救阿难陀罗尼焰口仪轨经》、《大般若经》残片等。可见，雕版印刷术在佛教传播领域的使用是十分广泛的。

　　早期的雕版印刷作品都来源于民间，内容大凡历书、字书、阴阳杂记、占梦、相宅、九宫五维之类的杂书等等，此类图书的需求量很大，而对技术要求不高，于是这些坊间作品便成为雕版印刷技术应用的肇始。直到五代，随着雕版印刷技术的成熟和印刷品的普及，这种技艺开始得到官府的重视，并被用来刊刻儒家的经典，冯道刻印《九经》就是这一时期官刻书籍的典范。冯道是一位颇具传奇色彩的人物，他历任四朝宰相，先后辅佐十位皇帝，是五代时期当之无愧的掌权者。后唐长兴三年（公元 932 年），冯道为印行经籍标准文本，决定依照唐刻《开成石经》，并加经注，刊刻《九经》（包括《易》、《书》、《诗》、《春秋左氏传》、《春秋公羊传》、《春秋榖梁传》、《周礼》、《仪礼》和《礼记》）。这项庞大的出版工作到后周广顺三年（公元 953 年）才最终完成，前后 22 年。因此举由国子监主持，后世遂称之为"监本"，《九经》即是监本之始。五代以后，雕版印刷术被更广泛地加以推广和利用，而雕版技术的出现，也昭示着中国的出版业开始成形。

　　雕版印刷术的发明给我国古代出版印刷业创造了前所未有的发展契机，到宋代，更是掀起了中国历史上第一次出版热潮。明清以来，雕版印刷技术日臻完美，书肆书坊遍布各地，刻本图书行销全国，雕版印书业已经具有庞大的规模。但是，雕板印刷并不是古代出版的全部，与此同时，手抄本书在很多领域依然活跃，如宫廷里用来抄发皇帝谕旨、官员奏议等文书的"邸抄"、"邸报"，用作汇总朝廷大小政事的实录等。另外，很多经典作品在刻本之外尚存抄本，如《聊斋志异》就有"铸雪斋十二卷本"的旧抄本，《红楼梦》亦有著名的"脂砚斋抄本"传世等。这些抄本在刻本出现之前承担了传播的功能，相较刻本具有更加完整、更加接近原本的特点，因此历来受到专家学者们的珍视。

### 3. 活字印刷术的发明

宋代是我国古代书籍出版业蓬勃发展的时期，随着雕版印刷技术的推广和成熟，不久又出现了活字印刷术。活字印刷术的出现，解决了雕版印书的一些问题，如采用雕版印刷制版，书的每一页都要对应一片印版，费工费时；印版堆积成山也不便于管理贮存；雕版术耗资巨大，生产原料并不能得到充分利用等。

　　泥活字　　　根据史料记载，我国最早的活字印刷术是宋仁宗庆历年间（1041～1048 年）由毕昇发明的胶泥活字印刷术，其方法在沈括所著《梦溪笔谈》卷十八"技艺门"中有详细的记载："板印书籍，唐人尚未盛为之，自冯瀛王始印五经，后世典籍皆为板本。庆历中有布衣毕昇又为活版。其法：用胶泥刻字，薄如钱唇。每一字为一印，火烧令坚。先设一铁板，其上以松脂蜡和纸灰之类冒之。欲印，则以一铁范置铁板上，乃密布字印，满铁范为一板，持就火炀之。药稍熔，则以一平板按其面，则字平如砥。若止印三二本，未为简易，若印数十百千本，则极为神速。常作二铁板。一板印刷，一板已自布字。此印者才毕，则第二板已具。更互用之，瞬息可就。每字皆有数印，如'之'、'也'等字，每字有二十余印，以备一板内有重复者。不用则以纸贴之。每韵为一贴，木格贮之。有奇字素无备者，旋刻之，以草火烧，瞬息可成。不以木为之者，文理有疏密，沾水则高下不平，兼与药相粘，不可取，不若燔土，用讫再火，令药熔，以手拂之，其印自落，殊不沾污。昇死，其印为予群从所得，至今宝藏之。"[①]

　　此段记载虽然只有短短数百字，却完备地记述了胶泥活字印刷技术的整个工艺流程，包括制字、制版、印刷到拆版、字模存用等环节，并同木活字做了比较，可想而知，此技术在当时已经日臻成熟。胶泥活字的创制是我国古代印刷技术发展的一项开创性成果，它开拓了印刷技术的新领域。

　　宋代的泥活字印本，至今已很难觅得。不过，泥活字对于后世的影响，我们尚可从仿用此法试制泥活字的记载和考古发现中窥见。宋光宗绍熙四

---

　　①　（宋）沈括：《梦溪笔谈》卷18，据四部丛刊续编景明本。

年(1193年),时人周必大在给他的朋友程元成的信中写道:"近用沈存中法,以胶泥铜板移换摹印,今日偶成《玉堂杂记》二十八事。"[1] 1965年,浙江温州市郊白象塔内出土一件佛经《佛说观无量寿佛经》印刷品残片,经宽13厘米,残高8.5~10.5厘米,可辨166字。经与宋版书比勘,发现该经文字比宋版书小,且长短大小不等,不仅有缺字漏字,而且墨色浓淡不匀,具有明显的活字版特征。又据同塔出土的北宋文物考证,初步确定为宋泥活字印品。元初,元世祖忽必烈的谋士姚枢"以《小学》书流传未广,教弟子杨古为沈氏活板,与《近思录》《东莱经史说》诸书散之四方。"[2]

现在能见到的确凿的泥活字印刷品实物有清代李瑶和翟金生采用毕昇遗法印制的书籍。李瑶,字宝之,苏州人,于道光九年(1829年)采用泥活字排印《南疆绎史勘本》三十卷(纪略六卷、列传二十四卷),撷遗十卷(后印本为十八卷);于道光十二年(1832年)又采用泥活字排印《校补金石例四种》十七卷,并于内封面印有"七宝转轮藏定本,仿宋泥版印法"。翟金生,字西园,安徽人,他前后用了三十年时间研究泥活字印刷,终获成功,自诩"一生筹活版,半世做雕虫"。曾用泥活字印成自著《泥版试印初编》《续编》,黄爵滋《仙屏书屋初集》三十一卷、《仙屏书屋初集诗录》十六卷、《后录》二卷,翟廷珍《修业堂集》二十卷,翟震川《水东翟氏宗谱》等书。

**木活字**　　继泥活字发明之后,到元代大德年间,时任宣州旌德县尹的王桢又发明了木活字。王桢是我国古代著名的农学家,著有《农书》,凡三十七卷。这部著作对我国古代农业生产技术、农作物的种植及农具等做了系统性概述,留下了珍贵的资料。特别值得一提的是王桢在写成此书的同时,还出于出版的需要,试制木活字以刊印,并取得成功,又写成《造活字印书法》附于《农书》之后,现节录如下:

"今又有巧便之法。造板木作印盔,削竹片为行,雕板木为字,用小细锯镂开,各作一字,用小刀四面修之,比试大小高低一同,然后排字作行,削成竹片夹之。盔字既满,用木榍榍之,使坚牢。字皆不动,然后用墨刷印之。

写韵刻字法:先照监韵内可用字数,分为上下平上去入五声,各分韵头校勘字样,抄写完备,择能书人取活字样制,大小写出各门字样,糊于板上。命工刊刻,稍留界路,以凭锯截。又有语助辞之、乎、者、也字,及数目字,并寻常可用字样,各分为一门,多刻字数,约有三万余字。写毕一如前法。今

---

① (宋)周必大:《文忠集》卷198,据清文渊阁四库全书本。
② (元)姚枢:《牧庵集》卷15,据清武英殿聚珍版丛书本。

载立号监韵活字板式于后。其余五声韵字,俱要仿此……

锼字修字法:将刻讫板木上字样,用细齿小锯,每字四方锼下,盛于筐筥器内。每字令人用小裁刀修理齐整。先立准则,于准则内试大小高低一同,然后另贮别器。

作盔嵌字法:于元写监韵各门字数,嵌于木盔内,用竹片行行夹住,摆满用木楔轻楔之,排于轮上,依前分作五声,用大字标记。

造轮法:用轻木造为大轮,其轮盘径可七尺,轮轴高可三尺许。用大木砧凿窍,上作横架,中贯轮轴,下有钻臼,立转轮盘,以圆竹笆铺之,上置活字板面,各依号数上下,相次铺摆。凡置轮两面,一轮置监韵板面,一轮置杂字板面,一人中坐,左右俱可推转。摘字盖以人寻字则难,以字就人则易,此转轮之法,不劳力而坐致,字数取讫,又可铺还韵内,两得便也。

取字法:将元写监韵另写一册,编成字号,每面各行各字俱计号数,与轮上门类相同。一人执韵,依号数喝字。一人于轮上元布轮字板内取摘字只,嵌于所印书板盔内。如有字韵内别无,随手令刊匠添补,疾得完备。

作盔安字刷印法:用平直干板一片,量书面大小,四围作栏,右边空候摆满,盔面右边安置界栏,以木楔楔之。界行内字样,须要个个修理平正,先用刀削下诸样小竹片,以别器盛贮,如有低邪,随字形衬(站瓦)楔之,至字体平稳,然后刷印之。又以椶刷顺界行竖直刷之,不可横刷。印纸亦用椶刷,顺界行刷之。此用活字板之定法也。"[①]

上述记载是迄今为止发现的最早、最详实的木活字印刷技术资料,除刻制活字、制版、印刷方法之外,还首次提到了用专门的转轮排字盘按照字韵存放活字以便于排字取用,这些做法都对后来活字印刷技术的发展产生了重要影响。

元代采用木活字印书的还有马称德(字致远),他曾刻木活字 10 万枚,并于至治二年(1322 年)印成《大学衍义》四十三卷,在造活字的数量和采用木活字印书的规模上都大大超过了王桢。此外,元代的木活字印刷技术很快便传播到了周边的少数民族地区,如敦煌千佛洞曾出土了数百个回鹘文木活字,可惜绝大多数被法国人伯希和盗走,这是迄今为止发现的最古老的木活字实物。

明代以后,木活字印刷逐渐发展起来。无论是政府机构还是民间的书院、书坊以及私家印书,采用宋元传统方法刻印的木活字印本大量出现,明

①　(元)王桢:《农书》卷 26 农器图谱 20,据清乾隆武英殿刻本。

末还出现了用木活字排印的《邸报》。

到清代，木活字技术由于得到政府的支持，获得空前的发展。清乾隆年间，高宗弘历命武英殿修书处从《永乐大典》中辑录万余件已经散佚的典籍加之各省进呈的部分遗书，采用木活字刊行。乾隆皇帝认为木活字的名称不雅，特赐名"聚珍版"，故这部丛书后来被称为《武英殿聚珍版丛书》。这次修书共制木活字 25 万余枚，成书 134 种，计 2389 卷，这样印刷图书的规模和数量，是史无前例的。乾隆四十二年（1740 年），武英殿修书处又出版了《钦定武英殿聚珍版程式》一书，对这次印书活动的工艺流程做了系统而详细的介绍。根据此书的记载，武英殿修书处又对宋元以来的传统技艺进行了改进，使排字印刷的效率大为提高。在官方聚珍版的带动下，民间也纷纷效仿木活字印书，内容涉及经、史、子、集各类，另外，唱本、弹词、小说、戏曲等民间文学作品也纷纷采用此法刊印，大有取代雕版印刷之势。

　　**铜活字等金属活字**　　除泥活字、木活字之外，明代以后以铜活字为代表的金属活字开始出现。公元 15～16 世纪，铜活字开始流行于江苏无锡、常州、苏州、南京一带。很多巨商富贾以铜活字排印古籍著名，其中以无锡的华氏和安氏最有影响。

华氏印本始于明弘治、正德年间，以华燧的会通馆印本最为有名，曾印有《容斋随笔》十六卷、《续笔》十六卷、《三笔》十六卷、《四笔》十六卷、《五笔》十卷、《古今合璧事类前集》六十三卷、《文苑英华纂要》八十四卷、《文苑英华辨证》十卷、《锦绣万花谷》前、后、续集各四十卷、《宋诸臣奏议》一百五十卷等，多有"会通馆活字铜板印"的标记。另有华珵，"字汝德，以贡授大官署丞，善鉴别古奇器书法名画，筑尚古斋，实诸玩好其中。又多聚书，所制活板甚精密。每得秘书，不数日而印本出矣"[1]，并印有《渭南文集》传世。此外，华燧的侄子华坚主持的兰雪堂印本也颇有影响。这些铜活字印本较之会通馆稍晚，数量也少些。先后印有《春秋繁露》十七卷、《艺文类聚》一百卷、《蔡中郎文集》十卷、《外传》一卷、《元氏长庆集》六十卷、《白氏长庆集》七十卷等，大多有"锡山兰雪堂华坚活字铜板印"的图记或印记。

明嘉靖年间，继华氏而起的是无锡的安国。《常州府志》云："安国，字民泰，无锡人。居积诸货，人弃我取，赡宗党，惠乡里。乃至平海岛，濬白茅河，皆有力焉。父丧，会葬者五千人。"可见安氏是当地的名门望族，安国尤其喜爱收集典籍图书，并行印藏。据目前所发现的安氏铜板活字印本书籍，有

---

①　（清）叶德辉撰，刘发、王申、王之江校点：《书林清话》，辽宁教育出版社 1998 年版，第 174 页。

《吴中水利通志》《古今合璧事类备要》《颜鲁公文集》《重校鹤山先生大全文集》等。

清代以后,铜活字印刷继续发展。规模最大的要数雍正四年(1726 年)至雍正六年(1728 年)清内府排印的大型类书《古今图书集成》。

《古今图书集成》,原名《文献汇编》,或称《古今图书汇编》。原编著人是陈梦雷,字省斋,他受到康熙皇帝的赏识,奉命在西苑做皇三子胤祉的侍读。在西苑讲学期间,陈梦雷开始着手编纂这样一部类书,该书于康熙四十五年(1706 年)编就,由诚亲王奏进目录一册,得圣祖同意,拟交武英殿刊印。康熙六十一年(1722 年),康熙帝病逝,皇四子胤禛继位,此时,这部书尚未付梓。雍正皇帝继位之后,特命蒋廷锡为总纂,带领一批人将原稿重新整理,按照原来的计划采用铜活字排印。前冠御制序文,曰:"(圣祖)命广罗群籍,分门别类,统为一书。成册府之巨观,极图书之大备,而卷帙豪富,任事文臣费克祗承,既多讹谬,每有缺遗,历经岁时,久而未就。朕绍登大宝,思继先志,特命尚书蒋廷锡等董司其事,督率在馆诸臣重加编校。"[1]全书共 10000卷,共印 64 部,每部 5020 册,规模宏大,图文并茂,其印量之巨、印制之精,史无前例。

明清之际,我国还开始出现锡、铅活字的印本,可惜文献中鲜有记载,供考证的遗物更是难以觅得。

活字印刷术是我国古代出版业又一次重大的技术革命,它对于文化传承和传播起到了积极的推动作用。但是,活字印刷技术在近代之前,并没有取代传统的雕版印刷技术而成为主流,这是由我国古代传统的自然经济形态决定的。我国古代出版业虽然基数很大,但是官刻、私刻的使命是传承和教化,并未商业化,不具备长期运营的条件;坊刻系统长期维持着小成本、分散运营的状态,三者均缺乏技术革新的动力。另外,创制汉字活字的成本过高、复杂的分工和工艺流程使活字印刷技术的优越性难以显现,这种情况一直延续到石印技术取代雕版之后。

## 二、从萌芽到繁荣:中国古代不同时期的出版活动

### 1. 中国古代出版活动的三大体系

尽管我国的出版实践活动已经经历了相当长时间的积累和发展,并取

---

[1]　(清)范邦甸:《天一阁书目》卷 1,据清嘉庆文选楼刻本。

得了极其丰硕的物质和文化成果,但是在分段探讨古代不同时期的出版活动之前,我们仍然需要明确出版的含义。对于这个基本问题,中外学者在实践和研究中形成了许多不同的认识,综合起来,大抵有以下几点共识。首先,出版是对原作品重新进行编辑加工的过程;其次,出版的过程是对原作品进行大量复制的过程;最后,出版物具有作为商品面向大众发行的特点。

然而,梳理出版活动从萌芽到成熟的整个发展脉络,在理解现代出版含义的同时,还要兼顾出版活动从萌芽到成熟、从分散到系统的客观发展过程。出版活动在其萌芽阶段有其自身的特点。第一,出版活动在其发端时不可能存在紧密完整的系统性流程,并且经常作为其他社会文化活动的附属出现,尚未独立。第二,最初的出版活动规模较小,经济色彩淡薄,受众范围也集中在士阶层。第三,出版物的制作技术和载体形式的成熟经历了漫长的演进过程,最初的出版技术是原始的,生产力低下。显然,如果武断地用业已成熟的出版概念对这些史实生搬硬套,我们将会忽略出版活动的原始状态以及演进过程,使之成为无源之水、无本之木,而贻笑大方了。但是,正是基于此,中国古代的出版业缓慢地演进,从萌芽走向成熟,最终形成了官刻、私刻、坊刻三大出版体系。

顾名思义,官刻指的是官家刻书或者政府刻书,这种形式的刻书起源于唐朝后期,兴盛于五代,后一直被各朝沿用。目的是为了维护统治,以文德致治,并成为皇帝刊刻传播经典、宣扬文治武功的重要手段。

私刻,即私家刻书,据传起于五代后蜀宰相毋昭裔。宋王明清《挥尘录》记载:"毋丘俭贫贱时,尝借《文选》于交游间,其人有难色,发愤:'异日若贵,当板以镂之遗学者。'后仕王蜀为相,遂践其言。"①这乃是私刻之始。后来的私刻书籍,大多不以谋利为目的,刻的往往是祖先或者自己的著作,成书之后一般用于馈赠,私刻以各种文集居多,为的是传世扬名。

坊刻,是指民间刻书坊所刻的书籍,一般用做商品流通。据史载,这样的图书交易最早可以追溯到西汉时期。至唐时,随着国力的强盛、文化的繁荣以及雕版印刷术的发明,坊刻获得了较大的发展,并且出现了大型书肆,之后坊刻书在中国出版史上一直占据重要地位。坊刻书多为日常用书,如历书、占卜、医书等,较前两者分布广而数量庞大,可谓是后来近代出版业的雏形。

---

① (宋)王明清:《挥尘录·挥尘余话卷之二》,据四部丛刊景宋钞本。

### 2. 写本时期（先秦至隋唐）的出版活动概述

我国古代的出版活动最早始于商周时期，当时出版活动的各项要素已经趋于齐备。中国最古老的文字——甲骨文被广泛使用于占卜、祭祀、记事等社会活动。根据现代学者对于甲骨文的研究发现，商代甲骨文已经相当成熟和完善，这不仅仅包括甲骨文作为文字的意义，并且包括甲骨的制作和保存技术。此外，在研究中人们发现，虽然大部分甲骨文是契刻而成的，但有些甲骨上也存有以笔蘸朱砂或墨写成的文字。这说明，这些甲骨极有可能是先以笔墨书写，校对无误后，再契刻保存的，这样一来刻制甲骨文的工序便可谓是最早的编辑活动了。

春秋战国时期，随着学术下移以及人本主义的兴起，一时间百家争鸣，各种社会思潮和学术思想星聚云涌，著书立说者众，由此，出版活动也获得了良好的发展环境。这一时期，著述的数量大大超越了前代，受众的范围也相应地扩大，出版活动的政治功能非常明显。《汉书·艺文志》有载："诸子十家，其可观者九家而已。皆起于王道既微，诸侯力政，时君世主，好恶殊方。是以九家之术，蜂出并作，各引一端，崇其所善，以此驰说，取合诸侯。"①

总体说来，先秦的编辑出版活动尚处于萌芽阶段。书籍的编纂形式以汇编整理为主，一本书多为众人之作，并且成书时间较长，非一日之功；编纂体例已有编年体、国别体、纪事本末体之分；就其内容而言，先秦多子书，这与当时复杂的政治环境有关。虽然如此，先秦时期的出版活动在数量和规模上已经超越了以往任何时代，尤其是这一时期丰富和卓越的著述资源为出版业的最终形成奠定了坚实的基础。

公元前221年，秦灭六国，建立了我国历史上第一个统一的大帝国。秦始皇嬴政针对长期诸侯割据造成的混乱局面，采取书同文、车同轨、统一度量衡、统一货币等政策以巩固中央集权。在文化方面，厉行焚书坑儒、禁私学等专制政策，这是历史的倒退。加之秦朝历时短暂，在出版活动方面自然谈不上什么成就。

西汉建立之后，统治者吸取秦二世而亡的教训，"与民休息"，取消对私学的禁令，大收篇籍，鼓励献书。汉武帝采纳董仲舒的建议，"罢黜百家，独尊儒术"，并将教育、考试和选官联系起来，这大大刺激了官方和民间对书籍

---

① 《汉书》卷30，据清乾隆武英殿刻本。

的需求。东汉历代统治者大体上沿袭了西汉的文化传统,汉光武帝刘秀就曾广泛组织对图书文献的搜集编校活动。两汉相对宽松平稳的文化政策为这一时期编辑出版活动的发展提供了有利条件。西汉时,石渠阁、天禄阁、麒麟阁是官方的图书编撰机构,负责藏书、校书和著述,东汉时它们的职能先后被兰台、东观和秘书监取代。特别值得一提的是秘书监,这是我国历史上第一个官方设立的负责"掌典图书,古今文字,考合异同"的专门机构。

从图书编纂的角度考察,两汉时期的经学、史学书籍及字书均得到了较大的发展。汉代崇儒推动了经学的发展,注释成为汉代经书著述的一种重要方式;史学方面,我国最早的官修史书《东观汉记》编成,《史记》、《汉书》等重要著作也成书于这一时期,并流传至今;随着编辑活动的发展,字书也得到了重视,以《尔雅》、《说文解字》和《广韵》为代表的字书开创了古代文字训诂的先河。除此之外,以《周髀算经》、《九章算术》、《黄帝内经》、《伤寒杂病论》为代表的天文学、算学、医学等科技类著作也多有成果。

自东汉末年始,中国历史进入了近四百年的动荡时期,至隋文帝统一南北,这种情况才终归结束。魏晋南北朝时期是中国历史上政权更迭最频繁的时期,由于封建割据和频繁的战乱,这一时期中国古代文化的发展趋于复杂化,这对编辑出版事业的发展产生了深远的影响。中央集权的削弱造成意识形态的混乱,儒家思想式微、玄学兴起、佛教的传入、道教的发展,南北中国、中原与周边少数民族在总体上趋于融合,不同的地域文化又带有明显的差异是这个时代的文化特征。

就编撰机构而言,秘书监作为官方主要修书机构的地位得到巩固,此外,私人图书的编撰活动也颇为盛行。就图书的内容而言,史学、玄学、宗教、文学、地理、医学、农学、目录学方面的书籍均得到了较大的发展,名著迭出。史书如陈寿《三国志》、范晔《后汉书》;文学如萧统《文选》、徐陵《玉台新咏》、刘勰《文心雕龙》;地理学如法显《佛国记》、郦道元《水经注》;医学如陶弘景《本草集注》;农学如贾思勰《齐民要术》;目录学如阮孝绪《七录》等。就编撰形式而言,抄撰成为这一时期最重要的著述方式之一。所谓抄撰,即边抄边撰,抄撰一体,抄书就是撰书,抄书成为读书人一种普遍的风气,朝廷甚至设置"抄撰学士"的官职专司其事,可见当时抄书之盛。

隋、唐统一之后,统治者不断调整经济政策,使社会经济迅速恢复和发展,这为文化的进步带来前所未有的契机。特别是唐朝,我国经济、政治、文化等各方面都进入封建社会的第一个全盛时期。隋唐文化在继承了传统的中原文化的同时,又广泛吸收了周边少数民族文化,实行"兼容并包"的文化政策,出版活动(包括著述、图书的复制技术和产业、图书贸易等)也藉此呈现蓬勃发展的态势。

隋代专门设立了著作省,仍属秘书省管辖,并且招募天下学者从事图书编撰和典籍校对等工作。唐沿隋制,设秘书省,下设著作局、太史局,除此之外,还仿照魏晋南北朝时期的做法,相继设立了一些文馆,如集贤院、史馆、弘文馆等,正式形成了中国历史上的馆阁制度,这些文馆除了修史、编撰图书的工作之外,也大规模地搜罗亡佚典籍,并行校定。此外,在官方修书的带动下,唐代出现了玄奘、陆德明、颜师古、刘知几、柳宗元、韩愈等一大批优秀的图书编纂家,对后世的影响极大。

隋唐的出版活动空前繁荣,官修图书的数量多、篇幅大,历代皇帝都重视文教,图书内容全面,经史子集,四部齐备。另外,科举制度的设立并不断完善,改善了政府的用人制度,这相较世袭、举荐制度,更为公平。科举制度极大地刺激了读书人通过科举入仕,科举用书的大规模需求也相应地带动了图书出版业的转变。

写本时代最为重要的图书复制方式是佣书,佣书业是指社会上贫穷且有一定文化的人为官府或私人抄书,以获取报酬的一种行业,它肇始于汉代,兴盛于魏晋南北朝,至隋唐之后随着雕版印刷技术的广泛采用而逐渐没落。

这种产业最早源于官府行为,为了防止典籍散佚,常常由政府出资,将重要的文件、典籍雇人抄写,分藏各处。据东汉官修《东观汉记·班超传》记载,班超家贫,"恒为官佣写书以供养"[1],这是史籍中关于佣书的首次明确记载。到了魏晋南北朝时期,基于政府藏书、私人藏书的需求,佣书业得到了全面的发展。首先是社会对图书功能的认识更加深刻,魏文帝曹丕就认为"盖文章,经国之大业,不朽之盛事",因此藏书得到重视;其次,教育的发展,尤其是私学的兴盛,培养了一大批有文化的贫民,为佣书业储备了足够的人力资源;最后,纸的诞生,淘汰了简帛,它使佣书变得简单而迅速,成本更低,这是推动佣书业走向繁荣的必要条件。隋唐之际,佣书业更为发达,官方组织的大规模抄书活动频繁,私人抄书可考的也不在少数,但是到了中晚唐之后,随着雕版印刷的诞生和推广,面对版印显而易见的优势,佣书业才逐渐走向衰落。

---

[1] 　《东观汉记》卷16列传11,据清武英殿聚珍版丛书本。

### 3. 版印时期的出版活动——五代至宋的刻书活动

冯道刻印《九经》是我国出版业的肇始,其刻印《九经》的事迹,前文已经做了简要的介绍,将其称为我国出版业的肇始,甚至有学者称此事开创了古代出版的新时代,是有其充分的理由的。

从近代出版理论的角度考察,这次出版活动包括了对原著的编辑校对、大量复制和发行三个要素。《五代监本九经》以唐刻《开成石经》为蓝本,精心校勘,经注合一,先后历时 20 余载,完成了对著作进行知识再生产的过程;采用业已成熟的版刻为复制手段,大规模进行印刷,并用册页代替了卷轴;最为重要的是,此书在刻印完毕之后,在市场上出售,开官府刻版印卖之先河,打破了官府修书不售书的传统,令出版活动面向市场,正是由于此,它最终完成了出版活动的使命。至此,古代出版业在经历了长时期的文化积累和技术准备之后,终于以崭新的面貌独立于世了。

宋代是我国古代社会文化发展的黄金时期,著名史学家陈寅恪先生曾经指出:"华夏民族之文化,历数千载之演进,造极于赵宋之世。"[1]宋太祖开国之初,即确定了息武兴文、"以文化成天下"的国策,并实行开明的文化政策。雕版印刷发展到宋代,已经非常昌盛。不仅各级政府刻书,私家刻书和坊间刻书均有了较大的发展。

宋代从中央到地方,官方的刻书机构很多。中央机构包括各殿、院、监、司、局;地方机构有各路转运司、茶盐司、安抚司、提刑司、各州县、公使库,还包括各州学、府学、军学等。这一时期,政府刻书以儒家经典为主,并刻印了卷帙浩繁的释藏和道藏,著名的四部类书——《太平御览》、《太平广记》、《文苑英华》和《册府元龟》也均成书于此时。

中央所刻的书,以国子监最为著名。与五代监本不同的是,宋代监本在刻印经书典籍的基础上,其内容更涉及史学、类书、子书、医书等诸多门类。不仅如此,国子监刻书还非常注重刻印装帧的品质。值得一提的是,宋代国子监所印书籍,按《九经》书例,允许士人交纳一定的赁板钱自行印刷,官府所刻书籍,也会定价销售。

除国子监之外,中央机构如崇文院、秘书监、司天监等都曾刻书。崇文院本可考的有咸平三年刻《吴志》三十卷,天圣二年刻《隋书》八十五卷,天圣中刻《齐民要术》十卷,宝元二年刻贾昌朝《群经音辨》七卷等;秘书监本有元

---

① 陈寅恪:《金明馆丛稿二编》,上海古籍出版社 1980 年版,第 245 页。

丰七年赵彦若校刻《张邱建算经》三卷,唐王孝通《缉古算经》一卷等。

宋初承袭唐代后期旧制,在地方实行道(太宗时改为路)、州、县三级建制。太宗时全国分为15路,神宗时增至23路。各路设置安抚使司,掌管军政大权。出于分权的需要,宋代在各路还设有专门负责经管一路财赋,保障上供及地方经费的转运使司(俗称"漕司"),查访本路刑狱的提点刑狱司(俗称"宪司"),掌管义仓、市易、坊场、水利的提举常平司(俗称"仓司"),徽宗时另设掌管茶盐产销的提举茶盐司等,从而形成一个庞大而臃肿的官僚体系。各路使司多有刻书,版本繁杂,均有刻本流传。如福建转运使司本《太平圣惠方》一百卷(绍兴十七年),建安漕司本《东观余论》(绍兴二十三年),广西漕司本《脉经》十卷(绍圣三年),浙西提刑司本《作邑自箴》十卷(淳熙六年),两浙东路茶盐司本《外台秘要方》四十卷(熙宁二年)、《资治通鉴》二百九十四卷(绍兴三年)、《太玄经》十卷(绍兴三年),两浙西路茶盐司本《临川王先生文集》一百卷(绍兴二十一年)等。

宋代地方官署参与刻书是一种普遍现象,几乎各州县都有参与,所刻书多为经书和史书。如江宁府本、杭州本、明州本、温陵州本、吉州本、绍兴府本、临安府本、平江府本、严州本、余姚县本、盐官县本等。

公使库是宋代专为公使沿途提供食宿的官办机构,性质类似于现在的官办招待所,遍布全国各地。其用资先是由百姓负担,后又改由朝廷专款拨付,但是由于长期入不敷出,于是朝廷下令允许公使库自找财源,贴补所需费用。时人李心传在《建炎以来朝野杂记》中对此曾有详细的描述:"公使库者,诸道监帅司及州军边县与戎帅皆有之。盖祖宗时以前代牧伯皆敛于民,以佐厨传,是以制公使钱,以给其费,惧及民也。然正赐钱不多,而著令许收遗利,以此州郡得以自恣。若帅宪等司则又有抚养备边等库,开抵当卖熟药,为所不为,其实以助公使耳。"①

这样一来,各地公使库自谋财路,刻书售卖也成为公使库获利的重要途径。如吉州公使库刻《欧阳文忠六一居士集》五十卷(宣和四年)、《续刻》五十卷,明州公使库刻《骑省徐公集》三十卷(绍兴十九年),台州公使库刻《颜氏家训》七卷(淳熙七年)、《荀子》二十卷(淳熙八年),泉州公使库刻《司马太师温国文正公传家集》八十卷(淳熙十年),鄂州公使库刻《花间集》十卷(淳熙十四年)等。

宋代地方各级官学发达,有州学、府学、军学、郡斋、郡庠、学宫、学舍、县

---

① (宋)李心传:《建炎以来朝野杂记》甲集卷17,据清武英殿聚珍版丛书本。

斋、县学等,这些学校出于教育的需要也多有刻书,内容多为经史典籍,也有文集、诗集、字书等。如江阴军学刻《国语》韦昭注二十一卷、宋庠《国语音》三卷(天圣七年),婺州州学刻苏洵《嘉佑集》十六卷(绍兴十七年),南剑州州学刻孙甫《唐史论断》三卷(绍兴二十七年),扬州州学刻沈括《梦溪笔谈》二十六卷(乾道二年),衢州州学刻《三国志》六十五卷(无年代),姑苏郡斋刻《杜工部集》二十卷(嘉祐四年),高邮郡斋刻孙觉《春秋经解》十五卷(绍兴四年),临川郡斋刻王安石《临川集》一百卷(绍兴四年),吴兴郡庠刻《新唐书纠缪》二十卷(绍兴八年),临安府学刻《群经音辨》七卷(绍兴九年),严州府学刻袁枢《通鉴纪事本末》二百九十卷(淳熙二年),湘阴县斋刻朱子《楚辞集注》八卷(咸淳三年),富川学宫刻朱鉴《诗传遗书》六卷(端平八年)等。

宋代私人刻书,相比前代已经有了相当的发展,与坊刻完全划清了界限。时人出资刻书,书目的选择和校订都较为慎重。宋代私刻数量虽然不如后代庞大,但是其精度极高,甚至可以与官刻本相媲美。宋代私刻也囊括了经、史、子、集,但是由于其相较官刻自由度更高,子、集两类书籍比重更大。士大夫阶层的参与是宋代私刻的一个特点,如朱熹、陆游、洪适、叶梦得、周必大等一批为后世称道的文人雅士都曾直接参与图书的编刻活动。此外,家塾刻书也是私刻的一个重要部分。家塾是聘请德高望重且有才学的教师专门为一家子弟教书授业的教育形式。这些教师在授课的同时,也有很多人兼事著述或者校勘整理、刻印图书的活动。最著名的如岳珂的相台家塾刻本和廖莹中的世彩堂刻本,前者主要有《九经》、《三传》以及《孟子注附音义》、《论语集解附音义》;后者主要有《韩昌黎集》、《柳河东集》、《春秋经传集解》等。

**朱熹与刻书**　　朱熹(1130-1200),字元晦,号晦庵,别称紫阳,徽州婺源人,宋代理学大师,同时又是刻书家。他沉浮于官场十余年,最终遭"伪学"党禁,被革除官职。此后,他将精力都倾注于著述和讲学中,并积极参与和主持了许多刻书活动。据徐德明《朱熹刻书考略》统计,朱熹家刻本总计54种,其中既有自己的著述,也有先贤同辈的文章。如著名的《四书章句集注》(淳熙九年),首次将《大学章句》、《中庸章句》、《论语集注》、《孟子集注》合一出版,标志着"四书"的首次面世。另有《近思录》十四卷(淳熙二年),《诗集传》二十卷(淳熙四年),《晦庵先生文集》前十一卷、后十八卷,《程氏遗书》(乾道四年),《程氏外书》、《记善录》、《龟山语录》(乾道九年)等。

**陆游父子与刻书**　　宋代文人中,刻书数量最多、影响最广的当数陆游父子。陆游(1125-1210),字务观,号放翁,越州山阴人。他生于士大夫世家,以其诗词著名于世并且爱书如命,在家族藏书的基础上又购置大量书籍,将自己的书斋戏称为"书巢"。其一生所刻书籍 10 余种、200 余卷,有《岑嘉州集》、《陆氏续集验方》、《江公奏议》等。其子陆子通(1178－?),一作子聿,字怀祖,陆游第六子,最得其父钟爱,继承父志,亦钟爱刻书。他刻的书主要是陆游的著作,最著名的当属《剑南诗稿》、《渭南文集》以及《老学庵笔记》等。

坊刻自入宋以来,也得到相当的发展。北宋前期,政府对坊刻尚多有限制,"治平以前,犹禁擅镌,必须申请国子监,熙宁后方尽弛此禁"[①]。熙宁后,宋代坊刻业开始持续发展,特别是南渡以后,坊刻大量出现,进而形成了以杭州和金华为代表的两浙坊刻、以建安为代表的福建坊刻、以成都和眉山为代表的蜀中坊刻、以吉州为代表的江西坊刻四大坊刻中心。南宋时期,更出现了影响全国的坊肆,如余仁仲的万卷堂、临安陈起的陈宅书籍铺等,前者以刻印经书著称,后者以编印唐宋两代诗人别集闻名。

建安是建阳的古名,叶德辉在《书林清话》中曾说:"夫宋刻书之盛,首推闽中,而闽中尤以建安为最,建安尤以余氏为最"[②],是故余氏刻书被称为"建本"。宋代余氏刻书,以余仁仲的万卷堂最负盛名,曾刻有《尚书精义》、《春秋公羊经传解诂》、《春秋穀梁经传》、《事物纪原》、《礼记注》、《周礼注》、《尚书注疏》等,此外余氏刻书可考的还有余店卿、余恭礼、余腾夫、余彦国等。

南宋临安最著名的坊刻是陈起父子的陈宅书籍铺,设肆于棚北大街睦亲坊南。陈起(1174－1189),字宗之,号芸居,临安人,喜好诗文,以刻书为业,有《芸居乙稿》行世。陈宅书籍铺所刻之书主要有三类,一是唐人小集,如《甲乙集》、《唐女郎鱼玄机诗集》、《王建集》、《周贺诗集》、《唐求诗集》等;二是笔记杂著,如《画继》、《图画闻见录》、《宾退录》、《湘山野录》、《续世说》、《挥尘录》等;三是《江湖集》,主要收录当代诗文。陈起死后,其子陈续芸继承父业,继续刻书。陈氏刻书数量众多,流传很广,作为坊刻本的代表,在宋版书中占有重要的地位。

总体说来,宋代出版业经过隋唐五代的积淀,呈现出空前繁荣的局面,三大出版体系各有特点,互为补充。除了刻印书籍之外,还出现了报纸、纸

---

① (宋)罗璧:《识遗》卷 1,据清文渊阁四库全书本。

② (清)叶德辉撰,刘发、王申、王之江校点:《书林清话》,辽宁教育出版社 1998 年版,第 38 页。

币、茶盐钞引和印契、广告等。宋版书不仅内容广泛，而且刻工技艺精湛、书法精妙、纸质坚润、装潢精美，为后世称道，很多宋书善本成为稀世珍品。宋书所用字体，先欧后颜，南宋时，又多用柳体字，体现出不同时代的审美取向，并成为后来"宋体字"之嚆矢。在出版业管理方面，宋时已有禁止翻版的法令，体现了宋人的版权意识，也从另一个侧面佐证了宋代出版业的辉煌。

**4. 版印时期的出版活动——辽、金、元刻书概况**

辽国刻书　　　　公元 916 年，契丹族首领耶律阿保机建国，公元 947 年，改国号为辽，与北宋对峙，历九帝，统治中国北方长达两个世纪。辽代刻书，远不如宋发达，由于统治者在图书刻印和流通方面采取的限制，辽代刻本存世罕见，可资研究的材料更是难觅。

辽代刻书，大体上受到辖内汉族和北宋两方面的影响。契丹族以武力南侵，建国后，深受当地汉族文化的影响，其统治者逐渐接受了儒家思想，儒家典籍、史书都成为他们案头的必备读物，用以资治。圣宗、道宗喜读《贞观政要》，道宗喜读《周易》、《尚书》、《诗经》等五经。另外，辽国与北宋长期保持了密切的贸易关系，宋、辽官方设置了专门的市场——権场，不少宋代雕版印刷物由此流入辽国。権场之外，民间还存在大量的私市贸易。就内容而言，流入辽国的图书大体有两种，一是各种文集，二是儒家经典。

由此，辽国的雕版印刷事业也有较大的发展。辽代的官刻机构主要是印经院，刻印了大量的佛经，如《大方广佛花严经卷第二十六》、《称赞大乘功德经》、《中阿含经第三十六》、《妙法莲花经卷第七》等，儒家经典、历代史书也有涉及，另外辽政府曾组织人员用契丹文翻译《贞观政要》、《五代史》、《通历》、《白氏讽谏集》、《方脉书》等，也应为官刻。辽代私刻不多，主要有冯绍文、杨家等。辽代的坊刻主要分布于燕京、范阳等地。据宋王辟之《渑水燕谈录·歌咏》记载，"张芸叟奉使大辽，宿州馆中，有题子瞻《老人行》于壁者。闻范阳书肆亦刻子瞻诗数十篇，谓《大苏小集》。子瞻才名重当代，外至夷房亦爱服如此。"[①]这是范阳书坊刻印诗文集的实例。1974 年，在应县佛公寺木塔内还发现了唐李翰编撰的《蒙求》三卷，半叶十行，行十六字，左右双边，白口、蝶装，这也是辽代坊刻本中罕有的存世之作。

金国刻书　　　　公元 1115 年，女真族首领完颜阿骨打创立金国，十年后灭辽。金太宗即位后，挟灭辽之威，很快席卷而南，于天会五年（公元 1127

---

年）灭亡北宋,后一直与南宋对峙,统治中国北方120年。

金统治者重视文化典籍,太祖天辅五年（1121年）十二月曾下诏说,"若克中京,所得礼乐仪仗图书文籍,并先次津发赴阙。"①金统治者同辽统治者一样,深受汉族文化的影响,建国后大力尊孔崇儒。世宗曾为孔子修墓立碑,章宗熟读《尚书》、《孟子》,并诏各州县建立孔庙,避孔子名讳。在汉文化的熏陶下,女真民族汉化的程度很高,女真人多通汉字,金国国内文化事业繁荣发展。清人龚显增在《金艺文志补录》序中如此描述,"魁儒硕士,文雅风流,殊不减江以南人物,如虞仲文、徒单镒、张行简、杨云翼、赵秉文、王若虚、元好问辈,或以经术显,或以词章著,一代制作,能自树立。"

金代官刻以国子监为主,并有一批专门的刻字匠人,曾刻《易经注》、《尚书传注》、《毛诗郑注》、《周礼注疏》、《礼记注》等。另外,金朝廷还专门设有译经所,用女真文翻译《史记》、《汉书》、《周易》、《尚书》、《论语》、《孟子》等典籍,数量巨大,也是官刻的一部分。金代私刻多是经、史、文集,有苏伯修、朱抱一、王宾、常氏、苗君瑞、孙执中等。坊刻更着重于群众需要,多为医书、类书,主要分布于碣石、嵩州、太原、运城、平水等地,以平水坊本最有影响。平水不当要冲,在战乱中相对安定,是其出版印刷业发达的首要条件。另外,当地雕版印刷历史悠久,又是纸、墨的主要产地,加上"家住平阳县,无家不读书"的良好人文环境,发展刻书事业的条件得天独厚。现在可考的平水书坊有书轩陈氏、中和轩王氏、李子文、张谦、姬氏、徐氏等。

**元代刻书概况**　　元代是我国历史上又一个大一统时期,公元1271年,蒙古汗国大汗忽必烈称帝建立元朝,并定都大都（今北京）。元朝的疆域,北逾阴山,西极流沙,东尽辽左,南越海表,拥有中国历史上前所未有的广袤领土,元帝国也因此成为当时世界上当之无愧的最大的帝国,日趋稳定的政治经济环境为我国古代出版事业的复苏和发展提供了保障。元人袁桷在《清容居士集·袁氏旧书自序》中称:"国家承平,四方无兵革之虞,多用文儒为牧守,公私间暇,鲜享醼会僚属,以校雠刻书为美绩。至于细民,亦皆转向模锓以取衣食"②,可以略见一斑。蒙古人入主中原以后,总体上仍然延续了尊儒的文化政策,游牧民族的本地化过程需要大量汲取汉文化的营养,客观上带动了传统文化的复兴。此外,蒙古铁骑以武力征服贯通了欧亚大陆,中外交往的通道被打开,汉文化、少数民族文化与外国文化交相辉映形

---

① 《金史》卷2本纪第2,据清乾隆武英殿刻本。

② （元）袁桷:《清容居士集》卷第22,据四库全书景元本。

成了元代历史上特殊的文化景观。

元代中央政府主管刻书事业的行政机构是中书省,中央政府的出版机构主要有编修所、经籍所、宏文院、秘书监、兴文署、翰林院以及艺文监广成局、太医院、国子监、太史院印历局等,其中以兴文署本最为著名。兴文署"置令、丞并校理四员,咸给禄廪,召集良工剞劂诸经子史版本,颁布天下,以《资治通鉴》为起端之首"①,它是元代中央刻书的主体。元代皇帝曾多次赐书臣民,大多是由兴文署承担刻印,曾刻有《资治通鉴》、《农桑辑要》、《大学衍义》、《图像孝经》、《列女传》等,具体数量已无法考证,但根据《秘书监志》中记载兴文署用于书籍装潢的绫段纸札的数量来看,其出版的规模是十分庞大的。另外,艺文监广成局用蒙古文字翻译刻印了大量的汉文典籍,这是元代官刻出版的一个亮点。

地方官刻主要由各路儒学和地方书院承担。元时各地儒学林立,政府拨付学田作为办学经费。儒学刻书大体有三种情况,一是代国子监刻书;二是出于自身教学研究的需要刻书;三是接受政府委托指派,代政府部门刻书。从刻书内容来看,经史子集俱全。其中最具代表性的刻本是九路十七史本,这是由江东建康道肃政廉访司从太平路儒学之请发起的,以江浙行省江东建康道所辖太平路儒学首刻《汉书》为样本,由宁国、徽州、太平、池州、广德、集庆(又名建康)、饶州(又名瑞州)、信州以及铅山州分头校刻十七史的联合出版活动。这种儒学合作刻书的模式能够有效缩短出版时间,并能集合各家优势资源,成果显著,成为中国古代出版史上的一段佳话。除各地儒学之外,元代地方书院发展较快,元政府曾诏令:"先儒过化之地,名贤经行之所,与好事之家出钱粟赡学者,并立为书院"②,可见书院之盛。书院刻书,有的是秉承皇帝旨意,有的是承办官府委派,也有是自己组织编纂刻印的,均属官刻系统。地方书院具有较为优越的刻书条件。首先,各地书院大都有丰富的藏书,其中不乏善本,这为校刻出版提供了优质的底本;其次,书院一般拥有大量学田,财力雄厚,能够充分保证出版用资;最后,书院本身就是教书授业的场所,既有良好的师资力量专注于图书校注,又具备书籍发行的潜在市场。基于这些原因,书院刻书多有上乘之作。

从整体上看,元代的官刻继承了宋代遗存的大量书版,在此基础上印刷的大量书籍成为元代刻书的基础,学界称之为"宋版元用"。元代官刻一般

---

① 《天禄琳琅书目》卷5,资治通鉴20函160册元人王磐序,据清文渊阁四库全书本。

② 《元史》卷81志第31,据清乾隆武英殿刻本。

由政府直接出资,非常注重校雠,大都不惜工本,选用上等纸墨,延请精工巧匠印制,出书质量堪比宋版。此外,政府对官刻系统实行严格的审批制度,规定书籍出版前要逐级呈请审查,批准后方可付梓,通过审查的书籍必须把完成审批的牒文列于书的前面作为标记,这是元代政府刻书的一大特点。

元代的私家和书坊出版不仅不逊于宋代,甚至有过之。元时的出版中心有大都(北京)、建安、平阳以及吐鲁番等地。大都乃是全国政治、经济中心,城内专门设有"文籍市",经营全国出版的各种图书,并面向全国及域外销售;建安和平阳分别延续了宋、金时出版行业之盛;吐鲁番地区则以出版少数民族语言文字的书籍见长。

元代私家刻书在官刻的带动下,蔚然成风。可考者如平阳府梁宅刻《论语注疏》、平水许宅刻《重修政和经史证类备用本草》、平水高氏尊贤堂刻《河汾诸老诗集》、建安郑明德刻《礼记集说》、建安蔡氏刻《玉篇》、陈忠甫刻《楚辞朱子集注》、岳浚刻《九经》、李璋刻《九经》及《四书》、刘贞刻《大戴礼记》等等,洋洋大观者,不可胜数。所刻之精本,多由名人手书上版,加之巧工细刻,往往有精品传世,这些刻本无疑是元代私刻繁荣的铁证。

元代的坊刻,"较之宋刻尤夥。盖世愈近则传本多,利愈厚则业者众,理固然也"[1]。较之前代,坊肆的经营者更加重视读者和市场的需求,坊本的商品属性突显。从内容上看,除了传统的经史类书籍和科举用书之外,医书、流行的文集、字帖、元曲唱本等通俗读物大量出现。建安余氏勤有堂与继之而起的叶日增广勤堂、平阳张存惠晦明轩、建安刘锦文月新堂、建安虞平斋务本堂、建安郑天泽宗文书堂、杨氏清江书堂都很有名,其他各地还有燕山窦氏活济堂、庐陵泰宇书堂以及三衢石林叶敦、茶陵陈仁子、武夷詹光祖等。

随着社会文化风尚的变化和出版业的发展,元代刻本出现了一些新特点。首先是字体,宋元之交,元刻本字体承袭了宋金刻书的遗风。自赵孟頫仕元后,其书法在社会上影响颇大,后来的元代刻书多摹赵体。其次是简体字在坊刻本中的大量使用,这些坊本为求速成以取高利,刻工力求简易,一些我们现在使用的简体字,在元代已经流行。最后是版式。元初版式接近宋本,字大行疏,中期以后,行格渐密,由左右双边渐趋四周双边。由此我们不难推想,由于元时图书市场的蓬勃发展和旺盛需求,坊间刻书的成本考虑

---

① (清)叶德辉撰,刘发、王申、王之江校点:《书林清话》,辽宁教育出版社1998年版,第87页。

已经进入经营者的视野,出版流程开始精简。凡此对于出版和营销的探索,都成为古代出版业发展的重要内容,为后世积累了宝贵的历史经验。

**5.版印时期的出版活动——明代出版业的鼎盛**

我国的古代出版事业经历了五代、宋、元的发展和完善,到明时达于极盛。明代出版业,无论规模之巨、数量之大,或内容之丰富,皆远逾前代。明代出版事业的繁荣并非偶然。公元 1368 年,明太祖朱元璋削平天下群雄,驱逐蒙元统治者至漠北,在金陵登基,改元洪武,建国大明。他出身贫寒,苦无学术,深谙"武定祸乱,文治太平"之道,在建元之初即把兴学施教作为统治的重要方针。其后,屡次下诏颁书于学校,并下令免书籍税,还遣使搜罗天下遗书善本,交书坊刊行。明统治者对于书业不遗余力的扶持和保护大大刺激了出版业的迅速复苏。明代的图书出版政策,废除了前代严苛的审批制度,凡官府、私宅、坊间,只要有财力支撑,皆可刻书。明中叶之后,随着商品货币经济的发展及出版技术的精进,业内分工更加细化,图书发行渠道通畅,图书贸易也更为活跃。另外,市民阶层扩大,市民文化蓬勃发展,小说、戏曲等通俗读物大行于世,并成为坊刻出版的主要品种之一。

明代的官刻系统中,中央刻书机构主要有国子监、司礼监经厂、六部等,地方则以藩府刻本最为著名,各省布政司也均有刻书。

明代监本有南北之分。明朝定鼎以前,朱元璋就曾将集庆路儒学改为国子学,洪武十四年,正式在鸡鸣山南麓的古台城内建国子监,随后集庆路儒学的书版也被运至此处,是为南监。明成祖迁都北京后,于北京城内又建一国子监,是为北监。由此出现了南北监并立的局面。

南监前期以收藏、修补、翻印宋元旧版为主,嘉靖之后,亦开始刊刻新书。就内容而言,南监刻书有经、史、子、集、类书、政书、韵书等,内容十分广泛。相比之下,北监的刻书规模要小得多,绝大部分是以南监本为底本,重新镂版印刷的,其中以《十三经注疏》和《二十一史》的刊刻最为著名。尽管明代国子监刻书数量不少,但质量却不高,前人已多所非议。南监本多宋元旧版,虽经修补,版面的磨损仍然严重,字体时方时圆,版式乱杂,被戏称为"大花脸版"。北监刻书虽然较之南监工整,但不善校雠,错讹百出,多为后世之讥。

经厂刻书,是明代内廷刻书的重要组成部分。明代皇帝重用太监,特别是明成祖以来,宦官当权者众。明代宫廷内设有庞大的太监机构,号称"二十四衙"。其中司礼监掌管宫内仪礼、刑名、内外奏章、书籍字画等,经厂是司礼监内负责刻书的专门机构。经厂的规模很大,以提督总其事,刻书具有鲜明的政治目的。就内容而言,经厂刻书涉及诰、训、律、戒、鉴等方面,如《御制大诰》、《女训》、《大明律》、《历代臣鉴》等,亦有经书如《周易大全》、《书传大全》、《诗传大全》、《春秋大全》、《礼记大全》等,史书如《大明一统志》、《大明会典》、《大明官制》、《洪武礼制》等。从版式上看,经厂本版框宽大、行格疏朗、字大如钱,纸墨均选用上品,雕印精良。但是由于太监地位低微、学识有限,对书籍内容的审读不精,加之传统观念中人们对于宦官的轻视,经厂本素不为士人所重。

　　尽管如此,无论是国子监刻书抑或是经厂刻书,对于明代的出版事业都有不可磨灭的贡献,我们应该肯定其主流。除此之外,明时中央六部各据其职责也都有刻书的记载,如礼部先后刻有《通鉴》、《史记》、《元史》、《皇明祖训》、《五经四书大全》、《大礼集议》等书,兵部曾刻《大阅录》、《九边图说》、《武举录》等书。

　　明代的地方官刻,以藩府刻书为其代表。明初,采取"皇子封亲王"之制,朱元璋陆续将子孙们分封至全国各地为王,以拱卫中央、监督百官。明初,藩王的地位仅次于天子,后藩王出身的明成祖朱棣大力削藩,藩王的势力受到沉重打击,尽管如此,有明一代,藩王在政治、经济、文化各个方面仍不失为明代历史舞台上一支重要的力量。在刻书出版事业方面,藩府刻书成绩卓著。这些藩王财力雄厚,又具备丰富的藏书和人力资源,这是藩府刻书的基础和保障。明代藩府刻书数量众多,校勘、刻印为后人称道,是明代官刻中的珍品。此外,明代地方各行政单位几乎无不刻书。仅据《古今书刻》著录,各地布政司就刻书215种。当然,这并不是明代布政司刻书的全部,然地方刻书之盛,可想而知。

　　明代初期,私家刻书的种类不多,印数也很少,现在可见的有洪武十年(1377年)浦江郑济、郑洧等刻宋濂《宋学士文粹》,洪武十七年(1384年)新喻付若川辑刻《付与砺文集》,洪武三十一年(1398年)蔡伯庸刻《高季迪赋姑苏杂咏》,宣德七年(1432年)周思德刻《道德经讲义》等。明中期以后,随着文坛复古运动的兴起,私家刻书风气也为之一变,以正德、嘉靖、万历年间尤甚。如正德五年(1521年)苏州陆元大翻刻宋本《花间集》,嘉靖间苏州袁褧嘉趣堂翻刻宋本《大戴礼记》、《六臣注文选》、《世说新语》,苏献可通津草堂刻《论衡》等。涌现出了一大批藏书家、刻书家,著名者有李翰、朱承爵、张习、许宗鲁、顾元庆、顾起经、郭勋、郭云鹏、范钦、胡宗宪、范惟一、王世贞、张佳胤、杜思、吴勉学、李之藻、张溥、胡正言、毛晋等,其中最为著名的是明末清初的大刻书家毛晋。

　　毛晋（1599—1659），常熟人，原名凤苞，字子九；后改名为晋，字子晋，别号潜在、隐湖、戊戌生、汲古阁主人、笃素居士等，其家世居虞山湖东，是当地的巨富。其父毛清为乡间三老，以孝悌著称。毛晋一生致力于藏书刻书，自万历晚期至清顺治年间，逾四十年，刻书近600余部，品类俱全，除经、史、子、集外，百家九流、传奇小说都广为刊布，著名的有《十三经注疏》、《十七史》、《文选李注》、《汉魏六朝百三名家集》、《津逮秘书》、《十家宫词》、《汲古阁合订唐宋元诗》、《宋六十名家词》、《六十种曲》等。毛氏刻书用料考究，纸张专门从千里之外的江西定制，厚的叫"毛边"，薄的叫"毛太"，封面更要用高级藏经纸，加之精雕细刻，质量上乘。此外，毛晋还招募了不少文人学士共事丹铅，并分别为儒、释、道三家名流修建了招待所，可见其规模之大。

　　在明代书业中，规模最大的是坊刻。明前期，坊刻书的内容大多局限于经、史、子、集等部类，明中期之后，为民间所喜爱的戏曲、小说、医书、类书等大量面市。明代坊刻主要集中在建阳、金陵、苏杭、北京等地，下面择其要者，分别概述之。

　　建阳书坊继承了宋元遗风，如勤有堂、翠岩精舍、尊德书堂、敬善书堂、清江书堂、进德书堂、慎独堂、归仁斋等，都是明代前期的建阳名肆，历史悠久，刻书很多。明中期以后，特别是嘉靖、万历时，建阳的书业达于极盛，出现了如余氏、刘氏、熊氏等赫赫有名的刻书家族，这些家族刻书业薪火相传，经营的书肆不乏百年以上的老字号。如余氏家族刻书，自宋至明，堪称百年老铺，可考者有余象斗双峰堂、余建泉文台堂、余良史怡庆堂等二十余家。其他如刘氏安正堂、刘氏忠贤堂、熊宗立安德堂、熊氏种德堂、中和堂、诚德堂，其中不乏名满海外者。其他如郑、叶、杨、詹、陈氏等坊肆，亦为建邑书林之大家。建阳刻书虽多，但因校勘粗略，纸墨俱劣，在当时就遭到很多读书人的强烈批评。虽然如此，从另一个角度反观之，正是由于建阳书坊出书迅速而价格低廉，所刻书籍又多为民间喜闻乐见的小说、戏曲及实用书籍，才使其拥有了广阔的市场，从而在激烈的书业竞争中获得了一席之地。

　　金陵（即今南京）是我国五大古都之一，自古为江南重镇，明代初年也曾建都于此，成祖迁都北京之后，南京依然是南方的政治、经济、文化中心。文化底蕴的深厚，加之政府的鼓励，金陵的坊刻也在全国占有相当重要的地位。明代后期，湖州、歙县的刻工大批迁往金陵，促进了金陵印刷事业的发展。明胡应麟有云："吴会、金陵擅名文献，刻本至多，巨帙类书咸荟萃焉!"①金陵的书坊、书肆大多集中在三山街和太学前,明万历以后,开始进入最为兴盛的时期。从出书内容上看,金陵书坊与建阳书坊类似,小说、戏曲等通俗文学占有很大的比重,尤其是戏曲类图书更是繁盛,这种情况与作为东南大都会的金陵发达的市民文化息息相关。金陵书坊中比较著名的有唐姓、周姓坊肆,前者以富春堂、文林阁、广庆堂、世德堂为代表,后者有周曰校万卷楼、周如山大业堂、周近泉大有堂等。另外,还有金陵陈大来的继志斋,在万历中晚期迅速崛起,亦以刻印戏曲作品为主。

　　苏州一向是文人雅士汇聚之地,当地出版业有着深厚的积淀。明代的苏州刻本在全国亦颇有盛名,苏州"书肆之胜,比于京师"。对于苏州刻本,明胡应麟在《少室山房笔丛》中曾评论说:"余所见当今刻本,苏常为上,金陵次之,杭又次之。"②可见当时苏州的刻书事业在全国所占的地位。明代苏州的书业坊肆大多位于阊门内外和吴县,可考者有四十余家,其中以陈长卿、陈仁锡、拥万堂刻书较多。

　　杭州古称余杭、钱塘,靖康之变后,宋迁都于此,改称临安,大批刻书艺匠也随之南迁,临安成为南宋的刻书中心。入明以后,虽然杭州的政治、经济地位有所下降,但是出版业仍然发达。现在能看到的明代杭州最早的坊本,是古杭勤德书堂于洪武十一年(1378年)所刻数学家杨辉的著作《算学五种》七卷,同年又刊《皇元风雅前后集》及《新编翰林珠玉》等。其他如杨家经坊、蒋德盛武林书堂、继锦堂、双桂堂、集雅堂、容与堂、藏珠馆、笔耕山房、胡文焕文会堂、徐象枟曼山馆、冯念祖卧龙山房、段景亭读书坊等名肆,自万历至崇祯间,也刊刻了大量的小说、戏曲、画谱等书籍。

　　明永乐以后,北京成为全国的政治、经济、文化中心,坊刻开始繁荣。北京的书坊,大多集中在正阳门一带,比较著名的有永顺书堂、岳家书坊、汪氏书肆、叶氏书铺等。其中汪氏书肆刻书最多,所刻司马迁《正义注解史记》、梁昭明解注《文选》、《唐音》、《武经直解》诸书,均据宋元善本刊刻,在北京坊刻本中享有盛名。另外,汪氏书肆在其刻书的目录后还附有广告,将该肆所刻古书列出目录,以招揽客户。永顺书堂是明代早期的北京书坊之一,1967年在上海嘉定县城东公社宣姓墓中出土的明成化年间刊刻的南戏戏文《新编刘知远还乡白兔记》、《新刊全相唐薛仁贵征辽故事》、《新编包龙图断白骨精案》、《新编全相说唱花关索出身传》等说唱词话十种皆是永顺书堂的

　①　(明)胡应麟:《少室山房笔丛》甲部经籍会通4,据明万历刻本。
　②　(明)胡应麟:《少室山房笔丛》甲部经籍会通4,据明万历刻本。

刻品。

总的说来,明代刻书无论从空间范围、数量规模还是刻印技艺上看,都是无愧于古代出版业鼎盛的一代,并且出现了一些此前未有的新特点。第一,明代刻书,特别是坊刻迎合底层受众的需求,小说、戏曲、实用书籍成为坊刻出版最重要的内容之一。第二,随着利玛窦、熊三拔、汤若望等一批西方传教士的到来,西方科技、宗教书籍开始输入中国。第三,就印刷技术而言,有明一代,出版技艺炉火纯青。不但活字印刷术开始流行,套版、饾版、拱花等高难度技艺的出现和应用,标志着我国古代的印刷技术达到了一个新的高度。当然,明代刻本也存在一些缺陷,如校勘不精、脱漏甚多、随意篡改古书、伪造旧本等情况比比皆是等,致使后代的学者重宋元本而轻明本,这显然是不够理性的,纵有瑕疵纰漏,明代刻书之盛的事实也应该得到我们的肯定。

### 6. 版印时期的出版活动——清代(近代以前)的刻书事业

清朝是我国古代封建专制统治的最后一个王朝,也是我国历史上第二个由少数民族统一全境的王朝,公元 1636 年,清太宗皇太极称帝,改国号为"大清"。八年后,驻守山海关的明降将吴三桂引清兵入关,同年清顺治帝迁都北京,从此清朝开始了在全国的统治。清代前期,出版活动在历经战乱之后迅速恢复,延续了明代的辉煌,但是其中也孕育着变革。康、雍、乾三朝经济繁荣,国力强盛,为刻书事业提供了雄厚的物质基础;在大兴文字狱的同时,满族统治者又尤其重视文教,注意学习汉族文化,以巩固政权、笼络汉族地主势力,出版事业的兴盛亦受惠于此。

清代的官方刻书机构,中央主要有武英殿和国子监,地方有各地的官书局(将在本书后文详细介绍)。武英殿刻书始于康熙十九年(1680 年),于清廷内务府设立武英殿造办处,在制作内廷所需文具、工艺品的同时,兼事刻书。康熙四十四年起,该处专事内府修书,后改名为武英殿修书处,下设监造处、校刊翰林处、档案房等机构。武英殿刻书,遵从皇帝意旨,所刻图书统称"武英殿刻本",简称"殿本"。据统计,清代各朝刊刻的殿本书共约七百余种,在对典籍的保护、利用和传播等方面都起到了重要的作用。武英殿刻书,写板、校勘十分严格,所用刻板、纸墨均为上乘,并采用雕版、彩色套印、铜板、铜活字、木活字等多种印刷技术(至光绪朝还引进了西方的石印、铅印技术),出版的书籍精美考究,多有珍品。清代殿本书内容十分丰富,除校刊经史典籍,定期编纂、续修实录、本纪、起居注、列传、方略、典则、律令、志乘之外,还刻印了大量文学、艺术、戏曲、自然科技、宗教等方面的书籍,并译刻了很多少数民族文字的图书。这些殿本书，除专供皇帝阅览的呈览本和内廷苑囿的陈设本之外，也颁发给各省督抚、学政作为样书，令其照式翻刻颁发通行，并允许书商、乡绅自备纸墨、工费，利用原有书版和各省翻刻书版重印流通或依式翻刻售卖，由于发行渠道的畅通，殿本书不胫而走天下。道光以后直至光绪，武英殿虽仍司内府刻书，但为数已极少了。

清代国子监承明代北监的衣钵，继续刻书，监内藏有大量书版，其来源除收藏前朝北监遗存的书版和武英殿书版外，还有一些自刻书版。清代国子监刻书规模很小，与前代相比，国子监作为官刻主体机构的地位已被武英殿取代，退而居其次。它更多的是协助武英殿刻书，如为其提供旧版底本，为其存贮保管新刻殿版，为其提供誊抄缮写人员等。

清代的私刻规模不让前代。首先是由于官方刻书的带动，私刻蔚然成风，私家稍有条件者，皆热衷于此，刊刻自己的著作和先贤诗文以传后世。这些刻本大多请名人手写上版，谓之"写刻"。这些刻本只为扬名不为逐利，大多不吝成本，其纸墨、装帧都比较考究，是刻本中的精品，世称"精刻本"。其次是清代考据学的大兴，这些学者文人通过整理、校勘、注疏、辑佚等多种手段，对浩如烟海的古代文化典籍做去伪存真、正本清源的工作，其中很多成果被纳入私刻的范畴。如嘉兴鲍氏知不足斋、吴县黄丕烈士礼居、金山钱氏守山阁、海宁吴骞拜经楼、常熟张海鹏丛善堂、长洲汪士钟艺芸书舍、杭州卢文弨抱经堂等都在校勘、考据古籍之后刊刻了很多著名的古书和丛书。此外，受清代私人藏书的影响，私刻成为宣扬善本、交换图书、补充藏书的重要手段。清代私刻的代表人物有周亮工、朱彝尊、徐乾学、黄叔琳、卢见曾、卢文弨、袁枚、鲍廷博、吴骞、孙星衍、张敦仁、张海鹏、黄丕烈、阮元、梁章巨、孔继涵、秦恩复、金山钱氏、蒋光煦、伍崇曜、汪士钟、胡克家、缪荃孙、王先谦、刘喜海、黎庶昌、叶德辉、罗振玉等。

清代中前期的坊刻发达，坊肆遍布全国各地，仍以北京、苏州、南京等地最为突出。所刻内容大凡经史子集、举业注疏、诗文、小说、词话、医药、科技、历书、百科、宗教等，应有尽有，蔚为大观。

北京书业坊肆在清代达于鼎盛，初期主要集中在广安门内的慈仁寺，乾隆中期以后移至宣武门外的琉璃厂和内城隆福寺两地。琉璃厂在北京南城，本名海王村。明清两代在此烧制营建宫殿、王公邸社的琉璃砖瓦，由此得名。琉璃厂书市自明代就已开始出现，至清代大盛，成为北京乃至华北地区书业的中心。除了书市贸易以外，不少书坊也从事刻书活动，不过刻书大多集中在晚清和民国时期，此时从事刻书活动的仅有五柳居、鉴古堂、文粹堂等少数几家。此外,隆福寺一带也分布着很多书坊,如同立堂、宝书堂、三槐堂、文成堂、老二酉堂等,这些书坊也多以售书为主,有些书坊也曾于这一时期刊刻过图书。清季苏州书坊林立,可考的有扫叶山房、书业堂、文学山房、四美堂、聚文堂、黄金屋、绿荫堂等,最著名的当数席氏扫叶山房。相传扫叶山房在明万历年间就已开设,为了表明严肃认真刊刻书籍的态度,取"校书如扫落叶"的寓意作为店名。清代初年,扫叶山房翻印了购得的毛晋汲古阁大量书版,康熙皇帝南巡苏州,扫叶山房主人进献新刻《全唐诗》,受到康熙嘉奖,从此声誉大振。由于经营得法,扫叶山房于光绪年间又在上海开设分号,在汉口建立分支机构,堪称清代刻书时间最长、影响最大的民间书坊。清代的南京坊刻,其刻书种类仍然集中在小说、诗文选本等方面。一些由明入清的老铺如奎璧斋、大业堂、世德堂等,新设书坊如芥子园、萃文书屋、李光明庄等,均有刻本传世。

# 第二章　两次鸦片战争时期的
　　　　出版活动

## 一、鸦片战争前传教士的出版活动

### 1. 早期传教士的来华

早期传教士的来华揭开了晚清西学东渐的序幕,将西方的出版印刷技术和文化带入东方世界,实现了近代东西方在文化层面的交流,在文化史、出版史上厥功甚伟。

传教士的来华有社会和宗教两方面的原因。首先,18 世纪资本主义在西方兴起,各国急欲寻求海外市场的拓展。尤其在地理大发现后,西方殖民势力在世界范围内进行政治、经济、文化方面的大扩张。英、法等国家对海外扩张的积极态度,对传教士来说,有如被注入一针强心剂,极大地刺激了他们奔赴海外传教的积极性。在宗教方面,17～18 世纪欧美兴起的"福音奋兴运动"①深刻地影响了基督教世界,特别是英国等英语民族的宗教和精神生活。从 17 世纪后期开始,欧洲陆续出现了一些以向海外非基督教民族传教为目的的新教传教团体,英国伦敦会应时而生。该会由英国国教会、公理会和长老会组成,以超宗派的海外传教活动为基本原则,宣称"惟一的目的是在异教徒和其他蒙昧民族中传播基督的知识"。② 自成立起,伦敦会就将海外传教视为主要的会务,陆续派出一些传教士到海外传播福音,但传教

---

① "福音奋兴运动",英文名称为"Evangelical Revival",是 17～18 世纪在欧美等英语民族世界兴起的宗教热潮的总称。

② 吴义雄:《在宗教与世俗之间——基督教新教传教士在华南沿海的早期活动研究》,广东教育出版社 2000 年版,第 29 页。

活动却困难重重,事倍功半,收效甚微。1807年,马礼逊(Robert Morrison)的派出改变了海外传教的窘境,书写了新教在亚洲地区传教的新篇章。

1782年1月5日,马礼逊出生于英国北部诺森伯兰郡莫佩思的布勒氏格林,是老马礼逊(James Morrison)最小的孩子。老马礼逊夫妇是虔诚的基督徒,经常带领全家作礼拜,教导马礼逊过虔诚的宗教生活。1785年,马礼逊一家迁往纽开斯尔。在那里,马礼逊得到了最好的宗教教育,还加入了英国长老会,宗教训练也逐渐增多。1802年,他考入霍克斯顿神学院,学习正规的神学课程,并萌发了到海外传教的愿望。尽管家人和师长对此有些迟疑,但对他的想法表示了不同程度的支持。1804年,马礼逊向伦敦会申请到海外传教,在获得批准后,被派往高斯坡学院接受专门的训练。在伦敦,马礼逊学习了基础的医学、天文学知识,并跟随一名中国人容三德学习中文,还从大英图书馆借到一部《新约全书》中文译稿及《拉丁文－中文字典》,以供经常阅读学习。1807年,他已经很好地掌握了所学的知识,加上长期的宗教训练和良好的修养,为海外传教打下了坚实的基础。当时的东印度公司对传教活动表示怀疑,害怕因此影响到商业活动,拒绝马礼逊搭乘货船。马礼逊只能取道美国,乘坐"雷米登斯号"货船前往纽约。在美国,马礼逊受到热情的款待,搭乘美国商船"三叉戟号"于当年的9月7日顺利到达广州。

马礼逊在华传教活动遭受到巨大的阻力,很难开展。当时的清政府严令禁止基督教传播,康、雍、乾三朝对外来宗教实行了严厉的禁教政策,限制外来宗教的传播。马礼逊来华之前,嘉庆帝还发布了《申明例禁西洋人刻书传教》上谕,重申禁教政策。清政府的禁教政策极大地限制了马礼逊的传教活动。当时的传教环境十分恶劣,马礼逊隐匿在商馆中学习中文,并身着中国服装、留发辫、吃中餐,努力提高中文水平。不久之后,马礼逊结识了东印度公司的大班斯当东,这对他在华的活动产生了重要影响。经斯当东的引荐,他顺利地成为东印度公司的译员,并获得不菲的报酬。在担任译员之余,马礼逊不忘自身的职责,着手翻译《圣经》,秘密刊刻了《旧约全书》的一部分。他的刻书活动曾多次遭到清政府的查封,据说为马礼逊工作的中国人员随身带着毒药,以备被捕时服毒自尽。[①] 而且,当时天主教在华已有数百年的传教史,信徒的数目已相当可观,而且还在持续地增长之中。对新教传教士而言,天主教在华势力也是不可忽视的力量。在外来宗教的活动空

---

① 马礼逊夫人编、顾长声译:《马礼逊回忆录》,广西师范大学出版社2004年版,第130页。

间非常有限的情况下,新教与天主教传教士为吸收更多的教徒,势必展开激烈的竞争。相互排挤和打压更是司空见惯。1813 年 7 月 4 日,新教传教士米怜(William Milne)到达澳门,遭到当地天主教的敌视,几天后就被驱赶。

作为东印度公司的译员,马礼逊具有合法的身份在华居留和活动,但传教工作始终无法顺利进行。经过再三考虑,马礼逊和米怜决定将传教的基地设在马六甲等南洋一带。由于这些地方华人较多,殖民政府对传教活动表示相当程度的欢迎,这有利于传教基地的建立和发展。对于南洋一带的传教活动,马礼逊提出了"恒河外方传道团"的计划,详述在南洋建立基地的细节,并委派米怜负责具体实行。经过几年的努力,早期传教士在马六甲、新加坡、巴达维亚等地建立了传教基地,开展了初具规模的传教活动。

### 2. 早期的出版机构

在受到严格限制的情况下,早期传教士进行公开传教布道活动已无可能。在学习中国语言时,他们逐渐认识到出版物在传教方面的重要作用。米怜说道:"不管以何种洗练的语言来表达,在传播人或神的知识上,印刷媒体显然要比其他媒体更占优势。作为加深理解的手段,中文书籍之重要性也许要比其他传播媒体还要大。因为,阅读中文的人口要远比其他民族为多。书籍可以广泛流通和传诵。如果有适当的代理人并采取谨慎的态度,书籍是有可能大量传入中国的。"[1]基于此种认识,早期的传教士多致力于"文字播道"的工作,陆续在广州、澳门、马六甲和巴达维亚等地建立了出版机构,比较重要的有东印度公司印刷所、马六甲印刷所、巴达维亚印刷所以及中国益智会等。这些机构既采用中国传统的刻书方式,又使用西方的机器印刷,成为中西方出版技术交流的重要载体。

马六甲印刷所是当时最重要的、出版中文书刊最多的印刷所。它的成立开启了传教士设立印刷所的先河,促进了西方印刷技术和文化的传入。该机构由马礼逊和米怜创立,在所拟定的草章中,明确说明设立马六甲印刷所的目的在于"方便印制中文、马来文和英文的传教用品……首先印制中文圣经的全部和其他印刷品,还可出版介绍中国和马来等国家风土人情的印刷品,便于向欧洲介绍这个地区的传教事业"。[2] 1816 年 8 月,马礼逊在马六甲城西门、大海之滨设立了印刷所,并开始兴建房屋,以作为传教士住房、

---

① 　马礼逊夫人编、顾长声译:《马礼逊回忆录》,广西师范大学出版社 2004 年版,第 135～136 页。

② 　马礼逊夫人编、顾长声译:《马礼逊回忆录》,广西师范大学出版社 2004 年版,第 101 页。

办公室、印刷所和印刷工人宿舍,1817 年正式竣工。印刷所编辑和发行了许多传教书籍和刊物,到 1842 年关闭时,共出中文书刊 43 种,较为重要的是《察世俗每月统记传》,此外还印制了为数不少的宗教读物。作者除了马礼逊、米怜,还有麦都思、柯大卫(David Collie)、吉德(Samuel Kidd)以及梁发①、蔡高、屈亚昂、屈亚熙、蔡兴等,他们大多是伦敦会传教士和为马礼逊工作的中国教徒。

澳门东印度公司的印刷所于 1814 年成立,创办的初衷是为了印制马礼逊的《华英字典》②。因此,在得到葡萄牙新政府的允许和鼓励之下,东印度公司列出专项经费设立该所。③ 成立之初,东印度公司董事会就严格规定了它的经费和印制范围。除《华英字典》外,印刷所还印制了东印度公司日常往来文件、18 种其他书刊,以及部分传教宣传品。印刷字典需要大量的汉字,采取雕版印刷还是活字印刷成为马礼逊面临的首要问题。经过综合分析之后,马礼逊决定采用金属活字印刷,具体的印刷工作由东印度公司技师 P. P. 汤姆斯(Thomas)负责。《华英字典》的印刷,是来华传教士第一次大规模采用中文金属活字进行印刷的实践。1834 年,因东印度公司被撤销,该印刷所亦被迫关闭。该所 20 年间累积的 20 余万活字被赠送给美国海外传教委员会印刷所,后来这批活字在 1856 年的广州十三行大火中化为灰烬。

巴达维亚印刷所是麦都思(Walter Henry Medhurst)于 1817 年所建。当时来华新教传教士人手严重不足,英国伦敦会派麦都思协助米怜从事印刷方面的工作。麦都思聪颖好学,很快就掌握了工作要义,并能独当一面。伦敦会破格任命麦都思为牧师,派其到巴达维亚开辟新教区。设立和经营巴达维亚印刷所是麦都思在当地的主要工作。除布道传教外,麦都思还刊印了许多基督教方面的书籍,还于 1823 年发行了《特选撮要每月纪传》杂志。通商口岸开放之后,麦都思将传教重心转到上海,该印刷所也逐渐停止工作。

早期出版机构中值得一提的是传教士设立的出版编辑委员会中国益智会(The Society for the Diffusion of Useful Knowledge in China)。该会由广州外国侨民 1833 年倡议,于 1834 年 11 月 19 日正式成立。益智会得到

---

① 麦沾恩著,胡簪云译:《中华最早的布道者梁发》,《近代史资料》39 号,第 142～225 页。

② 又称《中国语文字典》,英文名称为"A Dictionary of the Chinese Language"。

③ 苏精:《马礼逊与中文印刷出版》,台北学生书局 2000 年版,第 79～111 页。

了早期在华西方人士的热情支持,部分商人和传教士参与其中。该会的建立模式对后来广学会的发展具有一定影响。益智会英商马地臣任会长,裨治文(Elijah Coleman Bridgman)、郭实腊、马儒翰(John Robert Morrison)为秘书。益智会旨在于联络在华的英、美、德、荷等国人士,促进中国与西方的沟通,宣称:"出版能启迪中国人智力的一类书籍,并把西方的技艺和科学传授给他们。要采取适当措施,使之不仅能在广州,而且能在全国流通。"①在他们看来,"中文对中国文明有着重要的影响。虽然中文著作非常丰富,但在思想上却十分贫乏;其行文和风格却十分奇特。……正是由于此,中文几乎排斥其他的语言,同时也关闭了学习外国知识之门。无知的民族偏见使得中国人更青睐本土的著作"。②为改变这种状况,益智会制定了庞大而又丰富的图书出版计划,翻译国外书籍和编辑中文书籍,认为惟有如此才能"一方面收集整个西半球的现代发明和发现的最丰硕成果,另一方把这些成果在这些东方各国的居民中广泛传播开来",又可以使"中国人相信自己还有很多要学","表明我们西方人实际上并不是'野蛮人'的有效办法"。③

　　益智会成立不久,美国传教士亦表示积极支持。刚到广州的美国籍传教士崔理时(Ira Tracy)被派赴新加坡,购置印刷机器,筹建印刷所,新加坡印刷所从 1835 年开始出版益智会编写的书籍。但由于缺乏专业的、精通中文的编写人才,该会的出版计划并没有完全实现,只印刷了部分书刊,如《东西洋考每月统记传》以及崔理时的《鸦片速改文》、裨治文的《美理哥国志略》等书。截至 1842 年,益智会共出书刊 42 种,主要作者为郭实腊、裨治文和崔理时。

　　从以上可略见早期传教出版机构的特点。第一,早期的传教出版机构规模较小,无论在人员组成还是机构管理方面都显得格外"袖珍"。工作人员基本上为传教士个人,如马六甲印刷机构主要由米怜负责,巴达维亚印刷所由麦都思单独负责;而且管理非常简单,除印刷传教书刊外,很少涉及其他方面的事务。第二,这些机构的经费多来自教会的捐助。英国伦敦会、圣经公会等机构常为印刷基督教读物而捐款。马礼逊、米怜、麦都思等都或多或少地收到教会机构的捐款。除此之外,也有部分商会或个人的捐款,如马礼逊曾捐款几千元来印刷宗教书籍。第三,这些机构多采用中国传统的雕

----

　　①　*Chinese Repository*,December,1834,p.382。

　　②　*Chinese Repository*,December,1834,pp.378-379。

　　③　Barnett and Fairbank,*Christianity in China:Early Protestant Missionary Writings*,pp.95-96。

版印刷,也部分使用铅活字印刷。马礼逊、米怜等传教士的大部分著作采用雕版印刷,并雇用了中国刻工梁发、蔡高、蔡兴、蔡三等人。在使用雕版的同时,为了印制《华英字典》,汤姆斯还尝试研制金属活字印刷,把西方的铅活字等印刷技术引入了中国。

### 3."文字播道":报刊和书籍

在"文字播道"政策的指导下,早期的传教士编辑发行了为数不少的书刊,在南洋一带和内陆地区散发,是早期传教事业的重要组成部分。在杂志方面,较有影响的有《察世俗每月统记传》、《东西洋考每月统记传》、《特选撮要每月纪传》、《印中搜讯》等。在书籍方面,马礼逊、米怜等将《圣经》翻译完毕并付梓出版,还编辑发行了辞书、文法书、单词汇编、劝世文等中文书籍。

《察世俗每月统记传》(*Chinese Monthly Magazine*)创办于1815年8月5日,是第一份中文近代报刊。该刊由米怜编辑,署名"爱汉者纂",月刊,雕版印刷,采用中国传统的书本式样。米怜在序言中说,"学者要勤功察世俗人道,致可能分是非善恶也……看书者之中,有各种人:上中下三品,老少愚达智昏皆有,随人之能晓,随教之以道,故《察世俗》书,必载道理各等也。神理、人道、国俗、天文、地理、偶遇,都必有些;随道之重遂传之,最大是神理,其次是人道,又次国俗,是三样多讲,其余随时顺讲"。[①] 从中可以看出,该杂志有着浓厚的宗教色彩,以普通民众为读者对象,无年龄、知识程度的限制;内容以宗教、人伦、天文、地理等为主。据统计,《察世俗每月统记传》80%以上的篇幅刊载的是基督教教义以及与宗教有关的内容,不到20%的篇幅刊载世界历史、地理、天文、民情风俗等方面的知识。[②] 在写作手法上,考虑到当时中国读者的阅读心理,杂志采用以基督教教义附会儒学的办法,借用儒家著作中的语句来表达基督教教义,还采用古典小说章回体的体裁,力图做到通俗易懂。杂志主要的撰稿人为米怜、马礼逊、麦都思、梁发以及部分英华书院的学生等[③]。在发行量上,第一期发行了500册,后增至1000册,又增至2000册。截止到1819年5月共发行了30,000册,而且在发行分册的同时,也渐有合订本流传。刊物多由传教士免费发放,"每逢粤省府县乡试,以梁氏携往考棚,与宗教书一同分送。余则散布南洋一带,因我国

---

① 米怜:《察世俗每月统记传序》,宋原放主编:《中国出版史料·近代部分》(第一卷),湖北教育出版社2004年版,第70～71页。

② 熊月之:《新教传教士早期中文书刊出版》,《出版史料》1992年3月。

③ 方汉奇:《中国新闻事业通史》(第一卷),中国人民大学出版社1992年版,第257页。

人侨商南洋者众也".[①] 后因米怜健康不佳而停办。

《东西洋考每月统记传》(*Eastern Western Monthly Magazine*)于1833年8月(癸巳年六月)在广州创办,经历多次停刊、复刊,于1838年底停刊。其出版情况非常复杂,1834年、1835年两度停刊、复刊,1836年未出,1837年改由中国益智会办,于1838年底停刊[②]。从目前可考的资料来看,该杂志共出版39期,其中有6期重复,采用传统的雕版印刷,月刊,连史纸,20多页,有直版和竖版两种版式。创办者为德国籍传教士郭实腊(Karl Friedrich August Gutzlaff,又作郭士立、郭甲立、郭施拉等),署名为"爱汉者"。郭实腊是自由传教士,故又称《东西洋考每月统记传》为"郭实腊的杂志"。杂志分两个时期,前期是郭实腊[③]个人在广州主持,受到"广州和澳门社会的资助",后期由中国益智会[④]在新加坡管理。关于创办宗旨,郭实腊曾这样表达:由于中国人的"妄自尊大严重影响到广州的外国居民的利益,以及他们与中国人的交往","为了使中国人获知我们的技艺、科学与准则",采用"不谈政治,避免就任何主题以尖锐言辞触怒他们。可由较妙的方法表达,我们确实不是'蛮夷';编者偏向于用展示事实的手法,使中国人相信,他们仍有许多东西要学"[⑤]。在《中国丛报》上,他明确提出要消除中国人的偏见,改变外国人在广州贸易中的窘况。为便于中国读者接受,他在《东西洋考每月统记传》中这样表述,"惟看此东西洋考皆著好用之事,不独可多识鸟兽草木之名,天文、地理之义,且其明哲可以保身,可以全生,以至于尽年焉。此书纂成特意推广汉人之益,可知物之格,以穷其理,以正其性情,使有获益之处也"[⑥]。他竭力向中国读者示好,迎合中国读者的心理,一再表白自己

---

① 米怜:《基督教最初在华十年之回顾》,还可参见 Xiantao Zhang, *The Origins of the Modern Chinese Press*, Routledge, 2007, p. 38。

② 关于停刊的具体时间有不同的看法,目前流行的看法认为,其停刊于1838年9月,依据是目前可看到的《东西洋考每月统记传》的最后一期。黄时鉴先生则认为1838年9月停刊的说法不可靠,依据《中国丛报》上的记载,该杂志1838年10月仍在出版,至于具体的停刊时间仍难以确定,但可以肯定的是该杂志于是年年底停刊。具体还可参方汉奇主编:《中国新闻事业通史》,中国人民大学出版社2000年版,第270页;叶再生:《中国近代现代出版通史》(第一卷),华文出版社2002年版,第147页。

③ 关于郭实腊的介绍,详见顾长声:《从马礼逊到司徒雷登》,上海书店出版社2005年版。

④ 可参见 *Chinese Repository*, November, 1833, pp. 329-331; December, 1834, pp. 378-384; December, 1835, pp. 354-361; March, 1837, pp. 507-513; November, 1837, pp. 334-340; December, 1838, pp. 399-410.

⑤ *Chinese Repository*, August, 1833, p. 186。

⑥ 《叙谈》,黄时鉴整理:《东西洋考每月统记传》,中华书局1997年版,第306页。

希望"万国咸宁,则合四海为一家,联万姓为一体,中外无异视"①的"良苦用心"。

《东西洋考每月统记传》前期由郭实腊单独撰稿、编辑;后期改由中国益智会主办,主要由郭实腊、裨治文、马儒翰编辑。部分学者②也提到麦都思,据黄时鉴的考订,中国益智会的报告中,提到由该会的秘书来承担编辑工作,该会的秘书由以上三人担任,这是毋庸置疑的。而麦都思在杂志发行期间,并没有在新加坡停留,因此认为麦都思在后期对杂志有协助作用,但不是主要的作者。关于《东西洋考每月统记传》的读者,郭实腊曾有过设想:"儒农工商,各有所取而厚泽合诸己,岂非协力事务,彼此相帮相助,化昭文明,而流教泽矣",并乐观估计:"设使每月捐一元,收东西洋考十本,与亲戚朋友看读,稍效微劳,便有裨益矣。或家道不富,只买一本,而拾银一钱,亦不难矣。一街之店主签题,一里之乡绅行此,则东西洋考周流四方以行教,不亦悦乎"。③ 但实际的情况却不容乐观,极少有中国人阅读。尽管如此,郭实腊仍相信随着时间的推移,必然有更多的人成为杂志的读者。④ 后期的读者主要是商人,"且传东西洋之新闻消息,各商要投卖货物,或有他事,致可通知,得以明说而登载之"。杂志对商情的关注,吸引了更多的商人读者,因此出现了"原来读斯纪传,为商贾多矣"⑤的状况。该杂志创刊号 600册一售而空,加印 300 册,合订本还重印了 1000 册。"在杂志出版的最初 3年里,它每月发行 500 份",⑥可见该杂志的发行量当在每月 500 册以上。杂志主要"通过广州的两家书店经销,这两个书店在大城市均设有分店"⑦,发行范围不仅限于广州、南洋等地,更扩展到北京、南京等地。

《印中搜讯》(*The Indo-Chinese Gleaner*)创办于 1817 年,由马礼逊和米怜主编,季刊,是目前已知的来华传教士所办的最早的一份英文期刊。关于该刊的创办宗旨,米怜在发刊词中写道:"可以讨论重要的问题,偶尔还会刊登有益的随笔……期刊出版这样的内容以期得到相应的有益的反映。在

---

① 《序》,《东西洋考每月统记传》,中华书局 1997 年版,第 3 页。

② 方汉奇认为中文秘书郭士立(郭实腊)、英文秘书马儒翰同任该刊编辑,新加坡的麦都思也任编辑。

③ 《招签题》,《东西洋考每月统记传》,中华书局 1997 年版,第 318 页。

④ *Chinese Repository*, August , 1833, p. 187.

⑤ 《东西洋考每月统记传·第二序》,宋原放主编:《中国出版史料·近代部分》,湖北教育出版社 2004 年版,第 77 页。

⑥ 雷雨田:《近代来粤传教士评传》,百家出版社 2004 年版,第 175 页。

⑦ 王立新:《美国传教士与晚清中国现代化》,天津人民出版社 1997 年版,第 296 页。

传教士的日常思想中也会有盲点、生锈的思想、枯竭的心智,期望情感与物质的支持,也会有情绪的低谷……但是一个公开的出版物如果能够把宗教与哲学,文学与历史结合起来,就一定能给予一些启迪……"。① 该刊以报道和研究中国的现状、历史、文化以及基督教在华传教的情况为主,包括传教士在中国活动的情况,以及中国社会、政治、经济、军事、文化等各方面动态的报道以及历史文化、政治制度等方面的学术研究。此外,杂志还刊有印度基督教新教差会的活动和教会的发展状况。 文章多由传教士撰写,其中关于中国动态的报道,主要来源于清廷所办的《辕门钞》,以及一些匿名的通讯,涉及清朝中央与地方政府的动态、官员的任免、财政状况、军事动态、司法制度、社会治安、秘密会社的活动与清廷的镇压措施、自然灾害、科举考试、中西关系、中国社会的风俗习惯、道德状况、生活水平、宗教信仰,等等。② 杂志的读者对象是以英国人为主的欧洲各界人士,东方的英语民族以及各地的英国传教士。因在东方的读者群体和传教士的数量有限,将刊物运往欧洲各国的费用相对较高,杂志的发行量并不大,影响范围有限。杂志迟迟打不开销路,经费的短缺迫使该杂志于 1822 年正式停刊。

《特选摘要每月纪传》1823 年 7 月在巴达维亚创刊,由麦都思主编,署名"尚德者纂",月刊,木刻出版,是《察世俗每月统记传》的延续,"继续此《察世俗》书,则易其书之名,且叫做《特选撮要每月纪传》"。因此在内容方面没有多大的改变,包括宗教、人伦道德、天文、地理、科学、时事等。在宗旨方面仍以传播福音为主,"其或正教广布全地万方,至无一人不遵神天之令,上则荣归于神,下则利益于人"。③ 初时每期印 1000 册,后来略有增加,于 1826年停刊,共出 4 卷。

总的说来,传教士创办的早期杂志具有以下特点:从内容来看,早期杂志以刊载宗教性内容为主,也刊载天文、地理、史学、科学等方面的知识。从出版地来看,早期杂志多位于当时重要的新教传教基地广州、马六甲、巴达维亚等地,发行地比较分散。从存续时间来看,早期的杂志存继时间均较短,但各杂志在时间上前后相续,形成了一条早期杂志的"出版链条"。

早期传教士也编辑出版了许多书籍,包括《圣经》中译本、工具书、宣扬

---

① 吴义雄:《在宗教与世俗之间——基督教新教传教士在华南沿海的早期活动研究》,广东教育出版社 2000 年版,第 50 页。

② 雷雨田主编:《近代来粤传教士评传》,百家出版社 2004 年版,第 180 页。

③ 麦都思:《特选撮要每月纪传·序》,宋原放主编:《中国出版史料·近代部分》,湖北教育出版社 2004 年版,第 73 页。

教义以及传教士对教义进行阐述的小册子等,其中较有影响的是《圣经》的中译本和《华英字典》的出版。

马礼逊来中国之时,教会派给他的任务有二:翻译《圣经》和编撰一部英汉字典。经过几个月的努力,马礼逊已能说一口流利的汉语,并能进行中文写作。在担任译员之余,他着手翻译《圣经》,招募中国刻工印刷,出版了多部译作。据《中国丛报》记载,《新约全书》中文译本在广州共印制 2000 部。《圣经》分《旧约》和《新约》两部分,《旧约》由马礼逊独自翻译,《新约》由马礼逊和米怜合译。整部《圣经》于 1823 年印刷完毕,取名"神天圣书"(*The Holy Bible*),共 21 卷,为线装书。

《华英字典》由马礼逊编辑出版。从 1809 年起,马礼逊就开始搜集这方面的资料。经过几年的准备,他于 1815 年出版了第一卷,书名为"字典",分别于 1822 年、1823 年出版了第二、三版。第二卷分两部分,第一部分于 1819 年出版,书名为"五车韵府";第二部分于 1820 年出版,附录中特别列出了中文的楷书、行书、草书、隶书、篆书、古文六大类书写方法。第三卷仅一卷,于 1822 年出版,书名是《英中字典》,内容包括单字、词汇、成语和句型的中英对照,例句有中文译文。整部《华英字典》于 1823 年出齐,共有六册,合计 4595 页,工程浩大,全由马礼逊一人编纂而成。这部大字典的印制费、技师和刻版工人的工资等项,全部由东印度公司支付,共印了 750 部,其中 650 部作为报酬,送给编著者,由其自行处理。因此,马礼逊在伦敦、巴黎、中国、马六甲、孟加拉、马德拉斯、孟买等地设代售处,中国地区由东印度公司的技师汤姆斯负责。这部书的读者主要是在华的外国人。字典的第一卷被订购了 81 部,第二卷 79 部,第三卷 78 部,订购者全部为外国人。①

有关早期传教士的著作,在伟烈亚力所著《基督教在华传教士回忆录》②中有详细的记载。据载,马礼逊的中英文著作有 30 多种,主要有《神道论赎救世总说真本》、《问答浅注耶稣教法》、《古时如氏亚国历代略传》、《养心神性》、《年中每日早晚祈祷叙式》、《神天道碎集传》、《西游地球闻见略传》、《神天圣书》、《古圣奉神天启示道家训》、《杂文诗》、《祈祷文赞神诗》、《广东省土话字典》、《英国文语凡例传》等。这些书由中英文两种语言写成,其中以英文居多,内容大多是关于宗教的。米怜出版了 24 种著作,包括《求

---

① 叶再生:《概论马礼逊的中国语文字典——中国最早一家现代化出版社和中国近代出版史分期问题》,叶再生:《出版史研究·第一辑》,中国书籍出版社 1993 年版,第 16～17 页。

② Alexander Wylie, *Memorials of Protestant Missionaries to the Chinese Giving a List of Their Publications*, Shanghai, American Presbyterian Mission Press, 1867, pp.5-42.

世者严行真史记》、《进小门走窄路解论》、《幼学浅解问答》、《祈祷真法注解》、《诸国异神论》、《生意公平聚益法》、《圣书节注十二训》、《赌博明论略讲》、《张远两友相论》、《古今圣史记集》、《受灾学义论说》、《三实仁会论》、《全地万国纪略》、《乡训五十二则》、《上帝圣教公会门》、《灵魂篇大全》、《圣书节解》等。这些著作以中文写作者较多,英文较少;内容涉及宗教、经济、历史等。麦都思编辑出版了94种著作,如《三字经》、《持选撮要》、《清明扫墓之论》、《善度施食之论》、《马祖婆生日之论》、《神天十条圣诚注解》、《兄弟叙谈》、《东西史记和合》、《耶稣赎罪之论》、《乡训》、《神理总论》、《论善恶人死》、《新遗诏书》、《偶像书编》、《论语新纂》、《上帝生日之论》等。它们多由中文、英文、马来文写成,内容涉及宗教、中国社会习俗等方面。

　　从内容来看,早期传教士的著作绝大多数与宗教有关。除纯宗教教义的翻译外,还有许多是传教士个人对宗教的理解和阐释;间或有关于史学的内容以及蒙童读物等。从语言来看,这些早期的著作以中文为最多,英文相对较少,还有马来文、德文等。从发行来看,这些著作的出版均受到英国、美国教会以及在华西商、教会团体的经济支持;除部分寄往国外,大部分在华人中间免费发放。

　　总之,早期传教士的出版物凝聚着他们为传教事业所付出的心血和努力。大量的中文宗教读物的出版,首开近代西籍汉译的先河;部分西学著作的传入,对打破东西方世界的隔阂以及改变东西方"雾里看花"状态有着重要作用。

鸦片战争前教会出版机构一览表

| 名称 | 设立时间 | 地点 | 创办者 |
|---|---|---|---|
| 澳门东印度公司印刷所 | 1814 年 | 澳门 | 东印度公司 |
| 马六甲英华书院印刷所 | 1818 年 | 马六甲 | 马礼逊、米怜 |
| 新加坡印刷所 | 1834~1835 年 | 新加坡 | 中国益智会 |
| 艾宾印刷所 | 1833 年 | 澳门 | 马儒翰 |
| 美国传道会书馆 | 1831 年 | 广州 | 神治文 |
| 中国益智会 | 1834 年 | 广州 | 在华西人 |

## 二、两次鸦片战争时期的教会出版机构

### 1. 教会出版机构的新发展

五口通商以后,传教士的境况大为改观,传教活动不再局限于南洋一

隅,逐渐向东南沿海地区发展。这一时期,教会出版机构也获得了较快的发展,表现在工作人员的相对专业化、印刷设备的改进、出版物数量的增加、出版内容的丰富等方面。鸦片战争之后,清政府被迫签订了《南京条约》《望厦条约》《黄埔条约》。中国门户由此大开,其中《南京条约》规定割让香港一地,开放上海、宁波、福州、厦门、广州五口通商口岸;《望厦条约》《黄埔条约》中又规定了允许传教士在通商口岸自由传教、建立教堂。上述条约的签订标志着清政府被迫改变了此前的禁教政策。虽然范围有限,但对传教士来说却意义重大。这些政策为传教士的活动提供了法律上的保障,也扩大了他们的活动空间,改变了早期传教举步维艰的局面。于是,大批传教士开始从南洋一带向中国东南沿海地区转移,初以香港为最多,后逐渐向上海、宁波、福建、厦门、广州等地发展。

与此同时,国外的许多教会陆续成立海外传教差会,派遣传教士来华传教。一时间,来华的传教士人数骤然增多,散居于各通商口岸。据统计,当时在华的主要差会有美部会、伦敦会、美国圣公会、美国长老会、英国长老会、美国浸礼会、美以美会、瑞典信义会、英国安立甘会、英国浸礼会、英国圣公会、美国南部浸信会、美国建立公会、美国安息浸礼会等。截至1854年,在华传教差会共有21个,传教士155人,其中广州差会6个,传教士29人;香港差会10个,传教士21人;厦门差会5个,传教士18人;福州差会4个,传教士19人;宁波差会4个,传教士20人;上海差会10个,传教士48人。相比较早期传教事业而言,无论是差会数量还是传教士人数都有明显的增长,这不仅加强了在华新教传教的力量,而且也推动传教事业进入新的发展阶段。

1840~1860年间,教会学校、医院、出版等各项事业均呈现出快速发展的态势,尤以出版业最为明显。传教士在通商口岸相继设立了出版机构,不断改进出版设备,训练专业的印刷人员,出版种类繁多的书刊。据统计,五口通商口岸由传教士出版的中文书刊多达200种,其中宗教著作约占70%,天文、地理、医学等科学读物占约30%。在多年的出版活动中,江浙地区以其优越的地理、人文环境,得到传教士的青睐,逐渐成为教会出版业的中心。当时影响较大的出版机构墨海书馆和华花圣经书房①就分别设在上海、宁波。它们不仅供应着当时在华传教所有教会的书刊,承印部分国外教会的书籍,而且代表了教会出版在晚清社会的新发展,影响着中国传统出

---

①　又作“花华圣经书房”。

版业的近代化的进程。

**2. 墨海书馆**

自开埠以来,上海逐渐成为引进西方文化的前哨,吸引着大批传教士前来。墨海书馆(London Missionary Society Mission Press)成为当时影响最大的教会出版机构。它不仅仅是"近代中国的第一家西式印刷厂"①,而且还出版了大量的宗教书籍以及较有影响的西学著作,揭开了新一轮西学东渐的序幕。

关于墨海书馆的几个问题　　墨海书馆由伦敦会传教士麦都思创办,取"墨流成海"之意,麦也自称为墨海老人。关于书馆创办的时间,学者们有不同的看法。熊月之认为,墨海书馆创办于1843年,1844年开始出书;叶再生认为墨海书馆1843年末开始在上海建设,至1848年才全面建成投产;范慕韩认为书馆为1844年创办。从以上观点来看,学者们对麦都思1843年12月到上海的看法是一致的,分歧在于判断书馆建成的标准不同,是麦都思等传教士及其机器设备来华,还是书馆建筑的完成。依照叶斌的看法,麦都思来上海之前已有比较充分的准备②;陈昌文认为麦都思定居上海不久就着手筹建,即书馆初建于1843年底。笔者认为叶和陈的说法比较可信,认为墨海书馆初建于1843年,次年开始出书,1848年书馆的各项建设基本完成。

墨海书馆初建于上海城北大境一带,具体地址至今说法不一。王韬诗中有"大境杰阁"的说法,胡道静认为大境在上海城小北门(晏海门)一带,即在今天的人民路以西的会稽路、以东的万竹街。③ 1845年英租界开辟后,伦敦会在租界内的山东路购地④,作为主要的活动场所。至于墨海书馆何时迁入目前说法不一。叶斌认为,最晚于1846年12月印刷所建成,墨海书馆于1861年迁入⑤。书馆环境优美,风景怡人,王韬曾描绘:"竹篱花架,菊圃兰畦,颇有野外风趣。入其室中,缥缃插架,满目琳琅……书楼俱以玻黎

---

①　苏精:《马礼逊与中文印刷出版》,台北学生书局2000年版,第237～238页。

②　叶斌:《上海早期传教士麦都思》,《上海研究论丛》第11辑,上海社会科学院出版社1997年版,第239页。

③　胡道静:《印刷术"反馈"与西方科学第二期东传的头一个据点:上海墨海书馆》,《出版史料》1987年第4期～1988年第1期。

④　1845年底,麦都思代表伦敦会租下了英租界第61分地,面积为13.31亩,离县城北门和外滩各有半英里左右。

⑤　见陈昌文:《墨海书馆起讫时间考》,《史学月刊》2002年第5期。

[璃]作窗牖,光明无纤翳,洵属玻璃世界。字架东西排列,位置悉依字典,不容紊乱分毫。"[①]

关于墨海书馆停办时间说法不一,目前学界流行的有四种说法,即1860年说[②]、1863年说[③]、1860年以后说[④]、1870年以后说[⑤]。麦金托什《在华早期的教会书馆》一书中有这样的记载:"过了不久,伟烈亚力先生结束了他同印刷所的关系,参加了《圣经》出版协会,作为他们的驻华代表从事发行工作,同时管理现在各地的大量售书小贩。……与伟烈亚力先生离开的同时,伦敦教会书馆关闭。"[⑥]这里的"离开"有两层意思,一为离开墨海书馆;一为离开上海回国。据考证,伟烈亚力离开上海回国有两次:第一次为1862年离开伦敦会,结束与墨海的关系;第二次为1877年7月8日因健康原因回国。如果认为书馆于1862年关闭,就不能解释19世纪70年代墨海书馆在《万国公报》、《申报》等报刊上的广告,因此伟烈亚力1877年离开上海回国的时间最为可信,以此推测,墨海书馆停办时间在1877年7月左右。

**墨海书馆的机械印刷** 墨海书馆是近代中国第一所机械印刷所。1844年,麦都思将巴达维亚的印刷设备运到上海,主要有一部手摇印刷机和一些活字。为完善设备和提高印刷速度,麦都思曾于1845年12月17日和1846年4月两次致函伦敦会,申请新式印刷机器和一副金属活字。新式滚筒机于1847年秋运抵上海,当年年底投入使用。太平天国运动爆发后,在华各教会认为传教的春天即将来临,制定了印制一百万册《圣经》的出版计划,要求墨海书馆大量印制。在不列颠及国外圣经会的要求下,教会将几部大机器运往上海[⑦],增强了墨海书馆的机械印刷能力。

据伯熙《老上海》载,墨海书馆除有大小英文铅字7副外,另有中文铅字2副,相当于今天的二、四号字,以及制泥版、浇铸铅版设备和3台印刷机。当时的印刷机主要使用牛力,这吸引了许多人前往参观,赞为奇观。时人孙

---

① 钱钟书主编:《笘园文新编》,生活·读书·新知三联书店1998年版,第354页。

② 叶再生:《现代印刷出版技术的传入与早期的基督教出版社》,《出版史料》1990年第1期。

③ 范慕韩主编:《中国印刷史初稿》,印刷工业出版社1995年版,第75~76页。

④ 胡道静:《印刷术"反馈"与西方科学第二期东传的头一个据点:上海墨海书馆》,《出版史料》1987年第4期。

⑤ 熊月之:《西学东渐与晚清社会》,上海人民出版社1994年版,第181~185页。

⑥ Gilbert McIntosh, *The Mission Press in China*, Shanghai: American Presbyterian Mission Press, 1895, p.39。

⑦ Gilbert McIntosh, *The Mission Press in China*, Shanghai: American Presbyterian Mission Press, 1895, p.39,又见G.麦金托什著,方丽译、车茂丰校:《美国长老会书馆(美华书馆)纪事》,《出版史料》1987年第4期。

次公有诗云:"车翻墨海转轮圆,百种奇编宇内传。忙杀老牛浑未解,不耕禾陇种书田。"又有黄钧珊诗云:"榜题墨海起高楼,供奉深陷李邺侯;多恐秘书人未见,文昌火焰借牵牛。"这是时人对以牛驱动机器印刷书籍的感叹和赞誉。对于详细的工作状况,王韬曾这样描述:"(墨海书馆)以铁制印书,车床长一丈数尺,广三尺许,旁置有齿重轮二,一旁以二人司理印事,用牛旋转,推送出入。悬大空轴二,以皮条为之经,用以递纸。每转一过,则两面皆印,甚简而速。一日可印四万余纸。字用活板,以铅浇制。墨用明胶、煤油合搅煎成。印床两头用墨槽,以铁轴转之,运墨于平板,旁则联以数墨轴,相间排列,又揩平板之墨,运于字板,自无浓淡之异。墨匀则字迹清楚,乃非麻沙之本。印书车床,重约一牛之力。其所以用牛者,乃以代水火二气之用耳。"①郭嵩焘在参观墨海书馆时对机械印刷的情况也有详细的记述:"印书用牛车,范钟为轮,大小八九事。书板置车箱平处,而出入以机推动之。其车前外方小轮,则机之所从发也,以皮条套之。而屋后一柱转于旁设机架。牛拽之以行,则皮条自转,小轮随之以动,以激转大轮。纸片随轮递转,则全版印刷无遗矣。"②机械印刷提高了印刷的速度,书馆"一日可印四万余纸",满足了当时在华传教士对宗教读物的需求。

　　尽管有如此的印刷能力,但却对西学的传入并无助益。机器印刷主要用来印刷《圣经》及其他宗教性读物,而墨海书馆出版的西学书籍都采用中国传统的雕版技术。关于个中原因,叶再生认为:"那时的印刷机器不太好使,而且又经常断电"③。胡道静认为有三方面原因:(一)科技译书的读者对象为中国上层知识分子,故遵行中国传统的书本方式;(二)科技译书多有插图,而其时金属照相版尚未发明,故活版排印,插图亦须用木刻版,不如整体木刻,反为便捷;(三)科技译书印数不大,不必像《圣经》和教义宣传品有赖于印刷机械大量印出。④ 笔者认为胡的解释并不充分,(一)中所述的理由不充分,圣经所发送的对象中也有中国上层知识分子,所以读者对象的说法不足为凭;(二)中所述颇为合理,但是不足以解释;(三)中说法也能部分解释但并不能使人信服。笔者认为印刷技术尚未普及,机器的质量问题经常困扰着传教士。据麦金托什说:"这些机器安装后立即开始进行昼夜印刷。

　　① 王韬:《瀛壖杂志》,岳麓书社 1988 年版,第 197 页

　　② 郭嵩焘:《郭嵩焘日记》(第一卷),湖南人民出版社 1980 年版,第 33 页。

　　③ 叶再生:《中国近代现代出版通史》,华文出版社 2002 年版,第 103 页。

　　④ 胡道静:《印刷术"反馈"与西方科学第二期东传的头一个据点:上海墨海书馆》,《出版史料》1988 年第 1 期。

……然而,不久就发现机器损坏严重。这些机器运转不正常,印出许多难以阅读的模糊字迹。不论出现这种情况的原因是什么,我们决定将机器运回英国。"①当时的技术条件有限,印刷机尚未普及,所需机器从国外运来,一旦损坏须到国外维修,这必然影响到书馆正常印刷业务的进行。而且,当时国内尚无专业的机械工以及传统的技术基本能够满足印刷需求,这也是书馆乐意采用传统雕版印刷的主要原因。

墨海书馆于 1861 年卖掉机械设备,其中中文活字由英商康普东(Charles Spencer Compton)接手而创办上海最早的中文新闻纸《上海新报》。② 墨海书馆从印刷出版机构变为书籍发行机构。

**墨海书馆的管理以及书刊** 墨海书馆是英国伦敦会在上海传教的一个附属部门,"在伦敦会上海站中,墨海书馆是个独立性不强,地位不高,管理不太高明的部门"。③ 书馆仅仅是为了满足印刷《圣经》的需要,一旦满足需求,书馆再无存在的价值。当美华书馆在上海建立后,墨海书馆便无生存的理由,"美国教会书馆在上海建立后,我们发现这个书馆基本上可以完成《圣经》出版协会以及本教会所要做的工作。看来我们大可把教会书馆关闭,并把印刷器材处理掉"。④

墨海书馆的管理者麦都思有自己的想法,他一方面希望由专人管理日常工作,一方面希望能保持他对书馆的控制。伟烈亚力(Alexander Wylie)到来后,专门负责日常工作,但受命于伦敦会上海分会。当时墨海书馆监理的职位非常低微,不是由牧师委任担任,而是由印刷员来担任。这样,在日常的管理方面伟烈亚力与上海分会之间冲突不断,导致书馆的管理十分混乱。

墨海书馆在财务方面管理比较严格。目前可知,如果没有资助,伦敦会传教士不能随意出版自己的著作。伟烈亚力与李善兰合译的《重学》、《代微积拾级》等著作,长期因经费短缺而搁置。墨海书馆的主要委托人是大英圣书公会(British and Foreign Bible Society)、圣教公会(Tract Society)。书馆的经费也多来自这些团体的资助,至于书馆的收益则是委托人及资助人

---

① G.麦金托什著,方丽译,车茂丰校:《美国长老会书馆(美华书馆)纪事》,《出版史料》1987年第 4 期。

② 马光仁:《上海新闻史》,复旦大学出版社 1996 年版,第 18 页。

③ 叶斌:《上海墨海书馆的运作及其衰落》,《学术月刊》1999 年第 11 期。

④ Gilbert McIntosh, *The Mission Press in China*, Shanghai: American Presbyterian Mission Press, 1895, p.39。

提供的经费减去出版的成本所得。至于经费使用情况,目前没有详细的资料可查。

1844 年,墨海书馆正式出书。从 1844 年到 1846 年,书馆共出书 17种,其中 16 种由麦都思编写。为翻译《圣经》,麦都思曾邀请王韬入馆,从事文字润色工作。当时传教士的汉语水平有限,译文多语句不通,难以卒读,需要中国学者的协助。当时有不少中国学者入馆工作,成为近代中国第一批通商口岸文人。① 就笔者所见,中国译员主要有王韬、李善兰、沈寿康、张福僖、管嗣复、蒋敦复、周双庚、邓子明、邓子衡、张文虎、陈萃亭、郭友松、姚燮等。墨海书馆的外国译员主要有麦都思、伟烈亚力、雒魏林(William Lockhart)、艾约瑟(Joseph Edkins)、美魏茶(William Charles Milne)、约翰·施敦力(John Stronach)、慕维廉(William Muirhead )、合信(Benjamin Hobson)等。②

墨海书馆早期的书籍多为教会书刊,重视《圣经》的翻译和出版。自伟烈亚力和艾约瑟到馆之后才逐渐开始规划出版西学方面的书籍。从时间上看,大约在 1851 年左右,当时麦都思、美魏茶等人翻译《圣经》宣告结束。1852 年李善兰的入馆,标志着书馆正式转向西学书籍的翻译。李善兰在数学方面颇有造诣,参与了书馆多部西学著作的编译。据统计,自 1844 年到1860 年,传教士在上海共出版各种书刊 171 种,属于基督教义、教史、教诗、教礼等宗教内容的 138 种,占总数的 80.7%;属于数学、物理、天文、地理、历史等科学知识方面的 33 种,占总数的 19.3%。③ 虽然西学所占比重不大,却也不乏有影响力的著作。从 1852 年译印《几何原本》的后半部开始,逐渐步入介绍西方科学知识的轨道。1859 年,书馆刊行了三部与牛顿学说关系密切的译著:《谈天》、《重学》、《代微积拾级》;数学方面,1859 年出版了伟烈亚力与李善兰合译的《代数学》十三卷;光学方面,1853 年出版了艾约瑟与张福僖合译的《光论》,这是我国最早从西方翻译过来的一部系统的光学著作;植物学方面,韦廉臣与李善兰合译《植物学》;1855 年,书馆重新刻印了合信的中文著作《博物新编》,此书为介绍自然科学的普及读物。这些西学著作受到早期近代知识分子的热烈欢迎,"一载之间,著有《西医略论》、《妇婴新说》二种,俱已锓版","小异谓合信氏始著《全体新论》时,远近翕然

① 段怀清:《传教士与晚清口岸文人》,广东人民出版社 2007 年版。
② 汪家熔:《墨海书馆时期——世俗书刊的开始》,《黑龙江图书馆》1998 年第 5 期。
③ 熊月之:《西学东渐与晚清社会》,上海人民出版社 1994 年版,第 305 页。

称之,购者不惮重价"。王韬对部分著作也有较高的评价,认为"合君精于医理,为人浑厚朴诚……所著有《博物新编》、《全体新论》、《西医略论》、《妇婴新说》、《内科新说》五种,笔墨简洁,讲论精核,真传作也"。①

墨海书馆于 1857 年 1 月 26 日创办了《六合丛谈》月刊,由伟烈亚力主编,是"上海最早用铅活字排版机械化印刷的刊物"②。介绍西学是这份综合性刊物的重点,主要有"化学"、"察地之学"、"测天之学"、"电气之学"、"天算舆图"、"民间事实"等自然、社会科学内容,还有部分商情,宗教内容已退居其次。杂志的宗旨为:"欲通中外之情,载远近之事,尽古今之变","务使穹苍之大,若在指掌,瀛海之遥,如同衽席"。③　杂志共出版 13 号,于 1858年正式停刊。主要作者除伟烈亚力、艾约瑟、韦廉臣、慕维廉等传教士外,还有王韬、蒋敦复、韩应陛等中国学者。中外作者共同致力于西学的传播,因此在某种程度上,这份刊物又被视为一份类似文化团体的同人杂志。④

### 3. 华花圣经书房

华花圣经书房(The Chinese and American Holy Class Book Establishment)是美国长老会在华创办的出版印刷机构,宗旨为:"以出版之物推广圣教,假印刷之工阐扬福音"⑤。该机构不仅出版了数以万计的宗教出版物,而且实现了中国印刷史上的革新,大大提高了印刷的速度和效率。

1844 年 2 月 23 日,美国长老会传教士古玄(Richard Cole,又称柯理、柯尔)夫妇到达澳门准备筹建印刷所。经过几个月的准备,6 月 17 日华花圣经书房正式成立。书房起初只有一名美国经理、2 名印刷工人和 1 名排字工人,印刷设备主要有从美国运来的 323 个字模和戴尔(Samuel Dyer)⑥的 1845 个字模冲头。随着宁波的开埠,古玄主张将书馆迁往宁波,认为:"长老会传教士剧增,为使书馆能继续工作,需要增添一些设备,而在宁波的

---

① 方行、汤志钧整理:《王韬日记》,中华书局 1987 年版,第 55 页。
② 叶再生:《中国近代现代出版通史》,华文出版社 2002 年版,第 158 页。
③ 伟烈亚力:《六合丛谈小引》,宋原放主编:《中国出版史料·近代部分》(第一卷),湖北教育出版社 2004 年版,第 86~87 页。
④ 邹振环:《基督教近代出版百年回眸——以 1843~1949 年的上海基督教文字出版为中心》,《出版史料》2002 年第 4 期。
⑤ 〔美〕金多士:《美华书馆七十年简史》,李楚材编著:《帝国主义侵华教育史资料——教会教育》,教育科学出版社 1987 年版,第 391 页。
⑥ 戴尔为英国伦敦会传教士,1827 年 8 月到达马来西亚的槟榔屿,从事改善中文活字的工作。在长期的努力和多次试验中,于 1838 年发明了钢冲压制中文字模的方法,在中文金属活字制作方面有重大的贡献。

费用可比澳门减少。"①这一提议遭到了当时许多在华传教士的反对②,但考虑到传教的前景和需要,书房移往宁波最终成为事实。1845 年 7 月 19 日,古玄夫妇带着印刷设备到达宁波。经过一个多月的安装和调适,书房于 9 月 1 日在宁波江北岸槐树路卢氏宗祠正式建成。③ 初到宁波时,书房有 2 名印刷工和 3 名排字工人,主印刷工阿苏(Asuh)每月固定工资为 9 美元。随着印刷业务的扩大,书房的印刷技术和设备也在不断更新和发展。1846 年,书房增加了从美国运来的一只新铸字炉和其他材料以及从香港运来的 1197 磅戴尔所铸铅字,还收到来自曼谷的印刷订单。同年,书馆搬到一幢较为宽敞的大楼里,进行电铸术的实验。1849 年,书房从柏林订制了一套新铅字,增补了戴尔的字库,还意外得到一套完整的浇铅版设备。1854 年,工人人数增加到 8 人。1858 年,姜别利(William Gamble)接管了书房的工作,从美国带来了新铅字、字模和铸字炉。他在途径巴黎和印度时,又分别购得两套字模。④ 姜别利是华花圣经书房发展史上里程碑式的人物,积极致力于书馆印刷技术的改进,发明了电镀中文字模和汉字字盘,大大改善了书房的印刷条件。1860 年,姜别利决定将书房迁往上海,这一举措改变了书馆早期发展的"幼稚状态",步入稳定的发展时期。

　　华花圣经书房设立委员会负责管理出版事宜。委员会的成员参与选择出版的书目,决定图书的版式、发行量与经费,以及出书后的校正工作,并负责把书分发给教会外的其他会员,对有关书馆的一切事宜均可提出意见。第一届委员会由古玄、娄理华(Walter Macon Lowrie)、克陛存(M. S. Culbertson)组成,由古玄主要负责。1847 年 8 月古玄因病辞职,委员会由鲁密斯(Loomis)⑤负责,麦嘉缔(Divie Bethune McCartee)⑥参与其事。1849 鲁

---

　　① G.麦金托什著,方丽译、车茂丰校:《美国长老会书馆(美华书馆)纪事》,宋原放主编:《中国出版史料·近代部分》(第一卷),湖北教育出版社 2004 年版,第 167～184 页。

　　② 当时反对的原因主要有:第一,如果舟山仍掌握在英国人手中,则该处作为书馆馆址并不一定比宁波差。第二,难以买到适当的房屋。第三条理由主要是由传教士先驱们提出的:"因为我们担心聚集这么多的美国人,而且他们又没有明确的谋生方式,这可能引起中国当局的怀疑。尤其就我们所知,他们已经在用非常奇异的眼光看着我们。"第四条是基于地理位置的原因。宁波没有运送小册子到中国其他地方的设施,而订货发送业务在澳门很容易开展。

　　③ 谢振声:《近代宁波最早的印刷企业华花书房》,《宁波晚报》2007 年 5 月 14 日。

　　④ 范慕韩主编:《中国印刷史初稿》,印刷工业出版社 1995 年彼,第 77 页。

　　⑤ 美国长老会传教士,1844 年与克陛存等同时奉派来华,翌年 3 月 30 日抵舟山,进行传教活动,8 月到宁波。1849 年因健康问题而回国,在加州华人中进行传教活动。

　　⑥ 美国长老会传教医师,生于费城,早年先后就读于哥伦比亚大学和宾夕法尼亚大学,1843 年奉派来华,翌年 2 月抵香港,6 月抵宁波,施医传教,在宁波活动凡 28 年。1872～1875 年到日本东京帝国大学任法律兼博物学教授,后一度充任中国驻日本使馆参赞。

密斯因健康原因返回美国,改由科尔脱(Coulter)负责。1853 年 12 月 12 日科尔脱病逝,魏理哲(R. O. Way)接替了他的工作。在魏理哲主持时期,书房的业务并无明显的发展,而且工作效率低下,1858 年姜别利(William Gamble)接替了他的工作。书馆的经费主要来自教会的支持和收益所得,其中收益占重要的部分。由于管理人员的频繁更替,书馆的经营状况不尽如人意。尽管出版量很大,入不敷出却是常有的现象。例如 1848 年透支591.11 美元;1849 年支出 491.82 美元,收入 288.19 美元,透支 203.63 美元;1850 年支出是 725.53 美元,收入为 332.25 美元,透支 393.28 美元。财务不稳定的状况在一定程度上制约了书房的长远发展。

华花圣经书房出版的书籍大部分是宗教读物,主要为满足传播基督教的需要。据记载,当时宁波的一位官员希望书房印刷中国历史教科书,尽管大部分传教士同意印刷,但考虑到书房的创办宗旨,书房最后表示拒绝。[1] 这表明了华花圣经书房的印刷能力已引起清政府官员的注意,以及宗教出版的特色。华花圣经书房开办 14 年零 4 个月,共印刷51,755,428 页,出书 1,330,686 册,[2]满足了当时基督教在华传播所需要的大量书籍。

华花圣经书房书籍流通主要依靠来往的商船以及各地传教士的派发。《美国长老会书馆纪事》中对此有详细的记载:将装有经过选择的宗教小册子和《圣经》中的部分章节的小包裹送到船队准备起航的每条船上,并要求船员们在船只抵达目的地后,把这些材料提供给读者。许多邮包都是交给那些曾在诊所就诊,接受过治疗和药品因而乐意报效的水手负责。通过过往的商船,基督教教义书刊在传教士活动区域以外广泛传播开来。据记载,有些时候,当人们知道本地贸易商船船长有这类书籍时,就纷至沓来,很快将书一抢而空。[3] 这从侧面反映了华花圣经书房宗教书籍流播情况,以及各地读者对这些书籍的态度。

---

① 主要原因在于:传教士认为,书馆顾虑若接受这一印件,会被误解为赞成书中许多寓言的见解,还顾虑今后若再有更大的要求,可能影响布道工作的进行。

② 谢振声:《近代宁波最早的印刷企业华花书房》,《宁波晚报》2007 年 5 月 14 日。

③ G. 麦金托什著,方丽译、车茂丰校:《美国长老会书馆(美华书馆)纪事》,《出版史料》1987 年第 4 期。

华花圣经书房印刷情况①

| 年份 | 册数 | 页数 |
|---|---|---|
| 1844 | 39,500 | 不详 |
| 1845 | 7000 | 不详 |
| 1846 | 不详 | 635,400 |
| 1847 | 52,734 | 1,819,092 |
| 1848 | 164,893 | 3,994,350 |
| 1849 | 75,850 | 1,724,700 |
| 1850 | 66,400 | 3,000,000 |
| 1851 | 不详 | 不详 |
| 1852 | 不详 | 不详 |
| 1853 | 82,000 | 2,800,000 |
| 1854 | 84,700 | 4,012,800 |
| 1855 | 112,018 | 4,602,018 |
| 1856 | 不详 | 不详 |
| 1857 | 110,800 | 4,505,600 |
| 1858 | 不详 | 6,175,460 |
| 1859 | 不详 | 7,395,560 |
| 总计 | 795,895 | 40,664,980 |

　　在书房印发的大量读物中,大多数为《圣经》小册子和宗教布道书籍,如1845年《以弗所书》、《路加福音》、《使徒行传》等;1847年《两个教友》、《耶稣的降临与死亡》、《耶稣教》、《路加福音》的注释、《圣经》各章节、地理基础书和安息日、鸦片、赌博、十诫以及真主等小册子。据谢振声统计自1845年至1860年,在宁波已出版的书籍确定可考的有103种,其中属于基督教义、教礼、教史、教诗的85种,占总数的82.5%;属于天文、地理、物理、历史、旅游、经济、风俗、道德、语言等方面的有18种,占总数的17.5%。其中天文地理方面的书籍,主要有玛高温1852年编写的《日食图说》和1853年编写的《航海金针》、胡德迈1849年编写的《指南针》、魏理哲1848年编写的《地球图说》、哈巴安德1849年编写的《天文问答》、麦嘉缔1850年至1853年编写的《平安通书》;历史书籍主要有郭实腊1850年出版的《古今万国纲鉴》、麦嘉缔1850年编写的《万国纲鉴》;经济学方面有米怜编写的《生意公平聚益法》;语言学方面有蓝亨利1857年编写的《宁波土话初学》;综合性书籍有

---

　　① Gilbert McIntosh, *The Mission Press in China*, Shanghai: American Presbyterian Mission Press, 1895, pp. 13-20.

玛高温(MacGowan Daniel Jerome)1851年编写的《博物通书》;道德、风俗方面的书籍有《赌博明论讲》、《鸦片六戒》、《清明祭扫坟墓论》等。这些书籍流传到晚清士人中间,成为早期经世派士人"开眼看世界"的重要知识来源,魏源在撰写《海国图志》一书时曾参考了华花圣经书房出版的不少地理、历史方面的书籍。

## 三、早期经世派士人的编译出版活动

### 1.现实的要求和务实的选择

鸦片战争前后,晚清出版活动发生了微妙的变化,出现了不同于以往的新局面。经世派士人林则徐、魏源、姚莹、梁廷枏、徐继畲等将眼光从传统的经、史、子、集转向西方的地理历史,编译出版了《四洲志》、《海国图志》、《康輶纪行》、《海国四说》、《瀛寰志略》等图书。晚清图书编译有如此的变化并非偶然,与当时社会环境的变化有重要的关联。

明清之际,耶稣会士来华掀起了近代西学传入中国的第一波。利玛窦等传教士积极结交上层官员、士大夫,通过翻译西学著作和讲授西学知识,获得了不少官员的认可,西方数学、天文、地理等知识随之传入中国。但好景不长,教会的"礼仪之争",欲干涉清廷的内政,康熙皇帝对此极为不满,遂施行禁教政策,驱逐传教士离华。自此,雍正、乾隆朝都不断重申禁止传教政策,东西方文化交流的渠道被截断。19世纪新教传教士马礼逊的来华揭开了第二波西学东渐的序幕。清廷对外来宗教的态度依旧,限制西人活动的法令愈加严格,但传教士仍秘密出版了不少的书刊,在内地各省发行流通。鸦片战争之后,中国门户洞开。西方传教士、商人、政治家络绎而来,东西方社会开始了面对面的接触,东西文化交流已是势不可挡。在东西文化交流大潮的冲击之下,增强对彼此的了解成为东西方社会面临的首要问题。对当时的清廷而言,了解西方社会似乎成为急迫而又必要的大事。

然而当时官方的态度未有转变,依旧沉浸在"天朝上国"的美梦中,对外部世界毫无知晓,缺乏基本的常识,闹出了不少笑话。尽管如此,清廷中亦有不少官员开始留心对外事务,注意收集西方的情况,了解西方的政制、风俗人情等。林则徐、魏源等经世派官员成为近代学习西方的先行者。他们在勤于公务的同时,编译了不少关于西方地理、历史方面的书籍,迈出了"开眼看世界"的步伐,这种变化与他们务实的政治态度与文化追求有关。清代中叶,士人中间兴起了"经世致用"的思潮,反对埋头于故纸堆中,提倡有所作为,具体到政治方面,则要求解决实实在在的民生问题;在文化方面,勿谈心性理,学习实用的科学知识。这种主张在经世派士人身上得到了实现,体现在出版活动中表现为出版内容的西学趋向。他们编译的有关西学方面的书籍,成为时人乃至后人了解西方的必备书目,影响了此后西学书籍的编译。

因此,在时代的要求之下,本着务实的态度,早期经世派士人编译了不少有重要影响的图书。通观这些图书,我们不难发现其中的一些特征。早期经世派士人共同的文化追求,使得他们在编译图书方面有某些共同之处,即编者秉承传统的治学方式,严谨的著书态度,勤于著述,广征博引以及强烈的责任心等;在图书的印刷方面仍然采用传统的雕版印刷;图书除赠予友人外,剩余的自己保存;图书选题上的同一性,关注西方的地理、历史、政治方面的情况。然而,由于经世派士人各人的境遇、编著方式的差别,不同的编者在图书的编译方面呈现出不同的风格,这在林氏和魏氏著作中有所体现。笔者认为,他们分别代表了早期经世派士人编译的两种风格,一个勤于搜集西方消息,编译成册;一个广征博引,精细考订成册;一个编译,一个编著等。这些差别使他们的编译活动各具特色,反映了在出版业由传统向近代转变过程中,开明知识分子试图革新出版内容方面的努力;也反映了当时知识分子了解西方的两种途径,即直接翻译西方著作和阅读开明知识分子的著作。

## 2. 林则徐的译书活动

林则徐 1785 年出生在福建闽侯的一个知识分子家庭。幼年时,他受到良好的家庭教育。十四岁中秀才,就读于鳌峰书院,学习经世之学。二十岁中举人之后,入张师诚幕,习得不少清朝掌故和兵刑礼乐等方面的知识。二十七岁中进士。1814 年,林则徐被派充国史馆协修。1815 年,担任撰文官。1816 年,在翰林院清秘堂办事。该处是翰林院人员撰拟诏旨的地方,林则徐有机会接触了内阁秘藏的有关典册,丰富了政事、典制等方面的知识,并进行了一定的研究,为此后的著述打下了基础。自此,除 1834、1835 年担任考官以外,林的全部精力都集中在河工、治理水灾、打击奸商、整修疏浚河道、赈济灾民等事务上。由于他勤勤恳恳,所有的事务都处理得井井有条。忙碌之余,他笔耕不辍,写下了不少著作。后因鸦片泛滥,1839 年清政府任命林为钦差大臣赴粤。到广东之初,鉴于“沿海文武员弁不谙夷情,震于英吉利之名,而实不知其来历”[①],林则徐到处招募译员,组织翻译班子,开展

---

① 林则徐:《东西各洋越窜外船严行惩办片》,《林则徐集·奏稿》,中华书局 1985 年版,第 649 页。

译书活动。①

　　大多数学者认为,1839 年初至 1840 年 11 月是林则徐主持的翻译机构译书最集中的时期②。在这段时间,他不辞辛劳地拜访西士和搜罗译员,不断扩充翻译机构的规模和招揽译员。据可考的资料,其延聘的译员主要有:

　　亚孟,早年就读于印度塞兰普尔一所教会学校,是英国浸礼会牧师马施曼的学生。父亲是中国人,母亲是孟加拉人。毕业后,曾协助马施曼用中文圣经传教。1829～1831 年,从塞兰普尔回到广州。③ 据裨治文的记载,他的英文阅读和写作能力,与亚林、袁德辉、梁进德相比,略微差点。

　　亚林,音译为林阿适,英文姓名为卫廉·波特尔(William Botelho)。早年留学美国,1822～1825 年,他在美国康涅狄格州康沃尔地方的英基督教公理会办的一所教会学校里读书。1824 年,他转学到费拉德尔菲亚的另一所学校,该校是费城妇女会为异教徒青年设立的。1825 年亚林由美返回广州,曾在广州的外国商行里教职工英文。④ 1839 年,林则徐招聘他为译员。

　　袁德辉,小名小德,原籍四川,出生于 1800 年,十来岁时就读于槟榔屿罗马天主教会办的学校,学习拉丁文并皈依了天主教。约在 1825 年,他得到英华书院的奖学金,转学到马六甲英华书院读书。在学校中,他成绩出众,拉丁文和国文成绩很好,并能说一口官话和写一手好字。1826 年,袁德辉曾编写《英语与学生辅助读物》一书,由马六甲一家基督教书局出版。后因他加入三合会,为当地政府所不容,被迫到广州定居。1830 年和 1838 年,他曾两度到广州收集西方书籍。"1839 年当钦差大臣林到达广州时,人们看到他在随员班中"。⑤

　　梁进德,梁发的儿子。十岁的时候,在裨治文的指导下,他学习英语与希伯来语。1834 年,梁发带他到新加坡,接受公理会的教育。1837 年,梁进德仍回广州裨治文处学习英语。1839 年 3 月 24 日,林则徐命令"夷楼工人全行撤退"时,梁进德离开广州,到达澳门,与美国商人经查理的佣人住在一起。林则徐获悉之后,亲自找到梁进德,聘任他担任译员。他是林则徐译员中的最佳者。

　　除此之外,还有若干外商、传教士、教师、医务人员为林则徐审定译稿、

　　①　来新夏:《林则徐年谱新编》,南开大学出版社 1997 年版,第 294 页。
　　②　林永俣的看法为 1839 年 3 月中旬到 1840 年 11 月下旬。
　　③　杨国桢:《林则徐传》,人民出版社 1981 年版,第 268 页。
　　④　Roswell S. Britton, *The Chinese Periodical Press*: *1800-1912*, Shanghai, 1933, p.31.
　　⑤　威廉·亨特著、沈正邦译:《旧中国杂记》,广东人民出版社 1992 年版,第 273～276 页。

翻译和介绍资料,包括美国商人亨特(William C. Hunte)、美国传教士布朗(R. S. Brown)、美国医生喜尔(Dr. Hill)、美国传教医生伯驾(Peter Parker)等。

　　林则徐翻译西书所本之资料非常复杂,既有来自广州、澳门和南洋等地的西人所办的报刊,如《广州周报》、《广州纪事报》、《新加坡自由报》等;又有外国人赠送的书籍,包括传教士赠送给林则徐的小册子、地图册、商务文集等。据梁进德说,林则徐接收了西班牙双桅船"毕尔卑诺"号图书室的全部藏书。喜尔赠给林则徐两本书:地尔洼(A. S. Thelwall)的《对华鸦片贸易罪过论》与德庇时(Davis, John Francis)的《中国人:中华帝国及其居民的概况》。还有部分书籍购自西方的船只。英国外交官德庇时指出:"凡是教会出版的小册子,中国时事月报,商业性论文,有关英美等国的叙述,以及地理和西洋枪炮制造书籍等资料,林则徐都加以选择,或删节,或摘要译出。"[1]译书所涉及的内容非常丰富,包括地理、历史、政治、风土人情、炮术、火药、轮船、万有引力等。林则徐对译书要求非常严格,对同一份资料往往找多人翻译。袁德辉翻译的给英国女王的信,林对译稿不满意,遂又找到亨德翻译,直到满意为止。这份译稿曾还在《中国丛报》上刊登。

　　在组织译书的同时,林则徐根据所译内容编辑了不少书刊,包括《澳门新闻纸》、《四洲志》、《华事夷言》、《洋事杂录》、《俄罗斯图志》、《俄罗斯国纪要》、《法律本性正理所载第三十九条》、《在中国做鸦片贸易罪过论》、《大炮瞄准法》等。

　　《澳门新闻纸》,现存原抄本六册,主要译自《广州周报》[2]、《广州纪事报》[3]、《新加坡自由报》以及"孟买新闻纸"、"孟阿拉新闻纸"、"兰敦(伦敦)新闻纸"。[4]　林则徐每月抄齐统订数册呈览,其中不少抄本分送邓廷桢、怡

─────────────────────

　　① 《林则徐"开眼看世界"的珍贵记录——林氏〈洋事杂录〉评价》,陈胜燐著:《林则徐与鸦片战争论稿(增订本)》,中山大学出版社 1990 年版,第 424 页。

　　② 《广州周报》(*The Canton Press*)又译为《澳门新闻录》,创刊于 1835 年,是周刊性质,每星期六出版,主编为莫勒(Moller Edmund)。1839 年 7 月,该刊迁往澳门出版。当时《澳门月报》经常转载它的文章或报道,林则徐的译员也经常选择或摘译该刊的文章。

　　③ 《广州纪事报》(*The Canton Register*),又译为《澳门纪事报》或《澳门杂录》。原为双周刊,后改为周刊,每星期四出版。由美国人伍德创办,后由英国鸦片商人接办。先在澳门出版,1838 年 5 月迁至广州出版,不久,该刊又迁往香港。但该刊的中文刊名仍为《澳门杂录》。林则徐得到该刊,组织翻译,部分译稿收入《海国图志》。如《海国图志》第九十四卷中关于外币与外汇的资料,即来自《澳门杂录》。多刊载广州当地的消息,以及远东的情报和广州市场的信息——尤其是鸦片贸易的报道。

　　④ 吴乾兑、陈匡时:《林译〈澳门月报〉及其他》,《近代史研究》1980 年第 3 期。

良等人阅看参考。

林则徐组织翻译的介绍西方情况的图书主要有：

《澳门月报》①一卷，后收于魏源编的《海国图志》中。林则徐将《澳门新闻纸》中的译稿材料，精选编辑，加工整理成册。内容分为五辑：一、论中国；二、论茶叶；三、论禁烟；四、论用兵；五、论各国夷情。其中第一辑部分材料曾附奏进呈道光帝御览。

《四洲志》：1838年林则徐初到广州之时，美国公理会传教士布朗赠送他1836年伦敦出版的穆端所著《地理全书》（Hugh Murray：*The Encyclopedia of Geography*）。1839年下半年他组织专人翻译《四洲志》，还将一些其他有助于了解西方的文字，如瑞士法学家滑达尔（Emer de Vattel）的《国际法》中的一些内容加入，并参考美国传教士裨治文所著《亚美理驾合众国志略》等书，辑成《四洲志》。这部著作介绍了包括欧、亚、非、美四大洲的主要国家的地理位置和概况，是中国第一部编译介绍西方地理的百科全书，是中国最早翻译的世界地理志。

《华事夷言》一卷：鸦片战争前夕，林则徐专门组织人收集和翻译外国人对中国时事的评论，大多与广东禁烟运动有关，并部分摘译英人德庇时的著作《中国人：中华帝国及其居民的概况》后成书为《华事夷言》。译本在鸦片战争时期曾传抄流行，裕谦在奏折中曾加以引用，后收于魏源所著《海国图志》卷八十三"夷情采备"中。

《各国律例》：林则徐于1837年7月开始翻译《各国律例》。这本书节译自滑达尔（E. de Vattel）的《国际法》一书。滑达尔是瑞士著名的国际法学家，1758年出版了他的法文法学著作《国际法》。该著作在当时颇为流行，曾多次被翻译。至1839年，在英国刊印的至少有十种，在美国出版的至少有七种。林则徐组织人员首次将其引入中国，当时的译文有两种，一为袁德辉译，一为伯驾译，收在魏源《海国图志》中。

林则徐编译书籍体现了"经世致用"的特点。这些译著涉及中西时事、大炮的制造、国际法、鸦片贸易、世界地理等方面，大多是林则徐在处理与外人交涉事务中所需要的各种知识。他曾说："近年雇有翻译之人，因而辗转购得新闻纸密为译出，其中所得夷情实为不少，制驭准备之方，多由此

---

① 这是署名"林则徐译"的《澳门月报》，与《澳门月报》（the Chinese Repository，又名《中国丛报》）有所区别。前者是林则徐译编之作；后者是由美国传教士裨治文和卫三畏编辑的英文月刊。

出。"①很显然,这些译文基本上满足了林的需要,有助于他更好地处理事件、作出决策。但这些译著大多数都为摘译,并非完整的译著,多有断章取义之嫌,甚至出现误译、错译,这是早期译书过程中难免出现的问题。

### 3. 魏源的编辑活动

魏源,字默深,湖南邵阳人。幼时勤于读书,八岁受书即解大义。1802年,魏源应童子试,初显才华。曾拜师刘之纲,究王守仁之学,好读史书。1814年,他随父亲进京,先后问学于胡承珙、姚学塽、刘逢禄,结交了龚自珍等人。多次应试不第之后,他专心于教授和著述。1824年,他应姚兴洁之邀,编纂《屯防志》和《凤凰厅志》。1826年,他辑成《皇朝经世文编》一百二十卷,并作《皇朝经世文编五例》。1828年,魏源借观史馆秘阁官书,及士大夫私家著述、古老传说,为以后编纂《圣武记》等书积累了资料。② 1829年,魏源又撰写了《诗古微》二卷,刊刻发行。1841年,林则徐被革职发配,途经扬州,与魏源长谈,并将他收集、翻译的资料赠予魏源,嘱咐他撰写《海国图志》。1842年,魏源完成了《圣武记》与《海国图志》(五十卷)。1844年,魏源中进士,始有官职。1847年,《海国图志》六十卷完成,在扬州刊刻。1852年他又补辑《海国图志》四十卷,至此《海国图志》一百卷出齐。此后每年都有著述,笔耕不辍。晚年,他专心于佛学,编了几部佛学方面的著作。魏源虽然仕途多坎坷,在著述方面却颇有建树。在众多的著作中,以《海国图志》的影响为最大。

《海国图志》是近代知识分子编纂介绍西方的总结性的巨著。该书广征博引,包罗万象,凡88万字,是关于世界地理历史方面的皇皇巨著。魏源在《海国图志》的序言中说:"《海国图志》六十卷,何所据?一据前两广总督林尚书所译西夷之《四洲志》,再据历代史志及明以来岛志,及今日夷图、夷语,钩稽贯串,创榛辟莽,前驱先路。大都东南洋、西南洋增于原书者十之八,大小西洋、北洋、外大西洋增于原书者十之六。又图以经之,表以纬之,博参群议以发挥之。"③从中可知,《海国图志》的资料来源于三个方面:林则徐的《四洲志》,历代的史志等历史典籍,西学著作及外人所赠送的书籍、地图等。史志方面有《汉书》、《后汉书》、《新唐书》、《魏书》、《晋书》、《南齐书》、《梁

---

① 陈锡祺主编,陈胜粦、廖伟章、王化三编:《林则徐奏稿·公牍·日记补编》,中山大学出版社1985年版,第101页。

② 黄丽镛:《魏源年谱》,湖南人民出版社1985年版,第82页。

③ 魏源:《海国图志·原叙》,宋原放主编:《中国出版史料·近代部分》(第一卷),湖北教育出版社2004年版,第2页。

书》、《宋书》、《元史》、《文献通考》、《金石萃编》、《西域图志》、《清文献通考》、《东西洋考》、《南洋蠡测》、《海岛逸志》、《澳门纪略》、《海国闻见录》、《台湾志略》、《瀛寰志略》、《英吉利地图说》等书。在外人著作方面分两部分,一是明清之际南怀仁、艾儒略等来华耶稣会士的著作,二是鸦片战争前后西人著作。如:《职方外记》、《坤舆图说》、《灵言蠡勺》、《空际格致》、《寰有诠》、《四洲志》、《地球全图》、《平安通书》、《地球图说》、《外国史略》、《地理备考》、《美理哥合省国志略》、《贸易通志》等。此外,他还充分利用了所能搜集到的各国地图,编制了许多表格,形象地向读者讲述世界地理知识。

这部著作体现了强烈的"经世致用"色彩。作者提出"师夷长技以制夷"的主张,明确表明该书的良苦用心和主旨所在,书中的"筹海篇"即是一例。这与作者本人的气质以及治学路径有关,是经世派士人著作共有的特征。除此之外,这部著作与此前同类著述的不同之处在于"彼皆以中土人谭[谈]西洋,此则以西洋人谭[谈]西洋也"。在该书的资料上,魏源大量采用西人所著的书籍,力求知识的精确。从实际的引用来看,《海国图志》所征引国人的著作多于西人著作,两者数量之比约为 7∶1;但从征引资料比重来看,西人著作比重大大超过国人著作,约为 4∶1。其中《万国地理全图集》有 57处,《地理备考》91 处,《地理图说》34 处,《美理哥合省国志略》24 处等。据粗略统计,共征引 9 种西学著作,257 处。①

这部著作发行之初,只在与魏源相交的友人中间流传。1868 年,该书受到清政府的重视,"使亲王大臣家置一编,并令宗室八旗以是教,以是学,以知夷难御而非竟无法之可御"。② 该书曾多次重印,在北京和各省的政府高级官员中广泛发行。③ 此外,该书发行不久即传入日本。1849 年《海国图志》六十卷本传入日本,遭到查封。1853 年百卷本《海国图志》传入,仍被禁止。直到日本开禁之后,1854 年十五部《海国图志》传入,风行一时,曾有 20多种版本,对日本社会改革产生了重要的影响。

除《海国图志》之外,魏源还编辑了众多书籍,有《清夜斋诗钞》、《北道集》、《屯防志》、《凤凰厅志》、《皇朝经世文编》、《清夜斋文集》、《江苏海运全

① 熊月之:《〈海国图志〉征引西书考释》,刘泱泱、郭汉民等编:《魏源与近代中国改革开放》,湖南师范大学出版社 1995 年版,第 134 页。

② 王茂荫:《请广印〈海国图志〉作宗室八旗子弟教本并变通考选之法以求人材折》,《咸丰朝筹办夷务始末》(卷 28),沈云龙主编:《近代中国史料丛刊》,文海出版社 1966 年版,第 2232～2234 页。

③ 《〈海国图志〉——对海外世界的汇编式介绍,图文并茂的五十卷大作》,广东省文史研究馆:《鸦片战争与林则徐史料选译》,广东人民出版社 1986 年版,第 436 页。

案》、《诗古微》、《两汉经师今古文家法考》、《淮北票盐志略》、《三江口宝带桥记》、《明代食兵二政录》、《英吉利小记》、《圣武记》、《兴化县志》、《小学古经》、《元史新编》、《净土四经》、《孝经集传》、《孔子年表》、《孟子年表》、《公羊古微》等。

综观魏源一生的著述,涉及的学科门类非常广泛,既涉及经、史、子、集各方面,又有不少"经世"之作,以传统的著述居多。惟有《海国图志》改变以往的编著方式,实现了图书编著的突破。这在当时来说确属难能可贵,对传统出版业向近代出版业的转变有某种启示。

## 四、太平天国时期的出版活动

### 1. 太平天国的出版制度

伴随着硝烟纷纷的战火,太平天国印刷了数以万计的出版物,出版规模之大、出版物数量之多,在出版史上是前所未有的,可谓"汗牛充栋,人人习见"[①]。多数学者认为,太平天国的出版情况与政治形势的发展呈现正比例的相关性,即出版物的内容和形式呈现出高度政治化的特征,突出表现在旨准颁行制度的实行。所谓旨准颁行制度,指凡是公开发行的出版物必须呈送天王审阅,经批准并加盖"旨准"字样的章印后,方可颁行。这项制度在太平天国极盛时期颁布和实行,是这一时期出版高度政治化、制度化的体现。

早在金田起义之初,洪秀全、冯云山等领导者就非常重视出版活动。在广泛传播教义的同时,他们注重吸收"粗通文墨"的人,如曾水源、曾钊扬等,不断充实文字人员的队伍。随着军事斗争的胜利,太平军每占领一处,即积极散发宣传拜上帝教的文告、书籍等宣传品,并吸纳文士。许多"粗通文墨"之人或迫于生计,或惧于威胁,自愿或非自愿地加入太平军,大大弥补了印刷和文字人员的不足,尤其是素有"出版重镇"之称的苏杭一带的技术、人员的补充,极大地壮大了太平天国的出版实力。针对浩大的出版任务和众多的出版人员,太平天国为改变出版业无序的状况,设"典镌刻"负责印刷事宜,规范和管理占领区的印刷业。由于当时政权尚未稳定,制度化的建置尚未齐备,书籍的印刷尚未呈现出严格的管制状态。虽然太平军每到一处即大量焚毁儒家经典著作,试图清除儒家思想,宣传拜上帝教,但书籍印刷的内容多儒家孔

---

① 张德坚:《贼情汇纂》,中国史学会主编:《中国近代史资料丛刊·太平天国》(第3册),上海人民出版社1957年版,第27页。

孟的言辞,儒家思想依然渗透在太平天国的宣传品中。彻底清除儒家思想影响,宣传拜上帝教,建立严格的图书监管机制是势在必行的事。

太平天国建都南京后,出于现实政治层面的考虑,洪秀全加强了对图书的监管和控制。洪秀全的早期著作受梁发散发的基督教书籍的影响,孔孟的辞句占有相当的篇幅。为给政权披上合法的外衣,洪秀全对其著作进行了诸多的修改,并严令"凡一切孔孟诸子百家妖书邪说者尽行焚除,皆不准买卖藏读也,否则问罪也"。[①] 他希望通过禁止和焚毁孔孟著作,彻底清除孔孟思想的影响,以达到思想上的纯正性,为上帝教的传播创造条件。

在上帝教传播过程中凸显的问题也进一步促使出版制度的建立。当时出现了这样的情况:"诏书之行天下也久矣……然而未加金玺,则书传天下,或致真伪难分,诏到军中,转恐信疑参半,妖魔或还入计。是以万机之暇,爰命臣工:凡降诏书,用盖金玺,颁行天下,庶真伪之迹易辨,疑似之心不生,妖魔之路尽塞。非徒壮天国之神灵,见王章之赫濯已也。"[②]从中可见,太平天国实行诏旨制度的真实意图在于促进"真书"流传和拜上帝教的传播,体现了太平天国试图树立拜上帝教思想权威的努力。

据此,太平天国设立了一套严格的图书监管制度,即旨准颁行制度,对图书的出版和发行进行严密的控制,加强了意识形态方面的管制。在旨准颁行制度之下,所有书籍都需要经过严格的程序出版发行,从而限制和消除了"伪书"的流通,逐步肃清孔孟在思想意识形态方面的影响。这为拜上帝教的传播铺平了道路,加强了对统治区的思想控制。

旨准颁行制度实行的具体时间尚难确定。有学者认为,该制度在1853年6月初以后的夏天或夏秋间开始实施[③]。以此为界,太平天国的出版分为不同的阶段。该制度在太平天国政权的极盛时期有过严格的贯彻执行,在规范太平天国印书和传播上帝教方面确实有重要的作用。但天京事变之后,太平天国内部四分五裂,军事形势危急,洪秀全沉迷于教义,无心管理朝政,旨准颁行制度也名不副实。目前发现的太平天国印书中,后期出版的书籍大多没有"旨准"的字样,后期出版制度已经失去原来的约束和制约作用,

　　① 黄再兴:《诏书盖玺颁行论》,宋原放主编:《中国出版史料·近代部分》,湖北教育出版社2004年版,第330页。
　　② 宋溶生:《诏书盖玺颁行论》,宋原放主编:《中国出版史料·近代部分》,湖北教育出版社2004年版,第331页。
　　③ 王庆成:《记牛津大学所藏太平天国文献并论太平天国印书的几个问题》,广西太平天国史研究会:《太平天国论文集续集》,广西人民出版社1989年版,第289~308页。

形同虚设。

### 2. 太平天国出版机构的设置

在印书逐渐制度化的同时,太平天国根据需要设置了相关的出版机构,主要有镌刻衙、诏书衙、诏命衙、刷书衙、宣诏衙、删书衙等。这些机构相互独立,各有分工,依照天王的诏旨行事。它们的设立是太平天国出版机构逐渐完善的表现,使太平天国的出版活动日趋规范化,保证了出版的有序进行,实现了太平天国对出版业的监管。

诏书衙:太平天国的编书机构,负责编书、填写兵册等,"洪逆所下伪诏,由伪诏书衙汇修"。[①] 具体设立时间不详,设在南京城内慧圆庵。其职官有"典簿书"和"协理",典簿书正副共四人,协理人数不详,工作人员选自太平军占领区的文化人,"贼不识字,传伪令凡读书识字者,悉赴伪诏书"[②],又"贼掳得两广两湖稍知文字者为伪诏书,又掳胁各处能写字者为其抄书"[③]。李寿春、黄再兴等人曾在诏书衙任职。当时诏书衙门口有一副对联:"诏书九重天哪怕妖魔施毒计,书成一统志岂容狐兔竟横行"。可见,诏书衙在太平天国统治者心目中的重要性,以及其在太平天国出版活动中的地位。

镌刻衙:太平天国负责刻书的机构,"主要刻书籍及官印木戳"[④]。前身为"镌刻营",设立时间不详,设在天京城内复成仓大街。职官有"典镌刻四员"[⑤],分别为正、又正、副、又副。人员多为掳掠所来,"贼在广西两湖掳得刻字匠,为伪镌刻……至江境又掳得此项匠人甚多"[⑥],李寿晖曾被任命为"典镌刻"。由于太平军所到之处必广散书籍,对书籍的需求量极大,镌刻衙的人员一直在不断增加,机构也逐渐扩大。据张德坚《贼情汇编》记载:镌刻营自将军以下正副各官、典官、属官计有 1715 人,伍卒计有 12500 人,总计官兵 14215 人。如此庞大的印刷队伍,足见太平天国对印刷事业的重视。

---

① 张德坚:《贼情汇纂》,中国史学会主编:《中国近代史资料丛刊·太平天国》(第 3 册),上海人民出版社 1957 年版,第 101 页。

② 谢介鹤:《金陵癸甲纪事略》,沈云龙主编:《近代中国史料丛刊·太平天国》(第 36 辑),文海出版社 1974 年版,第 653 页。

③ 涤浮道人:《金陵杂记》,中国史学会主编:《中国近代史资料丛刊·太平天国》(第 4 册),上海人民出版社 1957 年版,第 618 页。

④ 张德坚《贼情汇纂》,中国史学会主编:《中国近代史资料丛刊·太平天国》(第 3 册),上海人民出版社 1957 年版,第 192 页。

⑤ 罗尔纲著:《天平天国史稿》(增订本),中华书局 1957 年版,第 198 页。

⑥ 涤浮道人:《金陵杂记》,中国史学会主编:《中国近代史资料丛刊·太平天国》(第 4 册),上海人民出版社 1957 年版,第 616 页。

诏命衙：太平天国撰写诏书、告谕、榜书等的机构，"伪诏命衙，主为贼写伪示"①，"系述写洪逆言语，捏造伪书，缮写伪榜等事"②。衙址在南京城内富民坊。设正副"典诏命"二人，何震川曾在诏命衙任职。

刷书衙：太平天国的印刷机构，负责印刷书籍及文告等。设立时间不详，衙址在南京城内文昌宫后檐。有记载称："贼造伪书并首逆等伪示，间亦有印刷者，派令伪刷书衙贼将掳得刷书匠胁令创印"③。刷书衙工作人员人数不详，由"典刷书"负责。

宣诏衙：太平天国的发行机构，"主收发伪书"④。设立的具体时间不详，衙址在南京城北一带，具体地址不详。宣诏衙设有正、又正、副、又副四名宣诏书，侯谦芳于1853年被封为天朝总宣诏书。

删书衙：太平天国删改儒家经典的机构，主要职能是"凡前代一切文契书籍不合天情者，概从删除"。该衙于1854年3月建立，设在天京明瓦廊大街。关于设立的缘由，有称"贼本欲尽废六经、四子书，故严禁不得诵读，教习者与之同罪。癸丑（一八五三年）四月，杨秀清忽称天父下凡，云：'天命之谓性，率性之谓道'，以及'事父母能竭其力，事君能致其身'，此等尚非妖话，未便一概全废。"⑤关于删改孔孟著作的范围和标准，张汝南《金陵省难记略》称："始以四书五经为妖书，后经删改准阅，惟周易不用，他书涉鬼神丧祭者削去。中庸鬼神为德章、书金滕、礼丧服诸篇，左传石音神降俱删。"洪秀全曾命曾钊扬、何震川、赖汉英、卢贤拔负责管理，其中曾钊扬、何震川官至丞相。可见，太平天国对删书的重视以及当时思想控制的严密。

从出版机构的设置，可以略见当时的出版程序：由诏书衙或诏命衙将书编好，呈上定稿，批准缮清后"泾禀报列王转禀奏东王御览，蒙恩旨准"。再交镌刻衙雕刻书版，书版镌刻完毕后，交印书衙印刷，然后装订成册，经钤盖天王"旨准"金玺后，才能交宣诏衙颁行。⑥从编写、印刷到发行，出版过程

①　佚名：《粤逆纪略》，沈云龙主编：《近代中国史料丛刊·太平天国》（第36辑），文海出版社1974年版，第66页。

②　涤浮道人：《金陵杂记》，中国史学会主编：《中国近代史资料丛刊·太平天国》（第4册），上海人民出版社1957年版，第618页。

③　涤浮道人：《金陵杂记》，中国史学会主编：《中国近代史资料丛刊·太平天国》（第3册），上海人民出版社1957年版，第616页。

④　张德坚：《贼情汇纂》，中国史学会主编：《中国近代史资料丛刊·太平天国》（第3册），上海人民出版社1957年版，第101页。

⑤　罗尔纲：《太平天国散佚文献勾沉录》，贵州人民出版社1993年版，第64页。

⑥　叶再生：《中国近代现代出版通史》（第一卷），华文出版社2002年版，第238页。

被严格管理和控制,无出版自由可言。这种出版体系带有高度的政治色彩,反映了太平天国时期出版政策的严格。

### 3.太平天国的出版物及其流通

在严格的出版制度监管下,太平天国出版了大量的书籍,涉及的范围包括上帝教义、规章制度、诏旨、论檄、会议记录、历书、年图、奏议、论文、经过删改或选录的古书等。后因太平天国运动失败,清朝统治者焚毁了大量太平天国的出版物,致使其在国内几乎没有存留,在国外反而有不同程度的保存。从 20 世纪二三十年代起,国内学者①在国外不断有新的发现,并将太平天国印书结集成册影印出版,这有助于了解太平天国印书的概貌。

大多数学者②都认为,太平天国实行旨准颁行制度,并印刷发行了大量的书籍。从太平天国庚申十年刊刻的《王长次兄亲目亲耳共证福音书》上看,列有旨准颁行的总目共 29 种。但这只能说明太平天国旨准颁行的数目,并不是太平天国的印刷总目。经过学者们的努力③,发现了不少太平天国的印书以及尚未发现原本的书目,具体数目尚难确定。笔者根据罗尔纲、叶再生、王重民、祁龙威等学者的考订,认为太平天国印书的总数(包括清人著作中提到,尚未发现原本者)为 55 种,见下表:

**太平天国书目表**

| 书目 | 出版年 | 书目 | 出版年 | 书目 | 出版年 | 书目 | 出版年 |
|------|--------|------|--------|------|--------|------|--------|
| 幼学诗 | 1851 | 天命诏旨书 | 1852 | 天父上帝言题皇诏 | 1853 | 太平天国甲寅四年新历 | 1853 |
| 太平礼制 | 1851 | 颁行诏书 | 1852 | 旧遗诏圣书 | 1853 | 建天京于金陵论 | 1853 |
| 天条书 | 1852 | 太平条规 | 1852 | 三字经 | 1853 | 贬妖穴为罪隶论 | 1853 |
| 太平诏书 | 1852 | 天理要论 | 1854 | 太平天国癸好三年新历 | 1853 | 诏书盖玺颁行论 | 1853 |

---

① 这些学者包括程演生、俞大维、萧一山、王重民等。1926 年程演生从巴黎国立东方语言学校图书馆录得八部,编为天平天国史料第一集;与此同时,俞大维在德国普鲁士国家图书馆又录回数种。1932 年,萧一山把伦敦不列颠博物院所藏太平天国钦定颁行的经籍二十二部,加上扬州发现的钦定英杰归真一部,共二十三部,汇编为太平天国丛书第一集。1984 年,王重民将在国外所得的十部书编为太平天国官书。

② 包括罗尔纲、王重民、祁龙威等。

③ 详见《"太平天国印书"版本考略》,《太平天国印书史略》,收于祁龙威:《太平天国史学导论》,学苑出版社 1989 年版;王庆成:《记牛津大学所藏太平天国文献并论太平天国印书的几个问题》,广西太平天国史研究会:《太平天国论文集续集》,广西人民出版社 1989 年版,第 289~308 页。

（续表）

| 书目 | 出版年 | 书目 | 出版年 | 书目 | 出版年 | 书目 | 出版年 |
|---|---|---|---|---|---|---|---|
| 太平军目 | 1852 | 天情道理书 | 1854 | 太平救世歌 | 1853 | 天朝田亩制度 | 1853 |
| 天父下凡诏书第一部 | 1852 | 御制千字诏 | 1854 | 新遗诏圣书 | 1853 | 天父下凡诏书第二部 | 1853 |
| 行军总要 | 1855 | 天平天国戊午八年新历 | 1857 | 天父诗 | 1857 | 醒世文 | 1858 |
| 王长次兄亲目亲耳共证福音书 | 1860 | 资政新篇 | 1859 | 钦定制度则例集编 | 1858 | 武略 | 1858 |
| 天平天国辛酉十一年新历 | 1860 | 诛妖檄文 | 1861 | 钦定士阶条例 | 1861 | 钦定英杰归真 | 1861 |
| 钦定军次实录 | 1861 | 太平天日 | 1862 | 天妈天嫂辨正 | 不详 | 幼主诏书 | 不详 |
| 天父天兄天王太平天国己未九年会试题 | 不详 | 开朝精忠军师干王洪宝制 | 不详 | 钦定敬避字样 | 不详 | 太平礼制续 | 1858 |
| 诏书 | 有名可考 | 钦命记题记 | 有名可考 | 会议辑略 | 有名可考 | 御笔改正四书五经 | 有名可考 |
| 钦定功劳部章程 | 有名可考 | 太平刑律 | 1861 | 九种规章 | 有名可考 | 初刻太平军目 | 有名可考 |
| 东王行军号令 | 有名可考 | 仪制书 | 有名可考 | 太平天国辛开元年新历 | 有名可考 | | |

　　太平天国的书籍，又称为"官书"或"文书"。其中旨准颁行者 29 部，这些书籍封面为红色，书的扉页上印有旨准颁行的书目以及天王的玺印。与此不同的是，太平天国早期的书籍封面为黄色，无旨准的字样，也无书目；后期的书籍卷首没有书目，也没有列入旨准颁行书目中。

　　除部分手抄本外，太平天国印书大多数采用传统的雕版印刷，印刷精良，装订比较考究。文风比较通俗，实行"文以纪实，浮文所在必删；言贵从心，巧言由来当禁"的语言政策，认为只有这样才能"切实明透，使人一目了然，才合天情，才符真道"。① 但在传教士和清廷文人看来，这种文风却是"文笔粗俗"，不堪入目。

---

　　① 洪仁玕：《戒浮文巧言宣谕》，宋原放主编：《中国出版史料·近代部分》，湖北教育出版社 2004 年版，第 332～333 页。

　　太平天国出版的大量书籍,主要通过三种方式传播,即在太平军及军事占领区传播、赠送给来访的传教士以及散发到清朝的军队中。

　　内部发行是太平天国书籍传播的主要方式。太平天国书籍是天朝主要读物,有称:"《圣经》传播在太平天国境内全体人民中间……除《圣经》外,天王和干王的大量宗教著作也在人民中间广为传布。"①太平天国的占领区也不例外,"贼以伪书胁予读,其例早晚设食皆诵经,多以赞美为文,诵毕方食。阅七日名礼拜期,三更即起诵经,买辨〔办〕衙致米、盐、食品,嗣后以为常"。②这是太平天国书籍在占领区传播的实况写照。这些书籍全部为免费发放,依靠军事力量在占领区流通,加强了拜上帝教的传播和意识形态的控制。

　　赠送来访传教士也是天朝书籍流通的一种方式。太平天国赠送给来访的传教士大量的书籍。据来访的传教士称:"他们(太平天国)免费赠送《圣经》和一切宗教印刷品,这是史无前例的。"③在太平天国运动期间,"何木斯号"、"加西尼号"的西方传教士多次访问太平天国,曾收到太平天国的赠书,这些书包括《天条书》、《三字经》、《幼学诗》、《天命诏旨书》、《天父下凡诏书》、《太平诏书》、《颁行诏书》、《太平军目》、《太平条规》、《太平天国癸好三年新历》、《太平礼制》、《创世纪》、《天理要论》、《贬妖穴为罪隶论》、《诏书盖玺颁行论》、《太平天国甲寅四年新历》、《天朝田亩制度》等。

　　派人到清朝军队中去散发,也是太平天国书籍流通的一种方式。太平天国经常派人到清军中去宣传上帝教,利用宗教来扩大影响力。据访问太平天国的费熙邦舰长称:"'何木斯号'的几个军官曾看见他们用小船装满书,从江上漂送到清军的小舰队中间去。"④通过这种方式,太平天国许多著作流传到清廷的统治区,部分流入传统文人的手中。

　　总之,太平天国时期书籍的出版及流通带有强烈的政治和军事色彩,书籍成为宣教的工具和加强思想控制的手段,这是军事斗争时期的特殊产物,也是这一时期出版活动的最大特点。书籍意识形态化和极端政治化的做法,违背了出版规律,也注定了不可能持久下去,最终成为历史的遗留物。虽然曾有过震撼的一幕,但终究淹没在历史的大潮中。

---

①　罗尔纲、王庆成编:《太平天国》(九),广西师范大学出版社 2004 年版,第 244 页。
②　真州刘贵曾口述、兄寿曾编录:《余生纪略》,罗尔纲、王庆成编:《太平天国》(四),广西师范大学出版社 2004 年版,第 375 页。
③　吟唎著,王纬周、王元化译:《太平天国革命亲历记》,上海人民出版社 1997 年版,第 115 页。
④　吟唎著,王纬周、王元化译:《太平天国革命亲历记》,上海人民出版社 1997 年版,第 113～114 页。

# 第三章　洋务运动时期的出版活动

## 一、官办译书机构的设立

### 1. 京师同文馆

19 世纪 60 至 90 年代,清廷开展了以"自强求富"为口号的近代化运动。以此为契机,清廷逐步设立了具有近代特征的文化和教育机构。以京师同文馆的创办为肇端,清廷的文化机构迈开了"近代化的一小步"。京师同文馆集教育、出版为一体,是"中国教育制度中渗入现代观念的急先锋"[①],又是早期官办译书机构之一。这种复合式的结构成为早期官办出版译书机构的基本模式,影响着晚清官办译书局的发展。

京师同文馆的设立　　　　随着第二次鸦片战争后中外接触日益增多,语言问题成为清廷面临的首要困难。《天津条约》规定,以后中外交涉事件"遇有文辞辩论之处总以英文作为正义"[②],而当时清廷并无翻译人才,这使得其在中西交涉中处于明显的劣势。在内忧外患的形势之下,奕䜣提出创办京师同文馆的主张,认为"与外国交涉事件必先识其情性",而"欲悉各国情形,必谙其语言文字方不受人欺蒙"[③],这说明清廷设立同文馆是"为通晓各

---

① 毕乃德著、傅任敢译:《同文馆考》,张静庐辑注:《中国近代出版史料二编》,上海书店出版社 2003 年版,第 35 页。
② 丁韪良:《同文馆记》,张静庐辑注:《中国近代出版史料补编》,上海书店出版社 2003 年版,第 4 页。
③ 总理衙门:《奏请创设京师同文馆疏》,张静庐辑注:《中国近代出版史料初编》,上海书店出版社 2003 年版,第 3 页。

国语言文字,办理交涉事宜"①。在他的倡议之下,京师同文馆设立,专门培养语言方面的人才。最初设立英、法、俄三班,以英文最为重要。在同文馆学生的课程中,翻译占有相当分量,也是考察学生的必考科目和评价学生学业优劣的主要标准。

1873 年,同文馆设立了印书处,"所有该处一切事务亦归帮提调经理"②。这是同文馆译书机构的雏形,主要印刷同文馆翻译著作及总署文件等。③ 据丁韪良说,1877 年还印过中文数学古籍及清代皇帝手书诗词。④ 印书处成立之初的设备非常简陋,"所有的设备起初都被乱七八糟地堆放在馆内空地上的一个破棚子里"⑤,包括手摇印刷机七台、"中文和罗马活体字"⑥。1873 年,丁韪良"呈请译书"⑦并获得许可,译书正式成为京师同文馆的"必修课"。

1886 年,考虑到"西学条理亟待研求,抑且记载纷繁,尤资编撰"⑧,清廷添设了两名纂修官,选择"有部院官职","资格较深、文理优长"⑨的学生充任。该职初以席淦、汪凤藻充之,后汪氏被调出洋,改补贵荣担任。该两员主要从事对译就之书进行删校润色的工作。纂修官的设立加强了同文馆的出版管理,也说明了清廷对译书质量提出了更高要求。

1888 年,由于"办理交涉事甚繁,翻译尤为紧要",同文馆设立翻译处,添设英、法、德、俄、日翻译官,要求"奉奏旋华,择其优者","乃以张德彝、沈铎、马廷亮、斌衡、文祐充补英文翻译官;恩光充补德文翻译官;旋以塔克什讷、巴克他讷、瑞安、庆全充补俄文翻译官;联涌、世增充补法文翻译官;唐家

---

① 《光绪二十一年(1895)八月堂谕》,朱有瓛主编:《中国近代学制史料·第一辑》(上册),华东师范大学出版社 1983 年版,第 130 页。

② 《同文馆章程及续增条规》,高时良主编:《中国近代教育史资料汇编·洋务运动时期教育》(上册),上海教育出版社 1992 年版,第 51 页。

③ 《同文馆题名录》,《万国公报》1880 年 4 月 24 日,第 7207 页。

④ 朱有瓛主编:《中国近代学制史料·第一辑》(上册),华东师范大学出版社 1983 年版,第157 页。

⑤ 丁韪良著:《花甲记忆——一位美国传教士眼中的晚清帝国》,广西师范大学出版社 2004年版,第 208 页。

⑥ 毕乃德著、傅任敢译:《同文馆考》,张静庐辑注:《中国近代出版史料二编》,上海书店出版社 2003 年版,第 43 页。

⑦ 《光绪十一年十一月初十日总理各国事务奕劻等奏》,中国史学会主编:《中国近代史资料丛刊·洋务运动》(二),上海人民出版社 1961 年版,第 64～65 页。

⑧ 《光绪十二年五月二十日奕劻等奏》,中国史学会主编:《中国近代史资料丛刊·洋务运动》(二),上海人民出版社 1961 年版,第 66 页。

⑨ 奕劻等:《遴选学生派充同文馆纂修官片》,《同文馆题名录》1898 年,第 30～31 页。

桢充补东文翻译官"。① 自此,翻译处成为独立的建制,是京师同文馆作为出版机构逐步完善的标志。

1902 年,清廷将同文馆并入京师大学堂,改名译学馆,馆址设在北河沿,设有"英、法、俄、德、日本五国文兼他科学"②课程,还专门负责审定名词,以统一译名,编纂成书后作为文典。后来印书处规模缩小,在译学馆下设的文典处专设人负责刊印文典,负责全馆的出版印刷工作。③

印书处、纂修官、翻译处的设立表明京师同文馆作为译书机构的逐渐成熟和机构设置的完备。同文馆到译学馆名称的改变,说明了同文馆从综合性的官方文化机构逐渐向译书机构的转变。同文馆从总理衙门的附属机构向京师译学馆的独立机构的转变,显示了清廷对译书的重视,以及译书在晚清社会中的地位变迁。

京师同文馆的译书活动　　译书是京师同文馆师生的主要活动。设馆之初,同文馆即以翻译为主要目标,并时时强调翻译的重要性。翻译作为在馆学生的基本课程,用以培养近代化的翻译人才,满足交涉事务的需求。在同文馆的课程中,从第二年"翻译条子"开始,到"翻译选编"、"翻译公文",再到"练习译书",这种实践性的翻译训练培养了实用性的译才,也出版了不少译著。这些著作全部由京师同文馆印书处印刷,由同文馆师生共同完成,显示了早期官办译书机构的成果。

京师同文馆的译书主要由教习和学生合作完成。是否可以据此认为京师同文馆的师生都是译员呢? 其实不然。由于资料的限制,现在无法详知当时的译书情况,只可作出大致的估计。据现存可考的书目来看,参加翻译工作的师生有丁韪良、欧礼斐、司默灵、夏干、李善兰、席淦、毕利干、施德明、海灵敦、费理饬、骆三畏、德贞、联芳、庆常、汪凤藻、汪凤仪、桂荣、长秀、杨枢、习承霖、王钟祥、胡玉麟、熙璋、左庚、贵荣、文祐等。

王立新认为,从 1862 至 1898 年间,同文馆共译书 29 种,其中由美国传教士丁韪良翻译和鉴定的共 11 种。④ 苏精据《增订东西学书录》、《筹办夷务始末》等书统计,同文馆出书共有 35 种,计法律 7 种,天文学 2 种,物理数学类 6 种,化学 3 种,语言学 5 种,医学 2 种,历史学 2 种,经济学 2 种,游记

---

① 《1879 年同文馆学生升途》,《同文馆题名录》1898 年,第 48 页。

② 李希圣:《京师译学馆沿革略》,张静庐辑注:《中国近代出版史料补编》,上海书店出版社 2003 年版,第 46 页。

③ 叶再生:《中国近代现代出版通史》,华文出版社 2002 年版,第 276 页。

④ 王立新:《美国传教士与晚清中国现代化》,天津人民出版社 1997 年版,第 365 页。

等 6 种。① 吉少甫称,30 多年中,北京同文馆翻译出版的著作共有二百多部②,但该书并没有提供资料来源。笔者据《同文馆题名录》、丁韪良《同文馆记》等资料统计有名可查的书籍,认为译书共有 31 种。见下表:

### 京师同文馆主要译书一览表

| 书名 | 译者 | 鉴定者 |
|---|---|---|
| 万国公法 | 丁韪良 | |
| 格物入门 | 丁韪良 | |
| 化学指南 | 毕利干 | |
| 法国律例 | 毕利干 | |
| 星轺指掌 | 联芳 庆常 | 丁韪良 |
| 公法便览 | 汪凤藻 汪凤仪 | 丁韪良 |
| 英文举隅 | 汪凤藻 | 丁韪良 |
| 俄国史略 | 贵荣 | 夏干 |
| 各国史略 | 学生长秀、杨枢等译,未完 | |
| 化学阐原 | 毕利干 习承霖 王钟祥 | |
| 格物测算 | 丁韪良 席淦 贵荣 胡玉麟等 | |
| 全体通考 | 德贞 | |
| 戊寅中西合历 | 熙璋等 天文教习海灵敦 | |
| 已卯、庚辰中西合历 | 熙璋等 天文教习海灵敦、费理饬 | |
| 辛巳、壬午、癸未、甲申、乙酉、丙戌、丁亥中西合历 | 熙璋等 天文教习骆三畏 | |
| 公法会通 | 丁韪良 联芳 庆常 | |
| 中国古世公法略 | 汪凤藻 丁韪良 | |
| 星学发轫 | 熙璋、左庚等 | 天文教习骆三畏 |
| 新嘉坡刑律 | 汪凤藻 | 丁韪良 |
| 电理测微 | 欧礼斐 贵荣 | |
| 坤象究原 | 文祐 | 欧礼斐 |
| 富国策 | 汪凤藻 | 丁韪良 |
| 算学课艺 | 席淦 贵荣 | 李善兰 |
| 同文津梁 | | 丁韪良 |
| 汉法字汇 | 毕利干 | |
| 药材通考 | 德贞 | |
| 弧三角阐微 | 欧礼斐 | |
| 分化津梁 | 施德明 王钟祥 | |
| 天学发轫 | 骆三畏及其学生 | |

---

① 苏精:《清季同文馆及其师生》,台北上海印刷厂 1985 年版。

② 吉少甫:《中国出版简史》,学林出版社 1991 年版。

（续表）

| 书名 | 译者 | 鉴定者 |
|------|------|--------|
| 戊子、已丑、庚寅、辛卯、壬辰、癸巳中西合历 | 熙璋等 天文教习骆三畏 | |
| 甲午、已未、丙申、丁酉、戊戌中西合历 | 熙璋等 天文教习骆三畏 | |

京师同文馆译书是以聚珍版发行的，印刷精美，质量较优，由总理衙门统一配送，或至朝廷或至地方。早期的读者主要是同文馆学生、部分清廷官员和一些开明知识分子。

京师同文馆的译书涉及不同的门类，包括法律、历史、语言、历法、数学、医学、化学、物理、生物等，其中有第一部西方国际法中译本《万国公法》；第一部外交学中译本《星轺指掌》；第一部经济学中译本《富国策》和近代第一部英文文法中译本《英文举隅》。这些译著不仅与京师同文馆的学习课程相关，而且是晚清政治形势的产物。京师同文馆译书并无一定规划，所译著作带有浓厚的实用性色彩，或出于教学的需要而翻译教材，或出于政治形势的需要。丁韪良《万国公法》中译本的问世，是由于"局势对这种书的需求"[1]。在这种实用性的译书观念的指导之下，京师同文馆译书的质量自然大打折扣。"译文佶屈为病"是常有的现象，更有与原文主旨背道而驰的粗制滥造，"即如《法国律例》一书，欧洲亦以为善本，而译馆之本，往往不能达其意。且常有一字一句之颠倒漏略，至与原文相反者"[2]。虽然后世对京师同文馆的译书多有非议，甚至有苛刻的指责，但这并不能抹杀其译书的历史地位。作为中西文化碰撞的早期产物，京师同文馆译书的意义并不在于译书的质量的优劣，而在于译书实践的社会文化意义，即清廷主动译书的姿态表明了其对西方文化的某种程度的认可，尽管态度暧昧，却以译书实践表现出官方文化机构在近代化过程中的努力。

**2. 江南制造局翻译馆**

江南制造局翻译馆是 19 世纪"历时最久、出书最多、影响最大"的官方译书机构，堪称晚清官方译书的佼佼者。虽然当时官方设立的译书机构不在少数，但在出书数量、质量、影响等方面，皆难望其项背，难与其相匹敌。

---

① 丁韪良著：《花甲记忆——一位美国传教士眼中的晚清帝国》，广西师范大学出版社 2004年版，第 150 页。

② 《变法通议·论译书》，《时务报》第 33 册，1897 年 7 月 20 日。

在其存在的 40 多年中,江南制造局翻译馆出版了种类繁多的书籍,在西学东渐的过程中扮演着重要的角色。

　　江南制造局翻译馆的设立　　江南制造局翻译馆的设立得益于"天时、地利、人和"的优越条件。"天时"即近代化运动的开展。第二次鸦片战争之后,清廷部分开明官员震撼于西方的船坚炮利,纷纷倡导学习西方科技,开展了一场轰轰烈烈的近代化运动。各地督抚纷纷设立机械局,曾国藩在上海设立了江南制造局。机器制造的实践愈加突出译书的急迫性,时人逐渐认识到:"盖翻译一事,系制造之根本,洋人制器出于算学,其中奥妙,皆有图说可寻;特以彼此文义捍格不通,故虽日习其器,究不明用器与制造之所以然。"①翻译馆的设立显得极为迫切。"地利"指自 1843 年开埠以来,上海逐渐成为传播西学的中心,墨海书馆、美华书馆等教会出版机构培养了一批中外译才,包括傅兰雅、伟烈亚力、王韬、李善兰等。优越的地理位置和良好的出版环境有利于翻译馆的设立。"人和"指西学人才的储备。早在江南制造局成立之前,曾国藩就网罗了不少懂得西学的人才,如徐寿、华衡芳等。他们在机器制造的实践中感到翻译西书的重要,认为译书"不独自增见识,并可刊印传播,以便国人尽知"②,大力呼吁和倡导设立翻译馆。在多方推动下,江南制造局翻译馆成立。③

　　1868 年 6 月江南制造局设立翻译馆,邀请伟烈亚力、傅兰雅、玛高温(MacGowan Daniel Jerome)入馆工作,并拟设立学馆。因译馆"与广方言馆事属一类"④,经涂宗瀛奏请,1869 年将广方言馆归入制造局。馆址在上海城南高昌庙,制造局共有楼房、平房 74 间,楼上 24 间归翻译馆,平房及楼下 50 间归广方言馆。建筑物"层构厥高,宏规大启"⑤,环境优美。据时人记载:"馆在南门外制造局旁,重楼杰阁。门外种万余竿,浓荫夹道,幽雅宜人。"⑥

---

　　①　魏允恭:《江南制造局记》,沈云龙主编:《近代中国史料丛刊》(第 41 辑),文海出版社 1966 年版,第 79 页。

　　②　傅兰雅:《江南制造总局翻译西书事略》,张静庐辑注:《中国近代出版史料初编》,上海书店出版社 2003 年版,第 9 页。

　　③　在翻译馆成立之前,1867 年下半年到 1868 年上半年,傅兰雅等人已经译出《汽机发轫》、《汽机问答》、《运规约指》和《泰西采煤图说》四种机器制造类书籍。这些译书曾得到曾国藩的赞许。

　　④　周馥:《改上海广方言馆为工业学堂》,朱有瓛主编:《中国近代学制史料·第一辑》(上册),华东师范大学出版社 1983 年版,第 198～199 页。

　　⑤　吴宗濂:《上海广方言馆始末记》,朱有瓛主编:《中国近代学制史料·第一辑》(上册),华东师范大学出版社 1983 年版,第 208～209 页。

　　⑥　葛元煦:《沪游杂记》,上海人民出版社 2006 年版,第 17 页。

翻译馆设有印书处,具体设立时间不详。该处设有"董理"掌管日常事务,另有一人"董理售书之事","三人抄写各书"。工作人员最多时达30人,"或刊版,或刷印,或装订",分工细致,职责明确。印书处的设备既有西方的铅活字又有传统的雕版,包括一副铅活字及印书架等,还有大量的刻版。随着译书的增多,设备也在不断地添充。除部分采用机器印刷外,局内书籍大多采用中国传统的"刻版法"。例如《谈天》书内的插图,为英式铜版印刷;地图与海道各图,为局内所刻阴文铜版所印,其余书籍尤其是"格致书"仍采用活字刻版,以手工印刷,因木刻版较铅字活版"更省更便",而且准确率很高,不易出错,省时省力。① 采用木刻版的印刷方法,印刷量非常惊人,有称:"最能印书者,一日可印五千页,不用印架,不需机器,俱以手工手器印之。"②

1898年,本着"精求化学之理法,详究机器之功用"的原则,江南制造局裁并广方言馆,设立工艺学堂。翻译馆由日人藤田丰八办理,规定:"译印书籍,除供宁沪两学堂取用外,余照制造局图书处一例发售,以广流传。所有此项译印经费,仍归制造局翻译馆内开支。"③从中可知,江南制造局翻译馆并不受机构调整的影响,译书印书工作依旧进行。至于翻译馆何时停办不详。据陈洙记载,该馆于1909年仍在印刷图书。

**江南制造局翻译馆译书**　　江南制造局翻译馆译书采用西译中述的方法,这是在中西文化交流初期产生的比较奇特的译法。具体说:"必将所译者,西人先熟览胸中而书理已明,则与华士同译,乃以西书之义,逐句读成华语,华士以笔述之;若有难言处,则与华士斟酌何法可明;若华士有不明处,则请明之。译后,华士将初稿改正润色,令合于中国文法。有数要书,临刊时华士与西人核对;而平常书多不必对,皆赖华士改正。因华士详慎呈断,其讹则少,而文法甚精。"④这种由西方学者口述、中国学者润色的合译方

---

① 中国木刻版较铅字活版更省更便。其版各页等大,略宽八寸,长十二寸,厚半寸,每版两面刻字,每面当西书两面之用,可见一书全版占地无几。有云:"刻一木版,较排活版所费有限,且木版已成,则每次刷印,随意多寡,即只印一部亦可。此法之便可知矣。若照西法以活版印书,则一次必多印之,始可拆版,设所印者年深变旧,或文字错讹,则成废纸而归无用。惟中国法则不然,不须巨资多印存储;若版有错字,亦易更改;而西法已印成书,则无法能更改也。"

② 傅兰雅:《江南制造总局翻译西书事略》,张静庐辑注:《中国近代出版史料初编》,上海书店出版社2003年版,第19页。

③ 魏允恭:《江南制造局记》,沈云龙主编:《近代中国史料丛刊》(第41辑),文海出版社1966年版,第234页。

④ 傅兰雅:《江南制造总局翻译西书事略》,张静庐辑注:《中国近代出版史料初编》,上海书店出版社2003年版,第12页。

法,在当时颇受称赞。也有学者对西译中述的方法提出了不同的意见,认为此法强调西方译者的作用,而将中国译者视为辅助。① 这种看法有所偏差,在译书过程中,西方学者以蹩脚的中文口述,而中国学者对其所述内容进行重新思考和加工,这对中译者的科学知识储备和语言能力提出了很高的要求。因此,"西译中述"的译书方法强调中西学者并重,共同参与完成。

在译书过程中,中西学者往往会遇到词不达意、难以会通的问题。在译书实践中,译者们逐渐确定了一套译书原则②,解决了译书中常遇到的混名问题,给译书带来了极大便利。梁启超曾对译书局所出的词汇表赞赏备至,说:"局译有《金识别表》、《化学材料表》、《汽机中西名目表》、《西药大成药名表》等书,西字、译音二者并列,最便查验,所定名目,亦切当简易。后有续译者,可踵而行之也。"③

翻译馆译书内容的确定,似乎是由外国译员提出初步意见,然后由清政府官员包括两江总督、江苏巡抚、江南制造局总办等人最后拍板。④ 当时所译的书籍,大多是馆内"紧用之书"以及"零件新书",毫无分类和系统可言。傅兰雅曾说:"平常选书法,为西人与华士择其合己所紧用者,不论其书与他书配否,故有数书如植物学、动物学、名人传等尚未译出。另有他书虽不甚关格致,然与水陆兵勇武备等事有关,故较他书为讲求。"⑤

翻译馆印刷采用上等的连史纸和赛连纸,纸质优良。所出的书籍页数为 60 至 100 不等,售价为一百文到二千文不等,用白丝线装订,"较平常书籍格外精致"。翻译馆的译书除了译馆内和制造局使用外,京师同文馆、部分传教士书馆都有采用,"又上海、厦门、烟台之公书院中亦各购存"⑥。读者中也有不少的官绅文士,康有为、梁启超等人都曾经购买了不少制造局的书籍。译著很受欢迎,发行量非常大,截止到 1879 年底,翻译馆共售书

① David Wright,The Translation of Modern Western Science in Nineteenth-century China:1840-1895. Isis, Vol. 89, No. 4, p. 664。

② 译者们主要采用三种方法:第一种为使用汉语中已有的词汇,或查阅已有的书籍或访问中国知道此词汇的人;第二种为设立新名,或在平常字外加偏旁而为新名,或用数字解释物体,或音译;第三种为设立中西词汇表。

③ 梁启超:《读西学书法》,梁启超著、夏晓虹辑:《饮冰室合集集外文》,北京大学出版社 2005 年版,第 1160 页。

④ 熊月之:《西学东渐与晚清社会》,上海人民出版社 1994 年版,第 496 页。

⑤ 傅兰雅:《江南制造总局翻译西书事略》,张静庐辑注:《中国近代出版史料初编》,上海书店出版社 2003 年版,第 17 页。

⑥ 傅兰雅:《江南制造总局翻译西书事略》,张静庐辑注:《中国近代出版史料初编》,上海书店出版社 2003 年版,第 21 页。

32,111部,83,454册,平均每种在250部左右。

　　成立之初,翻译馆延聘傅兰雅、玛高温、伟烈亚力、金楷理、林乐知等传教士,华衡芳、徐寿、徐建寅等学者入馆。这些译者往往身兼二职,半日在广方言馆任教习,半日在翻译馆译书。少数译者在馆内居住,多数住在租界。当时译书工作报酬丰厚,许多传教士和学者也乐意为之,不少广方言馆的学生也留在馆内从事翻译工作。据不完全统计,先后在译馆工作的译员有傅兰雅、金楷理、林乐知、伟烈亚力、玛高温、卫理、罗亨利、秀耀春、韦烈、伯克雷、傅绍兰、徐寿、华衡芳、王德均、徐建寅、李凤苞、严良勋、丁树棠、江衡、赵元益、汪振声、郑昌棪、瞿昂来、周郇、王季烈、徐高第、舒高第、范熙庸、王树善、华备钰、徐华封、任振声、潘松、钟天纬、沈陶璋、陈洙、应祖锡、徐家宝、章寿宝、贾文浩、钟天同、俞世爵、钱国祥、范本礼、蔡锡龄、吴宗濂、潘元寿、程銮、朱恩锡、徐景罗、贾步维、潘松、王德均、赵诒琛、沈陶章、严良勋、李景镐、黄伯申、潘元善、王季点、程銮、朱恩锡、江衡、李岳衡、蔡祚来、徐兆熊等,各人译书种数不等。其中,傅兰雅译书最多,多达77种,占全馆译书的三分之一以上。

　　1871年,翻译馆正式出书。据熊月之统计,1871年出书14种,1872年11种,1873年9种,1874年12种,1875年6种,1876年9种,1877年12种,1878年2种,1879年14种。到1880年共出书98种235册,译出未刊之书45种124册。[①]关于翻译馆译书的数目有多种说法。据徐维则所辑的《东西学书录》,到1899年,江南制造局翻译馆共出书126种;《上海研究资料》称共180余种;《上海制造局各种图书总目》所载为163种,另附刊32种;商务印书馆编的《上海制造局翻印图书目录》统计为173种,附刻31种;1918年《上海县续志》卷十一《翻译馆所译书目》统计,共185种;魏允恭《江南制造局记》称共178种;叶再生认为有198种、745册、1158卷[②];1909年翻译馆译员陈洙编《江南制造局译书提要》,共收录160种,1075卷。各种说法不一,数目有较大的差别,有待于进一步的考证。以下是笔者根据陈洙的《江南制造局译书提要》的统计:

　　① 熊月之《西学东渐与晚清社会》,上海人民出版社1994年版,第499页。
　　② 叶再生:《中国近代现代出版通史》,华文出版社2002年版,第290页。

**江南制造局翻译馆译书分类统计①**

| 类别 | 史志 | 政治 | 交涉 | 兵制 | 兵学 | 船政 | 学务 | 工程 | 农学 | 矿学 | 工艺 | 商学 | 格致 |
|------|------|------|------|------|------|------|------|------|------|------|------|------|------|
| 种数 | 6 | 3 | 7 | 12 | 21 | 6 | 2 | 4 | 9 | 10 | 18 | 3 | 3 |
| 卷数 | 45 | 36 | 37 | 73 | 109 | 11 | 2 | 38 | 45 | 72 | 106 | 6 | 9 |
| 类别 | 算学 | 电学 | 化学 | 声学 | 光学 | 天学 | 地学 | 医学 | 图学 | 补遗 | 附刻 | 总计 | |
| 种数 | 7 | 4 | 8 | 1 | 1 | 2 | 3 | 11 | 7 | 2 | 10 | 160 | |
| 卷数 | 89 | 17 | 62 | 8 | 2 | 22 | 51 | 74 | 55 | 15 | 91 | 1075 | |

据上表统计,制造局翻译馆译书共涉及 22 个门类,包括了医学、地理、天文、物理、化学、数学、工学、商学、船政学等学科,以兵学、工艺、兵制、医学、矿学等方面较多。从译书的种类来看,制造局翻译馆译书侧重于工程、兵制等应用科学方面,社会科学方面较少。

江南制造局翻译馆译书是中西文化交流初级阶段的产物,具有鲜明的时代印记。在当时既无工具书又无教材的情况下,早期的译者筚路蓝缕,费力摸索,出版了大量的译著,使翻译馆成为西学传入中国的重要窗口。从这方面来说,江南制造局翻译馆的译书功不可没。但这无法掩盖其译书的不足之处,从译员方面来看,制造局译员的素质并不高。外国译员多为传教士,核心的任务是传播教义,译书只是作为传教的手段,在当时的传教士队伍中并无自然科学方面的专才,因此传教士的知识结构使得译书的质量大打折扣。David Wright 认为傅兰雅的专业知识并不足以胜任翻译的工作。如果译书集大成者傅兰雅的能力值得怀疑,那么传教士整体科学技术方面的素质是可想而知的。译员的流动同样影响了译书工作的进行。翻译馆译员的流动性较大,或传教,或升官高就,或另谋他职等。译书需中西译员配合默契,经过较长时间的磨合,才能有效译书,如果其中一员离职,即意味着译书工作在短期内的搁置。如果这种情况频繁发生的话,译书工作势必受到影响。

# 二、官书局的设立

## 1. 官书局纷纷设立

洋务运动时期,清政府实行积极的出版政策,在全国范围内创办了大量的官书局,这些官书局散布各地,出版量之大,品种之多,居历代官方出版机

---

① 陈洙:《江南制造总局译书提要》,江南制造局 1909 年。

构之首。如此大规模地兴办书局、重刊传统经典著作，是官方出版业中前所未有的现象，推动了晚清社会文化事业的发展。

官书局的兴起是晚清历史上一种特殊的文化现象，有着极其复杂的历史原因。多数研究者认为，太平天国运动对传统文化事业的冲击是官书局产生的主要原因。从创办起因来看，官书局的创办是清廷为应付前所未有的统治危机，加强思想控制的重要手段。从出版物看，官书局以传统的经典著作为出版的重点，意在通过传统著作的流通，一方面恢复士人对传统文化的信心，一方面肃清太平天国的文化遗留。的确，官书局的创办与太平天国运动有着千丝万缕的联系，但这只是问题的一方面。欲探明个中原因，还需要对官书局进行多方面的考察。笔者认为，官书局的兴起既是清政府统治式微的产物，又是其文化政策调整的结果。前者表现在太平天国运动对传统文化的破坏和晚清政治格局的变动，后者主要指洋务运动时期清廷的"中体西用"的文化政策。

**重建文化的需要**　　太平天国运动不仅在军事上震撼了清廷，而且从思想上动摇了清廷的统治权威。太平天国所到之处，大肆焚烧儒家典籍，宣扬拜上帝教，严重地挑战了传统文化的权威性，对晚清政府的文化政策产生了巨大的冲击。太平天国对传统文化的极端仇视和毁坏，高压的文化强制政策，使传统文化很难有生存的空间。梁启超说："因为文化中心在江、皖、浙，而江、皖、浙糜烂最甚。公私藏书，荡然无存；未刻的著述稿本，散亡的更不少；许多耆宿学者，遭难凋落。"[1]当时文化繁盛之地，如扬州、常州、镇江等更是遭受了罕见的文化浩劫，"学校中旧藏书籍荡然无存。藩署旧有恭刊钦定经史诸书，版片亦均毁灭。民间藏书之家，卷帙悉成灰烬"。[2] 在这种情形下，曾国藩占领一地即延揽文化名士，开设书局刻书，旨在重建当地的文化设施，重塑儒家文化的影响力。叶德辉曾谈道："湘乡曾文正督师戡乱，不废弦歌。每克一名城，即补秋闱，创书局，礼名士。"[3]曾国藩的上述做法，有利于恢复占领区的文化，稳定和加强对当地人民的思想控制。虽然这只是军事占领时期的临时政策，却对各省官书局的设立有重要的示范作用。战争结束之后，各省的文教事业亟待振兴。当时的文化领域混乱不堪，可读

①　梁启超：《中国近三百年学术史》，中国书店 1985 年版，第 25 页。
②　鲍源深：《请购刊经史疏》，宋原放主编：《中国出版史料·近代部分》（第一卷），湖北教育出版社 2004 年版，第 406 页。
③　转引自顾承甫《清末官书局二三事》，《出版史料》1989 年第 3、4 期。

的书籍可以说是少之又少,"虽偶有书肆,所刻经书俱系删节之本,简陋不堪。"①面对无书可读的局面,各省督抚均以"兴文教"为急务,倡导设立书局,"将旧存学中书籍广为补购,并将列圣御纂钦定经史各书,先行敬谨重刊,颁发各学。并准书肆印刷,以广流传,俾各省士子得所研求,同敦实学,用副朝廷教育人才至意"。② 在各省督抚的倡导下,清政府积极支持文化的重建,在各地纷纷设立官书局。

　　**汉族官僚集团的倡导**　　19 世纪 60 年代,晚清的政治格局发生了变化。汉族官僚集团迅速崛起,成为影响晚清历史的重要政治力量。太平天国兴起之时,八旗军队已不堪一击,无力承担保卫疆土的责任。为保卫地方安全,地方官员多组织团练,招募兵勇,进行军事化训练。曾国藩、李鸿章等所率领的湘军、淮军逐渐成为晚清重要的军事力量。以湘军为例,曾国藩的湘军是与太平军对抗的主要力量,其不仅在军事上有相对正规的训练,在思想上更是遵行以程朱理学为核心的传统道德③。陈旭麓曾说:"前者(指洪秀全——引者注)用理想汇聚社会力量,后者(指曾国藩——引者注)用传统汇聚力量。"④其中的"传统"指的是传统的思想和价值观。传统汇聚的军事力量的胜利,使士人更加确信传统的巨大作用。这种思想反映在出版政策上,便是对传统经典著作的重视,以其作为官书局出版的重点。从更长的历史阶段来看,历朝历代的官方出版活动都限于京城,在京城设立书局,汇聚文人学士和刻工刊刻著作,书成即将书局解散。这种做法一直延续到清代,在清代前期,官方刻书活动主要有两次:康熙年间刊刻《武英殿聚珍版丛书》、雍正年间刊刻《图书集成》。除此之外,官方极少涉足出版业。直到清廷重用汉族官僚,大力倡导官办书局,才改变了延续千年的官方出版惯性。汉族官僚多饱读传统儒家经典著述,积极倡导开设书局,重建和整理传统文化。从倡导以及实际开设书局的官员来看,大多数为汉族官僚,包括曾国藩、李鸿章、左宗棠、张之洞、丁日昌等。

　　**"中体西用"的应有之义**　　洋务运动时期,清廷奉行"中体西用"的文化政策。所谓"中体西用",即"以中国之伦常名教为原本,辅以诸国富强之

---

　　① 鲍源深:《请购刊经史疏》,宋原放主编:《中国出版史料·近代部分》(第一卷),湖北教育出版社 2004 年版,第 406 页。

　　② 《同治帝就鲍源深办书局刻书谕》,宋原放主编:《中国出版史料·近代部分》(第一卷),湖北教育出版社 2004 年版,第 408 页。

　　③ 费正清:《剑桥中国晚清史》,中国社会科学出版社 1985 年版,第 451～455 页。

　　④ 陈旭麓:《近代中国社会的新陈代谢》,上海人民出版社 1992 年版,第 84 页。

术"①,这成为洋务运动的主导思想。在此思想指导下,洋务派兴办军事工业、学习国外技术,以期实现"自强求富"。在文化教育方面,设立京师同文馆、上海广方言馆、广州同文馆以及江南制造局翻译馆等文化机构,翻译和出版西学书籍,并派遣留学生出国学习。面对"西用"之风的盛行,清廷本能地强调"中体"的本源性,在出版方面即体现为:广设出版机构,出版大量的传统著作。清廷在各地广设官书局,出版大量传统书籍。与此同时,清廷加强了对民间书籍的审查,保证所刻书籍内容的纯正性,对"淫词邪说"、"传奇"、"小说"等书,均"饬下各直省督抚,一体严加禁毁,以隐戢人心放纵无所忌惮之萌,似亦维持风化之一端"②,"以端士习而正民心"③。清政府的查禁政策,肃清了图书市场的"乌烟瘴气",在一定程度上有利于官书局的发展。从根本上来说,不论是设立官书局,还是加强对图书内容的控制,都是为了维护"中体"的主导地位。

总的说来,太平天国对儒家文化的冲击,是官书局设立的必要条件;汉族官僚集团的崛起则为官书局提供了大量的实践者,他们不仅主持官书局的具体事务,更积极推广和传播传统文化;"中体西用"的文化政策是官书局成立的基本保证,也是官书局存在的合法性依据。在这三种因素的相互作用和影响下,官书局得到了较快的发展。洋务运动时期,官书局几乎遍布全国各地,成为晚清文化事业的重要组成部分。

**2. 官书局的出版活动**

作为文化机构,官书局从属于官方的建制,也是地方政府意志的体现。因而无论在机构设置还是管理上,书局都带有浓厚的官方色彩。作为出版机构,官书局的出版物可谓卷帙浩繁,而且质量精良,是同时代出版物中的佼佼者,深受广大读者的欢迎。

官书局的管理由地方督抚全权负责。无论是校勘人员的遴选、经费的拨付还是书局的日常工作,督抚事无巨细,对各项工作都有详明的规定,体现了官书局的特色。官书局多延请硕学名儒、博学多闻之士参与编校工作。

---

① 冯桂芬:《校邠庐抗议》,中州古籍出版社1998年版,第211页。
② 丁日昌:《苏省设局刊书疏》,宋原放主编:《中国出版史料·近代部分》(第一卷),湖北教育出版社2004年版,第411～412页。
③ 《同治七年三月禁传奇上谕》,宋原放主编:《中国出版史料·近代部分》(第三卷),湖北教育出版社2004年版,第539页。

曾国藩设金陵书局，延请莫友芝①、张文虎②等人主持刊刻事宜。左宗棠创办福州官书局，聘名儒杨浚③为总校官。思贤书局由王先谦④、叶德辉等名士参与局事。这种模式为各省的官书局普遍采用，各省均广延士绅名流主持书局的刊刻工作。除聘请名士主持局务外，在刊印影响较大的著作时，各省官书局亦往往临时聘请地方名流参与其中。以《船山遗书》的刊刻为例，曾国藩除邀请莫友芝、张文虎之外，还广选博学多才之人参与其中。当时的地方名流几乎无一例外地参加了编校工作，如刘毓崧、吴熙载、赵烈文、周世澄、方骏谟、刘翰清、汤裕衣、汪宗沂、杨岘庸、杨沂、孙咏春、汤亦中、孙福保、曹耀湘、王荣阑、欧阳兆熊等。因官书局所刊刻的书籍多为经典巨著，依靠个人力量难以完成，需要文人学士共同协作。从这方面来说，地方官书局是政府以"传统"为号召，吸纳地方文人参与重建传统文化的机构。

地方官书局的经费⑤多来源于官方的支持，包括官绅私人捐助以及各省的"闲款"。"闲款"主要有厘金、支应局或藩库、运库与海防支应局、书院余存经费、海关经费等。官绅私人捐助是官书局的经费来源之一。《船山遗书》刊刻之时，曾国藩曾捐助三万金。朱孔彰《曾祠百咏注》载："公（指曾国藩——引者注）捐廉俸三万金，设书局重刊经史。先在安庆商之九弟沅甫方伯，刻《王船山遗书》。"广雅书局开办之初，张之洞率先捐银一万两，其后巡抚吴大澂捐三千两，其他富商捐银三万余两。⑥"闲款"则是官书局的主要经费。曾国藩创办的金陵书局的经费来自藩库和支应局的拨银；李鸿章创办

---

①　莫友芝，字子偲，号郘亭，贵州独山人，"学问淹雅"。他自幼喜欢收集各种书籍，研习六经、名物、金石目录、诗歌，在学问上颇有造诣。著有《遵义府志》、《声韵考略》、《郘亭诗钞》、《过庭碎录》、《黔诗纪略》、《郘亭知见传本书目》等。

②　张文虎，字孟彪，又字啸山，著名经学家和校勘家，擅长治经史和校勘，校刻《守山阁丛书》、《小万卷楼丛书》等数百种书籍，时人均称善本。他还编辑和撰写了《唐十八家文钞》、《湖楼校书记》、《周初岁朔考》、《史记集解索隐正义札记》、《覆瓿集》等。

③　杨浚，字雪沧，福建侯官人，咸丰年间举人，曾充任国史馆校对。他喜欢藏书，建有冠悔堂，藏有大量的古籍善本，并自编刊刻《闽竹居丛书》、《易义针度补》、《正谊堂全书》等。《正谊堂全书》原由张伯行于1709年主持编刻，至同治时已不见全帙，散失甚多。经过杨浚重辑，到1870年为止，由原来的55种增为68种。

④　王先谦，字益吾，湖南长沙人。同治进士，曾任国子监祭酒、江苏学政，后主讲湖南岳麓书院、城南书院等。他任提督江苏学政时，曾收集清人经学著作，在江阴南菁书院设局刊刻。他本人的著作非常丰富，主要有《东华录》二百卷、《东华续录》四百三十卷、《天禄琳琅书目前、后编》三十卷、《尚书孔传参正》、《汉书补注》、《后汉书集解》、《荀子集解》、《校正盐铁论》、《校训世说新语》、《合校水经注》、《郡斋读书志·附志》等。

⑤　还可参阅梅宪华：《晚清的官书局》，《出版史料》1989年第3、4期合刊。

⑥　张之洞：《开设书局刊布经籍折》，《张文襄公全集·奏议》（卷二十三），沈云龙主编：《近代中国史料丛刊》，文海出版社1966年版，第1837～1839页。

的江苏书局的经费来自藩库的拨银；方浚颐创办的淮南书局的经费来自藩库的拨银和书院余存经费；张之洞创办的广雅书局的经费来自藩库、粤海关以及书院经费，等等。政府在经济上对官书局的支持，保证了官书局刻书活动的顺利进行。

官书局的管理非常严格，对校刊人员的工作有详细的要求。以福建正谊书局为例，其章程规定："复校、分校值日必到局，不得顶替。日读二十页，校一千字，方为中程。其有才力过人，有增无减，记勤一次。年力就衰者，分校字数多少，随时酌定。不到者，记惰一次。勤惰不相抵。记惰十次者出局。顶替者即日出局。均停膏伙。每日提调设立课功勤惰册，以罚课程。"①对于具体的编校工作，各官书局也有明确的规定。校书要"宁详勿略，宁严勿宽，宁泛博勿固陋……即看书之法亦是如此，不但经书本文须详加考复，即注疏所引各书亦须详细对勘，一字一画必求其的，始则本书自相考证又与他书对勘，必使一毫无憾，则刊出必为善本，其人亦即为善读书也"。② 这种严谨的编校态度，是晚清官书局的主要特点。严格的管理，保证了书局工作的有序进行；严格的校书要求，保证了官书局所出图书的质量。

据《官书局书目汇编》③记载，晚清官书局出书达数千种，卷目多达数十万卷。各地书局出书数量不一，以金陵书局、江苏书局、广雅书局最为出名，其中金陵书局共刻书 57 种，计 3095 卷、786 册，江苏书局刻书 206 种，计5047 卷、1632 册；广雅书局刊刻书总数约 280 部，计 5890 卷。④ 不仅如此，官书局书籍在质量、版式方面，颇受称誉。

从书籍内容来看，官书局所刻书籍以经、史、子、集四部之书最多。⑤ 以江苏书局和广雅书局为例，江苏书局书目中经部 28 种，史部 73 种，子部 45种，集部 42 种；广雅书局刻有经部 40 余种、400 余卷，史部 120 余种、3500多卷，子部 10 多种、40 余卷，集部 100 余种、1950 多卷。除四部之书外，官书局还出版了众多的教育类图书。当时各省"乡塾所读之书，率皆滥恶俗

---

① 《正谊书局章程》，张伯行著、杨浚重辑：《正谊堂全书》，福建正谊书院藏版。

② 张惠民：《清末陕西著名出版机构——味经官书局》，宋原放主编：《中国出版史料·近代部分》（第一卷），湖北教育出版社 2004 年版，第 499 页。

③ 朱士嘉编：《官书局书目汇编》，中华图书馆协会，1933 年。

④ 叶再生：《中国近代现代出版通史》，还可参见江澄波：《晚清江苏三大官书局刻书》，《出版史研究》（第二辑），中州古籍出版社 1994 年版，第 72～76 页。

⑤ 严文郁在《中国书籍简史》一书中认为官书局出书以经史为最多。

本,讹谬不可读"①,官书局刊刻了《御纂七经》、经书读本、《小学》、《近思录》等具有教科书性质的书籍。这类书籍虽然种类不多,刊刻数量却较大。刊刻时人的学术著作也是官书局刊刻的特色。官书局的编刊人员多为饱学之士,多有著作问世,他们的著作大部分由官书局刊刻发行。以思贤书局为例,书局刊刻了王先谦编著的二十多部书籍,包括考究掌故的,有《东华录》二百卷,《东华续录》四百三十卷,还有校刊钦定《天禄琳琅书目前、后编》三十卷;考释经史方面的《尚书孔传参正》、《汉书补注》、《后汉书集解》等;诸子古传记方面有《荀子集解》、《校正盐铁论》、《校训世说新语》、《合校水经注》;撰集艺文有《续古文辞类纂》和《骈文类纂》等。

就书籍质量而言,官书局所出的书籍被称为"局本"。因局本校勘认真,质量较优,深受士人的欢迎。金陵书局所刻书籍,"当时京朝大官索局刻书者纷起。盖以其校刊之精突,过殿本也"。② 除了校勘认真之外,局本所选的底本大多为善本。在设局刊刻之初,各省书局想方设法地寻求善本、孤本。张之洞奏开广雅书局时,令其门人在京访求应刻之书。湖北书局的李翰章积极搜集古籍善本,动员地方官吏、名流、士绅捐赠善本。局本所访的书籍中有不少系私家藏书,或赠送书局,或书局付款购买,或借与书局校勘。浙江书局刻书所用的底本系当时杭州著名藏书家丁丙之的"八千卷楼"所赠。书局对底本也进行精细的筛选,胡丹凤主持崇文书局时,对所选的底本,严加校勘,才能刊刻。

从书籍的刊刻方式来看,局本多采用翻刻、补刻、重刻等方式。至于采用何种方式刊刻,一般都经过共同讨论,权衡利弊,采取较优的形式。《复湘乡相侯》中曾说:"今刊刻全书,只宜取旧本之稍善者,依样葫芦,为力较易"。③ 由于重刻较为容易,且费时较少,大多数官书局都乐意采用。翻刻也是书局常采用的方式。多数书局在翻刻的时候,或改变行距,或改变字体,或改变版式,从而形成各书局图书的特色。四川书局所刊之书多版式宽松、行格疏朗;江苏官书局所刊经、史、子、集各书,字大悦目,校勘严谨,印刷亦佳;浙江书局考虑到"从前钦定诸经,卷帙阔大,印刷工浩繁,寒士艰于购

---

① 《光绪七年初劳乃宣给李鸿章禀》,宋原放主编:《中国出版史料·近代部分》(第三卷),湖北教育出版社 2004 年,第 291~292 页。

② 柳诒徵:《国学书局本末》,宋原放主编:《中国出版史料·近代部分》,湖北教育出版社 2004 年版,第 446 页。

③ 柳诒徵:《国学书局本末》,宋原放主编:《中国出版史料·近代部分》,湖北教育出版社 2004 年版,第 445 页。

取"，刻书之时"略将板式缩小，行数增多"①，所刊书字体秀丽，版式较紧凑，行数较密。部分书局也采用补刻的方式刊刻图书。浙江书局刊刻的《十三经古注》、江苏书局刊的《资治通鉴》等都在原版的基础上修补刊刻而成。

官书局图书的销售通过官方调取和书局发售两种方式流通。②官方调取是局本书籍最主要的流通方式，主要包括两种：一、颁发给各地书院、学校。这是官方图书流通的大宗。由于各地"士子寒畯，多难于得书"，大多书局"书成散之府县书院"③，并准许"穷乡寒儒、书肆贾人随时印刷"④。二、进呈朝廷。当时各省官书局的图书都须向京城进呈，便于清廷了解各地书局的出书状况，审查图书的内容。部分书籍收藏于京城的各文化部门，如国子监等。书局发售是官书局图书流通的另一个主要渠道，有官方发售和书肆发售两种形式。官方发售主要指官方设立专门的发行机构发售。贵州官书局、广西官书局、直隶书局等书局就为专门发售局本的机构。以直隶书局为例，该书局当时发售"江南、江苏、淮南、湖北、浙江、江西六个本来意义的官书局的图书454种505个版本"⑤，供应北方士人对图书的需求。局本书籍多"平其价售之"。各书局由于纸张、版式不同，书价有所不同，以《四书》为例，江南书局本售价五百六十文；湖北书局本售六百六十六文；江西书局本售六百二十文。至于哪种版本更受欢迎，则视读者的喜好或经济能力而定。书肆发售指地方书肆在得到官书局许可的情况下，发行局本书籍。出于扩大图书流通范围的考虑，当时的官员多支持地方书肆发售局本。局本质量较好、价格低廉，吸引当时苏州扫叶山房、上海抱芳阁等书肆发售。

官书局的出版物"遍及各种子集，已足供诵读"⑥，改变了各地"无书可读"的状况，充实各地空虚的文库，促进了地方的文教事业。而且，官书局在

---

① 马新贻：《建复书院设局刊书以兴实学折》，宋原放主编：《中国出版史料·近代部分》（第一卷），湖北教育出版社2004年版，第413～414页。

② 有关官书局图书发行可参见张宗文：《晚清官书局的图书发行》，《编辑学刊》1999年第3期。

③ 左宗棠：《创设正谊书局告示》，宋原放主编：《中国出版史料·近代部分》（第一卷），湖北教育出版社2004年版，第409页。

④ 李鸿章：《设局刊书折》，宋原放主编：《中国出版史料·近代部分》（第一卷），湖北教育出版社2004年版，第466～467页。

⑤ 梁长洲：《关于劳乃宣建议直隶售书事》，还可见《光绪七年初劳乃宣给李鸿章禀》、《光绪七年三月十三日李鸿章就招商局议复致通志局札》、《光绪七年四月十八日李鸿章就通志局所议各条裁决》等，均收于宋原放主编：《中国出版史料·近代部分》（第三卷），湖北教育出版社2004年版，第290～297页。

⑥ 盛宣怀：《呈进南洋公学新译各书并拟推广翻辑折》，宋原放主编：《中国出版史料·近代部分》（第一卷），湖北教育出版社2004年版，第637页。

官方的支持下,刊刻出版了大量的古籍,并在全国范围内流通,对传播传统文化、保存经典古籍功不可没。但官书局本身也有难以克服的缺陷,制约了长远的发展。从清政府创办的初衷来说,官书局创办的要务是"以文兴教",重建清廷对地方思想文化的控制。这种功利性的指导思想,将官书局作为一种工具和手段,而非建设性的文化事业,难有长远的规划和目标。从官书局的经费来看,官绅私人捐助多属个人行为,具有偶然性,不能持久。所谓的"闲款"为各省每年结余所剩的经费,当时各省每年的"闲款"数目的不可预测性,使官书局的经费来源很不稳定,也制约了官书局的长远发展。当各省经费不足的时候,官书局势难逃脱被裁撤的命运。甲午战争后,官书局或改为书院,或裁并,或改为编译局,留存无几。

## 三、众多的教会出版机构

### 1. 教会出版机构的大发展

洋务运动时期,出版业的格局发生了新的变化:以往教会出版独占鳌头的局面被打破,出现了教会和官方出版机构共存的局面。尽管官方出版机构不断涌现,但大多数尚处于起步阶段,无出版经验和专门的印刷人才,很难与教会出版机构相抗衡。而经过多年的出版实践,教会出版机构日渐成熟,步入稳定发展时期。这一时期,教会出版机构大量出现,出版物种类及数量不断增加,出版影响力日渐增加。

五口通商之后,教会出版机构逐渐在东南沿海地区发展。第二次鸦片战争之后,《天津条约》、《北京条约》中规定开放青岛、镇江、牛庄等十个口岸,允许传教士到内地传教,标志着清政府对外来宗教的政策由有限度地容忍到无可奈何地警惕。在条约的保护之下,许多跃跃欲试的传教士不畏长途跋涉,深入内地传教,扩张教会的势力。在国外,基督教世界乐观地认为传教事业大有可为,鼓励青年传教士到中国传播福音。如美国基督教界兴起了"学生志愿海外传教运动",号召青年学生奔赴海外传教。在这场运动的鼓动之下,许多青年传教士雄心勃勃地来到中国,希望将福音的种子散播在中国的每一寸土地上。此外,英、德、法、俄等国也采取了积极支持的政策,鼓励传教士前往中国。这支浩浩荡荡的传教队伍拥有更加自由、更加合法的权利,广泛渗透于中国的各个角落,足迹遍布大江南北。随着传教士的脚步,教会事业在各地迅速发展起来。

由于大批传教士日渐深入中国社会的底层,中西之间的冲突不断升级。

部分传教士意识到,或孔子或耶稣的政策已经不能适应传教的需要,开始考虑文化的适应性问题。19 世纪 70 年代,中国各地不断发生灾荒或瘟疫,大批传教士投入到救灾、慈善的工作中。在传教效果不理想的情况下,许多传教士建议改变传教策略,寻求更有效的传教方法。出版书籍、报刊的文字传教,成为他们的首要选择。而且,当时清政府对西学的态度已有明显转变,先后设立京师同文馆、江南制造总局翻译馆等融教育、出版于一体的传播西学的机构,还设立了大量的西学学堂,鼓励和倡导学习西学。西学逐渐引起时人的关注和重视,许多早期的近代知识分子对西学持欢迎的态度,王韬、李善兰、蒋敦复等在与传教士的交往中,渐渐认识到西学的价值,对西学多有赞誉,还留下许多关于西学的论述。林乐知创办的中西书院在当时极受欢迎,从侧面反映了时人对西学的态度。约自 19 世纪 80 年代起,传教士逐步确立了"耶儒合流"、"以学辅教"的策略。在此策略的指导下,大批教会出版机构纷纷设立,出版了许多具有影响力的书刊,把出版事业推进到新的阶段。

这一时期,教会创办了数量众多的出版机构。从所属教派来看,这些机构既有基督教新教的,又有天主教的,以新教创办的数目最多,影响最大。从机构的性质来看,大致可以分为以下几类:一是由教会专门创办的,以益智书会、广学会、美华书馆、土山湾印书馆为代表。它们的资金多来源于各地教会的资助,书刊多为免费发放。二是由教会医院创办的,如博济医院出版部,发行的书籍多为医学类用书,供医务人员阅读。三是由教会学校创办的,如清心书馆、格致书院等,所出书籍多为学校用书,部分刊物公开发行。从出版物的内容来看,基本可以分为两类:一是专门出版宗教读物,如美华书馆、苏格兰全国圣经会出版社、英国长老会出版社、中国浸礼会出版社等。这类机构供应着在华传教士布道所需要的宗教读物,对致力于社会底层的传教士来说至关重要。二是以出版西学为主的,如广学会、中西书院等。这类机构多奉行"耶儒合流"的策略,走的是上层的传教路线,注意投清廷高层官员所好,故而影响力较大。出版物的不同内容反映了在华传教士不同的传教策略,也代表了教会出版机构不同的出版类型。以下分别以美华书馆和广学会为例详细说明。

### 2. 美华书馆

美华书馆是 19 世纪"设备精良、技术先进、规模宏大"[①]的教会出版机

---

① 熊月之:《西学东渐与晚清社会》,上海人民出版社 1994 年版,第 483 页。

构,开启了教会出版印刷机构发展的新时代。该机构集编辑、出版、发行为一身,成为当时上海最大的新式出版机构,对晚清出版业的发展产生了重要影响。

美华书馆的前身是宁波华花圣经书房。1860 年,姜别利(William Gamble)提出迁址上海的建议,认为上海不仅有着商业中心和福音派教会活动中心的优势,而且购买印刷器材和向各地寄发书籍也比宁波方便。这一建议得到书馆委员会的批准,并于 1860 年 12 月开始搬迁。迁至上海后,书馆改名为美华书馆,逐渐取代墨海书馆而成为主要的教会出版机构,"书馆基本上可以完成《圣经》出版协会以及本教会所要做的工作"。[①] 美华书馆拥有印刷机 5 台,每年能印刷 11,000,000 页。为满足英文印件增加的需求,书馆从美国带回铅字,还准备了 2 副新的汉字字模和 1 副日文小字模,并陆续增加了满文、蒙文字模多副。1862 年又增加了 1 台滚筒式印刷机,年印刷量达到 14,000,000 页。1895 年,书馆共有 4 台滚筒印刷机、1 台平台印刷机、4 台大型手动印刷机及照相机、网线版、装订设备、液压机和电镀设备等。[②] 1903 年,书馆的印刷设备又扩增到 5 台大型滚筒印刷机、2 台小型滚筒印刷机、3 台平版印刷机和 6 台手动印刷机。

作为第一任主管,姜别利对书馆倾注了极大的热情,"对各种细节亲予关心,指导工人,给工人发工资,购买材料,发送印刷品,编制财务报表以及与外界的通讯联系"。[③] 姜别利主持期间,书馆业务迅速壮大,步入了稳定发展的轨道。姜别利离任后,书馆人事变更频繁。1869 年,姜别利离华赴日,其职务由 J. 韦利(J. Wherry)接任。1870 年韦利因家人健康原因调回烟台。期间,J. 巴特勒(Butler)代理职务,后由马提尔(J. L. Mateer)接替。1876 年 5 月,马提尔因健康不佳回美国,W. S. 霍尔特(W. S. Holt)接管了书馆。霍尔特于 1881 年 8 月回美国度假。在他离任期间,G. F. 菲奇(Fitch)暂时管理书馆工作。1884 年,J. M. W. 法纳姆(J. M. W. Farnham)接替主管书馆。1888 年,G. F. 菲奇牧师(费启鸿)接管书馆。

起初书馆设在上海小东门外靠近教会的一座小楼里,厂房比较简陋。1862 年书馆扩充了场地,逐步改善印刷环境。1874 年书馆迁到 18 号靖远

---

① Gilbert McIntosh, *The Mission Press in China*, Shanghai: American Presbyterian Mission Press, 1895, p. 39.

② 范慕韩主编:《中国印刷史初稿》,印刷工业出版社 1995 年版,第 79 页。

③ G. 麦金托什著,方丽译、车茂丰校:《美国长老会书馆(美华书馆)纪事》,《出版史料》1987 年第 4 期。

里,于 1875 年取得房产权,还设置了铸造间、装订间、纸和书的仓库等。到 1895 年,书馆的厂房已经初具规模,拥有汉语排版室、英文排版间、纸墨等储藏室、机房、装订室、木工车间、铅版铸造间以及书店。1902 年,费启鸿又将美华书馆迁到北四川路横浜桥北首。[①] 1903 年,书馆北四川路 135 号印刷所落成,遂专以北京路 18 号为发行所。1915 年,美华书馆销售部与上海卫理公会书局联合组成教会图书公司(协和书局),在南京、杭州设有分局。1923 年[②]美华书馆的机器设备卖给商务印书馆,书馆正式关闭。

随着机器设备的增加和厂房的不断扩建,书馆工作人员也陆续增加。1895 年,工作人员增加到 126 人,其中包括英文排版室 13 人、汉语排版室 18 人、印刷机室 22 人、铸字室 14 人、装订及整压室 10 人、校对员 4 人、店员和簿记员 3 人、邮寄员 2 人、出纳员 1 人、收账员 1 人、办公助理 1 人、木工 2 人、勤杂工 4 人、门卫 1 人以及 30 名中国印刷工人。[③] 另据费启鸿讲,1914 年书馆共有雇员 200 余人。工人大多是基督徒,分属于不同的教会,如南方浸礼会、卫理主教会、圣公会等。大多数工人都是与书馆有联系的长老会会员或信徒。书馆内建有小礼堂,题名为“思娄堂”,是为职工每天上班前礼拜而设。

美华书馆在中国近代印刷史上占有重要的位置。姜别利主持美华书馆期间,发明了电镀汉字字模和元宝式字架,实现了印刷技术上的跨越,大大提高了印刷效率。姜氏的发明在当时颇受欢迎,时有称誉,“后来在中国设立了隶属于不同教会或团体的各种印刷机构,但是不论对哪一家,有一点始终是确信的。即:不管现在或将来他们将永远感恩于这位汉字印刷发展中的伟大先驱者”。[④] 1869 年姜别利赴日,印刷技术随之传入,影响了近代日本印刷业的发展。“在未来的一个世纪中,在中国或日本所发行的任何一本《圣经》、基督教书籍或科学书籍,都将带有姜别利先生的手纹。”[⑤]姜别利,1830 年出生在爱尔兰的一个基督教家庭。1847 年移居美国,在费城的一家

---

①　胡国祥:《近代传教士出版研究》,华中师范大学 2008 年博士学位论文,第 56～57 页。

②　一说 1928 年,详见李瑞良编著:《中国出版编年史》(增订版),福建人民出版社 2006 年版,第 685 页。

③　G.麦金托什著,方丽译、车茂丰校:《美国长老会书馆(美华书馆)纪事》,《出版史料》1987 年第 4 期。

④　G.麦金托什著,方丽译、车茂丰校:《美国长老会书馆(美华书馆)纪事》,《出版史料》1987 年第 4 期。

⑤　G.麦金托什著,方丽译、车茂丰校:《美国长老会书馆(美华书馆)纪事》,《出版史料》1987 年第 4 期。

印刷公司当学徒,聪慧勤学,在印刷方面颇有才能。不久,加入了美国长老会,在纽约从事《圣经》出版工作。1858 年 10 月奉命来华,负责长老会设在宁波的印刷机构——华花圣经书房。在管理书馆事务的同时,姜氏着力于印刷技术的改进和印刷效率的提高。经过艰苦的努力和实践,姜别利发明了电镀中文字模和元宝式字架。①

就电镀中文字模技术而言,姜别利考虑到华文字模镌刻阴文,笔画复杂,字体细小的状况,主要采用纹理细密的黄杨木刻阳文字,镀制紫铜阴文,镶入黄铜壳子的方法,并制成大小铅字七种,编定名称为:一号曰显字,二号曰明字,三号曰中字,四号曰行字,五号曰解字,六号曰注字,七号曰珍字。这种铅字,曾被称为"明朝字"。这种做法弥补了过去手工刻模的不足,既方便又耐用,"在造华文铅活字上可说是一次革命"②。

在元宝式字架方面,鉴于中文汉字繁多,费时费力费钱的弊端,姜氏于 1860 年左右聘请几位中国学者,在限定的时间内,查清《圣经》以及 27 本中国书籍的 110 万汉字使用情况。根据这个结果,姜别利将汉字铅块分成常用、备用、罕用三大类,制造了一种元宝式字架,正面置字 24 盘,中 8 盘装常用铅字,上 8 盘和下 8 盘均装备用字,而旁 46 盘皆装罕用铅字。为方便查阅,每类字依《康熙字典》部首检字法分部排列。这大大提高了印刷的速度,比以前至少提高 3 倍,满足了大量印刷书籍的需求。

姜氏的技术不仅提高了书馆的印刷速度和效率,而且成为书馆重要的收益之一。美华书馆不仅大量印刷宗教性的书籍,而且曾为北京、福州和宁波的教会书馆,以及柏林的日耳曼帝国印书馆和朝鲜的一家教会书馆铸造活字。当时在华的教会书馆以及部分国外的出版机构还经常从美华书馆购买印刷设备。

据记载,1860～1861 年,美华书馆每年印刷 11,000,000 页;1862 年为 14,000,000 页;1881 年为 24,736,550 页;1890 年至 1894 年为 201,581,749 页。③这些出版物涉及面极广,"以教会书报为最多。圣经会、圣教书会、广学会出版各书……又印教育益智诸书及医情会出版各书……各种字典及神学生所用希利尼课本"以及"中西文各种教报……英文如教务杂志、各种月报、季报、年报等。中文如新民、开风、福幼、神学、通问及圣日

---

① 关于美华书馆的印刷技术,还可参见《美华书馆述略》,《教会新报》1871 年第 165 期。

② 张秀民:《中国印刷史》,上海人民出版社 1989 年版,第 585 页。

③ G. 麦金托什著,方丽译、车茂丰校:《美国长老会书馆(美华书馆)纪事》,《出版史料》1987 年第 4 期。

功课诸报"。① 除了宗教著作外,美华书馆还出版了一些化学、物理、语言等方面的著作,如《英字指南》、《代形合参》、《格物质学》、《八线备旨》、《造洋饭书》、《地理全志》、《地理略说》、《眼科证治》、《心算启蒙》、《鸦片战争史》、《中东战史》、《庚子战史》、《中国六十年战史》等。1920 年,该馆印刷各种书籍226.2507 万册。②

美华书馆的印刷量可谓首屈一指,在社会影响力方面却相形失色。书馆数以万计的出版物,大多是传播宗教的小册子、单页宣传品、《圣经》以及阐释教义的著作。此外,书馆也印刷了一些西学方面的著作,但数量非常有限。由此可见,美华书馆的侧重点在于印刷,而非编辑,形成了书馆的特色。

### 3. 广学会

广学会是晚清影响最大的教会出版机构,不仅出版了一批有影响力的出版物,开创了西学传播的新局面,而且影响了晚清的社会改革和士人思想,对近代社会发展有着不可忽视的作用。广学会共存在 70 年,对中国社会的影响集中于戊戌变法前后。

作为出版机构的广学会　　广学会的成立是基督教在华事业发展的要求。教育历来为传教士所看重,作为基本的传教方法。他们陆续在各地设立了教会学校,在多年的办学实践中,教科书问题日渐凸显,教科书的统一以及适应性等问题逐渐引起传教士的关注。如何有效解决教科书所面临的问题成为当时在华传教士讨论和思考的重点。同时,在华的书刊出版情况不容乐观。教会出版机构各自为政,无法有效地合作,且缺乏合理的发展计划,造成资源不必要的浪费,墨海书馆的关闭即是一例。当时最大的教会出版机构美华书馆主要侧重于印刷业务,在编辑发行方面显得力不从心,这不利于在华传教事业的长远发展。因此,新出版机构的设立显得十分必要。

1877 年,在华基督教徒在上海召开第一届传教士大会。狄考文提出编写教科书的建议,得到了与会人员的一致认同。于是,大会决定"来准备一套初级教材,以适合目前教会学校的需要"③,设立了益智书会(School and Textbook Series Committee),由韦廉臣(Alexander Williamson)任秘书。但益智书会事业却发展缓慢,未达到预想的效果。后韦廉臣回国,于 1884

---

① 《中华基督教年会鉴》1915 年第 2 期。

② 邹振环:《基督教近代出版百年回眸——以 1843～1949 年的上海基督教文字出版为中心》,《出版史料》2002 年第 4 期。

③ Records of the General Conference of the Protestant Missionaries of China Held at Shanghai, 1877, p.473.

年在苏格兰格拉斯哥成立了同文书会,并于上海设立墨海书店,负责出版宗教和科学方面的书籍。1887 年苏格兰同文书会因故解散,将上海的机器设备赠予韦廉臣。在他的积极奔走和努力之下,同文书会(the Society for the Diffusion of Christian and General Knowledge Among the Chinese)于 1887 年 11 月 1 日在上海正式成立。

1892 年,该会中文名称改名为广学会,英文名称不变。① 1905 年,考虑到会名过于冗长而影响会务发展,季理裴(Donald Macgillivray)将该会的英文名称改为"the Christian Literature Society for China",中文名称不变。此后名称再无变更。

广学会起初规模较小,无固定的会址,先后在上海西华德路 25 号、江西路 41 号与蓬路 44 号租赁房屋办公。1905 年在河南路 445 号开设发行所,负责发行事宜。1908 年英国商人汉璧礼捐赠 2 万两资助,在北四川路 143 号建成三层楼的办公房屋。1932 年又在博物院路 128 号盖了一所九层楼的大厦。

广学会得到了寓华西人的广泛支持,主要有在华传教士、商人和政府官员。海关总税务司赫德、京师同文馆总教习丁韪良以及傅兰雅、林乐知等人都参与其中,还有人员不断加入。截止到 1911 年,该会共有会员 2369 人,其中绝大部分为外国人。从国别来看,不论担任要职还是捐款数量,以英国人居多。② 从职业类别来看,以传教士居多,早期以商人为多。以 1890 年为例,董事 39 人,商人有 16 名,传教士有 9 名③,此后商人人数多有变化,人数有所减少。从所属的教会来看,传教士主要来自伦敦教会、英国浸礼会、美国监理会、美国长老会、加拿大卫理公会、英国圣公会、德国基督教会等。随着广学会事业的发展,不少中国士绅积极加入,捐资支持会务发展。湖广总督张之洞、山西巡抚岑春煊、安徽巡抚聂缉椝、山东巡抚周馥、江西巡抚李兴锐、两江总督刘坤一等人都有不少的捐助。据统计,1888~1911 年,中国官绅共捐款 9070 元。④

广学会初时有独立的印刷机构,除了印制该会所出版的书刊、传教宣传品外,还为英国圣公会、美国圣公会等机构印制《新约》、《旧约》等,以及刊印

---

① 一说为 1894 年,持这种观点的学者有王树槐和熊月之。持 1892 年说的学者是江汉文和叶再生。

② 王树槐:《清季的广学会》,《"中央研究院"近代史研究所集刊》第 4 期,第 196~198 页。

③ 《万国公报》1874 年 12 月 5 日。

④ 王树槐:《清季的广学会》,《"中央研究院"近代史研究所集刊》第 4 期,第 203~205 页。

部分清廷官员的书籍等。后因资助减少,资金困难,而且印刷过程中时有差错发生,印刷部门陷入亏损状态。广学会于 1890 年 10 月 31 日正式关闭印刷部门,印刷机和铅字等设备卖给了汉口的苏格兰国家圣经会。此后,该会的印刷业务委托美华书馆负责。

广学会的宗旨在于通过传播西学知识来广布福音。《同文书会发起书》称:"本会的目的归纳起来可有两条,一为供应比较高档的书籍给中国更有才智的阶层阅读,二为供应附有彩色图片的书籍给中国人家庭阅读。"韦廉臣在《同文会组织章程》中称:"在中国、中国藩属以及一切有中国人的地方,继续出版和发行根据基督教原则所编写的各种书籍——特别是为本会能力所许可而又适合于各个阶层阅读的期刊。"同文书会之"书分两种,一载天文地理及一切格致,足扩学人之智识,其事巨,故其措辞不敢不尽也。一载人物花木及一切政事,以牖童稚妇女之聪明。其事浅,故措辞不敢过深也。"①从中可以看出,韦廉臣主持时期广学会的宗教宣传较为侧重普通知识的介绍,期望的读者对象为官绅阶层及其家庭,继而扩展到中国社会的各个阶层。这种政策在李提摩太主持时期得到了继承和发挥。1891 年李提摩太正式担任广学会的总干事,将广学会的工作推进到新的阶段。他认为"振兴中国亟宜推广学问"②,"专广近时各国有用之学,可以养民,可以强国,即将各事编辑成书"③,标榜设立广学会,"其意要使各省文武、州、县、守备各官而上,又自各书院山长、学官及名士文人,深悉各国养民善法,然后愚民亦可渐开门径"④。李提摩太曾对潜在的读者进行了估计:县级和县级以上的主要文官为 2289 人;营级和营级以上的主要武官为 1987 人;府视学及其以上的教育官吏 1760 人;大学堂教习约 2000 人;派驻各个省城的高级候补官员 2000 人;经科举考试获得秀才以上头衔的文人约 60 万,以其中 5% 为重点,计 30,000 人;经过挑选的官吏与文人家里的妇女和儿童,以 10% 计算,4000 人,共计 44,036 人。⑤ 以他的估计,如果影响了这 4 万多人,就等于影响了当时全社会的人。同时,他还提出了广学会的发展计划,创办期刊、出版一系列有利于国计民生的书籍和小册子、创办演讲会、博物馆、阅览室等,在全国各地设代销处,推广出版物的销路,尽力争取中国人的合作,协助华

---

① 韦廉臣:《同文书会实录》,《万国公报》1890 年 3 月。
② 《振兴中国宜推广学问说》,《万国公报》1901 年 7 月。
③ 《广学会启》,《万国公报》1892 年 6 月。
④ 《广学会序》,《万国公报》1892 年 2 月。
⑤ 《同文书会年报第四号》,《出版史料》1988 年第 3、4 期。

人组织学会等。① 在他的主持下,广学会的事业蒸蒸日上,成为晚清教会出版的巨擘。

  书籍和报刊:广学会的"亮点"  广学会的出版物内容丰富,种类繁多,有书籍、期刊、图片、布道单张、美术月份牌等。据估计,该会总共出版过2000多种书刊和图片②,有不少书籍和报刊深受晚清士人的喜爱和推崇,在社会上产生了较大的影响。

  广学会的书籍初以宗教类的读物为主,1892年以后逐渐向世俗性的读物转变。这些书籍绝大部分从英美作品翻译而成,还有不少传教士个人关于时务以及阐发教义的著述。前者多为西学书籍,涉及数学、物理、化学、机械等方面;后者内容多为中外关系、时评、基督教教理和中国经典等。初期这些书籍几乎无人问津,难以打开局面。甲午战争之后,广学会的出版物炙手可热,风行一时,③其中比较有影响的是《中东战纪本末》、《泰西新史揽要》、《格物探原》、《自西徂东》、《格物新机》、《治国要务》、《中西四大政考》、《性海探原》、《文学兴国策》等。部分书籍不断重印,发行量达到万册以上,如花之安的《自西徂东》发行5.4万册,李提摩太的《泰西新史揽要》发行3.2万册,林乐知的《中西战纪本末》发行2.2万册。

  广学会的撰稿人包括传教士及其中国助手。传教士中较有影响的有韦廉臣、林乐知、季理裴、华立熙、安保罗、花之安(Ernest Faber)、李提摩太(Timothy Richard)、李提摩太夫人、莫安仁(Evans Morgan)、高葆真(W. A. Cornaby)、韦廉士(Samuel wells Williams)、瑞思义(Hopkyn Rees)、赫士(Watson Mcmillen Hayes)、潘慎文(Alvin Pierson Parker)。他们在广学会共出版231种著作,占总出版种类的57.75%。中国助手则有沈毓桂、蔡尔康、范玮、袁康、贾步维、曹子渔、王次星、颜永京等五百多人。广学会的著作多采用"中西合译"的方式而成,中国助手主要工作则为辅助传教士翻译,间或有独立的著述。

  广学会的书籍大致可以分为三种:宗教性书籍、非宗教性书籍以及含有宗教内容的书籍。非宗教性及含宗教性内容的书籍涉及政治、法律、财经、外交、社会、教育、历史、传记、地理、医学、天文、生物等方面,范围非常广泛,其中又以历史、传记、社会方面的书籍最为畅销。从1897年到1911年,非

  ① 李提摩太:《分设广学会章程》,《万国公报》1892年4月。
  ② 江汉文:《广学会是怎样的一个机构》(下),《出版史料》1990年第4期。
  ③ 广学会的畅销书主要包括:《泰西新史揽要》、《女族通考》、《近代教士列传》、《万国通史》、《自西徂东》、《圣经词典》、《伦理宗教百科全书》、《基督本纪》、《泰西十八周史揽要》。

宗教类书籍共有 238 种,含有宗教内容的有 85 种,宗教性的有 138 种,所占百分比分别为 51.63％、18.44％、29.93％。① 这说明晚清广学会的出版物侧重于非宗教性内容,宗教性内容退居其次。

广学会出书的具体数字尚难估计。1897 年以前,广学会年度报告中只有最初三年的刊物表,自此以后,每年有刊物表,记载出物名称、出版册数及页数。自 1899 年起,年度报告中出现新印重印书的区分。据统计,自 1899 年到 1911 年,宗教类书籍新印 73 种、115,500 册,重印 51 种、82,430 册;非宗教性书籍新印 111 种、307,260 册,重印 77 种、192,596 册;含有宗教内容书籍新印 46 种、169,000 册,重印 35 种、62,250 册。出版新书的种数及册数,总量上较重印者为多。据统计,非宗教性及含有宗教内容的书籍共约重印 26 万册,每年约 2 万册,加上此两类新印之书,共约 73 万余册,平均每年约 4 万余册。② 此外,广学会书籍还出现大量的盗版,仅《泰西新史揽要》一书,四川一省就有 19 种翻版。③ 盗版主要采用重新排印和影印的方式,还有部分书在盗版时,把宣传基督教以及批评中国的部分删除。④ 为打击盗版之风,林乐知曾多次在《万国公报》上刊文呼吁,“无论何人不得翻印,如违禀究……近闻有书贾卖翻刻,希图渔利,请饬查示禁……”。⑤ 广学会还获得了上海道台的许可,规定偷印者罚 100 美元。但这些措施无济于事,广学会几乎有价值的书都被翻印,并在中国各地广泛流通。这从侧面反映了广学会书籍受欢迎的程度以及出版量之巨。

广学会还发行了不少的报刊,主要有《成童画报》(1889～1891 年)、《万国公报》(1889～1907 年)、《中西教会报》(1891～1917 年)、《大同报》(1904～1917 年)等,影响最大的当属《万国公报》⑥。

《万国公报》的前身是《中西教会新报》,1868 年 9 月 5 日创办,并于1872 年 8 月 31 日改名为“教会新报”,主编为林乐知,周报。该报初期多刊载宗教性内容,间有西方科学知识的介绍,读者对象为传教士,发行范围非常有限。1874 年 9 月 5 日,该报出满 300 期后,更名为《万国公报》,仍为周报,由林乐知主编。后因林忙于中西书院有关事务,《万国公报》遂于 1883

① 以上数据引自王树槐:《清季的广学会》,《“中央研究院”近代史研究所集刊》第 4 期。
② 王树槐:《清季的广学会》,《“中央研究院”近代史研究所集刊》第 4 期。
③ 李提摩太:《广学会第十一届年报纪略》,《万国公报》1899 年 1 月。
④ 方富荫译:《广学会年报》(第十次),《出版史料》1991 年第 2 期。
⑤ 《严禁翻刻新著书籍告示》,《万国公报》1897 年 2 月。
⑥ 详可参见梁元生:《林乐知在华事业与〈万国公报〉》,香港中文大学 1978 年。

年 7 月 28 日停刊。广学会成立后,《万国公报》作为其会刊于 1889 年 2 月
复刊,并改为月刊,仍由林乐知主编,1907 年停刊。林乐知加大了刊物中的
世俗性和西学内容,减少宗教内容,刊物逐渐转变为以刊载时事新闻、科学
技术为主的综合性刊物。

　　《万国公报》所刊载的文章内容涉及中国事务、各国消息、时事述评、科
学知识、教务纪略、人物传记等。其中有不少西学知识,涉及众多学科,如天
文学、地理学、医学、教育、政治学、经济学、历史学、哲学等。文章主要来源
于国外的报纸(如《纽约观察》、《伦敦时报》等)、中国的报纸(《申报》、《上海
新报》、《中西闻见录》、《循环日报》)以及官方主办的《京报》等。该报最初发
行只有 1000 份,以后逐年增加,1897 年达到 39,600 份,1903 年 54,400 份。
据不完全统计,1889~1907 年,该报共发行 406,700 份,平均每年约 36,000
余份。

万国公报销售情况

| 年代 | 1889 | 1890 | 1897 | 1898 | 1899 | 1900 | 1901 | 1902 | 1903 | 1904 | 1905 | 1906 | 1907 |
|---|---|---|---|---|---|---|---|---|---|---|---|---|---|
| 份数 | 10,529 | 11,300 | 39,600 | 38,400 | 39,200 | 36,200 | 25,000 | 48,500 | 54,400 | 45,500 | 27,622 | 30,000 | 22,300 |

　　《万国公报》的读者以官绅为主,"购阅者大都达官贵介、名士富绅,故京
师及各直省,阀阅高门,清华别业,案头多置此一编,其销路之广,则更远至
海外之美、澳二洲"。[1] 总理衙门经常订阅《万国公报》,醇亲王生前也经常
阅读该报,"高级官吏们还经常就刊物中所讨论的问题发表意见"。[2] 各地
的读书人也都乐于购买《万国公报》,上海的一位翰林在阅读之余,还经常给
在京城的翰林同僚们寄送多达三十多份的《万国公报》。除此之外,当时的
许多出版商也成批地购买《万国公报》。[3]

　　《大同报》创办于 1904 年 2 月,周刊,1915 年改为《大同月刊》,高葆真
任主编。这是一份综合性的刊物,内容包括西报选译、西书选译、社说、外
论、艺文杂纂、新闻选译等,内容十分丰富,涉及历史、宗教、农业、教育、哲学
等。该刊的发行量于 1908 年前后达到高峰,之后发行量逐渐减少,影响日
渐式微。

　　除此之外,广学会注重出版以妇女和儿童为阅读对象的读物,主要有

---

①　《万国公报》,第 93 期,第 32 页。

②　《同文书会年报(1891 年)》,《出版史料》1988 年第 3、4 期合刊。

③　方富荫译:《同文书会年报》(第八次),《出版史料》1900 年第 1 期。

《成童画报》、《孩提画报》、《训蒙画报》等蒙学刊物,其中以《训蒙画报》发行量最大。《训蒙画报》创办的具体时间不详,发行量较大,1888 年发行35,000份;1889 年发行 27,500 份;1890 年发行 19,500 份。《成童画报》创办于 1888年,停刊于 1891 年,主要负责人不详,资金来源于格拉斯哥妇女会的资助。从可查的数据来看,《成童画报》1889 年发行量为 8800 份,1890 年为 8360份,平均每月 800 多份。由于发行时间较短,影响范围也十分有限。

广学会的书刊通过赠送和销售两种方式流通。赠送书刊是传教士常用的传教方法。为了扩大在社会的影响力和知名度,广学会的赠书还特别注重时机,讲究赠书技巧。当时所赠的出版物包括非宗教性以及宗教性书籍、月历、图画和小册子,以非宗教性的读物为主。广学会赠书有明确的赠送对象,即针对不同的对象,采用不同的方式,赠送不同的书籍。对于达官贵人,广学会的传教士一般通过私人关系,赠予封疆大吏和京师开明派大员,如翁同龢、文廷式、孙家鼐等人。赠送的书籍多是与现实社会改革相关的图书,如 1889 年赠送给 10 个省行政长官的《救世教益》以及 1893 年赠送的 2000册《自西徂东》等。对于普通民众,广学会通过各地的传教士免费发放,每年有固定的发行任务,发行的出版物多是宗教性的书籍、月历、挂图。[①]  对于广大参加科举考试的考生,广学会充分利用科考的时机,赠送大量的出版物,多选择在乡试、省试和会试时,派人在考场外,赠书给进出考场的各地举子。所发书籍一般有小册子和单张两种形式,比较简明,也便于携带和浏览,内容大多与考试内容有关。1889 年,广学会在杭州、南京、济南和北京等地给当地的秀才们分送了 1004 册《格物探原》和 1200 份《万国公报》。1892 年春北京会试,广学会特送《中西四大政考》5000 本给各地学子。1893年因慈禧六十寿诞举行恩科考试,广学会将 6000 册、72 万页出版物,平均分送给沿海 10 省[②],还将重印的《自西徂东》2000 册送给政府[③]以及单张的"养民有法说"、"大国次第记"赠送给官员。[④]  1894 年赠送给考生 260,000页出版物。1895 年,艾约瑟和林乐知在沿海的几个省份散发教会出版物,还重印了 5000 册《万国公报》在考生中散发。[⑤]

---

① 徐获洲译:《同文书会年报》(第六号),《出版史料》1989 年第 2 期。
② 徐获洲译:《同文书会年报》(第六号),《出版史料》1989 年第 2 期。
③ 李提摩太著,李宪堂、侯林莉译:《亲历晚清四十五年——李提摩太在华回忆录》,天津人民出版社 2005 年版,第 202 页。
④ 《广学会第六年纪略》,《万国公报》1894 年 1 月。
⑤ 徐获洲译:《同文书会第七年年报》,《出版史料》1989 年第 3、4 期。

以 1897 年赠送的情况[①]为例:

| 省份 | 成都 | 西安 | 太原 | 北京 | 沈阳 | 济南 | 开封 | 南京 | 武昌 | 杭州 | 福州 |
|---|---|---|---|---|---|---|---|---|---|---|---|
| 册数 | 2000 | 7000 | 13250 | 4000 | 14000 | 9000 | 6000 | 25000 | 20000 | 5000 | 14700 |

　　广学会所赠的书刊主要有过期的《万国公报》、《中西教会新报》以及为考生撰写的小册子、传教士撰写的变新策、《耶稣圣教入华》、《印度隶英十二益说》等,以西学书籍最多。从赠书的地点来看,以东部沿海城市为主,也逐渐向内陆省份城市发展,如成都、西安等城市,还有不少书籍赠送到朝鲜、新加坡、槟榔屿、暹罗、南非的约翰内斯堡等地。

　　在各地设立代销处售书。广学会的售书主要通过各地的代销机构来实现。《同文书会章程》称:"在上海设立一个发行中心,并在十八省省会和主要城市,以及其他商业中心,如香港、横滨、新加坡、槟榔屿、巴达维亚等地,尽量设立一些代销机构。"[②]初期由于资金的限制,广学会没有独立的发行所,书籍大多由美华书馆、申报馆以及格致书室发售。随着业务的发展,收入逐渐增加,广学会开始在各地设立代销处。据记载,1898 年设有 28 处,1899 年增至 35 处,主要有:辽阳、沈阳、牛庄、北京、天津、济南、青州、平度(山东)、兴安(陕西)、重庆、成都、汉口、汉阳、九江、庐州、南京、扬州、镇江、常熟、苏州、江阴、衢州、福州、厦门、广州、太原、梧州,另一处设在朝鲜高丽,它们多由散居各地的传教士负责。

　　初期广学会的书籍"人鲜顾问",故赠送多于出售。1892 年广学会共出售了出版物 12,163 本,免费分发了 11,685 本。[③] 甲午战争以后,广学会的书籍大受欢迎,"几于四海风行",销售量不断增加。以 1890～1897 年的销售额来说,1890～1891 年销售额为561.72美元,1893 年817.97元,1894 年2286.56元,1895 年2119.22元,1896 年5899.92 元,1897 年 12146.91元。[④]在短短的五年内,书刊销售额增长了十几倍。早期广学会书籍的订阅者多为在华传教士和商人,到1892 年,订阅者寥寥无几[⑤],在此之后,读者数量急剧增长,不仅遍布晚清中国,还有朝鲜、新加坡、美国、英国、南非、澳大利

---

① 方富荫译:《广学会年报》(第十次),《出版史料》1991年第2期。

② 《同文书会年报》,《出版史料》1988年第2期,第31页。

③ 方富荫译:《同文书会年报》(第五次),《出版史料》1989年第1期。

④ 《广学会第十一届年报纪略》,《万国公报》1899年1月。

⑤ 方富荫译:《同文书会年报》(第五次),《出版史料》1989年第1期。

亚、马六甲等地的中国读者。①

## 四、近代印刷术的传入

### 1. 以金属活字为先导的凸版印刷术

西方的印刷术是随着传教士的脚步传入中国的。与明清之际不同,这一时期的西方印刷术不再局限于宫廷,而是广泛应用于出版业,不仅推动了近代出版业的发展,而且加速了传统出版业近代化的步伐。从时间来看,近代印刷术的传入分为凸版、平板、凹版三个阶段。洋务运动时期以凸版、平板为主,其中凸版传入时间最早,平板则影响较大。凸版技术主要包括金属活字、机器、印版等,平版技术主要指石印术,以单色版为主。

远在宋代,人们已开始采用金属铜活字印刷。② 在明清两代,金属活字虽继续使用,然而主要局限在宫廷,雍正时期印刷的《古今图书集成》可谓集古代铜活字印刷之大成。此后,金属活字几乎销声匿迹,木活字则以无可取代的优势,为传统印刷业所乐用。与此同时,15 世纪,古腾堡发明了锡、铅合金的活字,是近代欧洲印刷术发展的滥觞。自此,欧洲印刷术日新月异,不断改进和发展。到 17 世纪末,西方国家已采用西法研制中文铅活字的制作技术③,并取得不小的成就。马礼逊等传教士来华,采用西法制造和使用金属活字,是近代西方印刷术传入的先声。④

传教士采用西法研制中文字模,开西方印刷术传入之先河。出于文字传教的需要,早期传教士开始研制中文字模。在铅活字传入第一人这个问题上,目前存在两种不同的说法。⑤ 一种认为是马施曼,以王韬为代表。"嘉庆时英人马施曼至天竺学华言,译印新旧约书,始造华言铅胚,此印刻华

　　①　方富荫译:《广学会年报》(第九次),《出版史料》1990 年第 3 期。
　　②　当时江苏的无锡、常州、苏州一带有不少富家以铜活字印书,最有名的是无锡华燧的会通馆、华坚的兰雪堂、安国的桂坡馆等。
　　③　韩琦:《19 世纪上半叶西方人对中文活字之研制》,载《活字印刷源流》,印刷工业出版社1990 年版,第 267～269 页。
　　④　杨福馨在《澳门印刷技术及其发展》一文中认为西方印刷技术传入澳门的确切时间是 1588年,是耶稣会澳门区主教范利安神父将西方的活版印刷从欧洲经印度的果阿带到了澳门,并于1588～1590 年间用活字印刷机在澳门印刷了第一批拉丁文书籍。详见《印刷杂志》2000 年第 3 期,第 42 页。
　　⑤　汪家熔:《印刷史三题》,《出版史料》1989 年第 1 期。

字之滥觞也。"①一种认为是马礼逊,以贺圣鼐等学者为代表。"马礼逊之工作,最致力于文字,初编辑英华辞典及文法,又翻译新约为中文,秘密雇人刻字模,乃事机不密,为官厅所知,刻工恐祸将及己,举所有付之一炬以灭迹,损失至巨;事虽未成,而华文改用欧文字模,则以此为嚆矢。"②王的看法确有证据,据苏精的研究,马施曼从 1811 年开始铸造铅活字,并用铅活字印出《新约》中的《约翰福音》,1814 年和 1815 年又分别印刷了《中国言法》和《通用汉语之法》。③ 贺的看法有偏差,马礼逊来华的主要任务是翻译《圣经》,编写中文字典。据《马礼逊回忆录》记载,他确实多次组织刻工印刷,大多采用木活字,并无金属活字的记载。1814 年,东印度公司派印刷工汤姆斯来华协助马礼逊印刷《英华字典》。经过多次试验,他们最终研制出若干金属活字。以时间而论,马施曼当为将金属活字引入中国的第一人。

此后,西方的金属活字技术逐步传入中国。1827 年,英国牧师戴尔来到槟榔屿,开始研制中文铅活字。1833 年,《中国丛报》刊载了马礼逊给编辑的一封信,信中谈到如何经济地铸造中文活字的问题,并刊载了戴尔论述金属活字的长文。④ 同年,德人郭实腊雕刻反文凹雕的中文字模 4000 个,用于浇铸铅字。1834 年,美国教会在中国得到一副华文木刻版,送往波士顿,用浇铸铅版的方法制成汉文铅活字,再运回中国,用于排印中文教会书报。1836 年,法人葛兰德发明了新的铸字方法,即将部首与原字分刻,例如:碗、蜿、姤、和、秋等字,则只刻虫、石、女、禾、宛、口、火等字模,排"蜿"字则以"虫"及"宛"拼合之,"姤"字则以"女"与"石"拼合,"如"字则以"女"与"口"拼成字。这种字被称为"华文叠积字"。这种方法虽然所用字模较少,但是排列频繁,形旁声旁大小不同,拼合后大小不一致,非常难看,并不实用,在澳门采用不久即被废除。1858 年柏林有人按照相同的方法制造活字,被称为"柏林字"。美国长老会购得一副,因其本身无法克服的缺陷,最终被淘汰。经过几年的选择和比较实践,1838 年,伦敦会传教士戴尔采用雕刻钢字冲压阴文字模,大约刻有 1845 个字模。同年,法国巴黎皇家印书局得到木刻华字一副,浇铸铅版后锯成活字,传入中国印刷教会印件,在当

---

① 《西国印书考》,《瓮牖余谈》,沈云龙主编:《近代中国史料丛刊三编》(第 61 辑),文海出版社,第 201～202 页。

② 贺圣鼐:《三十五年来中国之印刷术》,张静庐辑注:《中国近代出版史料初编》,上海书店出版社 2003 年版,第 258 页。

③ 苏精:《马礼逊与中文印刷出版》,台湾学生书局 2000 年版,第 131～152 页。

④ *Chinese Repository*,1933(2),p. 414-422.

时颇受欢迎。1844 年，美国长老会设华花圣经书房于澳门，以美国传教士古玄主其事。古玄因印书的需要，以戴尔的字模为基础，继续镌刻，"广印书籍，又作小学及数目等共数种"。[①] 他在任职香港英华书院期间，继续研制金属活字，最终共刻成大小两幅字模钢冲，每幅 4700 字，字的大小与现在的四号字等。因其制于香港，故又称"香港字"。当时各地购用华文铅字，大都由英华书院供给。这些早期的华文字模，多为人工镌刻阴文，字体较小，笔画复杂，文字繁多，因此完成一套字模非常费力。电镀中文字模方法的发明改变了早期字模的缺陷。美国长老会传教士姜别利发明了电镀中文字模的方法，将中文活字的技术向前推进了一大步。1860 年，他又发明了元宝式排字架，大大提高了印刷的速度。

除金属活字之外，凸版印刷术还包括印刷机和印版。在印刷机方面，西方传教士最先带入中国的凸版印刷机是手版架，其印刷速度较慢，日印刷不过数百张，后来上墨工艺逐渐改进，由原来的手工改为自动上墨，印速有所提高。1872 年，上海申报馆开始使用手摇轮转机，印速虽增至每小时数百张，效果仍不理想，且颇费人力。为解除人力负担，墨海书馆曾用牛拖拉机器，以代人力印刷，为当时一大奇闻。[②] 不久之后，西方以蒸汽为驱动的转轮机传入，印刷的速度更快。在印版方面，泥版、纸型、照相铜锌版、石膏版、黄杨版等传入中国。泥版的方法是：将泥覆盖在活板上，压成阴文，在其上面熔烧金属活字，即成阳文铅版，可以印刷。最早采用泥版的是华花圣经书房，但是泥版经过烧铅，容易散碎，使用不便。1829 年，法国人谢罗发明了纸型，弥补了泥版的缺陷，只要保存纸型，即可使用，较为方便。日本人所办的修文书局首先使用纸型。黄杨版、照相铜梓版、石膏版等也获得了不同程度的使用。

### 2. 石印术的传入

石印术是平版印刷术的一种，根据油水相斥的原理，以石面作版，用特制的墨写字于纸上，将纸覆盖在石面上，用力挤压。然后，揭去纸张，用水擦拭。在水未干之时，用油墨涂抹，这样"凡石面因水之阻力不着油墨，有字画之处则否，敷纸压印之即成"。[③] 清人的著作中对石印术也多有记载。黄式

①　贺圣鼐：《三十五年来中国之印刷术》，张静庐辑注：《中国近代出版史料初编》，上海书店出版社 2003 年版，第 259～260 页。

②　张树栋、庞多益、郑如斯著：《简明中华印刷通史》，广西师范大学出版社 2004 年版，第 204 页。

③　张秀民：《中国印刷史》，上海人民出版社 1989 年版，第 579 页。

权在《淞南梦影录》中记载："石印书籍,用西国石板。磨平如镜,以电镜映像之法摄字迹于石上,然后傅以胶水,刷以油墨,千百万页之书不难竟日而就。细若牛毛,明如犀角。"该术发明之初,以手工操作,颇费人力,后逐渐以机器代替,印刷效率明显提高。

　　19世纪初期,石印术传入中国,开始用于印刷书籍。迄今为止,已知最早采用石印术印刷的是传教士麦都思。麦氏所建的巴达维亚印刷所,采用石印术进行印刷。麦氏的大多数著作均系石印,现存最早的石印中文书籍是1829年出版的《东西史记和合》,刊物为1838年的《各国消息》。① 1834年《中国丛报》曾刊登专文比较雕版、石印、活字印刷的优缺点,认为在三者之中,石印印刷成本最低、速度最快、数量最大。② 这是中国境内刊物上出现的首次介绍、讨论石印术的文章,说明石印术在当时已经引起在华西人的重视。

　　中国最早学习石印术的是屈亚昂。马礼逊在回顾二十五年的工作时,很满意地说:"我现在看到我的工作的成效了,我们用印小本的方法,已经把真理传得广而且远,亚昂已经学会了石印术。"③屈亚昂是马礼逊所雇用的刻工,协助米怜等传教士出版书籍。在传教士指导下,他秘密习得石印术,印刷早期宗教读物。此后一段时间有关石印术在中国的传播情况不详。直到19世纪70年代,上海土山湾印书馆使用照相石印术,才揭开了石印术在中国传播新一轮的序幕。1877年,英国商人美查设立点石斋书局,聘请原土山湾印书馆的技师邱子昂主管印刷。为降低成本,该局以石印出版《康熙字典》,在科举士人中发行。出人意外的是,该书竟格外地受欢迎,在收回成本的同时,还获得不菲的收益。据姚公鹤《上海闲话》记载:"闻点石斋印第一获利之书为《康熙字典》,第一批印四万部,不数月而售罄;第二批印六万部,适逢科举士子北上会试,道出沪上,率购五六部,以作自用及赠友之需,故又不数月即罄。"点石斋书局印刷字典的成功,使许多出版商看到有利可图,争先恐后采用石印术印刷。

　　于是,各地石印书局相继设立。上海、广州、武昌、苏州、宁波、杭州等地

---

　　① 这与长期以来的说法有所区别。以贺圣鼐为代表的多数学者认为,19世纪六七十年代上海土山湾印书馆最早采用石印术。贺圣鼐说:"吾国之有石印术,发轫于上海徐家汇土山湾印刷所"。

　　② Comparison of The Modes of Printing Chinese, *Chinese Repository*, 1834(10), p. 246-252.

　　③ 转引自张秀民:《中国印刷史》,上海人民出版社1989年版,第580页。

比比皆是。据记载,1888 年的广州"石印书局营业十分兴隆"。① 上海更是盛况空前,据《捷报》载:"上海石印业很发达,其所印中国书以百万计。"②这些书局初期所印的多为万年历、致富以及医学等实用性读物,后逐渐转向传统经典著作。传统士人最初对石印书籍多有疑虑,"然风气初开,人喜其成功速而出品精,亦或疑其不能持久,久之乃颇盛行"。③ 因石印书籍价格便宜,容易保存书法风格,且携带方便,深受广大读书人的欢迎。从出版质量来看,上海所刊印的书籍质量较精④,非其他地方书局能比。从出书种类来看,上海所刊印的中国传统经典著作,多达数百种。这对传统士人而言,无疑具有极大的吸引力,此前不容易接触的书籍,如今唾手可得,极为方便。上海逐渐成为当时全国石印业的中心,拥有当时最先进的印刷技术,聚集着最优秀的技工,印刷量居全国之首,供应着各地的图书。自此,印刷术在晚清社会传播的格局初步形成,石印术以上海为中心,向全国各地辐射。此后,石印术不断完善和发展,还出现了柯罗版、照相版的技术。到了民国时期,石印术仍然为许多出版机构所采用,所印书籍占有较大的市场份额。

虽然石印技术有诸多的优点,其缺点也不容忽视。由于石印速度快、出版量大,所出书籍的质量难以保证,例如字迹模糊、谬误等。时人对此颇有非议,《上海彝场景致》记石印书籍:"所印各种缩本,极为精巧简便,惟嫌字迹过于细小,殊耗精神;盖久视则眼花,若用显微镜,又易于头炫,且难经久,为经书家所不取,是亦美中不足耳!"由于字体过小,长时间阅读易伤害读者视力。书中的谬误,也不利于读者的阅读。为解决这个问题,时人也提出了不少建议。《庄谐选录》卷六中提到:"余谓国家应定例:凡印书者,书中最小之字,以至四号为止,五六号字并禁不得用。又每书印出,应登报声明,如有错漏,准人知会,即行照改;凡校正脱漏颠倒者,每字酬费若干,校正误字者,每字酬费若干;既定此例,则印书者自不敢忽略;必须依此二例,方许禁他人

① 《广州海关报告(1882~1891)》,转自宋原放主编:《中国出版史料·近代部分》(第三卷),湖北教育出版社 2004 年版,第 576 页。

② 《捷报》1889 年 1 月 30 日,第 114 页。

③ 净雨:《清代印刷史小记》,张静庐辑注:《中国近代出版史料二编》,上海书店出版社 2003 年版,第 339~402 页。

④ 《捷报》载:"1888 年上海,本埠湖北路六二七号机器印刷厂的罗海龄君馈送本馆一张印得很好的上海地图。……这样一张精美的地图出自华商开办的石印厂,足证明中国人绝不是不能学习西洋技艺;因为此图的印刷,至少从外表上看,足可以比得上英国的印刷技术。绘图者很注意距离和方向的准确性和地名的拼法。图上地名都是中英文并列。地图用布装裱,配有精致的盒子。"详见 1888 年上海《捷报》第 41 卷,第 459,567 页。

翻印。又凡石印,必须缩小及割裂,然他书可缩,而有关大小长短之程度者,必不可缩;他书可割裂,而表则不可割裂,今石印书于此二事皆忽略,殊可恨!"将书中最小字限制为四号以及奖励校正错误者,确实能解决石印书籍中所存在的问题。但当众人都忙于追逐利润和享受石印所带来的便利之时,几乎很少人会冷静下来解决石印书籍中存在的技术问题。

　　在这里需要一提的是,石印术为何在传入中国相当长时间之后,才逐渐获得出版业的认可?韩琦等认为原因有二:一为早期的新教传教士受到官方的严格限制,采用石印方法印刷布道小册子大多是秘密进行。而且,当时的印刷技术多掌握在传教士手中。除个别教徒以外,中国的普通老百姓并没有机会接触石印术。在对石印术并无了解的情况下,就更谈不上应用了。二是石印的原料,如石板、油墨等都需进口。在中国闭关锁国的情形下,石印术的材料很难供应。在这种情况下,石印技术很难为国人所注意。①　笔者认为上述两个原因不足以说明问题,还应考虑到以下几个因素:一是晚清社会的需求。1840 年前后,传统的雕版印刷在社会上仍有较大的发展空间。传统的官刻、坊刻、家刻已基本满足了当时人们印刷的需求,无须假求国外的技术。在雕版印刷独占鳌头的时代,石印术难有生存的空间②。而19 世纪中后期石印术的盛行也恰恰是因为当时社会对古籍的大量需求。二是传教士的选择。铅印、石印几乎同时传入中国,但铅印术得到了较为广泛的使用。这与当时在华传教士的个人选择有关。当时来华的传教士对铅印技术投注了相当大的精力,对石印技术极少问津。无论是早期的马礼逊、米怜、麦都思还是裨治文、姜别利等传教士全部致力于金属活字的研制,甚至最早使用石印技术的麦都思也乐于采用铅活字印刷。这或许是因为铅活字的印刷质量较石印更精,也可能与金属活字先入为主有关。这有待于进一步考察。三是官方的态度。晚清官书局的相继设立,出版了卷帙浩繁的古典著作,在社会上颇有影响。局本大部头的著作多采用雕版印刷,价格较高,普通士人难以接受。石印术的大规模印刷,则改变了一书难求的状况,士人们以较低的价格购得满意的书籍,颇为实用。这也是石印《康熙字典》一售而空的原因。

　　从近代西方印刷术传入过程可以发现:第一,早期西方印刷术的传入归

　　①　韩琦、王扬宗:《石印术的传入与兴衰》,宋原放主编:《中国出版史料·近代部分》(第三卷)湖北教育出版社 2004 年版,第 394～395 页。

　　②　钱存训著、郑如斯编订:《中国纸和印刷文化史》,广西师范大学出版社 2004 年版,第 164页。

功于英美传教士的努力。早期传教士在语言不通的情况下,克服重重困难,不断研制,将西方的金属活字技术引入中国。戴尔的钢冲字模、姜别利的电镀中文字模等技术在中西技术交流方面,具有里程碑式的意义和影响。第二,近代印刷术引入的时间较长,使用范围较为有限。从马施曼到姜别利,金属活字的制造和完善,经历了近半个世纪的努力。石印术从引入到认可,历经近四十年的时间。然而,这些技术的使用范围非常有限。金属活字主要应用于印刷宗教书刊;石印术主要印刷中国的典籍著作。两者几乎是泾渭分明,互不干涉。真正将西方印刷术发扬光大的是民营出版业。第三,近代技术的传入改变了晚清社会的出版格局。传统出版业是清一色的木版印刷,以雕版印刷和活字印刷为主。铅印、石印的传入改变了这种局面,出现了三者共存的局面,但仍以传统的雕版印刷为主。在长期并存发展中,西方的技术也逐渐得到了官方的认可和使用。官书局早期以雕版印刷为主,后期逐渐采用铅印,从侧面反映了近代印刷技术对传统印刷技术的冲击和影响。

## 五、近代早期著名出版家

### 1. 王韬:传统与现代之间[①]

洋务运动时期,通商口岸城市出现了一批职业文人[②],活跃于新式媒体,走上与传统知识分子不同的发展道路。其中的佼佼者当推王韬,堪称"新出版第一人"[③],从事译书、办报、著述等活动,首开近代知识分子从事出版活动的先河。

王韬(1828—1897),江苏苏州人,原名畹,字利宾,号兰卿,后改名为韬,取"韬光养晦"之意。幼时受到良好的家庭教育,且天资聪颖,"九岁尽十三经,背诵如流,有神童之誉"。少年成名使他颇为自负,故而放浪形骸,"不乐仕进,尤不喜帖括,虽勉为之,亦豪放不中绳墨",[④]在科举考试中屡屡受挫,甚不得意。1847年的上海之行给了他极大的震撼,目睹了西方文明的成就,艳羡不已,特别是墨海书馆的优美环境和机械印刷,给他留下了深刻的

---

① 柯文:《在传统与现代性之间——王韬与晚清改革》,江苏人民出版社1998年版。

② 详见段怀清:《传教士与晚清口岸文人》,广东人民出版社2007年版。

③ 详见汪家熔:《王韬:新出版第一人》,宋原放主编:《中国出版史料·近代部分》(第三卷),湖北教育出版社2004年版,第421~433页。

④ 王韬:《弢园老民自传》,江苏人民出版社1999年版,第382页。

印象。两年之后,王韬的父亲骤然去世,家庭的重担全压到他的肩上。当时正逢江南水灾,饿殍遍野,惨不忍睹。为生存计,王韬前往上海谋生。其时麦都思正欲寻觅一位中国学者,协助其翻译《圣经》。王韬成为麦都思的首要人选,由此开始了其在墨海书馆的佣书生涯。

王韬在书馆的工作是润饰词句,传教士"主其意",王韬则"涂抹辞句耳"。[①] 在他们的努力之下,墨海书馆分别于 1852 年、1854 年出版了《新约全书》、《旧约全书》,对马礼逊版的《圣经》作了修改和补充。王韬的润色工作完成得较为出色,但他对基督教义却时常流露出不认同甚至反感的情绪。除翻译圣经之外,书馆延揽李善兰、管嗣复、张福僖等人,翻译西方科学技术方面的书籍。书馆逐渐成为当时传播西学的重镇,备受瞩目。在书馆工作的中国学者彼此结为挚友,在译书之余,他们经常议论时政,针砭时事,讨论西学。在书馆科学之风的浸淫之下,王韬对西学产生了浓厚的兴趣,并协助翻译了不少西学著作,如他与艾约瑟合译了《格致新学提纲》、《光学图说》;与伟烈亚力合译了《华英通商事略》、《西学天学源流考》、《重学浅议》等。1861 年,王韬涉嫌上书太平天国,遭到清政府的通缉。在麦都思的帮助之下,他逃往香港,结束了在墨海书馆 13 年的佣书生活。

在客居香港期间,王韬主要协助理雅各翻译中国古典著作。理雅各系英国传教士,1840 年受伦敦会派遣来华,主持英华书院校务。在闲暇之余,他着手翻译中国传统的儒家经典。在他看来,"如果想引起一个民族的注意,而不试图去了解那个民族,那将是一个悲剧"[②],因此在翻译中国古典著作方面颇为用心。王韬在儒学方面的造诣及多年的译书经验,颇受理雅各的欣赏和信赖。经过长期的努力,他们把《诗经》、《尚书》、《竹书纪年》等书翻译成英文,将中国经典著作首次以英文的形式呈现在西方世界面前。王韬的译文辞意通达,理雅各对此有很高的评价:"译者亦不能不感激而承认苏州学者王韬之贡献。余所遇之中国学者,殆以彼为最博通中国典籍矣。彼于 1862 年岁暮抵港,于精心所集之巨量藏书,特加赞赏,不时取用,并以满怀热忱,进行工作,随处为余解释或论辩。彼不持助余工作,且于工作辛劳之际,并为余带来乐趣也。"[③]在译书之余,应理雅各之邀,王韬"遍游域外诸国,览其山川之诡异,察其民俗之醇漓,识其国势之盛衰,稔其兵力之强

---

① 史静寰、王立新著:《基督教教育与中国知识分子》,福建教育出版社 1998 年版,第 111 页。
② 顾长声:《从马礼逊到司徒雷登》,上海人民出版社 1985 年版,第 126 页。
③ 罗香林:《香港与中西文化交流》,香港中文大学出版社 1981 年版,第 48 页。

弱"。① 这次游历使他眼界大开,思想骤变,从普通的知识分子成长为倡导时务、西学的先驱。1872年王韬担任《华字日报》的主笔,并连载了《普法战纪》一书,后被《申报》转载,世人争相购买。次年,王韬与黄胜合资购买英华书院的印刷设备,组成中华印务总局,专事出版活动,这是国人创办的第一个近代化的出版机构。在主持局务之时,王韬创办了《循环日报》,并担任主笔,发表了一系列倡导洋务、革除弊政的政论文,颇受时人称赞,这是王韬出版事业的巅峰时期。1879年,王韬东游日本,与日本友人诗文唱和,蜚声海内外。晚年王韬返回上海,于1885年创办了弢园书局,刊刻他以及友人的著作。1887年,他还担任格致书院的山长,改进教学内容和方法。② 后他曾一度担任《申报》编辑部主任,主持《申报》笔政,"以报馆为护符,倡言无忌,人多震惊其名"③。后因健康不佳,疾病缠身,于1897年溘然长逝。

综观其一生,王韬涉足出版业大半生,扮演着译者、创办人、经营者、主笔等多种角色,与出版结下了不解之缘。他为世人留下了丰富的著作,大约60多种,多达上百卷,包括已刻和未刻的书籍,多收于《弢园著述目录》。此外,他还发表了多篇针砭时事的文章,现多收于《弢园文录外编》,在思想界产生了重要影响。除此之外,他在长期的出版活动和编辑实践中,逐渐确立了一套编辑原则,形成了独特的编辑思想,主要有以下几点:

第一,"上通下达"、"内外兼达"。王韬认为报刊的主要功能在于信息的流通,曾说"夫国之大患,莫若民情壅于上闻。民情不通,则虽有水旱盗贼,皆蔽于有司,莫得而知矣",因此他在编辑时注重"博采群言,兼收并蓄,凡民生之休戚,敌国之机宜,制造之工能,舟车之来往,及山川风土祸福灾祥,无不朗若列眉,俾在上者得所维持,在下者知所惩创"④。在他看来,民情的"上通下达",信息流通畅达,有利于社会的稳定和人民的安居乐业。同时,考虑到西方日渐熟稔中国,而中国对外情仍一无所知,他还强调报刊的"通外情"作用,认为宜设译官,"汇观各处日报而撷其要略译以华文,寄呈总理衙门,则泰西迩日之情形,正如犀燃烛照,无所遁形,即遇交涉之事,胸中自具成竹"⑤。针对当时在华西报对中外交涉事件的报道"往往抑中而扬外,

①　王韬:《弢园老民自传》,王韬:《弢园文录外编》,中州古籍出版社1998年版,第384页。
②　忻平:《王韬评传》,华东师范大学出版社1990年版,第208~214页。
③　张志春:《王韬年谱》,河北教育出版社1999年版,第213页。
④　《循环日报·本局日报同启》,王韬:《弢园老民自传》,江苏人民出版社1999年版,第177页。
⑤　《使才》,王韬:《弢园文录外编》,中州古籍出版社1998年版,第59页。

甚至黑白混淆，是非倒置”，他主张通过设立洋文报纸“以挽回欧洲之人心”①，将事件的真实情况传达给欧洲，改变中国在世界上被“妖魔化”的形象。

　　第二，“注重时务”。王韬以政论见长，在《循环日报》上独辟论说专栏，发表了大量时务评论文章。他的论说情沛意切，恣肆汪洋，有一泻千里之感②，成为近代“政论文”的鼻祖。这固然是其“好纵横辩论”的性格使然，更是他留心时务、关注时事的编辑风格。他认为中西通商以来，“天下之事繁变极矣。见所未见，闻所未闻，一切奇技瑰巧，皆足以凿破天机，斫削元气，而泄造化阴阳之秘”③，积极倡导改变“取士之法”、“练兵之法”、“学校之虚文”、“律例之繁文”④，并视洋务为当务之急，论说涉及倡导“变法”、改组军队、改善武备、架设电线、开设军工厂、建铁路、禁鸦片等方面。他还乐观地认为，如果“一切皆不必讳言，诚能实意讲求”⑤，则“以中国之大而师西国之长，集思广益”⑥，当能解决清廷所面临的困境。在著述方面，其有关时务方面的书籍影响较大。除传统的经学、诗集、杂文外，王韬还撰写了大量的时务书籍，如《普法战纪》、《法国志略》等。《普法战纪》在未出版之前，其抄本已经在大江南北流布，曾国藩、李鸿章对之赞不绝口。待该书出版发行，销量惊人。王韬撰写的《法国志略》，资料来源不仅包括他在法国的所见所闻，还“采自他书或录诸邮报，益以广述”⑦；在叙述方面，历述法国的古往今来，详略得当，并对比清廷现状。这本书在洋务运动时期风行一时，后来曾多次再版。此外，王韬的《瀛壖杂志》、《瓮牖余谈》也都是颇具时事特色的书籍，书中涉及他在上海的所见所闻、风土人情等各个方面。从这方面来看，王韬的著述内容已不再囿于传统的学科分类，而随着时事变迁，增加了时代的元素和内容，撰写了多种时务方面的书籍。

　　第三，“提倡西学”。早在墨海书馆时，王韬就对西学格外关注，在与友人讨论西学之余，还与艾约瑟、伟烈亚力合译了关于科学技术方面的书籍。面对西方科学技术带来的社会进步，在感叹之余，他希望能通过引进格致之

　　① 王韬：《弢园尺牍·上方照轩军门书》，转引自戈公振：《中国报学史》，上海古籍出版社 2003 年版，第 128 页。
　　② 胡太春：《中国近代新闻思想史》，山西人民出版社 1987 年版，第 38 页。
　　③ 《弢园文录外编·自序》，王韬：《弢园文录外编》，中州古籍出版社 1998 年版，第 31 页。
　　④ 《变法中》，王韬：《弢园文录外编》，中州古籍出版社 1998 年版，第 54 页。
　　⑤ 《治中》，王韬：《弢园文录外编》，中州古籍出版社 1998 年版，第 181 页。
　　⑥ 《变法下》，王韬：《弢园文录外编》，中州古籍出版社 1998 年版，第 56 页。
　　⑦ 《法国志略序》，王韬：《重订法国志略》，长洲王氏淞隐庐，1890 年。

学改变当时中国"绝少专门名家"的状况。他认为,格致之学是国家兴衰的关键,特别强调"考舆图,明象纬,然后能知古而通今"①的现实功用,认为欲求富强,必先习格致之学。此外,他还将格致之学视为学习西学的基础,认为"近今一切西法无不从格致中出,制造机器皆由格致为之根柢,非格致无以发明其理",曾多次撰文,大力倡导设电线、建铁路、制战舰。除格致之学外,王韬还强调西方的政制,曾撰文介绍西方的政治制度,将其分为"君主之国"、"民主之国"以及"君民共主之国",对君主立宪制尤为赞赏,认为"惟君民共治,上下相通,民隐得以上达,君惠亦得以下逮"。② 他还建议清政府在各国设立使馆,培养外交官,派遣领事,既有利于通外情,又可保护各地华人的权益,"或有平时受土人之虐者,无可伸雪,今立领事,则控诉有门,呼吁有路"。③ 他希望通过学习西学,改变清廷积贫积弱的状况,解决日益严重的社会问题,从而可以达到"自强求富"的目标。

第四,"中西合璧的编排方式"。这点在《循环日报》的编辑上表现得较为突出。《循环日报》由王韬担任主笔,采用中西合璧的编排方式。据忻平亲见《循环日报》描述:报名横列于第一版顶端,报头侧旁有"行情新闻日报,星房虚昂仃刊"十二字。④ 第一版主要是商业、经济行情;第二版是船期消息与广告,占有相当大的比重;第三版是新闻部分,"常占篇幅三分之一,区为三栏:首栏选录《京报》,次栏为羊城新闻,又次则为中外新闻栏"⑤。该报的编排方式含有大量的西方元素:在新闻源上,新闻除部分来源于其他报纸外,主要来自到港船只所带来的消息;在时效性上,报刊消息更新速度快,以日报出版;在内容上,注重商业信息和广告;在发行方式上,该报属商业性质,每期定价五十文。在追求现代性的同时,这份报纸保有传统的特色,首栏仍为《京报》消息为主,强调政治新闻的重要性。在版面上,为适应读者的阅读习惯,该报打破西报直线分栏法,开中文报纸以横线分栏法之先河。在报纸的立场上,王韬自言:"每思熟刺外事,宣扬国威。日报立言,义切尊王,纪事载笔,情殷敌忾,强中以攘外,诹远以师长,区区素志,如是而已。"⑥可见,王韬对清廷抱有很深的"拥护"情结,视传统为根本。

① 《洋务下》,王韬:《弢园文录外编》,中州古籍出版社 1998 年版,第 83 页。
② 《重民下》,王韬:《弢园文录外编》,中州古籍出版社 1998 年版,第 65 页。
③ 《设领事》,王韬:《弢园文录外编》,中州古籍出版社 1998 年版,第 117 页。
④ 忻平:《王韬评传》,华东师范大学出版社 1990 年版,第 120 页。
⑤ 戈公振:《中国报学史》,上海古籍出版社 2003 年版,第 151 页。
⑥ 《上潘伟如中丞》,王韬:《弢园老民自传》,江苏人民出版社 1999 年版,第 187 页。

　　第五，严谨求实的编辑态度。王韬早年受到严格的经学训练，并撰写了不少考证的著作。这种严谨的作风在其出版实践中得到了较好的继承。为翻译儒家经典，王韬曾遍观群经，熟览于胸。在翻译之时，他更是小心翼翼，随时求证，以免疏误。在编辑报刊之时，他强调新闻的准确性。因此，他要求"秉笔之人"必须对每则新闻"慎加遴选"，虽然"其间或非通材，未免拾小而遗大，然犹其细焉者也"[①]。即使对"有闻见所及"者，也应当"亦第援古证今"[②]，务求信息的准确，以防新闻失实。

　　总的说来，王韬的编辑思想兼具传统与现代的双重特征，既有对传统的"上通下达"、严谨求实态度的继承，又有对现代的"时务"、"西学"的倡导，更有"中西合璧"式的融合。这种二元的编辑思想是近代早期的民间知识分子试图消弭中西文化冲突的产物，在某种程度上缓解了传统与现代之间的紧张和对立。而且，王韬作为近代首位民营出版家和政论家，在出版史上影响深远。他与黄胜合资经营中华印务总局开民营出版之先河，此后著名的民营出版机构如商务印书馆、中华书局大多采用合资方式融资。他的政论文恣意汪洋，文采飞扬，开创了"政论体"，不仅丰富了报刊的体裁，还对以政论见长的康有为和梁启超间有影响。

### 2. 林乐知：宗教与世俗之间

　　19世纪60年代以后，教会的出版取向发生了新的变化，即一部分传教士逐渐走出宗教世界转向了世俗社会，改变传统的纯宗教性质的出版方针，加强对世俗事务的关注，以时事、政情为出版重点，减少宗教事务所占的比重。这在林乐知的出版活动中体现得最为明显。他从一名虔诚的宗教布道者转变为倡导"耶儒合流"的政论家，撰写了不少关于时局的著作和文章，并得到清政府当局的认可和嘉奖。

　　林乐知（Young John Allen）1836年出生于美国南方佐治亚州的伯克郡。他自幼父母双亡，由姨父母赫琴斯夫妇代为抚养。在他们的悉心照料下，林乐知度过了温馨愉快的童年，接受了良好的宗教启蒙教育。在小学毕业之后，林乐知考入牛顿郡的斯塔维尔中学。在那里，他应当时基督教的第二次大奋兴运动的感召，加入美国南方的监理会，成为一名基督教徒。中学毕业后，他考取了弗吉尼亚州的亨利学院，后又转学到佐治亚州的埃默里大

---

　　① 王韬：《论日报渐行于中土》，钱钟书编：《弢园文新编》，生活·读书·新知三联书店1998年版，第110页。

　　② 王韬：《弢园老民自传》，江苏人民出版社1999年版，第176～177页。

学。大学期间,在校内牧师和教师的鼓励下,林乐知下定决心做一名传教士,志愿到海外传播基督教。在课余时间,他遍览有关世界海外传教的书刊,学习与传教相关的知识,为远赴海外传教储备必要的知识。1858 年,林乐知大学毕业,获得了文学学士学位,并被立为监理会的一名正式牧师,遂向教会表达了到非洲"拓荒"的请求。主教却建议他到中国开辟新教区。当时他对中国一无所知,在传教热情的驱动下,毅然选择前往中国。同时,他还向从佐治亚州卫斯理女子学院毕业的玛丽·豪斯顿小姐求婚,向她表明婚后去中国传教的打算。不久,他与玛丽举行了婚礼。1859 年 12 月,林乐知带着他的新婚夫人和不满五个月的女儿,登上从纽约开往中国的货船。经过大西洋,绕道好望角,跨越印度洋,到香港后北上。经过 210 天的辛苦颠簸,他们于 1860 年 6 月抵达上海。

初到上海,林乐知一家人居住在租界监理会的房屋中,并开始学习中文。由于美国内战的爆发,监理会无暇顾及海外传教士,中断了经济资助。林乐知一家生活陷入了困境,难以维持。他曾说:"我们有四年之久,收不到差会一块钱,也接不到亲友的一封信。"[1]在无计可施之时,林乐知不得不典卖教会财产,后又成为"洋买办",从事中间商的活动,向中国人采购煤炭、粮食、棉花等,转售给租界里的外国人,赚取微薄的收入。此外,他还当过保险行的经纪人和领事馆的翻译等。1863 年,在冯桂芬和应宝时的推荐下,林乐知进入上海广方言馆担任西文教习。1865 年,他又参加江南制造局的翻译工作。1867 年,林乐知受聘担任同文馆西文教习。此后,他过着半天教书、半天译书的紧张生活。教学和翻译工作使其与中国的上层官僚有所交往,对中国传统社会有更深的了解,对他的"自上而下"传教路线产生了重要影响。[2]

1868 年,他应字林洋行之邀,成为《上海新报》[3]的编辑,这是他在华首次参与办报工作,积累了不少编辑的经验。在当年的 8、9 月间,他还以"林华书院"[4]的名义自费出版了《教会新报》[5],这是一份面向在华传教士的期

①　Warren Candler, Y. J. Allen, The Man Who Seeded China, p. 82.
②　梁元生:《林乐知在华事业与〈万国公报〉》,香港中文大学出版社 1978 年版,第 10～11 页。
③　《上海新报》创刊于 1862 年,是《字林西报》的中文版。每周二、周四、周六发行,星期日停刊。由林乐知、傅兰雅等编辑,多刊载商务、船期、房屋租赁等经济方面的消息,后期逐渐加大了新闻的比重。据戈公振《中国报学史》记载:"报首画黄浦江风景,颇足代表一地方之特色。"
④　林华书院并不是一所学校,而是林乐知在生活稍定后,在 1865 年至 1867 年间自建的住宅名称。
⑤　该报不属于任何差会的刊物,完全由林乐知自筹经费、自己编辑,交美华书馆印刷后自己发行,每星期出版一张,定价全年收银一元。

刊,刊载各地宗教事务,以"俾中国十八省教会中人,同气连枝,共相亲爱"①
为宗旨,着眼于传播福音和联络教徒。该报出版至第 300 期,改名为"万国
公报"。林乐知对《教会新报》抱有极大的希望,希望藉此振兴教会事务。但
发行状况却极不乐观,订购者寥寥,上海仅售出百余本②。林感到非常失
望,曾说"创始时满望中国各处教友出力相助,……岂料中国教友,有会大友
多、心肠冷淡者;有路远需费、情愿迥别者"。③ 在失望之余,他勉强维持报
务,对内容作了调整,刊登部分《京报》上的消息,逐渐转向关注世俗事务。
1877 年,中国益智会计划编写初高级的教材,林乐知负责高级教材的工作,
因诸多事务缠身,迟迟无法动手。1882 年,林乐知创办了中西书院,主张
"中西并重"的办学模式,并邀请当时社会名流参与其中,意在扩大社会影响
力。在广学会成立后,林乐知担任该会的重要"译笔"和编辑,负责文字方面
的工作。他所主编的《万国公报》也作为广学会的机关报,复刊后继续发行,
这是林乐知出版实践最关键的时期,也是他从宗教事务向关注世俗转变的
重要阶段。他撰写了多部有关各国政制、评论国际关系等时务的著作和文
章,还在《万国公报》开设国际事务汇编的专栏,编译各国政情、经济、文化等
方面的文章。其间,他两次回国度假,在国内受到宗教界和非宗教界人士的
热情接待。当再次返回中国后,他继续担任《万国公报》的编辑,于 1907 年
1 月逝世,享年 71 岁,葬于上海。

　　林乐知在出版方面是"多面手",先后担任江南制造局翻译馆的译员、
《上海新报》的编辑,主办《教会新报》,改版《万国公报》,成为广学会的重要
译员和编辑。他在华的绝大多数时间都在从事出版活动。从 1863 年到
1907 年,他一直从事译书、编辑、著述等出版活动,几无间断。在长期的出
版实践中,他积累了丰富的出版经验,出版活动也具有显著的特点,主要包
括以下几个方面:

　　第一,浓厚的宗教气息,主要包括纯宗教性的宣传和"耶儒合流"策略。
就纯宗教性宣传而言,文字布道是来华传教士宣教所采取的主要方法。林
乐知秉承基督教界的这一传统,创办了宗教性刊物《教会新报》来传播福音。
该报与此前的宗教刊物类似,以宣传宗教为主,在内容和体例上均无突破。
在内容上,报纸的卷首刊载有关"教务"的文字,如解经、讲道等,以教务和教

---

① 《教会新报》1868 年 9 月 5 日,第 3 页。
② 《教会新报》第 1 册,第 28 页。
③ 《教会新报》第 1 册,第 422 页。

事新闻为主,占版面的一半以上,另有少数的时事和科学短文。在读者对象上,《教会新报》以在华的传教士为主,并希望藉此感召更多的华人入教。在发行上,该报以各地的教堂、学校、传教士为分销点,分散各地发售。不同的是,此报为有偿发售,初定价全年收洋银一元,各地反应并不热烈①,后采取折扣的方法发售。林乐知对此不得不作出调整,改变了纯宗教的宣教方式,转而采取"间接传教"的方法,将教义寓于有关格致、改革的文章中,字里行间流露出其传播基督教义的"良苦用心"。在这些文章中,他试图将格致与宗教视为不可分割的一体,认为"天道与格学同条共贯"②,"教道足以兴格致,足以兴教化,教道与格致并行不悖"③,"格致有益于教化"④。他还把教义中的"真实"作为立国之本,认为惟有信奉"真实"的国家才能强盛,才能立足于世界,"观教化者,见国家之立法敷政施教,人民之居心出言行事,有悉以真实为主者,即知其国之必致富强,必成文明,必无忧患,而得推为万国中上等之国"⑤。甲午战争之后,林乐知顺应清政府改革的潮流,发表了多篇倡导改革的文章,论述基督教是改革的良方,"中国穷而思变,不得不求助于基督之圣教,为导民之正路,兴国之大原矣。中华为东方之望国,疆域之广,户口之繁,皆为大有可造之事,论天时地利人和三端,无一不足以胜人。若更崇基督之教,以为出治之本"⑥。这从侧面反映了林乐知传播福音的努力,也是其出版活动最显著的特点。

第二,对世俗性事务的关注。在江南制造局翻译馆,林乐知翻译了许多非宗教性的著作,如《印度国史》、《俄罗斯国史》、《德国史》、《万国史》、《欧罗巴史》、《格致启蒙化学》、《格致启蒙地理》、《格致启蒙天文》、《地学启蒙》、《列国陆军制》、《东方交涉记》、《四裔编年表》等。⑦ 这类著作的翻译,并非林乐知的本意,却使他初次涉足有关世俗书籍的出版活动。不久,林乐知的社会和出版活动使他最终转向了对世俗事务的关注,这集中体现在《教会新

① 按 1868 年年底统计,《教会新报》共售出四百九十四本,其中上海售出二百七十本,占百分之五十四;福州次之,售出六十五本;汉口、宁波各售出二十五本;北京售出二十一本;余均十余本不等;广州和香港无统计数字。

② 《格物致知论序》,《万国公报》1890 年 2 月。

③ 《续格致源流说》,《万国公报》1897 年 12 月。

④ 《论格致为教化之源》,《万国公报》1897 年 10 月。

⑤ 《论真实为兴国之本》,《万国公报》1896 年 8 月。

⑥ 《基督教有利于中国说》,《万国公报》1895 年 12 月。

⑦ 《万国公报》第 23 册,第 14993 页。还可参见熊月之:《西学东渐与晚清社会》,上海人民出版社 1994 年版。

报》的改版上。在第 40 期的《教会新报》上，林乐知首次选登《京报》内容，并将其放于卷首，改变了以往将"教务"放在卷首的惯例。这是林乐知迈向关注世俗事务的第一步，确定了世俗的编辑取向。以后各期均把世俗事务作为报刊的固定栏目，"每期平均选录二段至三段的上谕或奏折……开始把范围扩大到社会、经济及政治各方面"。①出版至第 300 期时，林将《教会新报》改名为"万国公报"，认为这样"既可邀王公巨卿之赏识，并可以入名门闺秀之清鉴，且可以助大商富贾之利益，更可以佐各匠农工之取资，益人实非浅鲜，岂徒新报云尔哉"。② 这说明此时的林乐知已转变为"世俗"编辑，发表了不少关于社会问题的文章，涉及西国制造、机器、军械、电线、天文、地理、格致、算法等方面。甲午战争之后，林乐知步入编辑生涯的多产期，发表了许多"经世"文章，在极短的时间内发文多达三十余篇，如《中美关系略论》、《滇事危言》、《俄国新筑西北里亚铁路说》、《英国铁路考》、《各国机务汇杂》、《满招损谦受益实乃天道论》、《以宽恕释仇怨说》等。

　　第三，强烈的政治参与意识。在第 113 期的《教会新报》上，林乐知首次刊登了时任中国海关总税务司英国人赫德的《局外旁观论》和英国驻华使馆参赞威妥玛的《新议论略》两篇涉及政治改革的文字。从第五卷起，林乐知把报纸内容分成教事近闻、政事近闻、杂事近闻和格致近闻四大栏，其中政事近闻比例逐渐增至近乎一半的篇幅。同时，为避免清政府的敌视并迎合多数官僚的阅读心理，他在提及光绪和慈禧之时，必虚位以示尊敬；如遇慈禧祝寿、光绪诞辰，还以在卷首献词颂祝。广学会成立后，林乐知意气风发，激扬文字，发表了大量的时论文，并撰写了多部著作，俨然以清政府政治"顾问"自居。其文章和书籍主要有：《中国历代度支考》、《中东战纪本末》、《治安新策》、《全地五大洲女俗通考》、《中西关系略论》、《列国岁计政要》、《中西关系略论》、《论鸦片之害》、《文学兴国策》、《地球弥兵会议》、《中日朝兵祸穷本推源说》、《中日两国进止互歧论》、《泰西新政备考》、《防俄杂论》、《操纵离合论》、《强弗友刚克论》、《教祸论》、《险语对》、《论真实为兴国之本》、《论真实为完人之基》、《俄荣示险于天下尤险于华英论》、《让台记》、《广学兴国说》、《论格致为教化之源》等。不论书籍还是文章，都反映了其强烈的政治参与意识。他的政论文章和书籍多倾向于改革，强调中国在世界格局中的

---

①　梁元生：《林乐知在华事业与〈万国公报〉》，香港中文大学出版社 1978 年版，第 79 页。

②　《万国公报》第 6 册，第 3296 页。

重要位置，"是故欲兴万国,必先兴中国"①,而在中国变革的重点应放在时务上,认为"当今急务非洞达时务,谙练人情……要之有治人先贵有治法,事非可徒托于空言而有治法,尤贵有治人功……从此天下一道同风,太平有象"。② 此类倡导变革、议论时政的著述是林著述中最具价值和影响的部分。

除以上特点外,林乐知还在报刊的编辑体例方面进行创新,即添加标题、分类编辑。《教会新报》前四卷的各类文字,沿用以往的编辑方式,没有添加标题,逐条分录,并无分门别类,先后也无定次。从第五卷开始,《教会新报》的编辑体例发生了改变,开始分栏编排,按稿子的内容分为不同的种类,即分为教事近闻、政事近闻、杂事近闻、格致近闻等栏目。林乐知担任《万国公报》主编时,初期以国名为标题,分录"大清国"、"大美国事"、"大奥国事"、"大英国事"、"大意大利国事"等世界各国最新的消息。从 1877 年 8 月 11 日第 451 卷开始,《万国公报》将各种时论文章按标题分类,放在卷首,开辟"西国近事译编"栏刊登世界各地的最新消息。

总的来说,林乐知的出版活动一直游走于宗教与世俗之间,形成了"浓厚的宗教意识"、"世俗时务的关注"、"强烈的政治参与意识"的特点及分栏编辑的出版特点。这既是"自上而下"传教策略发展的结果,又是林乐知自身在出版实践中的无奈和现实选择。作为一名传教士,宗教是他无法摆脱的情结。作为一名出版家,世俗事务是他不得不关注的方面。因而,宗教与世俗的冲突和紧张贯穿其出版活动的始终,成为其出版活动的主要特点。此外,林乐知撰写的大量政论文章,极大地促进了政论文的发展,从而使政论文成为报刊的固定栏目;分栏编排和添加标题的编排方式,影响了近代报刊的编辑和版面设置,对近代报刊形态的演变有着重要的作用。

**洋务运动时期教会出版机构一览表**③

| 名称 | 创办时间 | 地点 | 创办者 |
| --- | --- | --- | --- |
| 福州卫理公会书馆 | 1862 年 | 福州 | 卫理公会 |
| 传教士协会出版社 | 1869 年 | 宁波 | 不详 |
| 土山湾印书馆 | 1865 年 | 上海 | 天主教 |
| 格致书室 | 1874 年 | 上海 | 傅兰雅 |
| 益智书会 | 1877 年 | 上海 | 在华西人 |

---

① 《中东战纪本末译序》,《万国公报》1896 年 5 月。

② 《中西关系略论》,《万国公报》1892 年 3 月。

③ 参阅叶再生《中国近代现代出版通史》以及郭卫东、刘一皋《近代外国在华文化机构综录》。

（续表）

| 名称 | 创办时间 | 地点 | 创办者 |
|---|---|---|---|
| 广学会 | 1844 年 | 上海 | 在华西人 |
| 别发图书公司 | 19 世纪 80 年代 | 上海 | 不详 |
| 中国浸礼会出版社 | 1899 年 | 广州 | 美国浸礼会 |
| 英国长老会出版社 | 1880 年 | 汕头 | 英国长老会 |
| 红衣主教团出版社 | 1889 年 | 福州 | 海外传教委员会 |
| 英国长老会出版社 | 1884 年 | 台南 | 英国长老会 |
| 苏格兰全国圣经会书馆 | 1885 年 | 汉口 | 苏格兰全国圣经会 |
| 文华书院出版社 | 19 世纪 80 年代 | 武昌 | 基督教圣公会 |
| 华中书馆 | 19 世纪 80 年代 | 九江 | 在华传教士 |
| 白果树书院和书局 | 1877～1882 年 | 重庆 | 在华教会 |
| 华北协和大学出版社 | 1889 年 | 河北 | 美国公理会 |
| 美华书馆 | 1860 年 | 上海 | 美国长老会 |
| 清心书馆 | 约 1861 年 | 上海 | 美国北长老会 |
| 汉口花楼总教堂 | 1862 年 | 汉口 | 英国伦敦会 |
| 美国 Board 印刷所 | 1863 年 | 北京 | 不详 |
| 汉口中国圣教书会 | 1876 年 | 汉口 | 不详 |
| 哥伦比亚小书馆 | 1881 年 | 牛庄 | 苏格兰教会联合长老会 |
| 奉天朝鲜文印刷馆 | 1872 年 | 奉天 | 苏格兰长老会 |
| 京都美华书院 | 1886 年 | 北京 | 美国公理会 |
| 镇江内地会印刷所 | 1887 年 | 镇江 | 美国内地会 |
| 北京遣使会印刷馆 | 1864 年 | 北京 | 北京遣使会 |
| 河北献县张家庄天主堂印书馆 | 1861～1863 年 | 河北 | 天主教 |
| 天主堂印书馆 | 1886 年 | 烟台 | 天主教 |

### 洋务运动时期官书局一览表

| 名称 | 创办时间 | 创办者 | 地点 |
|---|---|---|---|
| 江夏书局（武昌书局） | 1859 年 | 胡林翼 | 武昌 |
| 崇文书局 | 1867 年 | 李翰章 | 武昌 |
| 鄂渚书局 | 不详 | 不详 | 湖北 |
| 曲江书局（曲水书局） | 1863 年 | 莫友芝 | 安庆 |
| 敷文书局 | 1871 年前 | 不详 | 安徽 |
| 正谊书局 | 不详 | 不详 | 安徽 |
| 金陵书局（江南书局） | 1864 年 | 曾国藩 | 南京 |
| 聚珍书局 | 1867 年 | 李鸿章 | 南京 |
| 江苏书局 | 1868 年 | 丁日昌 | 苏州 |
| 淮南书局 | 1869 年 | 方浚颐 | 扬州 |
| 浙江官书局 | 1864 年 | 左宗棠 | 宁波，后迁往杭州 |

（续表）

| 名称 | 时间 | 创办者 | 地点 |
|---|---|---|---|
| 浙江书局 | 1867 年 | 杨昌浚、王凯泰、马新贻 | 杭州 |
| 湖南书局 | 1865 年 | 不详 | 长沙 |
| 传忠书局 | 1873 年 | 长沙官绅 | 长沙 |
| 思贤书局 | 1891 年 | 王先谦 | 长沙 |
| 正谊堂书局 | 1866 年 | 左宗棠 | 福州 |
| 福建书局 | 同光之际 | 左宗棠 | 福州 |
| 四川书局（成都书局） | 同治年间 | 不详 | 成都 |
| 存古书局 | 1863 年 | 不详 | 四川 |
| 尊经书院 | 1863 年 | 不详 | 四川 |
| 山东书局 | 1869～1870 年 | 丁宝桢 | 济南 |
| 尚志堂 | 1869 年 | 丁宝桢 | 济南 |
| 江西书局 | 1872 年 | 刘坤一 | 南昌 |
| 广东书局 | 1868 年 | 方浚颐 | 广州 |
| 广雅书局 | 1886 年 | 张之洞 | 广州 |
| 桂垣书局 | 1890 年 | 马丕瑶 | 桂林 |
| 贵州书局 | 1896 年 | 嵩崑 | 贵阳 |
| 遵义官书局 | 1898 年前 | 不详 | 遵义 |
| 云南官书局 | 1880 年前 | 崧藩 | 昆明 |
| 河南官书局 | 1884 年 | 不详 | 开封 |
| 莲池书局 | 1860 年左右 | 莲池书院 | 保定 |
| 保定官书局 | 不详 | 不详 | 保定 |
| 浚文书局（山西官书局） | 1879 年 | 曾国荃 | 山西 |
| 泾阳味经官书局 | 1873 年 | 许振炜 | 泾阳县 |
| 秦中官书局 | 1896 年 | 柯逢时 | 西安 |
| 迪化书局 | 1875～1880 年 | 左宗棠 | 乌鲁木齐 |
| 撷华书局 | 1884 年 | 不详 | 北京 |

# 第四章　清末的出版活动

## 一、维新派和革命派的出版活动

### 1. 维新派的出版活动

甲午战后,以康有为、梁启超为首的维新派开始登上历史舞台,他们积极组织学会、创办报刊,出版了大量维新派人士的著作,宣传维新思想,为变法创造舆论。百日维新,把维新派的政治实践推向顶峰,虽归于失败,也是中国近代史上浓墨重彩的一笔。维新派将变法图存的思想广布于四海,推动了近代社会特别是士阶层的近代化,他们利用文字出版,针砭时弊,顺应了历史的潮流,客观上亦推动了中国出版业及出版文化的近代化。

　　强学书局与《中外纪闻》　　强学会是维新派早年发起的政治团体,创办于甲午战后。筹办不久,因避明清以来结会、结社之讳,改为强学书局,会址在北京城南孙公园。"强学会者,清季维新运动之总机关也。先是,康有为及其弟子梁启超、徐勤、汤觉顿等,在南方组织南学会,谓非变法自强,则无由救国;并联合公车一再伏阙上书请求革新政治。此光绪二十年事也。时北方由文廷式之主倡,亦有强学会之组织,已而改为强学会书局,其目的亦在改良政治。其会员有黄绍箕、汪康年、黄遵宪、岑春煊、陈宝琛、陈三立等,而工部主事孙家鼐、湖广总督张之洞,胥其有力之后援者。康有为等闻之,因即遵海北游,往来上海北京,加入斯会,于是强学会势愈大振,时光绪二十一年秋季也。"①

　　康有为在《强学会序》中明确指出:"俄北瞰,英西睒,法南邻,日东眈,处

---

①　戈公振:《中国报学史》,上海古籍出版社 2003 年版,第 155 页。

四强邻之中而为中国，岌岌哉！况磨牙涎舌，思分其余者尚十余国。辽台茫茫，闽峦扰扰，人心皇皇，事势儦儦，不可终日"①，并疾呼"普鲁士有强国之会，遂报法仇；日本有尊攘之徒，用成维新。盖学业以讲求而成，人才以磨砺而出；合众人之才力，则图书易庀；合众人之心思，则闻见易通。……凡百君子，岂能无沦胥非类之悲乎！图避谤乎闭户之士哉，有能来言尊攘乎！岂为圣清，二帝三王孔子之教，四万万之人将有托耶。"②

强学书局成立之后，"先以报事为主"，将已有的《万国公报》改名为"中外纪闻"，并由康有为、汪大燮共同担任主笔。《万国公报》创刊于 1895 年 8月，双日刊，每册有编号，无出版年月，刊式与《京报》相似，报名与广学会之《万国公报》同名，是为了便于推广。《万国公报》除转载其他报刊的内容之外，亦有策论。这些文章，着重宣传"富国"、"养民"、"教民"之法，基本上是阐述康有为《上清帝书》中的观点。改名"中外纪闻"之后，这份刊物成为该局的机关报。

1895 年 12 月 16 日，《中外纪闻》正式出版，双日刊，用粗木板雕刻印行。形式上与《京报》相似，并"托售《京报》人随'宫门钞'分送诸官宅，酬以薪金"③。每册册首恭录阁抄，次录英国路透电报，次选择外国各报，如《泰晤士报》、《水陆军报》等，次择录各省新报，如《直报》、《沪报》、《申报》、《新闻报》、《汉报》、《循环报》、《华字报》、《维新报》、《岭南报》、《中西报》等，次译印西国格致有用诸书，次附论说。"办理月余，居然每日发出三千张内外。"④

除此之外，强学书局在创办之初除了发行报纸之外，尚有其他设想，如兼营时务新书的译、印、发行业务，代销其他书局的出版物，甚至筹办图书馆、博物馆、阅览室等都在谋划之中。但是，强学书局的创办以及《中外纪闻》发行的背后隐藏着深刻的政治矛盾。顽固派见之忌之，以"文廷式在松筠庵广集徒众，妄议朝政，及会通内监，结党营私"等理由上书奏请封禁。致使强学会被封，《中外纪闻》也被迫停刊。后强学书局改为官办，其中原委在孙家鼐《官书局开设缘由》中可见一斑，称"京师近日设有强学书局，经御史杨崇伊奏请封禁，在朝廷预防流弊，立意至为深远。惟局中所储藏讲习者，

---

①　康有为：《强学会序》，张静庐辑注：《中国近代出版史料初编》，中华书局 1957 年版，第 34 页。

②　康有为：《强学会序》，张静庐辑注：《中国近代出版史料初编》，中华书局 1957 年版，第 35 页。

③　梁启超：《鄙人对于言论界之过去及将来》，林志钧编：《饮冰室合集》，中华书局 1988 年版，文集第 29 第 2 页。

④　梁启超：《鄙人对于言论界之过去及将来》，林志钧编：《饮冰室合集》，中华书局 1988 年版，文集第 29 第 2 页。

首在列圣圣训及各种政书,兼售同文馆、上海制造局所刻西学诸书,绘印舆图,制备仪器,意在流通必要图书,考验格致精蕴,所需费用,皆系捐资集股,绝无迫索情事;所刻章程,尚无疵谬。此次封禁,不过防其流弊,并非禁其向学。"①强学会改为官局之后,完全摒弃了刊布报纸、辩讲时政的功能,以致"除数人外,皆以此局为升官发财之捷径,趋之若鹜,而明者反置于闲,或引去,或屏迹于门,此京局之实情也。"②至此,强学书局完全与维新事无关了。

上海强学会与《强学报》　　早在北京强学会成立之前,康有为就已经开始筹建上海强学会。一来,"挽世变在人才,成人才在学术。讲学术在合群,累合什百之群,不如累和千万之群,其成就尤速,转移尤巨也"③;二来,"顷士大夫创立强学会于京师,以讲中国自强之学,风雨杂沓,朝士鳞萃,尚虑未能布衍于海内"④;三来"今为上海,乃群天下之图书器物,群天下之通人学士,相与讲焉。尝考泰西所以富强之由,皆由学会讲求之力"⑤。于是,康有为南赴江宁,游说当时的两江总督张之洞,争取这位曾倡导革新的封疆大吏的支持,事成。

筹备工作由康有为亲自主持,在《上海强学分会序》⑥所附之《强学会章程》中,康有为提到:"本会专为中国自强而立。以中国之弱,由于学之不讲,教之未修,故政法不举。今考鉴万国强盛弱衰之故,以求中国自强之学,总会立于上海,以接京师,次及于各直省。"⑦

在《强学会章程》中,康有为提出亟需筹办的四件要事:译印图书、刊布报纸、开大书藏、开博物院,以"广见闻而开风气"、"上以广先圣孔子之教,下以成国家有用之才"。其中对译书办报的要求,明确体现了其变法维新的政治动机,即欲积极营造变法之舆论。"今此会先办译书,首译各国各报以

---

①　孙家鼐:《官书局开设缘由》,张静庐辑注:《中国近代出版史料初编》,中华书局1957年版,第45页。

②　吴樵:《致汪康年书之七》,上海图书馆编:《汪康年师友书札》(一),上海古籍出版社1986年版,第473页。

③　张之洞:《上海强学分会序》,张静庐辑注:《中国近代出版史料初编》,中华书局1957年版,第37页。

④　张之洞:《上海强学分会序》,张静庐辑注:《中国近代出版史料初编》,中华书局1957年版,第37页。

⑤　张之洞:《上海强学分会序》,张静庐辑注:《中国近代出版史料初编》,中华书局1957年版,第37页。

⑥　此序实为康有为代作,署名为张之洞。

⑦　张之洞:《上海强学分会序》,张静庐辑注:《中国近代出版史料初编》,中华书局1957年版,第38页。

为日报取资;次译章程、条教、公法、日录、招牌等书;然后及地图暨各种学术之书。随译随刊,并登日报,或分地,或分类,或编表,分之为散报,合之为宏编,以资讲求而广见闻,并设译学堂,专任此事。"①"今之刊报,专录中国时务,兼译外洋新闻,凡于学术治术有关切要者,巨细毕登,会中事务附焉。其邸钞全分,各处各种中文报纸,各处新事,各人议论,并存钞以广学识,各局互相钞寄"②。

与北京强学书局一样,康有为把办报作为首要大事,遂电召门人徐勤、何树龄由粤来沪办报。《强学报》前后共三号,创刊号于1896年1月12日出版,署"孔子卒后二千三百七十三年",用铅字排印,亦不取费。创刊号首载《本局告白》,次录"上谕",然后是"论说"三篇,分别为《开设报馆议》、《孔子纪年说》、《论会即荀子群学之以》。第二号共四页,载论文四篇,分别为《毁淫祠以尊孔子议》、《变法当知本源说》、《论回部诸国何以削弱》和《欲正人心先修法度说》。第三号国内未见。

《强学报》虽仅发刊三号,内容着力宣传变法维新理论,如以孔子纪年,欲在形式上"托古";刊录当时尚未公开的廷寄,并加以评论阐明变法的必要;以古代圣贤荀子群学之事,大力宣传开馆办报;甚至在《变法当知本源说》中提出"明定国是"、开设议院的构想。这与张之洞"中学为体,西学为用"的自强理论并不相同,精于为官之道的张之洞唯恐后党的攻讦,借口不同意"孔子改制"学说,停发会费,时值北京强学会被查封,上海强学会及《强学报》遂告夭折。根据1896年1月26日《申报》上刊登的《强学停报》称:"昨晚七点钟,南京来电到本馆云:'自强学会报章,未经同人商议,遽行发刻,内有廷寄及孔子卒后一条,皆不合。现时各人星散,此报不刊,此会不办。同人公启'。"

《时务报》与时务报馆 《时务报》是强学会遭封禁之后,维新派"愤学会之停散,谋之再振"的产物,创刊于1896年8月9日,馆址在上海福州路福建路口。此报为旬刊,每册约25页,以连史纸石印。内容分论说、谕折、京外近事、域外报译(几乎占全册二分之一的篇幅),另附各地学规、章程等。该报由张之洞的幕僚汪康年任总理,梁启超担任主笔。发刊后,深受欢迎,"风靡海内,数月之间,销行至万余份,为中国有报以来所未有,举国趋之,如

① 张之洞:《上海强学分会序》,张静庐辑注:《中国近代出版史料初编》,中华书局1957年版,第39页。
② 张之洞:《上海强学分会序》,张静庐辑注:《中国近代出版史料初编》,中华书局1957年版,第39页。

饮狂泉"①。该报于 1898 年 8 月 8 日停刊,存世整两年。因中后期陷于内部争斗,曾一度改为官办,后随维新变法失败,被慈禧太后定罪为"无裨治体,徒惑人心,著即裁撤"。

其间,梁启超利用主笔的身份,积极宣传变法思想。创刊号即登载时论《论报馆有益于国事》,认为西方国家报业发达,有助于"耳目喉舌,而起天下之废疾"。报馆言事,可以上通君主,下至黎民,是"去塞求通"的开端。

《时务报》陆续刊登维新派言论,著名的《变法通议》就曾以连载的形式发表。《变法通议》共 14 章,作于 1896 年到 1899 年,全篇都在鼓吹变法,倡言维新,系统地阐述了维新派的变法主张。其中,《自序》、《论不变法之害》、《论变法不知本原之害》、《学校总论》、《论科举》、《论学会》、《论师范》、《论女学》、《论幼学》、《学校余论》、《论译书》、《论金银涨落》等 12 篇,刊于 1896 年至 1898 年的《时务报》,《论变法必自平满汉之界始》、《论变法后安置守旧大臣之法》等两篇,刊于 1898 年底至 1899 年初的《清议报》。于其中,梁启超大声疾呼"法者,天下之公器也;变者,天下之公理也。大地既通,万国蒸蒸,日趋于上,非可阏制。变亦变,不变亦变。变而变者,变之权操诸己,可以保国,可以保种,可以保教;不变而变者,变之权让诸人,束缚之,驰骤之。呜呼! 则非吾之所敢言矣。"②并列举世界各国的历史,以日本、印度、波兰为例,指出变法的痛切。此外,梁氏还着力宣传关于设议院、伸民权等民主主义政治观点。

除了发行《时务报》之外,书籍的编写、翻译、发行也是时务报馆业务的重要组成部分,其中包括大量的维新书籍。1896 年 8 月 5 日,时务报馆首次在《申报》上刊登广告,除宣布《时务报》正式发刊日期外,并公开宣称"本报并有新译各书(出售)附印报后","皆新出希见之本",从而开始了报馆的售书业务。当天报上刊登的出售书目有:《铁路章程》、《造铁路书》、《华盛顿传》、《西国学校课程》、《俄罗斯经营东方本末》等。该馆印行的书籍还有《西学书目表附读西学书法》(梁启超著)、《代数通艺录》、《中国工商业考》(日人著,梁启超为之作"提要")、《游法见闻录》、《气学丛谈》等。

时务报馆在各地建有数量庞大的代销点,它们除发售《时务报》外,还兼售报馆译印出版的书籍,并代售维新时期各地所出之新书新报。有人据《时

<hr>

① 梁启超:《本馆第一百册祝辞并论报馆之责任及本馆之经历》,宋原放主编:《中国出版史料·近代部分》(第二卷),湖北教育出版社 2004 年版,第 283 页。

② 梁启超:《变法通议——论不变法之害》,吴松等点校:《饮冰室文集点校》,云南教育出版社 2001 年版,第 22 页。

务报》售书广告统计,其代售的报纸有《湘学报》、《知新报》、《利济学堂报》、《农学报》、《算学报》、《集成报》、《新学报》、《湘学新报》、《蒙学报》、《渝报》、《国闻汇编》、《时务日报》、《萃报》等十三种,经销的书籍有《康长素先生四上书记》(徐勤著)、《西政丛书》(梁启超辑,内容分史志、官制、学制、公法、农政、工政、商政、兵政等八门,是当时介绍西方资本主义国家政治经济理论的重要书籍)、《日本国志》(黄遵宪著)、《皇朝经世文新编》(麦仲华编)、《闽中新乐府》(林纾著)、《光绪二十四年列国岁计表》(高凤谦译)、《中东战纪本末》(林乐知著),以及《代数通艺录》、《天文地理歌略》、《俄属游记》、《中国工商业考》、《游法见闻录》、《日本学校章程三种》、《气学丛谈》等六十余种。

　　**《知新报》**　　《知新报》是戊戌变法时期南方的著名刊物,由康有为、梁启超创办于澳门,总理为何廷光、康广仁。1897 年 2 月 22 日创刊,前后共出 133 册。最初为五日刊,自第 20 册开始改为十日刊,篇幅比以前增加一倍,后又改为半月刊。

　　《知新报》以宣传变法维新、君主立宪的改良主义为宗旨,内容涉及政治、经济、思想等诸多方面,致力于提倡政治改革,推广科学知识,介绍西方文化,并希望"译环球之近事,异闻必录,不袭王言,百病备陈,无取深讳;倡提圣学,无昧本源;采译新书,旁搜杂事,审其技术,穷其新理,则明者势不抱曲学而愈愚矣。察其土俗,知其形势,则□者势不泥旧章而解蔽矣。明其律法,谙其机能,强者势不能执成法而振弱矣。"[1]

　　戊戌政变后康、梁被迫亡命国外,国内各种变法报刊在政治高压下几乎绝迹,而澳门的《知新报》利用其由葡萄牙管治的特殊环境,继续宣传维新思想,并刊登维新人士的化名文章,反击以慈禧太后为首的封建顽固势力,并希望光绪皇帝重掌政权。1901 年 1 月 20 日,《知新报》停刊,在存世将近四年的时间里,《知新报》充当了维新派在华南地区的喉舌,开辟了一块宣传维新变法思想的阵地,对当时的社会舆论影响很深。

　　**大同译书局**　　该译书局 1897 年 10 月成立于上海,由康有为之弟、"戊戌六君子"之一康广仁任经理,是维新派设立的译书机构。是时,维新派人士感于译书为今日之急图之事,而学堂功课之书、农政之书、工艺之书、商务之书、官制之书、兵谋之书、宪法之书、章程之书,"靡读而得焉","虽欲变之,孰从而变之","故及今不速译书,则所谓变法者,尽成空言,而国家将不

　　① 吴恒炜:《知新报缘起》,宋原放主编:《中国出版史料·近代部分》(第二卷),湖北教育出版社 2004 年版,第 256 页。

能收一法之效"，"是以愤懑，联合同志，创为此局"，积极向外国，尤其是日本学习改良之法。并制定了"以东文为主，而辅以西文；以政学为主，而次以艺学"的策略，以"救燃眉之急难"。

大同译书局从成立到戊戌政变止，存在一年，印行了许多书籍，其中很多是维新派著述之精华。据《申报》刊登的售书广告，该局出售的图书有：康有为的《孔子改制考》、《日本书目志》》、《新学伪经考》、《春秋董氏学》、《四上书记》、《五上书记》、《六上书记》，梁启超的《中西学门径七种》，麦仲华的《皇朝经世文新编》，徐勤的《春秋中国夷狄辨》等。其他还有《桂学答问》、《俄土战纪》、《意大利侠士传》、《大同合邦新义》、《伪经考答问》、《英人强卖鸦片记》、《俄皇大彼得变政记》、《地球十五大战史》、《瑞士变政记》等。此外，该局还代销当时日本新出的《华英字典》及湖南时务学堂编印的《问答初集》等书。

《新学伪经考》和《孔子改制考》是维新派变法革新的理论基础。前者被称为"思想界之大飓风"，曾被三次明谕毁版禁印；后者被描述为"火山大喷火"，可见两者在清末思想界、政界影响之剧。《新学伪经考》认为，东汉以来之经学多为新莽刘歆伪造，所以为"伪经"；而刘歆所著伪经，与孔子无涉，所以为"新学"。这部貌似考古辨伪的著作，以攻击新学伪经的名义，对封建守旧的道统发动攻击，为变法改革制造舆论。《孔子改制考》更是考证了孔子以前的历史，都是孔子为了"救世改制"而假托的宣传作品，都是茫昧无稽的，而孔子"托古改制"的目的正是为了后来的太平盛世。这样一来，维新者便有了效仿至圣先贤的口实，变法也成了顺理成章的事了。这两部著作虽有捏造附会之嫌，但是无疑开反叛传统、挑战权威的风气之先，毕竟开始思考传统体制之外中国历史的走向了。

另外，康有为曾讲学的广州万木草堂也印行了不少书籍，如《新学伪经考叙》、《长兴学记跋》等。

戊戌政变之后，维新派败走海外，仍坚持于世界各地利用出版活动制造舆论，并渐由维新转变为保皇，颂皇帝圣德，并希望藉此助光绪帝重掌政权。与此同时，国内要革命不要改良的呼声日振，维新派终难挽回失败的命运。

**2."文字收功日，全球革命潮"——革命派的出版活动**

戊戌政变后，继之而起的维新派自立军起义失败，而后义和团运动被镇压以及《辛丑条约》的签订，使国内反帝爱国运动随之高涨。国内外的新形势打破了世人对改良清帝国的幻想，以孙中山为代表的资产阶级民主革命派开始崭露头角。他们通过出版发行报纸书刊，宣传资产阶级民主革命思想，主张用暴力推翻清朝的统治。

　　早在兴中会成立初期，革命派就开始翻印前清的禁书，借以激发旧恨，激发反清的民族感情，但"所用宣传工具，仅有《扬州十日记》、《嘉定屠城记》及选录《明夷待访录》内《原君原臣》单行本数种"①。直至孙中山"乙未举事广州，不幸而败，数年，始命陈少白创《中国日报》于香港，以鼓吹革命。庚子之后，革命宣传骤盛，东京则有戢元成、沈虬斋、张傅泉等发起《国民报》。上海则有章太炎、吴稚晖、邹容等，借《苏报》以主张革命。邹容之《革命军》、章太炎之《驳康有为书》，尤为一时传诵。同时国内外出版物为革命之鼓吹者，指不胜屈，人心士气，于以丕变。及同盟会成立，命胡汉民、汪精卫、陈天华等撰述《民报》。章太炎既出狱，复延入焉。《民报》成立，一方为同盟会之喉舌，以宣传主义；一方则力辟当时保皇党劝告开明专制、要求立宪之谬说，使革命主义，如日中天。由是各处支部，以同一目的，发行杂志、日报、书籍；且以小册秘密输送于内地，以传播思想。"②于是革命出版物，风起云涌，盛极一时，渐入革命书报全盛时期。

　　根据冯自由《开国前海内外革命书报一览》中的记载，"中华民国之创造，归功于辛亥前革命党之实行及宣传之二大工作。而文字宣传之工作，尤较军事实行之工作为有力而且普遍。"③他将此时期的革命书刊、报纸分为三类进行统计：一为日报，二为杂志，三为图书，共 231 种。其中日报类有：《中国日报》、《同文沪报》、《大同日报》、《台南日报》、《苏报》、《世界公益报》、《国民日日报》、《檀山新报》、《女苏报》、《萃新报》、《白话报》、《鹭江日报》、《图南日报》、《俄事警闻》、《警钟日报》、《广东日报》、《华暹日报》、《南洋总汇报》、《有所谓报》、《群报》、《民生日报》、《东方报》、《仰光新报》、《少年报》、《中兴日报》、《华英日报》、《光华日报》、《中华新报》、《警东新报》、《自由新报》、《神州日报》、《大声报》、《星洲晨报》、《日华新报》、《泗滨日报》、《光华报》、《黔报》、《苏门答腊报》、《民铎报》、《民呼日报》、《民吁日报》、《国民报》、《中国公报》、《帝国日报》、《大汉日报》、《进化报》、《少年中国报》、《民醒报》、《民立报》、《西南日报》、《民国日报》、《商务日报》、《南越报》、《人权报》、《平等报》、《天民报》、《军国民报》、《齐民报》、《中原报》、《可报》、《南桥日报》、《国风报》、《国光新闻》、《公理报》、《大江日报》、《天铎报》等 67 种；杂志类有

　　① 冯自由：《革命逸史》(初集)，中华书局 1981 年版，第 11 页。
　　② 《中国革命史》，《孙中山全集》第 7 卷，中华书局 1985 年版，第 64 页。
　　③ 冯自由：《革命逸史》(第三集)，中华书局 1981 年版，第 136 页。

《中国旬报》、《译书汇编》、《开智录》、《国民报》、《大陆报》、《湖北学生界》、《新民丛报》、《浙江潮》、《江苏》、《湖南游学译编》、《女学报》、《童子世界》、《觉民》、《中国白话报》、《女子世界》、《旧学》、《二十世纪大舞台》、《汉声》、《扬子江丛报》、《扬子江白话报》、《女子魂》、《二十世纪之支那》、《民报》、《时事画报》、《复报》、《鹃声》、《云南》、《洞庭波》、《竞业旬报》、《直言》、《中国女报》、《中国新女界》、《国粹学报》、《新世纪报》、《天讨》、《晋声》、《天义报》、《汉帜》、《大江报》、《醒狮》、《神州女报》、《四川》、《华铎报》、《时事画报复刊》、《南报》、《民生丛报》、《少年学社旬刊》、《平民画报》、《南风报》等49种；革命宣传图书有《太平军战记》、《扬州十日记》、《原君原臣》、《盛世危言》、《新政论议》、《新政安衡》、《劝学篇书后》、《仁学》、《訄书》、《经国美谈》、《佳人奇遇》、《贞德传》、《烧饼歌注解》、《太阳经注解》、《瑞士建国志》、《中国秘密会党史》、《新广东》、《新中国未来记》、《黄萧养回头》、《东欧女豪杰》、《俄罗斯大风潮》、《法兰西革命史》、《广长舌》、《革命军》、《驳康有为论革命书》、《辩康有为政见书》、《黄书》、《黄帝魂》、《孙逸仙》、《女界钟》、《陆沈丛书》、《苏报案记事》、《沈荩》、《中国民族志》、《新山歌》、《教育界之风潮》、《无政府主义》、《轰天雷》、《瓜分惨祸预言记》、《洗耻记》、《俄国革命战史》、《台湾开创郑成功》、《最近支那革命运动》、《国民日日报汇编》、《图存篇》(《革命军》改名)、《革命先锋》(《革命军》改名)、《救世真言》(《革命军》改名)、《章邹合刊》(《驳康书》及《革命军》合称)、《攘书》、《逐满歌》、《猛回头》《警世钟》、《最近政见之评决》、《太平天国战史》、《三十三年落花梦》、《支那问题之真解决》、《清秘史》、《新湖南》、《波兰衰亡史》、《中国民族权力消长史》、《郑成功传》、《女狱花》、《多少头颅》、《女娲石》、《瓜种兰因》、《种界魂》、《创世英雄》、《自由血》、《国民必读》、《中国革命史论》、《黑龙江》、《狮子吼》、《洪秀全演义》、《自由结婚》、《灭汉种策》、《敬告同胞》、《南洋先生退化史》、《虚无党女英雄》、《孽海花》、《卢梭魂》、《石达开遗诗》、《澄心楼史界拾遗录》、《铁券》、《文信国指南录》、《顾亭林明季实录》、《估占辽东》、《刺客谈》、《破梦雷》、《作新民》、《训兵谈》、《革命箴言》、《孔孟心肝》、《亡国惨记》、《心史》、《无名之英雄》、《汉风》、《满清二百年来失地记》、《中国民族史》、《王露谓崇祯宫词》、《洪武圣政记北平录刻》、《徐锡麟》、《秋风秋雨》、《轩亭复活记》、《六月霜》、《秋瑾》、《夜未央》、《鸣不平》、《自由言论》、《人道》、《革命与外交问题》、《立宪问题》、《支那革命实见记》、《新世纪丛书》、《浙案纪略》、《教会源流考》等

115 种①,自乙未(1895 年)至辛亥(1911 年)短短十数年,革命星火遍及中华大地,这不得不说是时代的胜利。

《中国日报》　　《中国日报》于 1900 年 1 月 25 日在香港创办。主编为陈少白,并有洪孝充、陆伯周、杨肖欧、陈贯公、冯自由、陈恩仲、黄世仲、陈春生、王军演、廖平子、卢信、胡汉民、谢心准、朱执信、李纪堂、李煜堂等人为其撰稿。《中国日报》的定名,是取"中国者中国人之中国"之意。它"为革命机关报之元祖,自乙亥以迄辛亥,此十三年中,凡兴中会及同盟会所经历之党务军务,皆借此报为唯一之喉舌。"②

《中国日报》报社还发行旬刊《中国旬报》,主要刊载中外重要新闻、名人言论以及知识性文章。1901 年 2 月,《中国旬报》停刊,其部分专栏转入《中国日报》。

《中国日报》创办的根本目的是宣传革命:"报主人见众人皆醉而欲醒之,俾四万万众无老幼无男女,心怀中时刻不忘中国,群策群力维持而振兴之,使茫然坠绪得以复存,挺立五洲不为万国所齿冷。……本报之宗旨,大抵以开中国人之风气识力,祛中国人之委靡颓庸,增中国人奋兴之热心,破中国人拘泥旧习,而欲使中国维新之机勃然以兴。"③《中国日报》不但是宣传反清的舆论阵地,并且关注革命动向,对各地武装起义、会党活动给予报道,另外,它还是南方革命党的党务、军务基地。1913 年 8 月,孙中山领导的二次革命失败后,该报被袁世凯的亲信广东都督龙济光查封。

《民报》之创办及其与《新民丛报》的论战　　民报,自 1905 年 11 月 26 日创刊于日本横滨至 1910 年 2 月 1 日停刊,存世四年零两个月,共出版 26 期,是中国第一个资产阶级革命政党——同盟会的机关报。发行人初为张继,后为胡汉民、汪兆铭、陈天华、朱执信、马君武、宋教仁及章炳麟等。内容以论说为主,不分门类,后附"时评"、"小说"、"译丛"、"谈丛"、"来稿"、"来函"、"纪事"等,是辛亥革命前革命报刊中影响最大的刊物。

《民报》宣传以"三民主义"为核心的资产阶级民主革命思想,孙中山在《民报发刊词》中就明确阐明这一宗旨:"余维欧美之进化,凡以三大主义:曰民族,曰民权,曰民生。罗马之亡,民族主义兴,而欧美各国以独立。洎自帝其国,威行专制,在下者不堪其苦,则民权主义起;十八世纪末、十九世纪初,

---

① 上述各种革命书报,内容颇为复杂,部分最初主张革命而其后又反对革命者亦在此列。
② 冯自由:《中华民国开国前革命史》(上卷),中国文化服务社印行,1946 年,第 160 页。
③ 《中国报序》,《中国日报》、《中国旬报》第一期。

专制仆而立宪政体殖焉。世界开化,人智益蒸,物质发舒,百年锐于千载,经济问题继物质问题之后,则民生主义跃跃然动;二十世纪不得不为民生主义之擅场时代也。是三大主义皆基本于民,递嬗变易而欧美之人种胥治化焉。其他施为于小己大群之间,而成为故说者,皆此三者之充满发挥而旁及者耳。"①并希望借此令"少数最良之心理能策其群而进之,使最宜之治法适应于吾群,吾群之进步适应于世界,此先知先觉之天职,而吾《民报》所为作也。"②此后至《民报》第三期,胡汉民发表《民报之六大主义》,更列示了《民报》颠覆恶劣政府、建设共和政体、土地国有、维持世界真正之平和、主张中国日本两国之国民的联合、要求世界列强赞成中国之革新事业的六大宗旨。前三项实为三民主义,后三项实为同盟会当时的对外政策,"而又得合为一大主义,则革命也。为革命言,为知革命言,故革命所挟持之目的,所预备之实力,及其进行之事业,不可不避之手段,为种种方面之研究,而俱涵括于六主义之内,非惟应用于主观,而施得其当,即客观者能知其意,其与革命之事亦大有功也"③。

《民报》发刊后,不仅大力宣传革命思想,更与当时影响极大的《新民丛报》展开全面论战,"使众多摇摆于革命与保皇之间的留日学生与君主立宪派明确了自己的政治方向。"④

戊戌政变之后,以康、梁为代表的维新派的政治思想主张逐渐转向君主立宪,一心想保光绪帝复辟,先后在日本创办了《清议报》、《新民丛报》、《新小说》等报刊,并在美洲和南洋等地创办和控制了 30 多家报刊,大力鼓吹保皇立宪,实行"开明专制"。对此,《民报》第三号上发表《〈民报〉与〈新民丛报〉辩驳之纲领》,列举了双方在 12 个重大根本理论问题上的分歧,并从第五号开始,接连辟驳,由此长达 3 年的论战开始。

双方论战主要围绕革命的性质问题、政体问题、改革后实行的经济政策问题、革命是否会引起分裂和帝国主义的干涉问题展开,实质上是双方政见之争、政治道路的选择之争。经过这场论战,主张革命的理论对改良主义思想取得了决定性的胜利,民主革命思想得到了传播,社会上一时出现了"以

---

① 孙文:《民报发刊词》,宋原放主编:《中国出版史料·近代部分》(第二卷),湖北教育出版社 2004 年版,第 324 页。

② 孙文:《民报发刊词》,宋原放主编:《中国出版史料·近代部分》(第二卷),湖北教育出版社 2004 年版,第 325 页。

③ 胡汉民:《民报之六大主义(节录)》,宋原放主编:《中国出版史料·近代部分》(第二卷),湖北教育出版社 2004 年版,第 335 页。

④ 章开沅:《同盟会及〈民报〉的渊源》,《文史知识》2005 年第 9 期,第 14 页。

不谈革命为耻”的潮流。

值得注意的是，《民报》还对马克思主义、西方资产阶级革命以及亚洲民族独立运动等问题有所涉猎。如朱执信在《德意志社会革命家小传》一文中直接引述了《共产党宣言》的部分内容和其中十大纲领，并对部分内容做了较为详细的解释；冯自由的《中国日报民生主义与中国政治革命之前途》与渊实的《无政府与社会主义》、《虚无党小史》等文章，对马克思、恩格斯的生平进行了介绍；劈斋撰写了《一千九百零五年俄国之革命》、《俄国革命之日报》、《俄国立宪后的情形》等大量关于俄国资产阶级革命的专文和时评；章太炎撰写了《印度中兴之望》、《印度独立之法》等介绍印度革命的文章等。

《革命军》和《猛回头》、《警世钟》　　辛亥革命时期发行量最大、影响最深的革命宣传小册子莫过于邹容所著《革命军》以及陈天华所著《猛回头》和《警世钟》。

邹容，字蔚丹，四川巴县人，年幼时曾从成都名宿吕冀文学习经训，因“好非薄古人，攻击程朱及清儒学说”①，其师恐为所累，将其逐出师门。后来邹容留日赴学，激愤于清政府与俄私定撤兵条款，参与拒俄大会，并参加拒俄义勇队，以备归国从戎。后陆军学监姚文夫向清政府告密，日政府勒令解散义勇队。于是邹容与好友五人，闯入姚宅，当场挥剪剪去姚的辫子，抒发割发代首之恨，事发后回沪避难，始深交于章太炎。邹容回国后，“深悟清政府之不足恃，且伤内外志士之不脱奴隶根性，于是发愤草《革命军》一书”②。

《革命军》共七章，首为绪论，次为革命之原因、革命之教育、革命必剖清人种、革命必先去奴隶之根性、革命独立之大义和结论，共二万多字。章太炎见之，以其“语虽浅直，然感动普通社会，非如是不可”，于是为其作序，以广其流传。后联合同志，交上海大同书局正式出版发行。

《革命军》发行后不久，上海《苏报》即发表《读革命军》一文，并在“新书介绍”专栏向读者推荐这一小册子。《革命军》引起很大轰动。“徒以通俗浅显，适合当时社会需要，几于人手一编，卒赖其言为驱胡建国之本，功不在孙、黄、章诸公下也。”③清政府当局以“党人啸聚上海租界，公然倡乱”为名，照会租界英吏，指名要求逮捕革命党人，封禁爱国学社、苏报社等爱国团体。

---

① 冯自由：《革命逸史》（第二集），中华书局1981年版，第46页。
② 冯自由：《革命逸史》（第二集），中华书局1981年版，第47页。
③ 冯自由：《革命逸史》（第二集），中华书局1981年版，第49～50页。

不久章太炎被捕，邹容闻之自行投案，苏报馆被查封，史称"苏报案"。邹容在狱中不堪狱卒折磨，章太炎多次要求狱卒请中西医治疗，遭拒，以致邹容于 1905 年正月病死在狱中，年仅二十岁。辛亥革命胜利后，孙中山以中华民国临时大总统的身份追赠其为"大将军"。

《革命军》风行海内外，销售逾百万册。为了避免清廷追查，《革命军》曾以"革命先锋"、"图存篇"、"救世真言"等书名出版。此外，《革命军》还被译为多国文字，远销海外。

陈天华，字星台，湖南新化县人，是辛亥革命时期著名的革命宣传家，"性敦笃，善属文，少时即以光复汉族为念。……日惟从事著述，专以鼓吹民族主义为务。所著咸用白话文或通俗文，务使舆夫走卒皆能读之了解。其文字小册子散播于长江沿岸各省，最为盛行，较之章太炎《驳康有为政见书》及邹容《革命军》，有过之无不及。"①

1905 年 12 月 4 日，陈天华在东京参加抗议日本政府《取缔留学生规则》的斗争，11 日写绝命书，决心以死来激励国人共讲爱国。12 日，在东京大森海湾投海自尽，时年 31 岁。著有《猛回头》、《警世钟》、《最近政见之评决》、《国民必读》、《最近之方针》、《中国革命史论》等。

《猛回头》和《警世钟》是其代表作。这两部著作深刻揭露了清政府的卖国和西方列强于中国的侵略本质，触目惊心，号召人民行动起来、同仇敌忾，推翻清王朝的专制统治。前者用民间说唱文字写就，饱含激情，"一字一泪，一语一血"，一出版就受到热烈欢迎，首印五千册，重印数十次，还供不应求；后者初刊于日本，其后一再重刊，翻印数十版，发行量以百万计。

这些小册子通俗易懂且便于携带、收藏和传播，限于当时的革命形势，很多作品在东京、横滨、檀香山、巴黎、香港、新加坡及南洋各地出版，而后又通过各种渠道运送至国内外发行，为革命派宣传革命思想起到了积极的作用。

　　革命派的主要出版机构　　由于报纸具有很强的时效性，往往比书籍更加直接有力，前期的革命宣传大多以办报为主，书籍辅之。随着革命形势的高涨，革命派陆续创办了一批出版发行机构，它们成为了宣传革命的重要力量。

作新社：1902 年创办于上海，由革命党人戢元丞、秦力山与日人下田歌子合资创办。出版了《政海波澜》、《支那国际论》、《哥萨克东方侵略史》、《社

---

① 　冯自由：《革命逸史》（第二集），中华书局 1981 年版，第 119 页。

会主义概评》、《万国历史》(包括《美国独立战史》、《英国革命战史》)等从侧面宣传反清的图书,还出版小说、发行《大陆月刊》杂志并兼营科学仪器。

国学社:又称国学扶轮社,1902年王均卿、沈知方等创办于上海。出版了《明季南北遗文》、《明季南都殉难记》以及《三十三年落花梦》(日人宫崎寅藏著,金松岑译,孙中山作序,记录孙中山早期革命经过甚详)等书籍。

上海徐氏书店:20世纪初徐敬吾创办于上海,店址在福州路。徐敬吾早年曾任职于鸿文石印书局,熟悉发行业务,后加入革命团体光复会。其自办书店,表面上出售古今小说和生活实用书籍,暗中销售同盟会机关报《民报》以及留日学生出版的革命刊物《浙江潮》、《江苏》等,并销售《自由血》、《革命军》、《黄帝魂》、《苏报案纪事》、《猛回头》、《孙逸仙》、《驳康有为政见书》等革命书籍。

作民译社:革命团体华兴会的出版发行机构,1904年由黄兴、宋教仁人设立于湖南长沙东街,以"讲求实学,翻译新书"为掩护,实际上翻印发行各种反清书籍。

昌明公司:1903年湖北留日学生在上海创办的书刊进口公司,总经理为万声扬。1904年万声扬加入华兴会后,该公司实际上成为华兴会在沪的联络机构。该公司表面上接待湖北出国学生,经销合法的书报和文化用品,暗地里从日本秘密购入革命书刊,并加以翻印运往湖南、湖北等地发行。

鸠译书舍:湖北革命团体日知会的出版发行机构,1906年由日知会总干事刘静庵设立于湖北黄州。其主要任务是大量翻印《革命军》等革命书籍,运往武汉等地发行。

除了上述革命派创办的出版机构之外,许多民营书店也纷纷出版发行具有反清革命倾向的进步读物。已知的有商务印书馆、神州广文社、光复社、天声社、复古社、神州复社、有正书局、自由社、尚古山房、鸿文书局、时中书局、改良小说会社、通智社、独社、湖南苦学社、小说林社、贵阳文通书局、通雅书局、南洋书局等。

清末维新派、革命派的书刊报纸出版事业,极大地促进了近代中国出版业的发展。维新派和革命派出于政治宣传的需要,进行了大量的出版活动,客观上使近代出版业在经营规模、出版技术、发行渠道、读者培育诸方面,都有了长足的进步,并逐渐朝产业化发展。维新派与革命派出版机构主动吸收了洋务运动时期从西方传入的先进出版形式和出版技术,为己所用。这与洋务派设立官办译书机构,延请外国人任翻译相比,无疑是一个进步——中国人开始有意识地掌握话语权力。除了自营出版机构之外,两派还广泛地与新兴的民营出版机构合作,扩大发行渠道,培育了一大批具有改良和革命思想的新国民,这是两派经营出版事业的一个共同特点。出版业的勃兴,使近代维新思潮、革命思潮不仅在士阶层引起强烈的反响,并且走出了士人论政的范围,走向普通民众。中国人对国外先进的政治体制的反应,从自尊自大、自居于"中国"到先觉之士攘臂抗论,大声疾呼;从被迫接受,再到主动借鉴,并加以改良,这是对国外文明冲击的回应。无论是维新改良、君主立宪还是革命运动、创立民主政治,都是中国近代政治运动的重要一环。两派通过出版事业,或宣传或论战,都对中国近代政治走向有所裨益。近代出版业最先是以倡导社会政治体制改革为目的出现的,从某种意义上讲它也承载了选择政治道路的任务,并驱动社会改革的成本向最小化发展。历史经验证明,改革需要稳定的政治环境,但是在近代中国特殊的政治环境之中,所谓"改革"将空耗大量社会资源,难以维系,必以革命的快刀斩之,这是以最小成本解决危机的途径,也是历史的选择。凡此二十年对出版事业的经营,这样中国式独特的以中西文化交流融合、近代市民社会公共舆论形成为背景的近代出版文化开始成熟。

## 二、清末出版体系的新走向——官书局的转变和衰败以及民族出版企业的诞生

### 1. 官书局的转变和衰败

鸦片战争之后,随着西学东渐尤其是教会出版事业的兴起,传统的出版业官刻、私刻、坊刻三大体系开始受到冲击。外国人在中国经营的出版事业和洋务派的翻译出版事业并起,后者虽为官办,但大都聘请外国传教士统筹管理,这些出版机构的相继建立,为中国出版界带来了西方先进的出版思想、印刷技术和近代企业管理模式,极大地促进了中国出版业从传统向近代的转化,逐渐改变了中国出版业官、私、坊三足鼎立的局面,并迫使传统官办出版和民间坊刻对此做出回应。于是,传统出版体系不可避免地趋于衰落、解体,并在变革的剧痛中走向新生。

同光间,清政府曾为扫除太平天国"余毒"的影响,广建官书局,刊刻经、史、子、集,借以振兴文教,维护大统。19世纪末至20世纪初,鉴于西学的传播对国人的影响日深和甲午之后时局之剧变,清朝统治者被迫又设立了一批官办书局,"广选贤才,观摩取善",以襄时务。这一时期的官办书局以翻译外国书籍为主,故而又称"译书局"。

1896年强学会被查封后,御史胡孚宸上书光绪帝建议将强学书局改为

官办，"选刻中西各种图籍，任人纵观，随时购买，并将总署所购洋报选译印行以扩闻见"①。此折由总理衙门共同商酌后，决定"拟援照八旗官学之例，建立官书局，钦派大臣一二员管理，聘请通晓中西学问之洋人为教习，常住局，专司选译书籍、各国新报及指授各种西学，并酌派司事译官，收掌书籍，印售各国新报，统由管理大臣总其成，司事专司稽察。"②1896 年，光绪帝任命孙家鼐为管理官书局大臣，即行办理。

孙家鼐"朝夕筹思，且与原办书局诸臣悉心酌度"之后，草拟了官书局开办章程。他建议开办藏书籍、刊书籍、备仪器、广教肄、筹经费、分职掌、刊印信七项事务，并希望以后将"未尽事宜，渐图扩充"。这是官办译书局的开端。

同年 5 月，著名维新派大臣李瑞棻上书请求建设新政，其中就有开译书局的要求。他在奏折中说："兵法曰：知己知彼，百战百胜。今与西人交涉而不能尽知其情伪，此见弱之道也。近年以来，制造局、同文馆等处，译出刻成已百余种，可谓知所务也。然所择之书，详于术艺而略于政事，于彼中治国之本末，时局之变迁，言之未尽。至于学校、农政、商务、铁路、邮政诸事，今日所亟宜讲求者，一切章程条理，彼国咸有专书，详哉言之，今此等书悉无译本。又泰西格致新学，制造新法，月异岁殊，后来居上，今所已译出者率十年以前之书，且数量甚少，未能尽其所长。今请于京师设大翻译馆，广集西书之言政治者，论时局者，言学校、农、商、工矿者，及新法新学近年所增者，分类译出，不厌详博，随时刻布，廉值发售，则可以增益见闻开广才智矣。"③

1898 年，总理衙门呈请御史李盛铎的奏折，称"筹款开馆翻译洋书，以开民智而造人才，自系当务之急，亟应及时举办，以开风气之先，且令京外各学校有所肄习。"④并因"译书一事，与设立学堂互相表里，全在经理得人，不系官职之大小"⑤而保举梁启超，将大同译书局改为译书官局，官督商办。

---

① 孙家鼐:《官书局开设缘由》，张静庐辑注:《中国近代出版史料初编》，中华书局 1957 年版，第 46 页。

② 孙家鼐:《官书局开设缘由》，张静庐辑注:《中国近代出版史料初编》，中华书局 1957 年版，第 46～47 页。

③ 《奏请推广学校设立译局报馆折》，张静庐辑注:《中国近代出版史料二编》，中华书局 1957 年版，第 6～7 页。

④ 《改译书局为译书官局折》，张静庐辑注:《中国近代出版史料补编》，中华书局 1957 年版，第 51 页。

⑤ 《改译书局为译书官局折》，张静庐辑注:《中国近代出版史料补编》，中华书局 1957 年版，第 51 页。

同年 5 月准奏,赏举人梁启超六品官衔,办理译书局事务。

　　同年,京师大学堂创办。清政府下令所有原设官书局与新设之译书局,均并入大学堂由管学大臣督率办理。1902 年 10 月,成立编书处,并以译印教科书为当务之急。

　　1901 年前后,清廷大臣纷纷上书建议设立译书官局,一时蔚然成风。"先后有学部咨议张謇建议各省设局译书;贵州学政赵惟熙奏请设译书总局于京师,各省设分局;管学大臣张百熙奏请附设译书局于大学堂,又奏请于京师、津、沪、鄂、粤等处设译局。"①于是,各地方官办译书局得以建立,形成了由中央到地方的译书官局体系。在众多地方译书官局之中,影响较大的有南洋公学译书院和江楚编译官书局。

　　**南洋公学译书院**　　由南洋公学督办、大理寺少卿盛宣怀于 1896 年随南洋公学在上海创办。1899 年,李鸿章大力推荐因参与戊戌变法而被革职的张元济出任译书院主任,主持译书院的工作。译书院成立之后,"广购日本及西国新出之书,延请东西博通之士,择要翻译,令师范院诸生之学识优长者笔述之",至 1903 年裁撤,翻译出版了大量的书籍。根据《交通大学校史》、民国二十三年(1934)《交通大学图书馆图书目录》以及光绪二十八年(1902)十月译书院第一次全本出齐《原富》扉页上的译印图书广告来看,其所出书籍有:

　　军事类有《日本军政要略》三卷二本、《战术学》三卷四本、《军队内务书》一本、《作战粮食给与法》一卷一本、《日本军队给与法》一卷一本、《(日本)陆军学校章程汇编》四本、《宪兵条例汇编》(又名《日本宪兵制》)一本、《军队教育方针》、《步兵操典》一卷二本、《步兵斥候论》一卷一本、《步兵射击教范》一卷二本、《美国陆军制》一卷一本、《陆军教育摘要》一卷二本、《野外要务令》二卷、《步兵各个教习书》二本、《步兵战斗教练书》二本、《步兵斥候答问》一本;

　　经济类有:《计学平议》二卷二本、琐米尔士著《万国通商史》一卷一本、《欧洲商业史》五本、《英国财政志》三本、《商业实务志》四本、《商务博物志》六本、《英国会典考》一本、《欧洲各国水陆商政比例通议》三本、《商业提要》四本;

　　政治类有《政群源流考》二卷一本,宓克著、严复译《支那教案论》一卷,《英国枢政志》十四卷一本;

　　①　《出版史料》1989 年第 3、第 4 期合刊,第 60 页。

史地类有勃克鲁译《英国文明史》五卷五本（光绪二十九年）、《世界通史》一卷、《日本近政史》四本、《欧洲全史》四本、《新撰大地志》一卷、《亚东贸易地理》四本、《本国中等地理教科书》三本、《万国地理教科书》一本、《五洲地志》六本；

法学类有《法学通论》一卷、《日本矿业条例注释》一本、《法规大全》一百二十本；

交通类有《西比利亚铁路考》一本；

教育学类有《科学教育学讲义》三本；

社会学类有《社会统计学》七本；

一般教科书有《格致读本》四本、《中等格致课本》八本、《小学图画范本》四本、《化学》十一本、《蒙学课本》三本、《大本蒙学课本》一本、《代数设问》七本、《心算教授法》一本、《物算笔算教科书》四本、《习字范本》四本、《几何》三本等。

这些译书以军事书籍为主，也不乏介绍西方资本主义国家政治经济学名著和自然科学知识的著作。

**江楚编译官书局**　　1901 年由两江总督刘坤一、湖广总督张之洞会奏设立于金陵钟山书院。成立后，兼管、合并了江南官书局和淮南官书局，以编译出版学堂各类教科书和地方志为主，使用铅字印刷。后因商务印书馆等民营出版机构占据教科书市场，江楚编译官书局的教材发行受阻，以致经济困难。1909 年，该局因成书寥寥，靡费鲜功，被裁撤为江苏通志局。江楚编译官书局存世的 8 年中，印行了《说文通训定声》、《国朝事略》、《万国史略》、《续碑传集》、《江宁金石记》、《江苏师范讲义》、《日本历史》（日本教科书中译本）、《女学修身教科书》、《孝悌忠义图说》、《矿物学教科书》、《伦理学教科书》、《诗歌》、《高等国文教科书》、《蒙学课本算学歌诀算法初阶》、《普通新代数》、《化学导源》、《高等小学几何学》、《小学万国地理教科书》、《伦理教科书总说》、《几何画法》、《植物学实验初步》、《地文学简易教科书》、《生理教科书》、《小学理科》、《经济教科书》、《女学修身教科书》、《小学农学教科书》等70 余部图书，其中编译新书约 60 余部，对传播西方文化起到了一定的作用。

辛亥革命后，各处官书局、译书局先后被裁撤、兼并、改制，逐渐被新兴的出版机构所取代。

**2. 民族出版企业的出现**

早在官办译书局兴办之前，传统的坊刻在西方印刷技术的冲击下就开始了近代化的蜕变。石印技术的传入和普及为民营出版业的发展带来了契机,石印业从上海开始,异军突起,各地纷起效尤,同时一些传统的民间书坊也逐渐采用此法。至其全盛时,曾一度与当时新生的铅印业平分秋色,同时成为我国近代出版业的两大支柱。

石印技术之传入中国,最早可以追溯到19世纪中期来华传教的著名教士麦都思。1876年,徐家汇土山湾印书馆办了一个石印印刷所,由法商和华人邱子昂主其事,一般认为这是近代中国石印业之滥觞。但此馆"专印宣教之品,仅传播于信徒,不流于外",实际上影响并不大。此后,《申报》的创办人美查聘请邱子昂为石印技师,于1879年开办点石斋印书局,译印中国善本旧书和各种新书,并推向市场,大获其利。此举开石印书籍之先,所印书籍"比较原形不爽毫厘,书版尺寸,又可随意缩小,蝇头小楷,笔画判然"[①],因此风行一时。

由于此法"获利之巨且易",大批民族资本家投资于此。到19世纪末,石印已基本上取代了传统的雕版印刷,成为当时颇为流行的印刷方法。除上海之外,北京、天津、武昌、苏州、宁波、广东等地,相继开设石印书局,但出如上海精良,石印书业仍以上海为中心。除点石斋印书局之外,近代上海著名的石印书局还有同文书局、蜚英馆石印书局、拜石山房、鸿文书局、积山书局及鸿宝斋石印书局等。

同文书局:1881年由广东人徐鸿甫、徐雨创办,设印刷厂于上海西华德路,购置石印机20架,雇用职工500余人,专门翻印古文善本,是中国人自营的第一所大型石印印刷企业。该局除翻印了《古今图书集成》、《二十四史》两部巨著之外,还有《佩文斋书画谱》、《通鉴辑览》、殿本《子史精华》、《康熙字典》、《篆文六经四书》及《茜窗小品画谱》、《快雪堂法书》等字画碑帖,印刷精美,可与点石斋印书局相媲美。

拜石山房:1881年创办于上海,经营石印业务,曾垄断一时。但是该局留下的资料极少,所出图书流传至今者寥寥。

蜚英馆石印书局:扬州巨贾李盛铎1887年2月"向外洋购定印书火轮机十数张,择定英会审署前街北旧房数十幢",创办于上海。该局主要石印科场用书,也先后印行了《资治通鉴》、《三希堂法帖》、《段氏说文》等书籍。当时《申报》登载该局的消息,并称赞道:"行见镜石磨来,眼赏蝇头之字;金

---

① 净雨:《清代印刷史小记》,张静庐辑注:《中国近代出版史料二编》,中华书局1957年版,第356页。

钱飞去,汗堆牛背之书矣。嘻,盛矣!"①

此外,石印技术的采用,使印制图画大为简易,于是画报开始大量出现,如上海《点石斋画报》、《书画谱报》、《求我报》、《蒙学画报》等。

民营石印企业带动了民营出版业的复苏,但是到了清末最后十余年,这类企业渐趋衰落,究其原因,大抵有三:其一是出版内容的变迁。1901年,清廷明令废除八股、改试策论,直到1905年科举制度完全废止,对石印业是一个很大的打击。因为当时石印业的出版物大多集中于传统读物和举业用书,科举废除之后,这些书籍一下子失去了市场,这是其走向衰落的重要因素。其二是后起的铅印技术逐渐成熟,发展到与石印旗鼓相当的水平,并大有取代石印之势。面对维新后大量翻译著作的出现,铅印技术印刷效率更高,不仅内容新颖,而且装帧也采用洋装,面目一新,使石印本相形见绌。其三是石印企业的过度竞争和经营不善。石印书业本轻利重,吸引了大量资本进入这个行业,石印企业逐渐增多,平均利润也不断下降,甚至获利者不过十之一二。又因石印业印刷便利,所出书籍印数往往很大,但是由于对市场的把握不足和竞争者的任意翻印,导致各大石印企业往往积书累累,不良资产过度膨胀,入不敷出,乃至倒闭。所剩无几的石印书局,大都向影印古人书画碑帖的业务转移,逐渐成为新兴民营出版业的补充。

继之而起的新式民营出版企业具有更强的近代化特质,这不仅表现在出版技术上的不断更新,并且它们在出版图书的内容、形式上更加贴近市场,采取灵活多变的经营方式,在追求商业利润最大化的同时,积极履行出版人的社会责任,最终成为近代中国出版业的中流砥柱。② 1897年商务印书馆成立,标志着中国近代化出版企业进入了一个新的发展阶段。清末十余年,广智书局、开明书店、文明书局、有正书局、贵阳文通书局等一大批新式出版企业先后建立,民营出版开始逐渐取代教会出版、官书局而成为出版业界的主要力量。

### 3. 商务印书馆的早期活动和其他主要民营出版机构简介

商务印书馆,1897年2月创立于上海,是中国近代历史上最负盛名的出版企业,考其历史之悠久、经营之成功、书刊发行数量之巨、影响之广泛,

---

① 梁长洲整理:《蜚英馆》,宋原放主编:《中国出版史料·近代部分》(第三卷),湖北教育出版社2004年版,第219页。

② 肖东发、杨虎、刘宝生:《论晚清出版史的近代化变革与转型》,《北京联合大学学报》2008年第2期,第125页。

中国近代出版史上无出其右者。初创时期的商务印书馆只是一家小印刷厂；发起者只有夏瑞芳、鲍咸恩、鲍咸昌、高凤池等几人。他们原是《士林西报》馆和美华书馆的工人和职员，都是清心中学堂的毕业生，因不满英人经理的轻视怠慢，于是决定自谋出路。

商务印书馆开办之初的资本，仅有 3750 元，购置了三号摇架三部，脚踏架三部，自来墨手扳架三部，手揿架一部，略办中西文铅字器具等，随即开工。主营名片、广告之类的小件印刷品；后来承接了一些教会的宣传品印刷，并为广学会印刷宗教书籍等。由于众人协力同心，经营日见起色。

恰逢维新变法前后，社会上学习西学的风气日盛，知识分子热衷于学习英文，此时主要有七八种课本供人选读，其中有教会学校所编也有国外出版的，编者都是英美人。其中采用最广的是供印度人使用的印度读本（Indian Readers），此书凡初阶一本（Primer），首二三四五集各一本，高等读本一本，共七册，全篇英文，读者使用十分不便。于是，商务印书馆聘请谢洪赉牧师对课文单字加注中文释义，以形成中英文对照的版本，命名为"华英初阶"，随后又译注了《华英进阶》一、二、三、四、五集。这两部书推向市场后，销路极好，大获其利。接着，商务印书馆以相同的形式加注了官学读本（Royal Readers）《华英国学文编》及其首册《华英国学文编训蒙篇》，东方读本（New Oriental Readers）《华英亚洲课本》及其首册《华英亚洲课本启悟集》。另外，还出版了加过注释的初级英语语法书，并于 1899 年将邝富灼所编的华英词典加以修订出版，书名为"商务印书馆华英字典"，收录单词 4 万多个。

1898 年，商务迁至北京路，计有房屋二十间，屋后是排字房和印书房。1900 年，由印锡璋先生介绍，商务印书馆以极低的价格收购了经营不善的日资修文书馆。"凡大小印机、铜模、铅字切刀、材料，莫不完备，于是大加扩充，宛然成一有规模之印书房……商务之基础稳固乃发轫于此。"[①]此外，商务印书馆在修文书馆出盘的机械零件中整理出一套《通缉概览》的铅版，随即印刷。由于铅印出版的成本低，而当时市面上只有木版的《通缉概览》，价格比较昂贵，此书面市后，短期内热销一万余本，商务由此获利甚多。同年，又在河南路交通路口设立发行所，同时聘任富有推销能力的人才，如俞志贤、吕子泉、沈知方等，主要销售商务的几种书，并代销一些兑换来的书籍。一时"商务出版之时务书，《华英字典》等，为同业所争取，故营业之发达，有

---

① 高翰卿：《本馆创业史》，《商务印书馆九十五年》，商务印书馆 1991 年版，第 4 页。

驾同业而过之势"①。

在北京路的几年,商务印书馆刊印了大量中西文书籍,而且购置了浇字机,并兼营铅字。此时正值甲午战败,变法自强、废科举、兴学校渐成潮流,对于商务印书馆来说,机会极好,所以说商务的成功"半由人事半由机会"。而《华英初阶》等教育读物带来的巨大利润,使夏瑞芳意识到商务单单从事印刷业务是不行的,开拓出版业务迫在眉睫。

1902 年,商务印书馆设编译所于唐家衖(后迁至蓬莱路),开始翻译国外各种科学书籍,并邀请张元济主持编译所工作。此时,由于参加戊戌变法而被革职的张元济尚在南洋公学译书院任职,夏瑞芳编印新学教科书的想法与张元济"以扶助教育为己任"的志向一拍即合,他先是推荐好友蔡元培兼任商务编译所所长,尝试编订国文、历史、地理教科书,后蔡因"苏报案"避祸青岛,早就厌倦了官场的张元济毅然脱离南洋公学,接任商务印书馆编译所所长,开始了他在商务的生涯。

张元济来到商务后,利用其社会地位和声望,大力引进人才。通过他的努力,高凤岐、夏曾佑、蒋维乔、庄俞、杜亚泉、颜惠庆、邝富灼等先后到商务任职。商务编译所最初由国文、理化和英文三个部门组成,蒋维乔主持国文编辑工作,杜亚泉和邝富灼分别主持理化和英文的编辑工作。是年,清政府颁布《学堂章程》,通令全国遍设学校。商务印书馆适时推出《最新初小国文教科书》,数月间行销全国,发行量达十余万册。后来编译所又陆续编写出版了全套中小学最新教科书,"因为内容新颖、门类齐全,受到社会上的普遍欢迎。特别是海外侨胞,咸采用商务的课本,侨界的书业,几乎悉由商务包揽。"②又据 1906 年学部第一次审定初等小学教科书暂用书目,审定的教科书共计 102 册,由民营出版业出版的计 85 册,其中《最新初等小学国文教科书》等 54 册由商务印书馆出版,其影响可见一斑。除此之外,编译所还编译了《帝国丛书》等书刊,并发行了很多西方名著译本,如严复所译《天演论》、《原富》、《法意》和林纾所译《巴黎茶花女遗事》、《黑奴吁天录》等,影响甚广。这些成功都得益于张元济主持商务印书馆编译所的工作,汇聚在其身边的一批学有所长的知识分子将编书、写书、出书作为影响世道人心的方式,他们的加盟,使商务印书馆开始经历一场巨大的变革,商务开始成为真正意义上的近代出版业巨擘。

---

①　高翰卿:《本馆创业史》,《商务印书馆九十五年》,商务印书馆 1991 年版,第 5 页。

②　高崧:《商务印书馆今昔》,《出版史料》1982 年第 1 期,第 73 页。

1902 年,商务印书馆北京路馆屋失火,所有机器工具,尽毁于火灾。所幸新订的机器事前保有火险,领回部分险金。于是,商务印书馆又在福建路海宁路购地建造印刷厂,发行所迁往河南路。

1903 年,日本出版商金港堂股东携巨资来到上海,计划在中国经营出版印刷业。夏瑞芳得知后,一方面害怕日资出版企业的建立会对商务印书馆造成威胁,另一方面又想借助日本的资金扩大商务的规模,改进商务的印刷技术。最后,经过上海三井洋行的经理山本居中协调,商务遂与日方达成合作,议定由日方出资 10 万,商务印书馆方面除原有资产,另追加资本 10 万,组成股份公司,以“暂时利用合作的方法,慢慢地再求本身发展”。股份公司成立后,夏瑞芳出任总经理,中日各一人为监察人,并议定中方有权力随时辞退日方的顾问和技师。

中日合资后,商务印书馆进入一个新的发展阶段。一是外资的注入,使商务的资本规模变得更加雄厚,其主营业务方向也从印刷业完全转向出版业。对出版的巨大投入,更使商务印书馆在短期内一跃成为国内最大的图书出版商。到“清朝末年,全国书籍的营业额,每年四五百万元,商务印书馆独占三分之一。”[1]二是日籍顾问长尾槙太郎、加藤驹二、木本胜太郎带来了编辑教科书的先进经验,并参加了《最新教科书》的编辑工作,这使商务得益不少。三是商务在印刷技术上获得了很大的帮助,如彩色石印、雕刻铜版、照相铜版、珂罗版印刷和三色照相版等,这些新技术很快被应用于生产,使商务印书馆的印刷质量和效率有了明显提高。此外,中日合资之后的商务印书馆,逐渐采用资本主义的运作模式,管理经营体系日臻完善。

1905 年,商务印书馆又开始了新的扩建计划。据商务印书馆《创业十年新厂落成纪念册》记载:“前年(1905)冬,于北河南路北宝山县境,购地卅余亩,合建印刷所、编译所,本年四月落成。计印刷所有六百余人,发行所百余人,编译所七十余人,并诸分馆计之,盖不下千人焉。分馆之设,当二十九年始于汉口,以次及于广州、京都、天津、奉天、福州、成都、重庆、开封、长沙、太原、济南。他省未设分馆者,有代理处凡三百余家。在外国,则有朝鲜之汉城,日本之东京,越南之东京河内,美国之桑弗兰昔司戈及南洋群岛而已。”[2]至民元前后,商务印书馆业已成为中国出版业界之魁首,已成为一个

①　贾平安:《记商务印书馆创始人夏瑞芳》,《商务印书馆九十五年》,商务印书馆 1991 年版,第 550 页。

②　柳和城:《1907 年商务印书馆纪念册序文》,《出版史料》2002 年第 3 期,第 75 页。

集编辑、印刷、发行为一身的出版发行企业了。

广智书局:1903 年由冯镜如独资创办于上海。书局总部和门市部设在英租界棋盘街,另在县城西门外梅林山路顺元里开办活版部,主持印刷排版业务,后又在北京设立分厂。广智书局发行的图书门类广泛,除应用科学之外,其他类型的图书均有涉猎,包括中小学教科书、师范类教科书、政治、历史、传记、工商业、卫生、小说、舆图等,并出版了不少译著。另外,该局还出版了不少鼓吹反清和当时尚被通缉的康梁一派的维新著作。至辛亥革命前,广智书局已成为仅次于商务印书馆的影响较大的书局。1925 年该局由于经营不善等问题,盘给世界书局和广益书局。

开明书店:夏颂莱、王培孙、龚子英等于 1902 年创办于上海。店址在上海四马路老巡捕房东辰字 15 号。开明书店既译印出版书籍,也发行期刊。除与广智书局、光明书局一起发行的"少年中国新丛书"之外,尚有《并吞中国策》、《虚无党》、《华盛顿》、《无耻奴》、《傀儡记》以及《普通经济学教科书》、《世界史要》等书籍出版;期刊方面,以发行《新新小说》为主。1907 年前后,开明书店与其他几家书店合并组成集成图书公司。

文明书局:俞复、廉泉、丁宝书等 1902 年创办于上海,馆址位于棋盘街河南路 88、89 号,发行所和印刷所设于河南中路交通路口。不久,在北京北半截胡同、天津督署对门,以及奉天省城设立了分局。文明书局是中国最早印行教科书的出版机构,陆费逵曾回忆说:"正式的出版家,尤其是教科书出版家,当以文明书局为第一家。"[1]该局印行的《蒙学读本》亦是我国最早的由官方批准备案的教科书,此外,文明书局还印行了中学、高小各科课本,均受到欢迎。后因商务《最新教科书》系列的介入,文明书局在教科书出版竞争中出现颓势,后转而刊行笔记、小说、名人画册、碑帖、医药书等,影响颇大。1912 年,文明书局并入中华书局。

## 三、清末出版技术和书籍编排的新发展

### 1. 清末印刷技术的新发展

中国的出版业源远流长,据"明陆深《河汾燕闲录》:'隋文帝十三年十二月八日,敕废像,遗经悉令雕板,此印书之始也。'……唐时,益州乃有墨版;

---

[1]　陆费逵:《六十年来中国之出版业与印刷业》,《出版史料》1992 年第 2 期,第 125 页。

五代冯道始印五经；宋之毕昇发明活字；元代王桢革新排版；明代无锡兰雪堂华氏始用铜活字；数百年来，印刷术之改进，有足纪者"[1]。然而，雕版印刷承载了古代中国庞大的印刷业，"欧洲人把活字印刷的发明，算作印刷术的开始时期；而把雕版印刷，只作为准备期间的一个重要步骤而已。远东的人则认为印刷术的发明，应从雕版印刷开始计算，活字印刷只是一种无足轻重的后来附加的东西"[2]。两者之间的分歧，源于汉语会意文字和西方字母文字的不同。汉字的每个字都不尽相同，若全部使用活字字模，在当时的技术条件下，是难以想象的；而西方字母文字却不同，字母数量少，活字排印的难度低，容易实现。这种差异，更导致了中西方印刷技术的不同走向，那就是简陋的雕版印刷在欧洲被谷登堡发明的活字印刷所取代；而在中国，人们将雕版印刷术发挥到了极致。活字印刷术适应了字母文字的出版，极大地推进了西方出版事业的发展、文明的传播和扩张；而中国人在沉醉和驻足于精美的雕版图书的同时，无法想象这种古老的精巧技艺却已无法适应大规模生产的潮流。于是，近代出版技术的回流成为近代出版事业变革的先声。

到 19 世纪末期，西方先进的印刷技术在中国已经获得了较大的发展，以石印术为代表的平版印刷和以铅印术为代表的凸版印刷已经成为印刷业普遍采用的方法，此外凹版印刷技术在印制纸钞、邮票等精细印刷品方面也获得了一些应用。

(1)平板印刷技术的改进

**石印术和彩色石印术**　　石印术，由德国人阿罗斯·塞菲尔德（Alois Senefelder）于 1798 年发明。这种技术利用油水不相容的原理在石灰石板上进行印刷，先用油性墨在纸上写字或绘画，然后用力将油墨图文线条压覆到事先打磨光滑的石灰石板上，再刷上薄薄的一层水，用墨滚在上滚动。这时，油性的图文线条因为没有水就获得油墨；相反，空白处有水，不沾染墨。然后覆纸加压，就获得一份印刷品。这种技术由于成本较低，印刷质量很好，至清末已经得到了广泛应用。上海点石斋印书局、同文书局和拜石山房由于采用此法，盛极一时，并形成三足鼎立之势。这时的石印尚为单色印刷，绝大部分使用黑色油墨。后富文阁、藻文书局、宏文书局等石印企业开始采用五彩石印，但其印刷品的颜色无深浅之分，比较粗糙。

---

[1]　贺圣鼐：《三十五年来中国之印刷术》，张静庐辑注：《中国近代出版史料初编》，中华书局1957年版，第 257 页。

[2]　卡特著、吴泽炎译：《中国印刷术的发明和它的西传》，商务印书馆 1991 年版，第 36 页。

后来彩色石印技术经日本传入中国,大体上的做法是先制作底版,然后按照原稿的轮廓和色度进行分色、分石描绘,将描绘过的各色石版翻制成印版,最后进行套色印刷。1904年,文明书局开始开展彩色石印业务,并雇用日本技师教授学生,其成品"色彩能分明暗,深淡各如其度,殆与实物仿佛"①。1905年,商务印书馆亦聘请日本彩色石印技师和田瑞太郎、细川玄三、冈野、松冈、吉田、武松、村田和丰室等人来华从事彩印,使商务的彩色石印技术有很大发展,"仿印山水花卉人物等古画,其设色能与原底无异"②。

珂罗版　　珂罗版是以玻璃为版基,在玻璃板上涂布一层感光胶制成的感光板,经与照相底片密合曝光,利用感光处能吸收油墨的特点,制成印版进行印刷的技术。这种平版印刷技术由德国人阿尔伯特(Joseph Albert)于1869年发明,非常适合翻印名人书画、碑帖、珍贵图片、文物典籍等精致高级的艺术品,并可以最大限度地体现稿件的艺术特色,达到其他印刷手段难以达到的艺术境界。

光绪初年我国就已有珂罗版印刷,最早的乃是上海徐家汇土山湾印书馆用此法印制的圣母像等教会绘画,与此同时,英商别发洋行也经营珂罗版印刷业务。1902年前后,上海有正书局聘请日本人龙田来华教授珂罗版印刷,不久文明书局赵鸿雪亦实验此法成功。商务印书馆于1907年开始采用珂罗版印刷,其印件颇为精美。

平版印刷机之改进　　清末最早的平版印刷机,是上海徐家汇土山湾印书馆所用的石印架,用木料制成,人力驱动,使用起来十分费力。至英商美查开办点石斋印书局,平版印刷开始使用轮转石印机。这种设备仍以人力手工摇动,每机8人,分作2班,轮流摇机。一人添纸,二人收纸,效率很低,每小时只能印数百张。至光绪中叶,开始用自来火代替人力,效率稍有提高。到1908年,商务印书馆引进铅版印刷机,并聘请日人木村今朝男来华指导使用。该设备用相对轻薄的铅板代替厚重的石板,并采用转轮提高效率,每小时能印1500张。

(2)以活铅字为主体的凸版印刷技术之发展

凸版印刷是历史最古老,沿用时间最长的印刷技术,我国古代的雕版印刷也属于此类。近代以来,活版铅印成为凸版印刷的新形式,并且与之相关

————————

①　贺圣鼐:《三十五年来中国之印刷术》,张静庐辑注:《中国近代出版史料初编》,中华书局1957年版,第271页。

②　贺圣鼐:《三十五年来中国之印刷术》,张静庐辑注:《中国近代出版史料初编》,中华书局1957年版,第271页。

的字模、字体、排字架、制版等技术都有很大的发展。

华文字模和字体　　早在近代印刷术传入中国之初,华文字模就成为中文活版印刷的一大难题。最早到中国进行传教活动的马礼逊(Dr. Robert Morrison),为了布道的需要,就已经开始试制中文字模,但是由于中国文字字型繁杂、数量庞大,于是此后试制的过程步履维艰。直到上海美华书馆的美国传教士姜别利(W. Gamble)1859年发明电镀华文字模,这个难题才得以解决。他的做法是用黄杨木字坯刻反写阳文字,然后电镀紫铜,制成正写阴文字,锯开抛光后镶入黄铜壳子,制成字模。美华书馆按照此法陆续制成7种不同规格的活字,并定名为"显字"、"明字"、"中字"、"行字"、"解字""注字"、"珍字"。后来这些活字被《申报》馆、土山湾印书馆、同文馆印刷部等机构采用,并出口到日本、英、法等国。

1869年姜别利离职返美,途经日本,将电镀制模、铸造活字的技术及7种制成的活字传给日本活版传习所的本木昌造。不久,日本印刷工业及知识界认为中国的字体不够齐整美观,遂重新刊刻新活字7种。于是,我国始从日本进口活字,后来这7种活字大小高低的规格也成为中日两国通用的活字规格。其中进口和使用最多的日本活字,一是筑地活版所刻就的筑地体活字,一是秀英舍所刻秀英体,前者笔画粗壮而后者笔画纤细。

由于易于书写和雕刻,当时所用的华文铅字字体都是宋体。出版业好古者感于此种字体不精审美,而欧美各国所用外文字体层出不穷,相比之下,华文字体亟需改进。1884年,图书集成局耗时三年多,创制三号扁体活字一种,字形相较美华书馆的活字有所改进。1909年,商务印书馆开始制刻正楷活字,这成为我国除宋体外增加新字体的开端。

华文排字架之改革　　教士姜别利在制成电镀活字之后,致力于华文排字架的改革。他统计了美华书馆所印制的《新旧约圣经》和其他27册图书的汉字,并根据单字出现的次数将汉字分为常用、备用、罕用3类,并用实木制作排字架,将汉字字模分类依次排列,正面放24盘,中间8盘是常用字,上下各8盘装备用字,左右两旁64盘均盛放罕用字,于1860年制成"元宝式"字架。

姜氏所制的排字架在排印圣经时颇为便利,但在排印其他出版物时却很难适用。1909年,商务印书馆对此进行了改革,按照铅字的使用频率重新排列了汉字字模,提高了报纸书籍的排字效率。

(3)制版技术之演进

铅版制版技术的革新　　活字排版相较雕版大大提高了生产效率,但是使用活字制版印刷也存在一些弊端，如：完全依赖活字版印刷，活字必然不够使用；印刷工作完成后，活字需要拆版再用，而印制完全相同的内容时，又需要再次制版等。于是对活字版再次制版以便保存就成为了新的课题。

最初采用的是泥版，这种方法于 1804 年由英国士坦荷伯爵（Earl of Stanhope）发明。其做法是用泥覆于排好的活字版上，压成阴文，然后再用铅等混合金属浇成铅版，进行印刷或者保存。这种方法传入中国很早，澳门华花圣经书房、上海《字林西报》馆和申报馆在创立之初都曾采用这种方法。

但是，泥版只能使用一次，浇铅之后就会损坏，并且保存铅版的成本很高，于是纸版技术应运而生。纸版，又称纸型，1829 年法国人谢罗发明。采用此法浇注铅版，所用纸版可以反复浇注十余次而不损裂，如此一来，铅版无须保存，印刷时随时制版，大大降低了成本。另外，在大量印刷时，可以浇注多块铅版，同时付印，提高了出版效率。清末采用纸版技术，源于光绪中叶日商经营的修文印书局，后在业界得以推广，极为便利。

黄杨版　　1904 年，商务印书馆聘请日本技师柴田来华雕刻黄杨版，其方法是用化学制剂将原图移至黄杨木上，然后经雕刻制成印版。这种方法所成印件，精美程度不亚于铜版，并可以采用单色或套色印刷。但是由于其成本太高，未能得到广泛推广。

照相铜锌版　　制版技术的进一步发展，是近代照相技术在传统制版技术上的应用，使用这种方法印制的成品，精密明晰，可与相片无异。

1855 年法国人稽禄脱（M. Gillot）发明了照相锌版技术，随后 1882 年，德国人縻生白克（Meisendach）在此基础上进行改进，发明了照相网目版。这种技术的基本方法是将原件的阴文底片与涂有感光材料的铜版或锌版密合，进行曝光，然后采用化学制剂对基板进行腐蚀而制成印版。清末我国研究此法制版，始于上海徐家汇土山湾印书馆，该馆经过几番试制，于 1901 年始见成效，并将方法传授于华人顾掌全、许康德二人。

翌年，俞仲还在上海开办文明书局，局内赵鸿雪在阅览照相制版书籍的基础上，独立研究铜锌版制版技术，历时数月，终于成功。

电镀铜版　　1864 年，美国人魏尔考士（John W. Wilcox）发明了电镀铜版技术。其做法是先用凸版制成阴文蜡型，然后将蜡型置入电缸中镀铜而成铜版。所制成的铜版不仅与原稿无丝毫差异，而且经久耐用。清末首先采用此法制版的是宁波华花圣经书房，不过使用此法每制一版，要耗时 7～8 天，时间较长。至宣统年间，电缸采用蓄电池，出品稍见迅速。然而，由于电镀铜版技术成本较高，若非精美的印件，大多仍使用铅版代替。

1903 年,商务印书馆聘请日本技师前田乙吉和大野茂雄来华试制照相网目铜版,并将土山湾印书馆许康德的方法略加改良。至 1909 年,商务更延请美国照相制版技师斯坦福(Stafford)来华指导,采用美国的最新技术并综合前人的制版方法改成新法。应用新技术后,"出品既速且精,实非旧法所可同日而语"①。此外,斯坦福还按照彩色照相技术的原理,试制三色铜版,套印全彩印件,颇有成效。

凸版印刷机的发展　　西方传教士最早带入中国的凸版印刷机是手扳架,这种简单的机械日印刷量不过数百张。后来经过改进,出现了自来墨架,不用手动上墨,日印刷量有所提高。

1872 年,上海申报馆开始使用手摇轮转机,每小时可以印成数百张。此后又有以蒸汽引擎和自来火引擎代替人力的机械出现,印刷效率得以进一步提高。

1898 年,日本仿制的欧式转轮机输入中国,因其价格较为低廉,故华人多用之。

1906 年,开始出现了以电气马达驱动的华府台单滚筒机,印速达到每小时 1000 张。因为此设备系由英国华府台的道生(William Dawson)和何脱莱二人发明,并来自英国,遂称之为"大英机"。

(4)近代凹版印刷术的传入

凹版印刷术,是指采用图文部分低于空白部分的印版进行印刷的工艺技术。这种技术中国古已有之,但工艺方面并不精致。近代凹版印刷术于 19 世纪末传入中国,清末时期的凹版印刷术以雕刻铜版术为主。

雕刻铜版术,1452 年由意大利人腓尼格拉(Maso Finiguerra)发明,19世纪初,欧洲名画多采用此法印刷。清末我国最先引进这种技术的,当推元和王肇铉。他早年由于"痛先人赍志以终也,思为有用之学,以继先志"而游学日本,学习舆地之学,"薄游三载,始尽得其沿海各岛险要。有未备者,更转辗求诸彼国海军署中。成书十二卷,于口岸形势,纤细毕载"。后因付印,始知日本有雕刻铜版之法,于是他当即"考求其法,研精而习之,尽得其方"②。

根据王肇铉著《铜刻小记》中的描述,雕刻铜版大体分为磨版、上蜡、钩图、上版、刻蜡、烂铜、修版等几个步骤,实际上是利用铜版可腐蚀的原理进

---

① 贺圣鼐:《三十五年来中国之印刷术》,张静庐辑注:《中国近代出版史料初编》,中华书局 1957 年版,第 268 页。

② 王肇铉:《铜刻小记》,张静庐辑注:《中国近代出版史料初编》,中华书局 1957 年版,第 298 页。

行制版。采用这种方法印制的印刷品，线条极其精细、清楚，成品质量上乘。19 世纪 90 年代，上海江海关印务处开始使用雕刻铜版的方法印刷印花，但是此时这种技术知之者甚少。至 1905 年，商务印书馆延请日本技师和田鏑太郎、三品福三郎及角田秋成三人传授华人雕刻铜版法，这种技术才渐渐得到推广。

1908 年，北京财政部印刷局聘请美国雕刻铜版技师海趣（Lorenzo James Hatch）来华传授技术，他的学生多能得其真传。这种技术由于工艺极其精细，被该局用于邮票、印花、钞票等有价证券的印刷。

**2. 书籍编排和装帧的变化**

清末，随着印刷技术的进步和中西文化交流的深入，书籍、报刊等出版物的文字、版面的编排形式和装帧等方面亦开始有所变化。

白话文的初兴和横排版面的出现　　在古代中国，文言文是士人写作的主要语体。随着清末维新、革命思想在更广泛的范围传播，这种语体由于晦涩难懂渐不适用，于是白话文开始被学者所提倡。黄遵宪认为"语言与文字离，则通文者少，语言与文字合，则通文者多"，率先提出简易文体应当被作为普及文化、提高国民素质的工具，以期"令天下之农工商贾妇女幼稚皆能通文字"[1]，促使民族觉醒。梁启超支持黄的观点，并指出言文分离之害和言文合一之益，积极实践"新文体"。裘廷梁作《论白话为维新之本》，讲"有文字为智国，无文字为愚国，识字为智民，不识字为愚民，地球万国之所同也。独吾中国有文字而不得为智国，民识字而不得为智民。何哉？裘廷梁曰：此文言文之害也"，痛斥文言文为"二千年来文字一大厄"[2]。同时，他提出白话文的八个益处：省日力、除骄气、免妄读、保圣教、便幼学、练心力、少弃才、便贫民，号召废除文言而兴白话。随后，大批知识分子参与进来，并创办了一批专门以白话文出版的白话报，如《无锡白话报》、《杭州白话报》、《安徽俗话报》等，这些报纸对白话文的普及和推广以及维新、革命思想的传播，做出了重要贡献。

晚清时期，书籍报刊的版式基本沿袭竖排的传统，但是由于印刷近代自然科学著作的需要，带标点的横排书籍开始出现。1904 年，严复著、商务印书馆出版的《英文汉诂》，既是第一部采用新式标点的中文书籍，又是第一部

---

①　黄遵宪：《日本国志》，天津人民出版社 2005 年版，第 811 页。

②　裘廷梁：《论白话为维新之本》，宋原放主编：《中国出版史料·近代部分》（第二卷），湖北教育出版社 2004 年版，第 270～271 页。

采用横排版面的中文书籍。五四运动前后,又出现了一些横排的文艺书籍,但竖排仍然是排版的主要方式,这样的情况一直延续到20世纪50年代推行汉字改革之前。

　　**书刊装帧的变化**　　清末以前,国内出版的书籍大都采用传统线装的装帧方式,即便是采用西方印刷术之后很长的一段时期,书籍杂志的装订和版面设计也都大体沿用雕版书籍的版面形式,之所以如此,与印刷用纸有很大的关系。

　　采用传统工艺手工制造的纸不适合机器印刷。手工造纸薄厚不一且有纸毛,这样一来,印刷机转速不仅不能过快,纸毛落在印版上还容易形成墨团,提高了生产难度。于是,我国开始大量进口国外的机器制纸——主要是书籍纸、新闻纸和有光纸。书籍纸、新闻纸虽可以双面印刷,但价格高;有光纸一面光滑一面粗糙,只供单面印刷,可是价格相对便宜,因此被大量使用。然而,采用有光纸单面印刷的出版物更适合采用线装装订,这成为了"洋装"无法快速取代线装的主要原因。随着生产技术的进步和印刷用纸成本的降低——特别是新闻纸被大量用于印刷生产,单面印刷折叠成页的成书方法被双面印刷所代替,书籍的装帧形式也逐渐发生了变化,"平装"、"精装"等洋装装帧形式开始出现,并在此后得到了广泛使用。

　　平装、精装都属于包背装,用铁丝、胶水或穿线等方式将书内页装牢后再以普通书皮纸或者印就的封面做包背装的,即为平装;而用穿线装,并以覆了皮或布的厚纸做包背的,即为精装,精装本书皮上一般印烫金字或墨字,十分考究。前者用于普通书,后者由于成本较高,多用于页数较多、经常使用、需要长期保存、要求美观和比较重要的书。平装分为平钉、骑马钉(用于杂志)、无线胶装、活页装和穿线装等;精装则分为圆背精装、方背精装以及软面精装。

　　近代使用洋装装帧形式始于期刊杂志。1900年12月,郑贯公等在日本创办宣传革命的杂志《开智录》,"这就是我们看到的第一种用洋装形式出版的中文书刊"①。以后,中国留日学生在东京出版的宣传革命的期刊,如《湖北学生界》、《浙江潮》、《河南》、《云南》、《晋乘》、《洞庭波》等均使用了这种装帧形式。1904年,商务印书馆发行的综合刊物《东方杂志》,便采用三十二开本新式装订,此后采用洋装装帧的书刊日益增多,并渐成主流。

---

①　姚福中:《中国编辑史》,复旦大学出版社1990年版,第280页。

## 四、清末近代出版的新内容——教科书事业的兴起和晚清小说的繁荣

### 1. 新式教科书的勃兴

**基督教传教士与新式教科书**　　近代教科书正式出现之前,教会学校大多采用教会出版机构出版的西学著作充当教科书。这些著作虽无教科书之名,但由于其内容浅显易懂,曾被广泛采用。这时候,不少著名的教会出版机构都出版有此类著作,如墨海书馆出版有《光论》(艾约瑟、张福僖合译,1853 年)、《重学浅说》(伟烈亚力、王韬合译,1858 年)、《重学》(艾约瑟、李善兰合译,1859 年)、《谈天》(伟烈亚力、李善兰合译,1859 年)、《数学启蒙》(伟烈亚力主译,1853 年)、《续几何原本》(伟烈亚力、李善兰合译,1856 年)、《代数学》(伟烈亚力、李善兰合译,1859 年)、《代微积拾级》(伟烈亚力、李善兰合译,1859 年)、《地理全志》(慕维廉撰,1853～1854 年)、《大英国志》(慕维廉翻译、蒋敦复润色,1856 年)、《植物学》(韦廉臣、艾约瑟、李善兰合译,1859 年)等;美华书馆有《形学备旨》(狄考文译、邹立文笔述,1885 年)、《代数备旨》(邹立文、狄考文编译,1891 年)、《八线备旨》(潘慎文、谢洪赉合译,1893 年)、《代形合参》(潘慎文、谢洪赉合译,1893 年)、《英字指南》(杨少坪辑译,1879 年)、《法字入门》(龚渭琳编译,1887 年)、《格物质学》(潘慎文、谢洪赉合译,1898 年)、《地理略说》(潘慎文、谢洪赉合译,1898 年)等;同文书会(广学会)曾出版《格物探原》(韦廉臣,1856 年)、《泰西新史揽要》(李提摩太、蔡尔康合译,1894 年)、《中东战纪本末》(林乐知译编、蔡尔康笔述,1896 年)、《自西徂东》(花之安,1888 年)、《七国新学备要》(李提摩太撰,1887 年)、《文学兴国策》(林乐知译,1896 年)等。

中国近代的教科书,最早出现在同光间教会附设的各类学堂内,出于教学的需要,一些传教士开始自编教科书。后来教会学校日益增多和扩大,这些自编自用的教科书渐渐难以维系。1877 年 5 月,在华新教传教士云集于沪,举行第一次在华新教传教士大会,讨论传教中遇到的问题,会上教育与传教的关系问题引起了广泛讨论。美国长老会传教士狄考文认为,不能把传教与办教育、传授科学知识对立起来,只有重视教育、科学等问题,才能收到更好的传教效果。他声称:"教会教育之目的,在培育幼童的智力、德性和宗教信仰。不仅使他们成为上帝的功臣,维护并宣扬基督的真理,并借教会

学校传授西方文化与科学知识,提供物质方面与社会方面的贡献。"①这种观点获得了大会的认可,并决定通过成立一委员会,专司编辑学校教学用书。此委员会定名为"School and Textbook Series Committee"(学堂教科书委员会),中文又名为"益智书会"。大会任命丁韪良为该委员会主席,韦廉臣、狄考文、林乐知、傅兰雅等人为委员。益智书会成立后,决定编辑初级和高级两套中文教材,初级教材由傅兰雅负责,高级教材由林乐知负责。其编写原则是在介绍科学知识的同时,应在适当时机表述上帝、罪恶、拯救等宗教教义。到1890年,该会出版教科书50种、74册,图表40幅,涉及数学、天文、测量、地质、化学、动植物、历史、地理、语文、音乐等科目;另外审定适合作为学校教学用书48种、150册,成绩斐然。

　　1890年,在华新教传教士在上海举行第二次会议。会上,传教士蒲纳再次呼吁教育界人士加强合作,增进对各自工作情况的相互了解,并尽快解决统一译名、统一管理和统一考试等问题。傅兰雅在报告了益智书会的出版工作之后,"更恳切表示希望有一新的委员会,由实际从事教育工作人员组成,代替现有之益智书会"②。大会采纳了傅兰雅等人的意见,决定成立"中国教育会"(The Educational Association of China),并希望藉此解决各种教育问题,推动教会教育工作走向协调统一。中国教育会成立后,仍以编纂出版教科书为首要任务,设出版委员会,其职责是"商讨编撰需要之书籍,审议申请出版或出售原稿或修正之书稿"③。由狄考文任主席,傅兰雅为秘书,谢卫楼、潘慎文、李安德为委员。1890年至1893年期间,中国教育会共出版12种书籍,其中6种是傅兰雅编辑的自然科学纲要之类的教科书,如动力学、水力学、光学、热学等,还重印旧书13种。

　　1893年,中国教育会召开第一届大会,与会者认为应该重视对初级课本的编辑工作,遂发函征集初级课本书稿,可是并没有成功,盖因编辑教科书的传教士,大多任教于高等学校,对编写初级课本之事,乃是鞭长莫及。尽管如此,1893年至1896年期间中国教育会仍出版18种新书,重印旧书18种,这是教育会成就最高的一年。此后,中国教育会大会每三年一届。

---

　　① 王树槐:《基督教教育会及其出版事业》,林治平主编:《近代中国与基督教论文集》,台湾宇宙光出版社1981年版,第199页。

　　② 王树槐:《基督教教育会及其出版事业》,林治平主编:《近代中国与基督教论文集》,台湾宇宙光出版社1981年版,第203页。

　　③ 王树槐:《基督教教育会及其出版事业》,林治平主编:《近代中国与基督教论文集》,台湾宇宙光出版社1981年版,第209页。

1896 年至 1899 年间仅出版新书 2 种,但重印旧书达 68 种,1899 年至 1903
年间亦出版新书 2 种,重印旧书 83 种。此后,中国教育会出版新书、重印旧
书逐年减少,一来新书全赖教会人士义务编写,而中国教育会组织松散,会
务废弛,工作难以展开。二来依靠旧书重印终究难以跟上时代的需要,与此
同时中国人自编的新式教科书继之而起,大量面市,这些旧书故纸自然沦于
无人问津的境地。1914 年,该会售书所得仅为 2550 元,标志着其出版事业
已近尾声。

　　**教育改革与国人自编新式教科书的出现**　　清末的传统儿童读物主要
分为两类,一种是用于启蒙的,如三字经、百家姓、千字文、神童诗、千家诗
等,另一种是举业用书,如四书五经、史鉴、古文辞之类。这些读物,有的没
有教育意义,有的又陈意过深,不适合儿童阅读。所以"国人因之始觉前此
童蒙用书之不善,起而研究新学者渐多"[1]。至洋务运动时,洋务派兴建新
学堂,已有不少机构、报馆、学术团体开始注意编修各类科学书籍用于教授,
如同文馆、上海排印局、江南制造总局翻译馆、湖南新书局、时务报社、上海
译书局、东亚书局、格致书室、湘学报社、天津机器局、天津学堂、农学报社、
求是报社等,它们所出版的书籍大抵就是近代国人自编新式教科书的雏形。

　　戊戌新政时期,光绪皇帝采纳维新派的建议,对科举制度、学堂进行了
一系列改革。先是下诏令乡会试及生童岁科各试,废八股、改试策论;后开
京师大学堂,派孙家鼐管理,并将官书局、译书局并入;命各地书院改为兼学
中、西学之学校,省会之大书院为高等学堂,郡城之书院为中等学堂,州县之
书院为小学堂,奖励绅民捐资办学,广开学校,以养人才;准张之洞、陈宝箴
奏变通科举章程,改乡试考试内容为历史政治、时务和四书五经,并多次严
令以后一切考试以讲求实学为主,不凭楷法之优劣为高下;派游学等。戊戌
变法失败之后,虽然维新时的绝大多数政策被严令废除,但是"兴学"已经成
为历史的潮流,不可逆转了。

　　1901 年,光绪帝再次颁布兴学上谕。上谕称:"人才为政事之本,作育
人才,端在修明学术。……近日士子,或空疏无用,或浮薄不实。如欲革除
此弊,自非敬教劝学,无由感发兴起。除京师已设大学堂,应行切实整顿外,
着各省所有书院,于省城均改设大学堂,各府及直隶州均改设中学堂,各州
县均改设小学堂。并多设蒙养学堂。其教法当以四书五经纲常大义为主,

---

　　[1]　《教科书之发刊概况》,张静庐辑注:《中国近代出版史料初编》,中华书局 1957 年版,第 220
页。

以历代史鉴及中外政治艺学为辅。务使心术纯正，文行交修，博通时务，讲求实学。"①开始了清末新政的教育改革。

1902年7月，清廷颁布《钦定学堂章程》，这是近代中国历史上第一个学制，史称"壬寅学制"，后来因不够完备没有实行。次年，又颁布《奏定学堂章程》(癸卯学制)，明确规定了从蒙养院到通儒院的各级学校的学制，采用新的教育内容和方式，并对学堂毕业生给予科名鼓励。另外，在《请颁布奏定学堂章程奏折》中，张百熙等再一次提出"废科举"，并言辞痛切地指出科举与新式学堂的利害关系："由科举未停，天下士林谓朝廷之意，并未专重学堂也。然则科举若不变通裁剪，则人情不免观望，绅富孰肯筹捐，经费断不能筹，学堂断不能多。入学堂者恃有科举一途为退步，既不肯专心向学，且不肯恪守学规。"②于是，清廷决议递减科举，待学堂办齐，再将学堂科举合为一途。两年后，袁世凯等再上《奏请立停科举以广学校折》，认为"科举一日不停，士人皆有侥幸得第之心，以分其砥砺实修之志。民间更相率观望，私立学堂者绝少，又断非公家财力所能普及，学堂绝无大兴之望。……如再迟至十年甫停科举，学堂有迁延之势，人才非急切可成，又必须二十余年后始得多士之用，强邻环伺，岂能我待"③，并以此为由，请立即停止科举。8月，清廷颁布上谕，自丙午科为始，废除了延续数百年的科举制度。新学既倡，新式教科书的编写也得到了政府和商人的重视，学部和大批民营出版商对此的投入，令新式教科书在民元以前得到了平稳的起步。

　　**清末国人自编新式教科书简况**　　维新派的教育改革主张开清末教育制度改革的先声，国人对新式教科书的编印也开始兴起，这些课本最早出现于新式学堂中。

1897年，南洋公学外院成立，课程分为国文、算学、舆地、史学、体育等，由师范生陈懋治、杜嗣程、沈叔逵等自编《蒙学课本》三编。这是我国近代自编教科书之始，但是由于其形式不佳，没有插图，初学儿童不易理解，并没有广泛流传。

次年，吴眺、俞复、丁宝书、杜嗣程等在无锡开办三等学堂。诸人分任教

　　① 《第二次兴学上谕》，宋原放主编《中国出版史料·近代部分》(第二卷)，湖北教育出版社2004年版，第495页。
　　② 张百熙等：《请颁布奏定学堂章程奏折》，宋原放主编：《中国出版史料·近代部分》(第二卷)，湖北教育出版社2004年版，第504页。
　　③ 袁世凯等：《奏请立停科举以广学校折》，宋原放主编：《中国出版史料·近代部分》(第二卷)，湖北教育出版社2004年版，第508页。

职,随编随教,每日编国文一课,令学生抄读。五年后,编成《蒙学读本》七编。前三编介绍日常接触的事物,引起学生的兴趣;第四编专重德育;第五编采选子部喻言,专重智育;第六编培养学生的作文修辞;最后一编,教授诸子及唐宋名家的论说。后来先后交由文澜局、文明书局印刷。文明书局的版本,采用楷书石印,并附有图画,十分精美。此书发行后,三年内重印十余版,风行一时。

废科举之后,正式的教科书相继出现,有由学堂自行编印的,有由私人出资刊行的,也有民营出版商发行的。自学部公布教科书编审制度之后,除审查合格的书籍之外,另有学部部编教科书通行于世。其中在出版教科书方面影响较大的民营出版机构,先后有文明书局、商务印书馆、中国图书公司等,这些民营出版机构构成了这一时期教科书出版事业的主体。

1902年,文明书局又将无锡三等学堂的《蒙学读本》重新付印发行。是年,又发行了多种教科书,总称科学全书,并冠以"蒙学"二字。当年该局还发行了陆基编《蒙学经训修身》一本,朱树人编《文法》二本,丁宝书编《中国历史》二本,秦瑞玠编《西洋历史》二本和《东洋历史》一本,张相文编《中国地理》和《外国地理》各一本,黄瑞椿编《珠算》一本,丁福保编《心算》、《笔算》、《生理》、《卫生》各一本,钱承驹编《天文》、《地理》、《地质》、《格致》各一本,华循编《动物》、《植物》、《矿物》各一本,周柏年编《化学》一本,丁锦编《体操》一本。此外,还有俞亮编《蒙学简明中国地图》一本,秦瑞玠编《蒙学世界地图》一本,丁宝书编《蒙学毛笔习书帖》三本、《新习书帖》五本、《铅笔新书画帖》四本,庄俞编《初级蒙学修身教科书》等,共53部著作。内容涉及面非常广,涵盖了学堂教育的方方面面,文明书局一度成为教科书界出书最为齐全的民营出版机构。

同年,商务印书馆也发行了其编译所自行编著的教科书力作《最新初小国文教科书》的第一册,出版后,由于其简单易读,广受好评,大为畅销。后来此书继续编成,共10册。7月,商务印书馆按照学部最新学堂章程,将《最新教科书》分成初等小学和高等小学两套。其中初等小学系列教科书除国文教科书之外,另有杜亚泉编《格致》三册,徐隽编《算术》四册,张元济等编《修身》十册,杜亚泉、王兆枏编《笔算》六册,杜综大、杜秋孙编《珠算入门》二册及《地理》(编者未知)四册,共计6种。其"最新高等小学教科书"系列,包括张元济等编《国文》八册,庄俞编《历史》四册,姚祖晋编《地理》四册,谢洪赉编《理科》四册,张景梁编《算数》三册,黄启明编《珠算》四册,高凤谦等编《修身》四册,此外还有《农业》、《商业》各四册,共计9种。其"最新中学教科书"系列,包括黄英编《动物学》、美国甘穗德编《植物学》、杜亚泉编《矿物学》、谢洪赉编《物理学》、《化学》、《生理学》、《平面几何》、《立体几何》、《三角》、《用器透视画》、《投影画》各一册、《代数学》二册,计12种。此外,有徐永清编《铅笔习画帖》、《毛笔习画帖》各八册,《英文初范》一册,《万国舆图》一册。

1904年,文明书局出版中学教科书,有华文祺编的《新撰博物学》、《中学生理卫生》,杜就田编《博物学大意》,王季烈译《植物学》、《最新理化示教》、《最新化学》,虞和钦翻译的《最新化学》等。

同年,商务印书馆又发行《女子初小国文教科书》和《女子初小修身教科书》各八册,庄俞等编《女子高小新国文教科书》六册、《女子高小国文教科书》、《女子高小修身教科书》各四册,此外还有杜亚泉翻译的"最新中学教科书系列"《植物学》、《矿学》,黄英翻译的《动物学》,包光镛、张逢辰合译的《地质学》,杜亚泉编《理化示教》,谢洪赉翻译《几何学》,屠寄编撰《中学中国地理》,邵希雍翻译的《万国史纲》,武光建编《帝国英文读本》等数十种。

1906年,张謇等发起中国图书公司,所出书籍,亦以教科书为大宗,出版教科书数量仅次于商务印书馆。中国图书公司凭借强大的资本实力欲取代商务,但是终因经营不善,被商务印书馆收购。创设当年编就发行的有沈羽编《算学自修书》二本、《初小算术课本》七册、《初小唱歌教本》一册,曾钧译《几何学教科书》二本,朱树人编《初小国文课本》七册,余述曾编《初等小学修身课本》八册,张在恭编《初小图画范本》八册,徐傅霖编《初小手工教本》二册、《初等小学体操范本》、《高等小学体操范本》各一册,林万里、黄展云合编《高等小学修身课本》八册,华国铨编《高小国文课本》四册,石承宣编《高小算术课本》一册,赵钲铎编《高小历史课本》五册,赵明辉编《高小地理课本》五册、《高小地图》一册,吴傅绂、吴家驹编《高小格致课本》四册,陆基编《初级古文选本》十本,基本上形成了完整的初小、高小教科书体系。

1907年,商务印书馆鉴于《最新国文教科书》所用文字对于学生仍然太深,于是着手重编《简明初小国文教科书》、《简明初小修身教科书》,使之与"最新教科书"系列匹配并行。又因学部规定初小学堂三、四年级有历史、地理课程,于是又另编简明历史、地理课本。

1909年,商务印书馆出版《微积分》、《近世算术》、《代数学》、《高等小学算术教科书》、《生理学》、《中学教科书物理学》、《中学数学教科书》、《世界文明史》、《家计簿记教科书》、《数学教科书》、《汉文典》、《希腊史》、《罗马史》、《泰西民族文明史》、《俄罗斯史》、《法兰西史》、《日耳曼史》、《世界最近世史》、《女子新唱歌》、《国文读本》、《初级师范教科书》、《教育学》、《高等小学经训教科书》、《高等小学东洋历史教科书》、《简明国文教科书》、《女子国文教科书》、《小学万国地理》、《新编中国地理》、《博物学大意》、《初等物理教科书》、《简易地理课本》、《简明历史课本》、《高等小学珠算教本》、《平面三角法教科书》、《简易国文教科书》、《简易国语教科书》、《英文典》、《英文教程》、《商业簿记教科书》、《高等小学修身教科书》、《中学用伦理学教科书》、《小学中国历史读本》、《初等小学中国历史教科书》、《初等小学女子国文教科书》、《简明中国地理教科书》等数十种。

同年，中国图书公司出版了《心理学》、《教育史》、《新译几何学教科书》、《最新化学理论解说》、《小学体操范本》、《简易理化课本》、《卫生新论》、《幼儿保育法》、《简易地理教本》等数种。

1910年，商务印书馆出版庄俞等编《简明初小国文教科书》八册、《高等国文教科书》八册、蒋维乔编《简明初小中国历史教科书》二册、寿孝天编《简明初小笔算教科书》四册、高凤谦编《简明初小修身教科书》八册、严葆诚编《简明高小格致教科书》第一册，此外另有《英文益智读本》、《初学英文轨范》、《高小商业教科书》、《中等平面三教教科书》、《中学修身教科书》、《新教育学》、《各科教授法》、《简要英文法教科书》、《英语作文教科书》、《代数学新教科书》及《英语会话教科书》等数十种。

清末最为成功的教科书当属商务印书馆的"最新教科书"系列。这套书体例严谨，编排细致、文字浅当，又遵循循序渐进的编写原则，配有教授法，具备了近代教科书的基本要求，可谓是清末新式教科书的典范。这部书的出版，使传统的启蒙读物渐渐失去市场，它不仅适应了当时新式学堂的教学要求，而且对此后教科书的编排产生了很大的影响。后来其他出版机构编教科书，甚至是部编教科书也大都采用了这样的体例。

20世纪初，官办教科书出版机构也有一定的发展，并以学部编译图书局为主。1906年，应管学大臣孙家鼐奏请，清政府批准建立学部编译图书局，拟编译新式教科书、教授书和参考书。仿照此前文明书局、商务印书馆编新式教科书的体例编写教科书，"旨在忠君、尊孔、恪遵圣教、广集新知以适应当时筹备宪政的需要"[①]。该局存世6年多，出版了部编初等小学教科书、高等小学教科书、中学堂教科书、初级师范教科书、女子小学教科书、官

①　杨维新：《清末学部编译图书局略考》，宋原放主编：《中国出版史料·近代部分》（第一卷），湖北教育出版社2004年版，第629页。

话课本等新式教科书。据统计,至宣统元年(1909年)年底,该局已经编成教科书七十余种,二百余册,图一百余幅。清末学部编译图书局是近代我国第一个由国家统一编写教科书的机构,它随着清末新学制的颁布而建立,对近代中国教育和教科书出版事业做出了积极的贡献,但是封建衙门式的管理又使其效率低下,进而影响了编书的质量和水平。故所出书籍,实际反响并不如民营出版的新式教科书那样热烈。

新式教科书是晚清出版业的新内容,它因清末教育改革而生,同时又作为教育改革逐渐深入的见证者和推动力量,是清末出版业界一道独特的风景。教科书事业的勃兴,是近代中西文化交流的结晶,新式教科书正式引入了西方的先进文明,并将其与我国传统的价值观念进行融合,形成了晚清特有的文化氛围,改善了国人的传统思维模式和知识结构。与此同步的新式教育,也不再是士人的独享,这场教育革命推进了开启民智的历史进程,这些简单、通俗、易学的新式教科书无疑成为这场革命的主导者。教科书事业的勃兴于政治层面既是教育体制改革的成果,也是清末维新派、革命派力推社会改革的成果,教科书的近代化必会造就拥有近代化思维的新国民,这些掌握了新知识的社会个体,又进一步形成了推动社会改革的有生力量,这也是近代出版事业的历史使命使然。此外,随着教科书事业的发展,教科书本身作为一种商品也逐渐成为出版业界竞相追逐的利润增长点,客观上亦推动了近代民营出版业的发展。

**2. 晚清小说出版的繁荣**

在晚清出版史上,除了新式教科书的勃兴之外,还有一个不得不说的内容,即是晚清的小说。据统计,清末的小说至少在一千种左右,这个数字在当时来讲是十分可观的,小说这种文学形式的空前繁荣有其深刻的社会背景。首先,新式出版技术被迅速用于生产、近代出版业的逐渐成型构成了小说繁荣的基础。其次,中国士人于西方文化中的浸染使他们开始从社会、传播、教化的层面思考小说的意义。正如梁启超所言,"欲新一国之民,不可不新一国之小说。故欲新道德,必新小说。欲新宗教,必新小说。欲新政治,必新小说。欲新学艺,必新小说。乃至欲新人心,欲新人格,必新小说"①,因为"识字之人,有不读经,无有不读小说者",于是"六经不能教,当以小说教之;正史不能教,当以小说教之;语录不能谕,当以小说谕之;律例不能治,

---

① 梁启超:《论小说与群治之关系》,张静庐辑注:《中国近代出版史料补编》,中华书局1957年版,第106页。

当以小说治之"①。最后,新式教育的推行使民智渐开,具有近代化特征的市民文化开始兴起。通俗易懂的小说成为市民社会喜闻乐见的读物,进而读者群体也随之形成,这又进一步推动了小说的发展。

当时,不仅报纸竞相连载小说,专门刊载小说的期刊也应运而生。其中最早者,当属梁启超 1903 年创办的《新小说》,所载作品有梁启超自作《新中国未来记》,吴趼人的《痛史》、《二十年目睹之怪现状》、《九命奇冤》等。同年,李伯元主编的《绣像小说》开始发行,李伯元的《文明小史》、《活地狱》和刘鹗的《老残游记》就发表于此。继之发刊的小说读物还有《月月小说》、《小说林》、《新新小说》、《小说月报》、《小说时报》、《小说世界》、《小说图画报》、《新世界小说社报》等数种,众多刊物的共存,足见当时小说作品的盛行。另外,从民营出版行业对小说作品的青睐,亦可看出当时小说的流行。据徐念慈《丁未年小说界发行书目调查表》统计,仅 1907 年,商务印书馆就发行小说 45 种,小说林社发行小说 41 种,新世界小说社发行 17 种,广智书局 5 种,作新社和点石斋各 2 种,中外日报馆、鸿文书局、申江小说社、有正书局、时报馆、开明书店、一新书局、时中书局和文振学社各 1 种,共计 121 种。

在晚清特殊的历史环境和文化氛围下,这一时期的小说呈现出几个突出的特点。第一,小说作品所呈现的思想状态极其复杂,并融入了大量政治色彩,顽固保守的、维新的、革命的一齐粉墨登场,"形形色色,充分地表现了一种过渡时期的现象"②。第二,当时的作家大都以小说为武器,对政府和一切社会丑恶现状进行批判,这也就是鲁迅所言的"谴责"。第三,外国小说的译著和国人的原创作品同时占有重要地位,并且原创小说的写作受到西方小说的很大影响。就翻译小说而言,清末最为重要的小说翻译家是林纾。林纾,字琴男,别名冷红生,晚年称践卓翁,是中国用古文笔法翻译外国小说的第一人。他一生共译小说 160 余种,包括英国、法国、比利时、俄国、西班牙、挪威、希腊、瑞士、日本等众多国家的小说作品,介绍了包括莎士比亚、狄更斯、司各德、大小仲马、塞万提斯、托尔斯泰、欧文在内的许多著名作家的名作。其中影响最大的是《巴黎茶花女遗事》和《黑奴吁天录》,其他如《滑铁卢战血余腥录》、《撒克逊劫后英雄略》、《迦茵小传》等,也非常知名。

新式小说是清末出版业的另外一个新内容,它的繁荣背后,隐藏着尖锐

---

① 梁启超:《译印政治小说序》,张静庐辑注:《中国近代出版史料补编》,中华书局 1957 年版,第 105 页。

② 阿英:《清末小说的繁荣》,张静庐辑注:《中国近代出版史料初编》,中华书局 1957 年版,第 190 页。

的政治矛盾和深刻的时代背景,包括各种政治力量的角逐、中西文化的冲突、谴责和批判等。总体说来,清末小说的繁荣推动了市民文化的近代化,先进的士人利用小说这种文学形式传播维新、革命的新思想,自觉地肩负起新文化传播的重任,而出版业者也借此获得了发展的机会。

## 五、清末出版律令与书业商会

### 1.清末的出版律令和著作权法的颁布

《大清印刷物专律》的颁布　　　清末以前,我国并不存在近代意义上的出版法律和版权保护政策。为了维护封建统治,历代统治者都对文化进行严厉管控,致使文化传播呈现自上而下的单向流动,这种情况到清代尤为突出,大兴文字狱、"毁版"、"禁印"、"查封"甚至"株连九族"的情况比比皆是。一直到清末"苏报案",政府用来管理书报刊发乃至整个出版业案件的法律条文,也只有列于《大清律例·刑律》"盗窃类"下的"造妖书妖言"一条:

造妖书妖言　　凡造谶纬妖书妖言,及传用惑众者,皆斩(监候,被惑人不坐。不及众者,流三千里,合依量情分坐)。若(他人造传)私有妖书隐藏不送官者,杖一百,徒三年。

"律条　一、凡妄布邪言书写张贴,煽惑人心,为首者,斩,立决。为从者,斩,监候。若造谶纬妖书妖言,传用惑人,不及众者,改发回城,给大小伯克及力能管束之回子为奴。至狂妄之徒,因事造言,捏成歌曲,沿街唱和,及以鄙俚亵嫚之词,刊刻传播者,内外各地方官,即时察拿,审非妖言惑群者,坐以不应重罪。

一、凡坊肆市卖一应淫词小说,在内交与八旗都统、都察院、顺天府,在外交督抚等,转行所属官弁严禁,务搜板书,尽行销毁。有仍行造作刻印者,系官革职,军官杖一百,流三千里;市卖者杖一百,徒三年;买看者杖一百,该管官弁不行查出者,交与该部,按次数分别议处。仍不准借端出首讹诈。

一、各省抄房,在京探听事件,捏造谣言,录报各处者,系官革职,军民杖一百,流三千里。该管官不行查出者,交与该部,按次数分别议处。其在贵近大臣家人子弟,倘有滥交匪类,前项事发者,将家人子弟并不行约束之家主,并照例议处治罪。"①

---

① 《有关出版的各种法令》,张静庐辑注:《中国近代出版史料初编》,中华书局 1957 年版,第311～312 页。

　　首先,上述法条中并没有对"妖书妖言"作出明确界定,导致执法者随意比附、量刑过严、执法不公的情形常有发生。其次,这种只有义务而无权利、只有处罚而无保护的规定与近代西方民主法制的观念格格不入,显然很难适应近代出版业发展的要求。再次,戊戌以后,报馆林立,言路大开,清政府为言者划定"凡有关时政,臧否人物者,概不登载"[①]的范围已经被突破,单靠简单粗暴的手段压制舆论只会换来更激烈的反抗,于是统治者迫于形势开始思考"与其漫无限制,益生厉阶,何如勒以章程,咸纳轨物"[②],通过制定专门的法令对此加以规范。

　　1906 年,清政府颁布了由商部、巡警部与学部共同拟订的《大清印刷物专律》,该法分为"大纲"、"印刷人等"、"记载物件等"、"毁谤"、"教唆"、"时限"等 6 章 41 款,是我国第一部针对出版物的专门法律。这部法律首重登记注册制度,大纲第一款即规定"京师特设以印刷总局,隶商部、巡警部、学部。所有关涉一切印刷及新闻记载,均在本局注册"。第二、三章分别对印刷人、出版机构、出版物的登记注册流程、审批备查作出明确的规定,并附量刑规则。规定:"凡未经注册之印刷人,不论承印何种文书图画,均以犯法论","凡印刷或发卖或贩卖或分送各种记载物件,而该记载物件并未遵照本律所条向京师印刷注册总局注册者,即以犯法论"。印刷者、发行方以及所出版发行的记载物件"须就所在营业地方巡警衙门,呈请登记",印刷发行者须注明"具呈人之姓名、籍贯、住址,又有股份可以分利人之姓名、籍贯、住址",各种出版物须注明"记载物件之名称,或定期出版,或不定期出版,出版发行人之姓名、籍贯及住址,出版发行所所在,有股可分分利人之姓名、籍贯及住址,及各种经理人之姓名、住址"。登记后,巡警衙门会将登记资料自留一份,并上呈京师印刷注册总局一份,分别备案。

　　除登记注册之外,该律还对毁谤罪做了明确的界定。它将"毁谤"分为"普通毁谤"、"讪谤"和"诬诈",规定:"普通毁谤者,是一种谤个人的表揭,或书写,或版印,或另用其他各法,令人阅而憎其人,恶其人,甚或其人因此而失官爵,失专业,或失其他各种生业";"讪谤者,是一种惑世诬民的表揭,令人阅之有怨恨或侮慢,或加暴行于皇帝、皇族或政府,或煽动愚民违背典章国制,甚或以非法强词,又或使人人有自危自乱之心,甚或使人彼此相仇,不

_____

　　① 《官书局奏开办章程》,张静庐辑注:《中国近代出版史料初编》,中华书局 1957 年版,第 47 页。

　　② 故宫博物院明清档案部编:《清末筹备立宪档案史料》,中华书局 1979 年版,第 112 页。

安生业"；"诬诈者,是一种陷人的口语,或已出版,或藉出版相恫吓,或挟以为可以不出版向人要求财物等"。并根据这三项罪名附有相关量刑标准,大体上凡犯有毁谤罪者,将被处以 1000～5000 元的罚款和 2 年至 10 年的监禁,并且一旦案发,"做毁谤之人"、"印刷毁谤之人"、"谤件出版所之主人"、"谤件出版所之经理人"、"谤件之发卖人、贩卖人或分送人"均将涉罪,这个范围是十分大的。除以上处罚方式之外,该律还规定凡犯有毁谤罪的,"不得再以印刷及记载物件等为业","大清邮政局将此等记载物件不为投递"等。另外,对出版物发行后的状况,该律还界定"教唆"罪以实行管制,"凡他人之著作,或出版印刷,或录入记载物件内,因而公布于世,致酿成非法之事者,不论所酿成之事为犯公法为犯私法,各该著作人俱依犯不在场之从犯论。如此等著作尚未酿成犯法之事,即将著作人依所犯未遂之从犯论"。

《大清印刷物专律》的制定和颁布是时代的产物,作为一部针对出版物、出版业的专门法律,它较之《大清律例》中的规定,显然在行业规范、监管办法、定罪量刑等方面做出了更为明确、细致的规定和解释,对促进出版印刷业的进步是有积极意义的。但是,这部法律依然延续了统治者对待出版物、出版业的强制态度和高压政策,终究是作为钳制舆论、维护统治的工具,不过是新瓶装了旧酒而已。该律颁布以后不久,清政府又针对报业颁布了《报章应守规则》(1906 年)、《报馆暂行条规》(1907 年)、《大清报律》(1908 年)、《钦定报律》(1911 年)等一系列相关规定和法案,大致上是《大清印刷物专律》的延续和补充。

《大清著作权律》的颁布　　我国古代并不存在近代意义上的版权观念和版权法,有的只是一种封建特许出版权制度。据记载,这种针对出版的特许权制度最早出现在宋代,时人"恐书市嗜利之徒"肆意翻刻,大多求助于官府的庇护,请求官府给予专有出版权,对于"不遵约束违戾之人",亦有官府出面"追板劈毁,断罪施行"①。这种做法一直延续到清朝末年,南洋公学译书院、文明书局、商务印书馆等出版机构都曾向清政府提出保护其出版专利的要求。但是,这种原始的政令式的保护无疑难以解决清末新形势下的新问题,于是社会各方面对于著作权的问题开始了讨论和思考。

清末学者文人开始对著作权问题有了新的认识并且积极呼吁中国建立版权制度,其代表人物是严复。严复是清末最具影响的翻译家,他创立了

---

① 叶德辉撰,刘发、王申、王之江校点:《书林清话》,辽宁教育出版社 1998 年版,第 30～31 页。

"信、达、雅"的翻译理论,著作等身,并在著书立说过程中产生了对版权问题的独到见解。他曾经上书管学大臣张百熙,明言版权对于著者的意义,"版权者,所以复著书者之所前耗也",并指出版权制度对于开民智、促进知识传播的价值和不兴版权将会带来的后果,"又况居今之时,而求开中国之民智,则外国之典册高文所待翻译以输入者何限。藉非区区版权为之摩砺,尚庶几怀铅握椠,争自濯磨,风气得趋以日上。乃夺其版权,徒为书贾之利,则辛苦之事,谁复为之? 彼外省官商书坊,狃于目前之利便,争翻刻以毁版权,版权则固毁矣,然恐不出旬月,必至无书之可翻也","总之,使中国今日官长郑重版权,责以实力,则风潮方兴,人争自厉。以黄种之聪明才力,复决十年以往,中国学界,必有可观,期以二十年,虽汉文佳著,与西国比肩,非意外也。乃若版权尽毁,或虽未毁,而官为行法,若存若亡,将从此输入无由,民智之开,希望都绝。就令间见小书,而微至完全之作,断其无有。今夫国之强弱贫富,纯视其民之文野愚智为转移,则甚矣版权废兴,非细故也"①,言辞恳切,掷地有声。后来,这封信被严复发表在《大公报》上,并对呼声日渐高涨的版权立法进程起到了推波助澜的作用。

随着清末新知识的广泛传播和近代出版事业的繁荣,盗版问题也日益严重,很多出版机构也对著作权问题提出了新的要求。简单的报官备案,并在书籍上印明"不得翻印"、"翻印必究"的做法很难解决实际问题,曾在上海经营广智书局的梁启超就深有体会,他回忆说,"书局所印的书销行广者,无不为他人所翻印,贬价夺市,虽禀官究治,皆置之不理。故本局每出一书,未能赚回本钱,已为他人所翻,本局若不贬价,则一本不能售出,而成本既重,贬价则必至亏本而后已。"②不仅如此,当官民利益发生冲突的时候,往往民营出版机构的利益得不到保障,这在北洋官书局盗印文明书局印书的事件中就可以看出。1902 年,文明书局为了保护出版物在北京地区的发行权益,曾向当时任北洋大臣的袁世凯申请版权保护,并于 1903 年 1 月获准。同年 5 月,文明书局为了保障其利益,又上书管学大臣张百熙要求获得版权保护,亦获准。但是,就是在这样的双重保护之下,文明书局仍然逃脱不了被盗版的命运。而极为讽刺的是,盗版者正是当时袁世凯管理的北洋官书局。在后来这场官民官司中,官家自然占尽先机,版权纠纷最终不了了之。可见,传统政令式的版权保护,并不能保护出版者的权利,况且这种方法具

---

① 王栻:《严复集》(第三册),中华书局 1986 年版,第 578 页。
② 转引自鲁湘元:《稿酬怎样搅动文坛》,红旗出版社 1998 年版,第 140 页。

有相当的随意性,并不具备普遍性的意义。所以,当时出版业界对于版权法的确是求之若渴的。此外,随着清末中外交往的扩大,版权纠纷时有发生,但此时中国的法律并不能提供解决此类问题的依据,这使版权问题日益尖锐,清政府也不得不开始着手解决这一问题。

终于在 1910 年,清政府商部会同学部、巡警部共同制定颁布了《大清著作权律》,是为我国历史上的第一部版权法。该法在参考国外著作权法的基础上制定,共 5 章 55 款,对著作权概念的界定和范围、权利期限、呈报流程、侵犯著作权的处罚等问题都作了较具体的规定,是一部较为完善的著作权法。

第一章为通例,首次用法律的形式界定了著作权概念的内涵和外延,"凡称著作物而专有重制之利益者,曰著作权。称著作物者:文艺、图画、帖本、照片、雕刻、模型皆是",并规定著作物在民政部门注册给照之后,受法律保护。第二章对享有著作权的个体及其享有著作权的期限作出了规定,"著作权归著作者终身有之",且著作人身故后,其继承人继续享有著作权三十年;另外还规定"凡以官署、学堂、公司、局所、寺院、会所出名发行之著作"以及"不著姓名之著作",其著作权享有三十年;照片之著作权,"得专有至十年"。第三章对著作权的呈报作了规定。第四章对界定著作权问题做了更加深入的解释,并对侵权、假冒、伪造等违法行为给出了量刑标准,如"凡假冒他人之著作,科以四十元以上四百元以下之罚金,知情代为出售者,罚与假冒同"。"因假冒而侵损他人之著作权时,除照前条科罚外,应将被损者所失之利益,责令假冒者赔偿。且将印本、刻版及专供假冒使用之器具,没收入官"。"未经呈报注册,而著作末幅假填呈报注册年月日者,科以三十元以上三百元以下之罚金"等。

虽然《大清著作权律》颁布之后不久就爆发了辛亥革命,致使该法未能贯彻执行,但是这部版权立法在近代历史上仍然具有重要的地位。它奠定了此后中国版权法的基础,标志着政府的版权管理开始走向法制化、规范化,并为北洋政府和国民政府的版权法制定提供了蓝本;它不再是仅仅对于义务的强制界定而第一次提出对权利的保护,这是近代民主法制精神的体现,对于正在蓬勃兴起的民营出版行业尤为重要。此外值得一提的是,这部法律事实上并未随着清王朝的覆灭而被抛弃,中华民国建立之后,该法仍然被援引使用,这种情况一直延续到北洋政府重新颁布《著作权法》才结束。

### 2.清末的出版业行会组织

旧书业行会组织　　我国的出版业行会组织并非近代首创,早在 1671

年,苏州城内书坊业者就曾建有崇德书院,书院内供奉梓潼帝君,"为同业订正书籍、讨论删原之所"①,并置义冢,代为料理在苏病故且无力回乡的异地同业之身后事,后来规模扩大而建立起同业组织,称为"崇德公所"。直到1860 年,公所在太平天国战事中被焚毁,苏州同业大举迁往上海,这一书业公会性质的组织才宣告结束。太平天国运动失败之后,苏州的书业公会又再度成立。1874 年,以金国琛、席孟则、吴寿朋等为首的苏州同业在城北利四图石幢弄复建书业崇德公所,一切章程皆循旧规。后来上海的出版事业日益发达,书业同人朱槐庐、黄熙庭等在上海英租界鼎新里组织书业崇德公所会议办事处。但是,面对采用石印、铅印等新技术的新式出版企业的竞争,这个旧式书商所组织的办事处不到二年即自动解散。

类似的组织,目前可考者尚有北京文昌会馆、北直文昌会馆、湖南地方书业公会、文林公会等,这些书业行会组织大多建立于 19 世纪后半期至 20 世纪初。

旧时的北京书行起先以江西人居多,称南方派,并在东琉璃厂东口路北建有文昌会馆,后来不慎被火烧毁。随着经营书业的北方人渐多,每逢同业会议,南北双方常有不睦之事。1864 年,以徐志泗、刘清淮、魏显泰为首的河北书商广筹资金,在沙土园路西置买火神庙一座,又建立一文昌会馆,单用作北方派书商公会之地,称为"北直文昌会馆"。馆内设有文昌殿,殿内供奉文昌帝君、火帝神君,每年二月初三文昌帝君圣诞,同业祭神团拜,齐聚一堂。

这些书业同业组织,最初仅作祭祀、处理同业公益事项和议事之用,随着出版业的发展,同业竞争日渐激烈,又承担起协调供需、厘定工价以及调节同业纠纷的责任。

北京文昌公会通过"封货"的方式协调供需。所谓"封货",其实质是拍卖。具体的做法是公会会员将店内书籍的重复本、"架子货"或急欲出售之书运至会馆请其封货,待封货之书达到一定数量之后,由馆中执事评定书籍品相,配搭成堆,编列号码,置于天井长凳上,并通知会馆会员某日封货。封货之日,会员毕至,可随意翻看封货的书籍,有欲购买的,将其书号和出价写好上交。至日落时,当众宣布结果,出价最高的便买走所求的书籍。通过"封货"这种方式,售书者利益得到最大化,购书者买到称心如意的货品,客观上增大了书的流通范围,又平衡了业内的供需。

---

① 彭泽益选编:《清代工商行业碑文集粹》,中州古籍出版社 1997 年版,第 119 页。

　　1908 年,湖南省城书业公会将工价标准纳入行规以保护同业利益:

　　"毛折订常行之书,则每万页议钱壹百陆拾文,齐墨加倍,如机器洋纸者,每万页工资壹百捌拾文,齐墨加倍。倘有蓬莱彩票纸者,则每万工资贰百文,齐墨加倍。

　　切常行之书,则每万工资壹百文,如遇机器洋纸,每万工资壹百贰拾文。

　　上壳每百本工资贰拾肆文,磨书打眼,每万工资叁拾贰文。

　　火食暂因米粮昂贵,每天食资钱陆拾文,日后米粮低迭,仍照旧例,以肆拾文结算。"①

　　并约定:

　　"新订各章,凡我同人,务宜永远遵守,毋稍任意强越,致坏条规,违者公同逐革。"②

　　**民元以前上海出版业行会组织**　　20 世纪初,随着出版业的发展壮大,近代意义上的行业协会开始出现。这类协会大多利用旧有书业行会的形式进行组织,以规范行业准则、保障同业利益、促进行业发展为己任,较之旧书业行会不同的是,它们通过整合出版业商业习惯,自主行使自律和自治的功能并倡导和实践近代出版业维护版权的活动,这在中国近代法制初兴的时候有效地弥补了行政管理的"死角",并为后来的立法行为提供了可资参考的蓝本。

　　据 1905 年 1 月 25 日《大公报》载,"北京某某书局禀商部,拟在上海、北京设立书会,以期互通声气,而禁私行翻印等弊一节,已致前报。兹悉,商部业已批准创办人方君、常君知会各新书局,定于十八日午间在华北译书局开筵会,议入会等事,并拟定会章数条,分送各书局云"③1905 年 3 月 3 日《大公报》又载,"光绪三十年十一月二十二日批准,已举方宾穆、常堉璋为正副董事。"④但是,此后该会所订章程内容及活动情况,却未见著录而不得而知了。相较之下,上海作为当时全国出版业中心,其同业商会成立时间较早、运作较为成熟,代表了清末出版业行会的最高发展水平。这一时期上海建立了两个出版业行会:一个是上海书业公所,另一个是上海书业商会。

　　上海书业公所的前身是上海书业崇德堂公所,初建的目的是化解行业纠纷,维护行业秩序。戊戌后,随着出版行业规模逐渐扩大,业界出现了很

---

　①　彭泽益主编,《中国工商行会史料集》(上册),中华书局 1995 年版,第 282 页。

　②　彭泽益主编,《中国工商行会史料集》(上册),中华书局 1995 年版,第 283 页。

　③　《书业开会》,载《大公报》1905 年 1 月 25 日。

　④　《北京书业商会》,载《大公报》1905 年 3 月 3 日。

多纠纷和问题,亟需统一组织协调。另外,这时中国的出版企业大都规模很小,经济实力有限,因此也有联合的要求。于是,叶九如、傅子濂、席子佩等于1905年开始筹备书业公所,他们草订章程,并推举席子佩、夏颂莱、夏瑞芳为董事,择定小花园双间洋房为会所,名称上删去"崇德堂"三字,改称上海书业公所,是年落成。

上海书业公所以"联合同业、厘定规则、杜绝翻版、稽察违禁之私版、评解同业之摎轕"为宗旨,设立了一系列行会制度。比如规定所有"木版、石印、铜版、铅版及新旧书底,皆须将花名、页数详细报明公所待查,并声明有无申请过版权",有版权的或者已经被同业公认不得翻印的出版物,如果遭到翻版,则由公所"凭公议罚";凡违禁书刊,"倘由公所查有私行印售者,除将书与书底烧毁外,再公议重罚";"同业中如有摎轕之交涉",可由公所出面负责协调等。到1911年,该会会员已发展到100多家。

与上海书业公所同年成立的出版业行会还有上海书业商会,该会由俞仲还、夏颂莱、席子佩等10余人发起组织,会所在三马路望平街。会员40余家,均为出版新书和教科书的书局(店)。该会以维护出版者权益,保护版权为宗旨,代为办理著作物注册以及讨论决定各项书业提案。在会员与外国出版商的图书版权纷争中,主动维护我国书业的利益。

1909年,日人斋藤秀三郎起诉上海至诚书局马华甫在未作任何通知的情况下,擅自翻译发行其著作《正则英文教科书》,并大量出售获利,请求会审公廨追究至诚书局责任,并令其赔偿损失。案发后,上海书业商会分别上书公审公廨、上海道、农工商部及江苏督抚,说明至诚书局译印《正则英文教科书》,据中日商约是为合法,请求相关衙门据约维权,驳回上诉。后来,上海书业商会的立场得到普遍支持,日人的指控未能成立。

1910年,美国经恩公司呈文美国驻沪总领事,控诉商务印书馆翻印该公司出版的《欧洲通史》一书,并诉诸公审公廨,要求商务印书馆承担侵权赔偿责任。1911年初,上海书业商会再次出面呈文上海道,说明此书并非专备中国人民之用,根据中美商约并不享有版权,请予驳回。并上书两江总督和江苏巡抚,认为"美总领事违约要来,意存尝试。若不据约驳拒,此风一开,不惟商业受其影响,教育前途亦将大有阻碍。业已呈请江海关道据约驳拒,谨再次吁恳大人鼎力主持,俯赐察核,根据条约严辞驳拒,以保主权,而宏教育。"[①]最后,此案终以美商败诉告结。

---

①　周林、李明山主编:《中国版权史研究文献》,中国方正出版社1999年版,第188页。

　　此外,上海书业商会还发行《图书月报》,介绍外国出版业动态、版权保护思想,发布新书广告,举办公益事业,开设图书陈列馆,筹办夜班补习会教授同业学徒等。

　　上海书业商会于 1927 年改称上海商民协会书业分会。1929 年 8 月国民政府出台《商会法》和《工商同业公会法》,规定所有的公所和行会以及会馆之工商各业团体,必须在一年内依法改组设立同业公会。次年,上海书业公所与上海商民协会书业分会、上海新书业公会合并为上海市书业同业公会。

　　清末是中国近代史上承前启后的重要时期,"民族独立"和"近代化"是这一时期的历史任务和主要命题,政治、经济、文化等各个领域均是如此,出版业的发展变迁毫无疑问也遵循了这两个方向。清末以前延续了几百年的"官、私、坊"三足鼎立的出版系统被瓦解,以民营出版业的崛起为代表的近代出版形态的形成就是顺应了历史潮流的结果,不仅如此,近代出版和文化自觉的天然联系更把近代出版业的变迁推向了社会变革的风口浪尖。传统出版形态的变革是从其自身的改革开始的。洋务运动中兴起的京师同文馆、江南制造总局翻译馆等一批官办翻译机构吹响了变革"官刻"功能的号角,以传播教化、维护道统为目的官刻不经意间染上了近代化的色彩,此后的官办译书局更是迫于时代的无奈尝试。传统意义上的"私刻"随着刻书业的衰落日趋式微,所剩无几的私刻作品也大多成为经世文人谈古论今,甚至抨击时政、呼吁变革的一家之言。坊刻在吸收了石印技术之后,于清末得到了中兴,后由于铅印技术成本的不断降低以及清廷废除科举制度等原因而逐渐衰落。另外,坊刻毕竟还停留在手工工场生产的水平,坊本也还不是现代意义上的"出版物",而且从业者并不具备利用出版言说的原动力,这样仅靠印刷物本身的需求而维系的产业只能被后起的新式出版企业所取代。清末出版形态的变迁,突出地表现在出版者的角色转变、先进出版技术的传入和运用、出版物内容、出版制度的成熟等方面,它们推动了出版业的近代化,同时又成为这一时期出版业近代化的重要标志。

# 第五章　北洋政府时期的出版业

## 一、商务印书馆的改革与发展

经过 15 年的改革和发展,到民国成立时商务印书馆已经从一个以印刷为主的小厂,发展到以吸收日资组成有限公司,设有编译所、印刷所、发行所,并在汉口、上海等 20 多个大中城市设立了分馆(或支馆)的全国最大的民营出版企业。然而进入民国之后,随着国际和国内社会形势的急剧变化,特别是随着中华书局和其他出版企业的成立和崛起,商务印书馆开始面临严峻的挑战。为了适应这种形势的变化,在激烈的图书市场竞争中得到了更大的发展,商务印书馆不得不对自身进行一系列的改革。

### 1. 成立公司最高协调机构——总务处

商务印书馆最初只是一个印刷所,1902 年建立编译所后,逐渐形成印刷所、编译所、发行所三所平行的格局。随着出版规模的扩大,三所平行的格局产生了一些弊端,主要是内部各自为政,事权不清,相互扯皮,事权既难集中,又缺乏有效的调度。特别是夏瑞芳遇害后,这一弊端就更显突出。为此,商务印书馆不能不进行体制革新,来理顺部门内部之间的工作关系。1915 年,在张元济的支持下,陈叔通主持进行机构体制的革新,在调查研究的基础上提出设立总务处的方案。

1915 年 4 月 10 日,商务印书馆接受陈叔通的建议,在三所之上设总务处(初名为总管理处),为统辖全公司之最高机关。它将原本各自为政的三所(编译所、发行所、印刷所)统筹起来,通过总务处建立起由总经理、经理和三所负责人参加的三所会议协商制度,来决定公司的大政方针乃至相关的具体事项。总务处每年制订计划,规定三所所长定期叙谈,所与所之间的矛盾和问题通过开会解决。开会时三所所长都必须出席,意见一致便通过决议执行；如意见不一，便将意见写下来或在会外商量，或在下次开会时商量。[①] 这样，商务印书馆就有了一个统一的机构来联系、协调三所的行政、用人、财务等事项，公司以前的散漫现象得到改变，业务的筹划和运行走上了现代企业的正常轨道。在一处三所的总框架下，各所下设众多的部、科、股、组及附属公司等各级机构，每一机构都规定了严格而细致的部门章程和组织大纲。总务处设总经理、经理、协理，他们之间互不统属，总经理也只是总务处机构中的一员，他没有管理经理、协理的权力。实际上也就缩小了总经理的权限，增强了公司决策的科学性、民主性。这项制度的建立对商务印书馆后来的发展起了很大的作用，以致陈叔通在离开商务后，商务董事会为感谢他倡议建立总务处的建议，决定赠送其 6000 块银元作为酬谢。[②]

　　总务处的建立有力地促进了三所的分工协作，改变了以前三所各自为政的局面，使整个公司各种业务都能顺利进行，标志着一个集中的分层次的管理体制的形成。正如张元济在日记提到的："三所会议商定排印商业名录、速排植物名实图考及汉英词典各书事。"[③]尽管随着商务业务的不断发展，各个部门的功能和管理范围都有很大的变化，但作为出版三个环节的编辑、印刷、发行和总体宏观管理的相互关系始终没有改变。至此，由陈叔通等设计的商务印书馆的一处三所制，使商务的内部结构和规章制度已基本健全，对商务未来十几年的发展产生了重要的作用。它的建立也为民营出版企业的近代转型提供了一个成功的范式，奠定了我国近代出版企业的基本框架，其后的中国出版企业大多遵循了这一模式。

### 2. 改革财会制度，建立近代管理制度

　　五四以前，商务曾发生夏瑞芳亲戚鲁云奇贪污、香港和安徽分馆会计携款潜逃、职员私改邮汇兑换等贪污舞弊事件，暴露出商务在内部管理上的诸多弊端。财务会计是企业运行的枢纽，商务领导层向来重视，经常招考会计员，而好的会计员又相当难求。既懂得会计业务与出版业务，而且手脚干净、为人清廉，又严格保守营业机密，懂得近代企业运作的人实属凤毛麟角。张元济认识到，改革商务会计制度是当务之急，并早已开始筹划聘请具有近代管理知识的人才。这项工作主要是由杨端六负责完成的。

---

① 陈叔通：《回忆商务印书馆》，载《商务印书馆九十年》，商务印书馆 1987 年版，第 136～137 页。

② 陈叔通：《回忆商务印书馆》，载《商务印书馆九十年》，商务印书馆 1987 年版，第 139 页。

③ 张元济：《张元济日记》（上），商务印书馆 1981 年版，第 363 页。

杨端六,辛亥革命后赴英国留学,入伦敦政治经济学院专攻货币银行学。1920年学成归国,由郑贞文介绍在商务编译所《东方杂志》工作。由于他是经济学专家,对会计学尤有心得。早在1917年,他在《太平洋》杂志上发表的《会计与商务》一文,就曾引起过注重会计事务的商务印书馆领导层的注意,现在又遇上了商务谋求改革的好时机,杨端六有了用武之地。高梦旦就让其在编辑之余,到发行所和工厂实地调查研究新的会计制度制订。[①]经过长时间的实地调研,杨端六对商务经营的弊端了然于胸。1921年7月20日,在胡适考察商务与杨端六长谈时,杨就批评商务"现在馆中事权不统一,馆中无人懂得商业,无人能通筹算,无人有权管得住全部。……馆中最大的弊病是不用全力注重出版而做许多不相干的小买卖"[②]。胡适也认为杨端六的看法十分正确,极中肯要。

以胡适的考察为契机,商务与杨端六订立合同,筹办建立新会计制度。同年8月,商务成立了改革会计制度筹备处,公布简章,杨任主任。同时招考会计员,开办讲习所以培养新式会计人员。1922年1月起,由杨端六提出的新会计制度开始付诸实施,中国惯用的旧式直行记数法,改为现在通用的新式簿记法。经过杨的改革后,商务原先混乱的财会工作走上正轨,扭转了亏损局面,营业状况日渐趋好。国内其他公司纷纷仿效,有学者认为这是中国近代企业改用新会计制度之始。

**3. 改组编译所**

在五四新文化运动之后,已深感落后于形势发展的商务印书馆,为了加快发展,开始谋求由传统出版向近代出版的战略转移,而编译所的改组就是这项战略转移的核心部分。而此时监理张元济、编译所所长高梦旦等人面对滚滚而来的新思潮,已经感到有些力不从心。为了跟上急剧变化的时代发展,必须引进新鲜血液。在五四运动中博得大名的胡适成为担任编译所所长的第一人选,但他谢绝了此项邀请,并力荐当年有过师生之谊的王云五担任。胡适对王云五评价极高,他说:"他曾教我英文。他是一个完全自修成功的人才,读书极多,最博。家中藏西文书一万二千本,中文书也不少。他的道德也极高……此人的学问道德在今日可谓无双之选。他今年止[只]

①　郑贞文:《我所知道的商务印书馆编译所》,载《商务印书馆九十年》,商务印书馆1987年版,第209页。
②　中国社会科学院近代史研究所中华民国研究室编:《胡适的日记》(上册),中华书局1985年版,第150页。

三十四岁,每日必要读一百页的外国书。"同时,胡适还认为:"云五的学问道德都比我好,他的办事能力更是我全没有的。我举他代我,很可以对商务诸君的好意了。"① 由于胡适的大力推荐,1921年9月王云五正式进入商务印书馆,年底被商务董事会任命为编译所所长。

王云五入主编译所,肩负着商务转型的历史重任,是商务决策层借助外力来改变商务的沉疴,以实现其现代转型的一项重要决策。他初入商务就显示了其强大魄力和卓越判断力,大刀阔斧刷新编辑阵容,改组编译所。

第一,改组编译所,延聘专家主持各部。一方面,王云五酌情调整和扩大原先各部,使编译所各部更加符合学术分科。新建立的编辑部有哲学教育部、史地部、国文部、国文字典委员会、四部丛刊委员会、英汉大字典委员会、东方杂志部、教育杂志部、国语函授社、英语函授社、数学函授社、事务部等20多个机构。张元济兴利除弊、主张改革的精神也借王云五的改革得到了有力的贯彻。王云五认为,此方面的改革,"为就编译所原设各部酌予调整,俾更合于学术分科性质"②。另一方面,大量引进西学人才,主持编译所下属各部工作。王云五对编译所人员进行大换血,许多老资格的编辑被淘汰,同时引进大批学界精英,特别是新近从国外学成归国的专家学者,如竺可桢、任鸿隽、周鲠生、杨贤江、郑振铎、周建人、周予同、李石岑、陶孟和、顾颉刚、叶圣陶、陶希圣等。王云五聘请这些学界精英主持编译所下属各部工作。如留美归来的任鸿隽为理化部长、竺可桢为史地部长、周鲠生为法制经济部部长、陶孟和为总编辑部编译、朱经农为哲学教育部部长,又聘胡明复、胡刚复、秉志、杨杏佛等为馆外特约编辑。经过王云五的大力扩充和调整,短短两三年编译所人员从改革前的160人增加到260人之多,其中196人是王云五到所任职后聘请的。其所引进的这批留学归国人才,后大多成为杰出学者,并对我国文化事业的传播和发展起到极其重要的作用。③ 可以说,在组织架构和编辑人员方面,编译所在王云五的手中已然脱胎换骨,人才云集,极一时之盛。这又为王云五在编译所推行的行政改革做了组织人事上的准备,同时也为商务印书馆实现近代转型打下了良好基础。

第二,出书的计划化、系统化和成套化。王云五上任后的第二件事就是狠抓出版规划,即继续五四以来张元济、高梦旦所实行的从注意教学用书转

　① 中国社会科学院近代史研究所中华民国史研究室编:《胡适的日记》,中华书局1985年版,第157、204页。

　② 王云五:《岫庐八十自述》,上海人民出版社2007年版,第56页。

　③ 王建辉:《文化的商务:王云五专题研究》,商务印书馆2000年版,第44页。

向并重一般图书,特别是着力学术名著的出版。第一步扩充出书门类,编印各科入门小丛书,作为进一步编辑各科丛书的基础。王在就任几年内,陆续出版了百科小丛书,其后又出版了国学、师范、自然科学、医学、体育、农学、商学、史地等小丛书。1929 年开始出版的《万有文库》就是在此基础上汇编而成的。后来编辑出版了《大学丛书》、《小学生文库》、《中学生文库》、《国学基本丛书》、《中国文化史丛书》等。其内容涵盖了宗教、哲学、社会科学、自然科学、应用科学、文学艺术等。[①] 王云五对编译所的改革,使一度落后于时代思潮的商务印书馆迅速适应了时代的需求,跟上社会发展的步伐。

王云五对编译所的改革,从商务内部来看,一是冲击了商务印书馆的保守势力,浓厚了商务的改革氛围,其所引进的新人,大都是主张新思潮的留学归国人员,实现了编译所内部的新陈代谢,形成了新的人才群体,象征中国新一代编辑出版人的整体的产生。二是依据学科门类实行新的知识组合,表明新文化和新知识在商务内部开始生根,进而影响到中国的出版业。[②] 经过王云五对编译所的改革,商务出版的新书数量大大增加。1921年商务共出新书 230 种、773 册,而到 1923 年则出新书达 667 种、2454 册,其中最具代表的出版物是各种词典和汉译科学名著。[③]

**4. 整理古典文献,弘扬传统文化**

五四时期,对传统文化再审视、再改造的运动,与各种外来主义、外来学说的大规模输入,同时活跃在学术文化界。在这一运动的冲击下,保存古典文献的呼声日益高涨,传统国学的研究引起人们的广泛关注,国学古籍文献成为社会之需求。一些有识的出版机构开始致力于古籍的整理出版工作,而这其中又以商务印书馆的成绩最大。商务一直有编辑出版古籍图书的习惯和传统,早在张元济入主编译所后,其就开始有计划地搜集和出版古籍名著。1909 年,商务印书馆设立涵芬楼,千方百计地搜求古籍善本,保存祖国传统文化。1924 年,涵芬楼成为国内最大的图书馆,二年后改名为东方图书馆,藏书达 518,000 多册。在此基础上,1919 年起张元济、孙毓修等开始部署《四部丛刊》的影印工作。到 1922 年,商务采用涵芬楼藏书影印《四部丛刊》初印本问世,共收入经、史、子、集之书 323 种、8548 卷,装订成 2100

---

① 唐锦泉:《回忆王云五在商务的二十五年》,载《商务印书馆九十年》,商务印书馆 1987 年版,第 256 页。

② 王建辉:《文化的商务:王云五专题研究》,商务印书馆 2000 年版,第 45 页。

③ 王寿南:《王云五先生与商务印书馆》,载《商务印书馆九十五年》,商务印书馆 1992 年版,第 498 页。

册。该书和《百衲本二十四史》,影响最为突出,广受学界重视。其中前者
1934 年已印刷 3 次,前 2 次印数都超过 5000 部,一直供不应求。[①] 以后,商
务印书馆又相继推出《四部丛刊初编》(1926 年) 、《四部丛刊续编》(1934
年) 、《四部丛刊三编》(1935 年) 等大型古典丛书。

改革之后的商务印书馆,很快就跟上了新时代的步伐,重新焕发出生机
和活力,业务蒸蒸日上,出书量成倍增长:1912 年出书 407 种,1915 年出书
552 种,1919 年出书 602 种,到 1920 年出书量猛增到 1284 种。与此相对
应,商务的资本总量和营业额亦呈现出大幅增长的态势,1922 年商务的资
本总量达到 500 万元,营业额近 700 万元。

## 二、中华书局的成立及其初期主要出版活动

1912 年 1 月 1 日由陆费逵在上海创办的中华书局,与商务印书馆并称
为我国历史最为悠久的出版机构。建立之初,中华就奉行"开启民智"的宗
旨,以编辑出版各类教科书为主,在传播科学文化知识、推进新式教育方面,
起了积极的作用。同时,中华又云集了一大批专家学者及社会名流,如梁启
超、于右任、范源濂、马君武、田汉、张闻天、徐志摩、舒新城等,并陆续出版了
《中华大字典》、《辞海》、《四部备要》和《古今图书集成》等颇具影响的图书,
在近代中国出版史上占有重要的地位。

### 1. 陆费逵与中华书局的成立

中华书局创办人陆费逵,字伯鸿,号少沧,浙江桐乡人。1908 年秋,22
岁的陆费逵接受高梦旦的重金聘任,进入商务印书馆担任国文部编辑。第
二年,他晋升为出版部部长兼《教育杂志》主编。为了拉拢这位才华横溢的
出版新人,高梦旦还将自己的侄女许配给他。1911 年,革命风潮在全国各
地风起云涌,作为当时全国最大的民营出版企业,商务印书馆对于是否更改
教科书内容问题一直犹豫不决。他们既怕革命一旦成功,旧式教科书不适
应新形势,同时又担心编印新式教科书,万一革命不成功,也会带来极大的
损失。据蒋维乔回忆:"是时革命声势,日增月盛,商务同人有远见者,均劝
菊生,应预备一套适用革命后之教科书。"但向来精明强干、措施得当的张元

---

①　陈刚:《中国近代图书市场研究》,《编辑学刊》1995 年第 2 期。

济,"提及革命,总是摇首","以为革命不能成功,教科书不必改"①。然而未满 26 岁的陆费逵却深信革命一定成功,教科书必有大改革。而此时商务印书馆资金周转出现了一些问题,营业收入也一时萎缩,陆费逵认为这是自己创办书局、实现个人抱负的大好良机。为此,他与戴克敦等人同时向商务印书馆提出辞职,开始积极筹办中华书局有关事宜。

1912 年 1 月 1 日,中华书局在上海正式宣告成立。中华书局是合资经营的企业,最初资金 25,000 元是陆费逵与商务印书馆同人戴懋哉(克敦)、沈继方、沈颐(朵山)、陈寅(协恭)等筹集的,陆费逵任局长,汪梅秋任编辑长,陈寅掌管事务。这些人在书局成立前,多在商务印书馆和文明书局的重要部门担任要职。如:陈寅,光绪年间先任事于国学扶轮社,后来任文明书局高级职员;沈继芳,原在商务印书馆负责保管合同、书束、重要契据文件等,深得夏瑞芳的信任;戴懋哉,曾历任浙江大学惠兰堂学堂教员、靖江高等学校校长、商务印书馆编辑等。中华书局成立不久,发表由陆费逵起草的《中华书局宣言书》,说明其宗旨:"立国根本,在乎教育,教育根本,实在教科书,教育不革命,国基终无由巩固,教科书不革命,教育目的终不能达到也。"宣言书还明确提出中华书局的创办和出版宗旨:"一、养成中华共和国民;二、并采用人道主义、政治主义、军国民主义;三、注意实际教育;四、融和国粹欧化。"②接着中华便出版了其内容非常适合当时政体的"中华教科书",它包括小学教科书 44 种,中学和师范教科书 27 种。由于这套书"体例一新,风行颇广",几乎独占了当时的教材市场,"各省函电纷驰,门前顾客坐索,供不应求,左支右绌,应付之难,机会之失,殆非语言所能形容。"③"中华教科书"为中华的发展打开了局面,陆费逵更是全力以赴、专心经营教科书出版。

### 2.中华书局的初步发展

1912 年 3 月,成立不久的中华书局就设立了印刷厂。不久,陆费逵等人赴日考察印刷出版业务,对先进的印刷技术、办厂规模有了新的认识。为此,中华书局购置了先进机器,扩充印刷力量,由原来的 6 台彩机,到 1914 年,日排字至 200 页,铅印可达 100 万小张,彩印可 10 万张,能印制彩色印

---

① 蒋维乔:《创办初期之商务印书馆与中华书局》,载张静庐:《中国现代出版史料(丁编)》(下卷),中华书局 1959 年版,第 398 页。

② 《申报》1912 年 2 月 26 日。

③ 陆费逵:《中华书局二十年之回顾》,转引自:《回忆中华书局》(上编),中华书局 1987 年版,第 225 页。

件如月份牌等,能雕刻精细的黄杨木版以及铜版、钢版,并开始出售中西文字铜模铅字、电镀铜镍版。所用的西文字模购自美国著名厂商,其英文印刷之精美为全国之最。①

　　1915年,中华书局兼并了文明书局。文明书局是一家以出版教科书而著称的民营机构,在清末教育界颇有影响。同年,中华书局兼并民立图书公司、右文印刷所、彩文印刷局,又与中新印书局合并,添设文明书局新印刷所。1916年,中华书局又增添石印机、铅印机20多部;购进彩印机、橡皮机、亚铅版机各一部及世界上最大的照相镜等机器设备。值得一提的是,成立不到3年的中华书局,在美国旧金山举行的巴拿马万国博览会上,得到头等金牌奖9项。在参加北京农商部国货展览会上,书籍和印刷品获得了10项特等奖,仪器、标本模型、风琴等获得一等奖6项。又在江苏地方物品展览会,全部得到头等奖。②

　　随着业务的不断扩大,中华书局开始购地建屋。1913年4月,中华将总公司迁往上海东百老汇路,编辑、事务、营业、印刷四所都在一起办公。发行所仍在河南路上,位于汉口路与九江路之间,离商务较远。后高价购买商务北面贴邻的一家绸布商店,改建为五层大楼,与商务相抗衡。1916年,在棋盘街福州路河南路口新建的五层大楼竣工,总店与发行所即于10月14日迁入。由于中华的新建大楼在河南路一侧,只有两间门面,而福州路一侧约有五间门面,店堂形成狭长一条,从此福州路书店街的发展趋向,逐渐从河南路转向福州路西段延伸。同年,中华书局在上海静安寺路(今南京西路)1486号建成印刷总厂,编译所、事务所和印刷所均迁入。总厂占地43亩,初建三层楼房5幢,平房4幢,共500多间,后添置平房货栈,以存放新购机器。

　　短短几年里,中华书局一方面自添机器,另一方面又兼并其他书局印所,其印刷机器猛增至大小数百台,大大增强了其出版实力,除自印书件外,还开始承接外间大宗印件,为其向更高层次的发展奠定了坚实的基础。资本由创办时的25,000元,1914年发展到60万元,1916年增至160万元,一跃成为当时国内第二大民营书局。③并在各地建立分局(或称为分馆)40多个,遍布全国各大中城市,包括香港和新加坡等地。中华与商务的分馆不同的是,"商务采集权政策,凡分馆皆由总馆派人前往经营,事事听总馆指挥。"

————————

　　① 钱炳寰:《中华书局大事记》,中华书局2002年版,第15页。
　　② 钱炳寰:《中华书局大事记》,中华书局2002年版,第22～23页。
　　③ 吴铁声:《解放前中华书局琐记》,载《回忆中华书局》(上编),中华书局1987年版,第75页。

而中华则因资本远不如商务雄厚，往往"就各地士绅，与之协定，开设公局，性质定于合资。"①或者与当地的旧书店联系协作，由他们代销中华版图书。这样做显然易于中华书局在地方上开展业务，并保持较持久的竞争力。

### 3. 克服"民六危机"，继续向前发展

中华书局创办初期的迅速发展，主要得益于民国建立所带来的教育革新的良机，再加上商务的组织和管理体制给新创的中华提供了宝贵的经验，避免了前进中的不必要摸索。然而，对于刚刚起步的中华来说，其快速发展只是确立了其在书业中的一席之地，然而其地位并非稳固而不可动摇。到1917年即民国六年，中华书局用于购地、置机器、扩充编辑等方面的支出就达80多万元。国内军阀混战，导致西南各省分局有的停业达半年之久，厂所迁移、停工停产导致收入减少，加上内部人员挪用公款，同业竞争又十分激烈，内忧外患，致使书局的财政状况十分糟糕。更为致命的是，当时中华书局原有资本仅100万元，吸收存款达120万元，平时运行资金全凭吸收的存款和行庄押款来维持。1917年春，中华书局即将破产的外界谣传纷起，存户纷纷前来提款。据说债权人在发行所坐索债款，陆费逵由于债务关系被控告扣押，后由史量才保释出来。由于资金周转失灵，中华面临着严重的危机，史称"民六危机"。多年以后，陆费逵分析危机爆发的原因时认为："第一由于预算不精密，而此不精密之预算复因内战而减少收入，因欧战而增加支出。二由于同业竞争猛烈，售价几不敷成本。三则副局长某君个人破产，公私均受其累。"②

面对危机，中华书局董事会从5月16日至月底，连续召开七次会议，讨论如何渡过难关。一面在股东中筹集押款应付提存及造货开支等必需用款，一面定出节省开支、加强预算，及今后如何维持的办法。陆费逵在会上提出："经济困难已达极点，现已不能支持。果属何故？虽因蜚语四起，存款纷提，而办理不善，措置不当，实无可辞。当此存亡呼吸之时，究应如何补救，尚希各股东从长计议。"③陆费逵等人提出应该与商务印书馆联合，以摆脱困难，渡过难关。由于商务领导层对联合一事争论激烈，双方协商未果。有股东提出出租办法，称公司现状危急，一旦停顿，前功尽弃，为保全160万

---

①　蒋维乔：《创办初期之商务印书馆与中华书局》，载张静庐：《中国现代出版史料（丁编）》（下卷），中华书局1959年版，第399页。

②　陆费逵：《中华书局二十年之回顾》，载《回忆中华书局》（上编），中华书局1987年版，第225页。

③　钱炳寰：《中华书局大事记》，中华书局2002年版，第22～23页。

资本及"中华书局"这个品牌,并维持 120 万债券信用,只能将公司财产出租他人接办,议定期限、租金,所得租金按年分期拨还债务,出租到期仍可收回自办,这样既可保全股本又能偿还债务。但必须确保书局以后能够正常营业,租赁者不能有外人股本、同行股本在内方可出租。

6 月 25 日,董事会最终决定中华全部财产由徐静仁、吴蕴斋、史量才等新华公司承租经营,并签订合约,商定押租 6 万元,月租平均约 1.4 万元,先收定金 1.5 万元交董事会,由清查代表核付款项。书局虽然出租,各部门负责人仍为原有人员,而对一切开支款项必须严格限制,均须查账代表审核才能支付。当年 12 月,改选俞复、于右任、范源廉、康心如、孔祥熙、戴克敦、宋曜如等 11 人组成新的董事会,陆费逵改任司理,处理日常事务。宋曜如是宋子文的父亲,作为中华的股东和大存户,他极力劝说债权人共谋维持之方,终于商定了分几年摊还的办法,使得中华得以渡过难关。1918 年 3 月,中华书局刊登启事,向债权人征询债务分期偿还办法,启事一出,债务纠纷渐渐平息。4 月,吴镜渊、俞复、陆费逵等组成"维华银团",筹资 10 多万元,作为印制教科书的周转资金。1919 年 12 月,陆费逵改任总经理,取消了局长制。这年中华书局盈利 2 万元,虽然利润较少,却扭转了困难局面。至 1926 年,中华书局经过改革扩充,营业重新获得了更大发展。

### 4. 整顿管理体制,加大监督力度

中华书局创办之初,实行创始人合资制,内部只进行简单的分工。1913 年 4 月,随着业务的不断拓展,人员与资本的增加,正式改组为股份有限公司,首次选举董事和监察人。同年 11 月,在中华书局董事会第四次股东大会上通过决定:"董事局为立法机关,凡各种规程及重要事件为执行机关所不能决者,由董事局决之;监察为监督稽查机关,凡账目报告,皆由监察稽查署名负责,立法和行政两机关有不法情事,得纠举之。"[①]

1914 年,第五届股东大会决定中华书局组织分成三大机关:董事,议决立法及重大事件;监察,监督稽查一切;局长,为职员领袖,执行局务。分部有局长室、常务董事室、编辑所、事务所、营业所、印刷所和发行所等 7 大办事机关。其实此时的中华书局依照三权分立的原则,设立法、司法和行政三大机关。由 11 位董事组成立法机关;由 2 位监察组成司法机关;行政机关的领导为正副局长,负责局内各项大小事务。

---

① 钱炳寰:《中华书局大事记》,中华书局 2002 年版,第 8 页。

但是"民六危机"的发生,暴露了中华书局在管理上的许多问题,特别是局长行政权力过大,监察稽查不力。这对年轻的中华而言,既是一个沉重的教训,也是一笔宝贵的财富。经过此次危机,中华开始反思自己的管理模式和盲目冒进的策略,开始整顿管理体制,加大监督力度,建立近代出版制度。针对此次危机所暴露的中华书局在管理上的许多问题,陆费逵指出:"办理不善,措施不当,实无可辞。"账目清理代表吴镜渊、黄毅之在《调查公司现状报告书》中指出:"欧战方殷,原料昂贵,国内多故,金融恐慌,局长去年卧病三月,副局长去年亏空累万。"以上原因,都是外部原因,也不是致命的原因。此次危机爆发有三个致命原因:"进行无计划为其第一原因,吸收存款太多为其第二原因,开支太大为其三原因。有此三因,即无时局影响、人事变迁,失败均不免。"①而这三个原因出现的根源在于管理不善。在编辑方针、购置器械、吸收资金、开设分局等方面,均出现了失误。对此,陆费逵个人作了深刻的反思:"民国六年的风潮闹得几乎不了,原因很复杂,就我本身想起来,有三种缺点:第一经济缺乏,没有应变的财力;第二经验不足,没有预防的眼光和处变的方法;第三能力不足,没有指挥全局的手腕。"②

1917年12月,中华书局连续召开董事会议四次,制定《董事监察暂行办事规则》。规则强调账目管理,加大监督力度,推举俞复为驻局董事,另行组织会计部。从前的债权、债务仍由旧会计清理追讨,并推举吴镜渊为驻局监察。陆费逵引咎辞去局长职务,改任司理。对于各分局,议定整理分局大纲为:整理局务、甄别人员、催收旧帐、节减开支、清点货帐、调查内容以及推广营业等。由康心如、孔祥熙、吴镜渊等分赴分局进行整理,并由此陆续建立了一套完整的规章和财务制度。经济是企业的命脉,首先要堵塞漏洞,规定了中华逐日账目、支款凭证及年终总清,各款须经监察吴镜渊检阅盖章。监察以下设稽察处,其下分设核算员、稽核员,严加稽核各项账目。后还订立奖励办法,发现没弊端,查家追获者,照追获之数提出一成奖励。③

同时,中华书局还议定厂店组织及分任职务办法:

总办事处:直辖于驻局董事及司理,办理总公司各务。下设总务、进货、出纳、簿记、庶务、整理分局特派员(临时选派)。

上海店:主任,专司上海店之营业,其分科组织另由驻局董事、司理会同

---

① 钱炳寰:《中华书局大事记》,中华书局2002年版,第33页。

② 陆费逵:《我为什么献身书业》,载俞筱尧、刘彦捷编:《陆费逵与中华书局》,中华书局2002年版,第460页。

③ 吴中:《我所知道的维华银团》,载《回忆中华书局》(上编),中华书局1987年版,第213页。

主任定之。

　　清理处：主任，专司清理旧事，清查分局。

　　编辑所：主任，将原事务所并入，专司编辑、出版等事。设总事务部、中文编辑部、西文编辑部、出版部。

　　印刷所：主任，专司工厂事务，其分科组织与司理会商定之。

　　货栈：主任，专司书栈、纸栈发货之支配管理。①

　　随着形势和业务的发展，中华书局的管理体制虽然不断有一些部所的增减或名称的变更。但总的来说，上述体制基本上趋于稳定。到抗战爆发前，其管理系统的核心，为总经理下设一处三所，一处为总办事处，三所为编辑所、发行所和印刷所。如下所示：

中华书局总处在抗战前的组织系统②

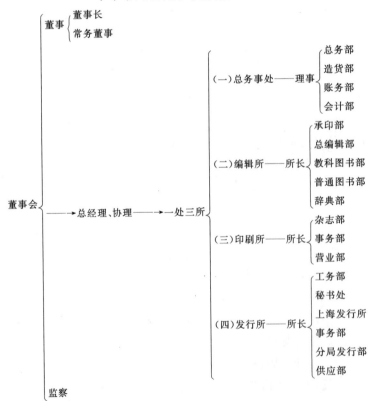

　　由上可见，中华书局实行董事会下的总经理负责制，管理体制逐渐走向

　　①　钱炳寰：《中华书局大事记》，中华书局 2002 年版，第 37～38 页。
　　②　吴铁声：《解放前中华书局琐记》，《出版史料》第 4 辑，1985 年 12 月。

科学化、规范化。可以说,中华书局的"一处三所",涵盖了出版过程的主要环节,集编辑、出版、印刷和发行于一体。同时,又加强了各部门的分工协作,进一步理顺了企业的内部关系,为中华书局出版业务的顺利进行提供了强有力的保障。①

1919年至1926年,中华书局经过修整扩充,营业重获发展。此时,陆费逵任总经理兼编辑所所长。在他的主持下,中华书局资本增至200万元,出版了《新教材教科书》、《新教育国语教科书》、《新文化丛书》、《唯物史观解说》等书,并创办了《中华英文周报》、《中华书局月报》、《少年中国》、《小朋友》等杂志。尽管创办之初,中华在资本、经营规模以及人才等方面都无法与实力雄厚的商务相比,但凭借其对机遇的把握,以及灵活多变的经营策略,在商业上取得了巨大的成功,从而成为仅次于商务的大型出版企业,上海出版业由此也进入了商务与中华双雄并峙的时代。

## 三、商务印书馆与中华书局在书刊上的竞争

1912年中华书局的成立及其随后的迅速发展,打破了商务印书馆在中国民营出版界一家独大的局面。商务与中华为了在激烈的竞争中打败对方,赢得竞争的胜利,在教科书、工具书、古籍图书和期刊杂志等四个方面展开了激烈的竞争,双方市场占有份额之大以及社会影响力之大,都是当时其他出版企业难以相比的。

### 1. 商务印书馆与中华书局竞争的主要内容

(1)教科书的竞争

综观近代出版业,教科书的出版始终是各出版机构的重点,不论是民营出版机构还是官办出版机构,都视教科书为其重要利润来源。"教科书是各家发行的最大目标,因为它利润最大销数最稳定。"②1902年,商务印书馆在推出近代新式教科书后,凭借教科书出版的巨大利润,确立了其在近代中国出版业霸主的地位,成为近代中国最负盛名的民营书局。1912年中华书局一成立,立即向商务发起强烈挑战,推出《新中华教科书》,打破了商务一家垄断全国教科书市场的局面。

---

① 周其厚:《中华书局与近代文化》,中华书局2007年版,第36页。
② 金兆梓:《我在中华书局的三十年》,载《回忆中华书局》(上编),中华书局1987年版,第228页。

商务和中华都是由教科书的编写发行而起家的,教科书不仅是二者的主营业务,而且也是二者出版人强国富民的理想寄托。商务是近代出版教科书最多的一家,中华成立虽晚却一直是商务的最大竞争对手。由于教科书销量大、利润高,而成为商务和中华竞争最激烈的焦点,双方都投入最强的力量编写各类教科书。当时商务由编译所主管教科书,中华则由教科书部专司此事。继"新中华教科书"外,中华书局又相继出版"共和国教科书"、"新制教科书"、"实用教科书"、"新式教科书"等系列教科书。这些教科书用较为浅显的文言写成,待新文化运动发起,又展开了以白话编写的教科书竞争。中华的老员工回忆称:教科书是中华书局的主要业务,同业竞争剧烈,"这碗饭真不好吃"[①]。

从 1912 年至 1914 年,中华版教科书就达到 400 余种,市场占有率较高,在某些地区甚至超过商务版教科书。如杭州地区的小学用书,中华版教科书一度占到了十分之八。[②] 不过,由于成书仓促,中华版教科书缺陷明显,制作粗糙,文字亦不如商务简洁明了。它虽因政治鼎革的关系而畅销一时,却无法打垮和取代商务版教科书。尽管商务在教科书的编辑出版上曾一度落后于中华书局,但依靠强大的教科书编辑队伍、领先的印刷技术、雄厚的资金和众多的分(支)馆,以及长期处于教科书出版市场的领导地位,它展开了与中华的激烈竞争。在张元济等人的主持下,商务一方面修订重编以前发行的教科书,另一方面调集人力精编新的教科书,先后出版了"共和国教科书"、"新法教科书"、"新学制教科书"、"新时代教科书"、"基本教科书"、"复兴教科书"以及"大学丛书"等多套教科书,为近代各级各类学校提供了配套齐全的教科书。凭着长期累积起来的经验和雄厚的财力,商务版新教科书无论是质量还是数量,都在中华版之上,其对中华仍占有明显的整体优势。双方在教科书方面的竞争,长达 10 多年,直到世界书局、大东书局、开明书店和北新书局加入教科书的竞争,才改变了两家对峙的局面。后来,陆费逵估计,全国的教科书市场中,大约 60% 由商务供应,30% 由中华供应。[③]

以下是 1912 年民国成立到 1937 年抗日战争爆发 25 年中,两家出版的教科书对照表:

---

① 吴铁声:《我所知道的中华人》,载《回忆中华书局》(上编),中华书局 1987 年版,第 28 页。

② 张元济:《张元济日记》(上),商务印书馆 1981 年版,第 165 页。

③ 陆费逵:《六十年来中国之出版业与印刷业》,《申报月刊》1932 年 7 月 15 日第 1 卷第 1 号。

**1912～1937 年商务印书馆与中华书局出版的教科书对照表①**

| 商务版教科书 | 中华版教科书 |
|---|---|
| 1912 年"共和国教科书" | 1912 年"中华教科书" |
| 1916 年"实用教科书" | 1913 年"新制教科书" |
| 1920 年"新法国语教科书" | 1914 年"新编教科书" |
| 1923 年"新学制教科书" | 1915 年"新式教科书" |
| 1924 年"新撰教科书" | 1919 年"新制国文教科书" |
| 1928 年"新时代教科书" | 1920 年"新教育国语" |
| 1931 年"基本教科书" | 1923 年"新小学初级国语" |
| 1933 年"复兴教科书" | 1925 年"新小学制初小教科书" |
| | 1927 年"新中华初小国语" |
| | 1933 年"新课程标准国语" |

（2）工具书的竞争

工具书是图书市场中最长销的品种,生命力长、收效大,对于出版社来说则是既扬名又得利,因此编纂工具书特别是编纂符合时代要求的新式工具书,自然成为各出版商关注的热点和焦点。1912 年民国成立到 1937 年抗日战争爆发 25 年中,商务与中华两家都出版了大量工具书,下表就是二者所出版的重要工具书对照情况。

**1912～1937 年商务印书馆与中华书局出版的工具书对照表**

| 商务版工具书及其初版时间 | 中华版工具书及其初版时间 |
|---|---|
| 《新字典》,1912 年 | 《中华大字典》,1915 年 |
| 《学生字典》,1924 年 | 《新式学生字典》,1929 年 |
| 《国音字典》,1919 年 | 《标准国音字典》,1937 年 |
| 《辞源》,1915 年,为我国第一部以词语为主、兼及百科的大型现代语文辞书 | 《辞海》,1936 年 |
| 《综合英汉大词典》,1928 年 | |
| 《四角号码词典》,1928 年 | |

由于商务印书馆综合实力强大,更能投入大量的人力、物力、财力编纂工具书,其规模大、范围广、品种多,内容体例吸收西方的长处,不仅较之以往有所创新,同时又方便实用。如 1918 年,商务由杜亚泉等人编纂出版了《植物学大辞典》,此后又陆续编辑出版了人名、医学、动物学、地质矿物学、

---

①　黄宝忠:《近代中国民营出版业研究:以商务印书馆和中华书局为考察对象》(未刊博士论文),第 84 页。

哲学、地名等大辞典,以及小学自然、现代外国人名、商业、法律等大量辞书。而中华书局则由于财力、人力等方面的限制,有些辞书无法全部"跟进",特别是像一些双语辞书和专科辞书,中华书局在数量和质量上都无法和商务印书馆抗衡,但中华采取"跟踪超越"的策略,在借鉴的基础上又有所创新。如1915年12月,中华出版的《中华大字典》,其图书的质量,就远远超过了商务印书馆的《新字典》。早在1911年,陆费逵就认为中国字典已陈旧,不合时宜,便与欧阳仲涛、范静生商量,主持编辑了《中华大字典》。《中华大字典》所收的字多于《康熙字典》,而且校正了4000多条《康熙字典》的错误,成为中国当时最完备、内容最丰富的一部字典,而且一直到今天还在重印和使用。

又如商务印书馆《辞源》出版后,颇负盛名,畅销全国。陆费逵与范静生、徐元浩商量,由徐主持编辑一部10万条条目的大辞书,定名为《辞海》。后此书历经21载,几易主编(有徐元浩、舒新城、张相、沈颐等),于1936年正式出版。中华的《辞海》与商务的《辞源》相比较,亦以语词为主,可是兼收百科。两者内容虽相近,篇幅也大体一样,但由于《辞海》晚出,因而能够在《辞源》的基础上取长补短,后出转精。如《辞源》引书不注篇名,常为论者诟病,《辞海》则引书举作者、书名和篇名,比《辞源》完备。《辞海》的销量远远超过了《辞源》,并且一起成为人们必不可少的案头工具书。后来,《辞海》出版了甲、乙、丙、丁、戊5种版本,其印刷总数达到100万部以上。[①]

(3)古籍图书的竞争

古籍图书的整理出版不仅体现一个出版社的实力与水平,同时也是衡量一个出版社的经营理念与对传统文化关怀程度的重要标志。作为当时全国最著名的两大出版企业,商务与中华在古籍图书的整理出版方面,特别是大部头的古籍丛书的出版方面,也展开了激烈的竞争。商务自张元济入主编译所后,就开始有计划地搜集和出版古籍名著。其整理出版的古籍图书有《四部丛刊》、《道德经》、《续藏经》、《百衲本二十四史》、《四部丛刊续编·三编》、《丛书集成》和《万有文库》(第一、二集)等。在为数众多的商务版古籍中《四部丛刊》和《百衲本二十四史》最为突出。前者在1919年出版后,至1934年已印刷三次,前两次印数就超过5000部,尚供不应求。1912年中华书局成立伊始,亦将印行古籍作为重要业务,在种类和数量上其成绩颇巨。在中华版古籍中《四部备要》和《古今图书集成》最有代表性。

---

① 钱子惠:《〈辞海〉的前前后后》,载《回忆中华书局》(上编),中华书局1987年版,第165页。

由于这些都是大部头古籍丛书,内容往往重复,双方为了争取读者,必须在编辑出版上别具匠心才行。如1920年,商务出版《四部丛书》,此书由张元济主持编辑出版,其市场反映很好。陆费逵也了解到这一信息,也很快做出决策,采用现代出版技术出版《四部备要》。但两书在选目和出版手段上都有很大的不同,各自显示的学术意义和收藏价值也有很大的差别。《四部丛刊》讲究版本,非宋元旧注,概不轻用;而《四部备要》,则注重实用,充分选取了清代学者经过校勘、考证的注疏本。在出版手段上,《四部丛刊》使用影印技术;而《四部备要》则利用聚珍仿宋版活字排印。因此,《四部丛刊》虽比《四部备要》早出2年,但由于在内容上互有侧重,形式上各有千秋,后者的市场销路并没有受到前者太大的影响。在社会效益和经济效益上,两书都各得其所。[①]

（4）期刊方面的竞争

由于商务印书馆已创办多年,其经济实力雄厚,在出版众多图书的前提下,也出版多种有影响的刊物。为了与商务印书馆竞争,中华书局决定凡是商务有一种杂志,中华书局就跟着创办一个相应的刊物。下表就是中华和商务两大出版商创办的刊物情况。

商务印书馆与中华书局创办期刊一览表

| 商务印书馆重要刊物及创办时间 | 中华书局重要刊物及创办时间 |
| --- | --- |
| 《东方杂志》,1904年 | 《大中华》,1915年 |
| 《教育杂志》,1909年 | 《中华教育界》,1912年 |
| 《小说月报》,1910年 | 《中华小说界》,1914年 |
| 《少年杂志》,1911年 | 《中华童子界》,1914年 |
| 《学生杂志》,1911年 | 《中华学生界》,1915年 |
| 《妇女杂志》,1915年 | 《中华妇女界》,1915年 |
| 《英文杂志》,1915年 | 《中华英文周刊》,1914年 |
| 《儿童世界》,1922年 | 《小朋友》,1922年 |
| 《儿童画报》,1922年 | 《中华儿童画报》,1914年 |

中华书局的八大杂志确实都可以在商务印书馆的期刊中找到其相应的刊物。但中华书局对商务印书馆的借鉴,不是粗劣的模仿和亦步亦趋,而是相互竞争与学习进步的过程。商务印书馆最具影响的刊物《东方杂志》,中华书局与之相应的刊物是《大中华》。《大中华》杂志的主编是梁启超,陆费

---

①　申作宏:《陆费逵的同业竞争策略》,《出版发行研究》2005年第4期。

逵还亲自在该杂志上写卷首宣言,多论述各国大势,介绍最新学术动态,研究国家政策和个人修养方法。此外,该杂志还不拘成见,不限一家之言,对抵触的言论也兼收并蓄,其内容丰富,言论观点客观公正。在当时的历史条件下,《大中华》确实是资料充实,印刷精美,与商务印书馆的《东方杂志》一起成为当时我国最重要的刊物。

**2. 商务印书馆与中华书局竞争的主要手段**

(1)大力开展广告营销

随着媒介传播形式的近代化,借助媒体进行广告宣传便成为近代图书业营销过程中的重要形式,也是近代出版机构常用的一种竞争手法。通过广告形式将图书介绍给读者,激发读者的兴趣和购买需求,是出版商实现其经营目标的有效途径和扩大社会影响力的重要方式。为此,商务与中华均不惜人力、财力,利用广告进行图书宣传、介绍以及评价。二者所借助的主要媒介是报纸和杂志,辅以单件印刷品如传单、招贴、目录说明书、样本、小册子等。二者出版的图书,封二、封三、封底乃至书刊的插页,也常被用来刊登广告。广告的形式多种多样,有提要式的,也有书目式的;有单页的,也有成本的。广告语言也极富技巧,讲究吸引力。总体来说,商务与中华大力开展广告营销的方式主要有以下三个种:

第一,利用当时著名的报纸,进行广告营销活动。商务和中华都充分利用《申报》、《大公报》、《益世报》和《民国日报》等主要报纸媒体,刊登图书的广告和信息,进行图书的营销活动。特别是当时上海最重要的报纸《申报》,成为中华书局、商务印书馆图书宣传竞争的主战场。如中华书局教科书一出版,1912年2月26日陆费逵就在《申报》上发文《教科书革命》,评介中华书局版教科书。《四部备要》出齐后,中华书局也于《申报》上刊出悬赏征求校勘的广告。商务在《申报》上刊登的图书广告就更多了。如《四部丛刊》还未正式出版,商务就在《申报》上刊登《四部丛刊》的预约销售广告。从刊登的位置来说,商务的广告多刊登在头版头条,中华的广告多刊登在二版头条。

第二,合理利用自己所办的杂志和报纸,展开广告攻势,将自版图书信息及时、有效地传递给读者,争取获得最广泛的认知与认同,达到免费广告的目的,从而促进图书的销售。商务和中华都充分利用自己的刊物,刊登图书的出版信息、优惠消息以及其他消息。如商务通过其创办的《教育杂志》向读者发放调查表,各地学校只要填寄一份调查表,即可获得免费赠阅一年该杂志,第二年再填可再赠。这份调查表是商务各分馆推销课本的情报来源。中华在《大中华》上刊登其八大刊物、教科书以及工具书的初次发行或发售预约、特价等重要广告。中华书局通过其刊物《中华教育界》举办"宣传共和新肇,引导新教育走向"等主题学术活动来宣传"中华教科书",也取得了较为显著的效果。其实,一本杂志中就附有若干广告页,其中有些内容如图书评价文章,也是一种潜在的广告,能激起读者的购买需求。另外,商务还曾出版一份《出版周报》,这是一份读书杂志,其中固定篇幅是商务版新书介绍。遇有各报刊刊载的有关商务版图书消息,亦也收录在内。[①]

第三,采取软性广告形式。如利用图书本身来进行自我宣传是常用的广告形式。刻书牌记、刊记、凡例、序跋等,皆是图书自我推销的重要窗口。中华的陆费逵很好地继承了中国古代书业中的传统,十分重视用图书中的前言、后记、编辑缘起等作阵地,最便捷、最有针对性地进行图书的宣传推广。他亲自撰写的校印《四部备要》、重印《四部备要》、影印《古今图书集成》、编印《辞海》等书的"缘起",多为独具特色的精彩广告。商务设有专门的宣传股负责计划、制作、运用广告,每出一种新书必登广告,在"日出新书一种"的时期更是天天有广告。对于大部头书籍的初次发行或发售预约、特价,则还另作战役性的广告部署。单是先行制定的宣传方案,就包括购买对象的选定、供应本书的主要说辞、战役期、预约期、特价期的进程、广告介体的选用、经费的预算等项,甚至还为这类大部头书选用或特制象征性的标志,如以"形"象征《万有文库》,以提高广告的吸引力。

(2)大打价格战

"价格战"是图书营销的重要手段,特别是在竞争激烈的情况下,价格竞争是商家竞争的最重要手段。对图书消费者来说,价格有着天然的吸引力,可以以较少的钱买到尽可能多的书。中华刚一进书业市场,商务采取低价促销的手段,试图击败新生的对手。1912 年 6 月 3 日,张元济"约请印、夏、高、俞志贤诸人到编译所,议定新编教科书廉价发售,照定价永远对折"[②]。其中印、夏、高分别指:印锡章、夏粹芳和高梦旦。中华书局的老职工吴铁声后来回忆商务的倾销方法是购教科书一元,赠送购书券五角,购杂书一元,赠送购书券一元。新生的中华无可奈何,只得照商务的办法倾销书籍。[③]同时,商务和中华都积极利用各种机会扩大自己的影响,如参加博览会,利

---

①　汪家熔:《商务印书馆史及其他——汪家熔出版史研究文集》,中国书籍出版社 1998 年版,第 128 页。

②　张元济:《张元济日记》(上),商务印书馆 1981 年版,第 2 页。

③　吴铁声:《我所知道的中华人》,载《回忆中华书局》(上编),中华书局 1987 年版,第 74 页。

用节日、店庆、假期等降价销售图书。名目繁多的价格战,可谓花样百出,令人目不暇接。1917 年 5 月 26 日,中华以"共和再造周年纪念"为名,总分局举行廉价一个月的售书活动。本版教科书由五折减为三折,其他书五折、外版书六折发售。国语运动大会召开之际,中华发出大量广告称:"本局现为应全国国语运动大会在全国召开之际,特将本局出版的国语图书从十五年一月一日起至三十日止,上海总店全国分局一律五折发售,以资提倡。"与价格战相联系,商务与中华都十分重视节约成本,都将加强管理、降低成本从而降低定价,让读者买得起作为提高竞争力的一种手段。张元济身体力行节俭持家,注意培养职工的成本意识。他对馆内公事来往所写的手札,都是利用极狭小的纸边或废纸,信封通常使用已用过的旧信封,很少使用整张信纸和信封。在他的影响下,利用旧信纸和信封在商务印书馆内相沿成风。①

(3)跟进出版策略

商务与中华在书刊方面的竞争中的手法也是多种多样的。商务在中国近代出版史上,确实具有难以移易的领先性,中华的基本策略则是"跟进"。商务每开创于前,中华必跟进于后,而且跟进速度之快,几乎没有太长的时间差。跟进,不是跟风和跟潮,也不是简单的"模仿",而是在模仿中创新与超越,"你有我也有,你有我更优"。中华的跟进也是一种眼光,其一,要选择适当的跟进目标,确立后发优势;其二,在中华跟进之后,其他的出版者基本上不可能再跟进。这是中华的高明之处。中华的跟进,既提供了一种书业运作范式,也确实促进了近代出版业的共同发展。②

尽管逐渐崛起的中华确实在出版的选题、内容的编排及书目的出版发行等上有明确的借鉴甚至模仿商务的倾向,但中华却能做到借鉴中有所创新,如《中华教育界》刊发专号的做法是其办刊的一个重要特色。自 1912 年创刊至 1937 年停刊,《中华教育界》共发专号 35 期,对儿童的图书问题、电化教育问题等比较前沿性的课题都加以专门讨论。另外这种借鉴中的创新,又无时无刻不体现在书刊的编辑出版方面。如中华的《辞海》就比商务的《辞源》更完备,在具体的出处来源方面较《辞源》为完善。中华出版的几种主要工具书如《中华大字典》、《新式学生字典》及《标准国音字典》、《四部备要》、《辞海》、《小朋友文库》,与商务的《新字典》、《学生字典》、《国音字

<hr>

① 曹冰严:《张元济与商务印书馆》,载《商务印书馆九十年》,商务印书馆 1987 年版,第 31～32 页。

② 王建辉:《商务与中华:中国近代出版的冠军与亚军》,《中华读书报》2005 年 9 月 21 日。

典》、《四部丛刊》、《辞源》、《小学生文库》相仿,但正如以上所论,借鉴中创新始终是中华书局出版发行所奉行的圭臬。

(4)大力开展其他促销方式

商务和中华除大打价格战和广告战外,还经常采用其他促销方式,如赠送样书、提前预订、分期付款等促销方式,大力推销本版图书,扩大本版图书的市场占有率。商务和中华除在报刊上大做教科书广告外,还向各地中小学校直接寄发教科书目录,赠送教科书样本。中华书局设有专门的机构——推广科,专门负责寄赠样书一事。翻开昔日的《申报》,每每看到教科书"函索即寄"的声明。到了20世纪30年代,随着竞争的加剧,寄赠的范围更扩大到具体的课本。且看下面的一则广告《中华书局赠送小学教科书各科第一册》:"敝局此次出版'新课程标准适用小学教科书',体例之佳,内容之精,允称独步;印有样本,分赠各学校。近来迭接各校来函索阅正书,以便选用,兹特定赠送各科第一册办法如下:一、惠下邮票一角,即将初级国语、卫生、常识、社会、自然、算术、音乐七科之第一册教科书普通本寄上;二、惠下邮票二角,即将初级七种及高级之国语、社会、自然、卫生、公民、历史、地理、算术八种之第一册教科书普通本一并寄上。来函请详叙姓名、地址、校长姓名,并请加盖校章;每校以一份为限。"①出版社主动寄送的教科书目录及样本,有助于学校教师及时地了解教科书出版动态。同时通过翻阅样本和编纂说明书,也能较切实地把握各教科书的编纂特点,从而在相互比较的基础上,选择适合自己教学需要的课本。同时,为了更好地推销本版图书,特别是本版教科书,商务与中华的一些发行人员,还与各省市的中小学校长保持密切的联系。如中华书局的郭农山,在沈阳工作期间,一方面经常和辽宁省中小学校长保持密切的联系;另一方面还常深入沈阳中小学,去做一些具体联络工作。对于失业而致生活没有着落的教师,他总是出谋划策尽力设法解决,还帮助介绍他们到另外的学校去执教。②

中华书局的图书尚未出版,就预约销售。如果读者预订,既可以享受很大折扣的优惠,还可以分期付款。当然,商务和中华在开展各种营销活动中,抱着诚信经营、顾客至上的服务理念,精心为读者服务。中华书局规定:凡读者购买中华版图书,如果发现有缺页、白页、倒装等印刷装订问题,即使

---

① 《申报》1933年6月16日广告。
② 郭一宁、郭筑生、郭均生:《郭农山先生在中华书局的片断》,载《回忆中华书局》(上编),中华书局1987年版,第139页。

是书已经用得破旧,也可随时调换或退货,不让读者遭受损失。中华书局的书店有一套存书卡片,对市场销售情况反映十分及时。畅销的图书不待售完就再版,如果售缺了,就会立即加印。所以读者要购买的书,决无脱销之事发生。① 为了更好地服务读者,陆费逵还在 1917 年于发行所增设"通讯贩卖部",办理本局出版物的邮购业务。凡上海、直奉、江浙、闽粤、川汉以及欧美、日本各处的货物,除危险品及有伤风化品外,也可代读者购买。

**3. 商务印书馆与中华书局早期竞争的特点及其意义**

(1)竞争中有合作

商务和中华在激烈的竞争中,也有不少合作。它们合作的方式主要有以下四种。一是在危机中寻求合作。1917 年,中华书局遭遇"民六危机",其资金链断裂,正常经营陷入困境。为了摆脱危机,中华展开了与商务的多次谈判工作,讨论双方的合并事宜。但经过半年之久的谈判,由于各种原因,双方的合并没有实现。二是针对第三方的竞争而建构的合作体系,以巩固现有格局。为了对付新起的世界书局在教科书方面的冲击,两家一度共同出资建立了国民书局来推销廉价教科书。但世界书局并没有因此而被挤出教科书市场,国民书局后却因资本不足而停业。三是为了自身利益协调需要,双方采取合作。1921 年底,中华和商务这对老对手就共同签订了关于销售小学教科书的协议,共 21 条。内容包括发售折扣、回佣、赠品、对分局的补贴限制以及违约罚款等。② 四是在以弱抗强方面形成合作。如向政府有关当局争取教科书方面的政策和用纸方面,两家经常能达成协议。1938 年,邹韬奋以生活书店名义发起中性出版社联合抗议,抗议国民党政府的图书审查办法,中华的陆费逵和商务的王云五都很快签名响应。③

(2)汇聚大量编辑出版的人才

商务与中华两大出版巨头在书刊竞争过程中,都认识到优秀编辑出版人才对于出版社发展壮大的重要性。因而,在其发展过程中,双方都重视优秀人才的吸引、培养,并汇聚大量编辑出版人才,形成近代出版业的人才集群。

张元济在组建商务编译所时便开始了物色人才,并将他们网罗到商务,

① 吴中:《近代出版业的开拓者陆费逵》,载俞筱尧、刘彦捷编:《陆费逵与中华书局》,中华书局 2002 年版,第 116 页。
② 钱炳寰:《中华书局大事记》,中华书局 2002 年版,第 64 页。
③ 王建辉:《商务与中华:中国近代出版的冠军和亚军》,《中华读书报》2005 年 9 月 21 日。

使商务逐渐建立起一支过硬的编辑队伍。甚至在他1926年退休之时,念念不忘的仍是商务的人才问题:"……不能不进用人才。人才何限,其已在公司成效昭著者,固宜急为拔擢。勿以其非我亲故而减其信任之诚。其有宜于公司而尚未为吾所得者,更宜善为网罗。勿以其素未习狎而参以嫉忌之见。此为公司存亡成败所关。"①在他的慧眼下,一大批优秀人才来到了商务,并在商务发挥着重要作用。如胡愈之从上虞农村来到上海报考商务,他的文章经张元济过目后,被张赏识录用为编译所练习生;丁文江原是一个名不见传的中学生物教员,张元济慧眼识珠,请他编写《动物学》;恽铁樵优秀的翻译和小说创作才能为张元济所赏识,被聘为《小说月报》主编。商务印书馆的编译所所拥有的人才,最多时达到300多人,丝毫不亚于国内任何一所大学,甚至可以说是中国最大的人才群体。②　总体来说,商务印书馆吸引的出版人才有蔡元培、庄俞、杜亚泉、茅盾、郑振铎、王云五、陆尔奎、吴研因、任鸿隽、顾颉纲、李泽彰、朱经农、蒋维乔、夏曾佑、杨贤江、冯宾符、傅东华、何炳松、向达等。

中华书局也十分重视人才的引进和培养。1913年,中华书局聘请前教育总长范源濂担任编辑长,编辑出版"新制教科书"系列。此后,范源濂在陆费逵的通力支持下,聘请老朋友梁启超、王宠惠至中华编辑所,编辑中学、师范新教科书。中华书局的编辑队伍庞大齐整,实力雄厚,主要有陆费逵、范源濂、舒新城、沈颐、金兆梓、马君武、张相、陈伯吹、李平心、钱歌川、李登辉等。

此外,商务与中华不仅注意招揽编辑出版人才,"多招有学问之人",而且还聘请和培养了经营管理人才。如商务印书馆的商梦旦、陈叔通、杨端六,中华书局则有戴克敦、姚汉年等。总之,这些出版人才,不仅代表了近代中国出版的文化良知,也代表了近代中国出版业的文化学术意识。柯灵说:这些出版人,不但是名家,精通出版业务,而且还有一主义的目标,共同的理想。

(3)重视书刊的编写、印刷质量

商务和中华在激烈的竞争中,都十分重视图书杂志的编辑与印刷质量。没有高质量的图书,就无法赢得读者,就无法生存与发展。同时,由于竞争

---

① 《为辞商务印书馆监理职致商务印书馆董事会信》,载《张元济书札》,商务印书馆1981年版,第263页。

② 王建辉:《出版与近代文明》,河南大学出版社2006年版,第347页。

局面的存在,给读者提供了更多的选择机会。而读者在对多种版本的书刊进行选择时,首先不能不考虑的就是书刊的编辑印刷质量。书刊质量不高,再优惠的价格,再体贴的服务,也无济于事。这就迫使商务与中华始终把书刊的质量因素放在第一位。

商务对书刊的编辑出版质量一直特别重视,商务版的每一册教科书后面都附有一页编译所告白,"敬告学界诸君:本馆同人编辑教科书,按照程度悉心斟酌,每成一书,必易数稿,以期适用,惟限于学识,深恐多所未合,务望海内同志将其谬误之处痛加针贬,并希大笔斧削,本馆同人敬当择善而从,随时改良,以期臻于完美,断不敢稍护前短,想热心教育者必不吝于赐教也。惠函请寄上海宝山路商务印书馆编译所,并祈示明里居姓氏,以便往返函商,常承大教尤为厚幸。"除了出版物的内容外,商务在图书的印刷环节上同样精益求精,令出版界同行佩服不已。汪原放回忆说,胡适的《先秦名学史》由亚东图书馆出版,但"这部英文书是托商务印书馆印刷所排印的,排校得又快又好。末校送来时,我们也细校一过,可是竟不曾校出几个错字。我觉得商务的组织真很严密而精良,非常佩服。"①委托印件尚且如此,本版图书的印刷质量就更可以想见了。正因为在竞争中不断强化质量意识,商务版教科书及其他读物的质量更见上乘,在教育部的审批报告中屡获好评,受到读者的欢迎。

尽管中华书局的经济实力不如商务印书馆,但其也十分讲求出版物的质量。其《四部备要》出版发行时,陆费逵在报纸上悬赏征求读者来信,如能指出《四部备要》的排印错误,一字酬金 10 元。② 表示其对所出版的图书质量的认真态度,以及对本版图书质量的信心。虽然读者来信指出该书的多项错误,中华书局也为此支出酬金数千元之多,然而此举却可以纠正错误,提高图书编校质量,还扩大了图书的销量和中华书局的社会影响。此外,陆费逵还十分重视书刊的印刷质量。他特意从日本和德国购置四色凹版轮转机、双色胶印机、制版机等新式设备,同时聘请德籍和日籍技师和中国技术人员一起工作,兼取几方面的长处。经过 20 年的努力,到 20 世纪 30 年代,中华书局印刷厂实力雄厚,印刷技术精湛,在远东处于先进水平。③

---

① 汪原放:《回忆亚东图书馆》,学林出版社 1983 年版,第 79 页。
② 吴铁声:《解放前中华书局琐记》,载《回忆中华书局(1912~1987)》(上册),中华书局 1987 年版,第 83 页。
③ 俞筱尧:《爱国教育家出版家陆费伯鸿——并介绍早年中华书局的发展概况》,《新文化史料》1997 年第 4 期。

（4）促进了中国出版业的健康发展

毋庸置疑，商务印书馆和中华书局在书刊方面的竞争是良性的竞争，在质量上求精品，在选题上求创新，在竞争中求发展。通过竞争，双方不断推出图书新品种，不断变革图书形式。此外，双方技术手段不断进步，广告宣传灵活多样，营销手段五花八门。也是通过双方的良性竞争，奠定了它们在近代中国出版史上的地位。两大出版社言利而不惟利，竞争而不相戕，以发展文化而获取经济效益的理念，都提高了图书出版的质量，增强了双方的经济实力，促进了近代出版的繁荣发展，以及近代中国教育的发展。同时，双方的竞争中促发展，也为我们今天的出版业提供了宝贵的经验。

## 四、活跃在出版领域中的中小出版机构

北洋政府时期，全国民营出版机构除商务和中华外，比较重要的出版机构还有大东书局、世界书局、贵阳文通书局、亚东图书馆和泰东图书局。下面分别简单地介绍这些中小型出版社的经营情况，以及其所出版的书刊情况。

### 1. 大东书局

1916年，吕子泉、王幼堂、王均卿和沈骏声四人合资在上海创办了大东书局，其主要出版法律通俗读物及应用图书。大东书局的资本金额为3万元，在浙江路桥瑰设有印刷所，并在福州路昼锦里口租赁单开间门面设立门市部，延聘编辑，编辑出版各种图书。后来在各省设分店十余处。1919年底，在蒙古路森康里开设印刷所，各项设备渐具规模。1921年，发行所移至福州路110号，其时出版图书品种已达200多种，年营业额达10多万元。1922年，在广州和汉口设立分局，将印刷所迁至西藏路公益里。1924年改组为股份有限公司，集资10万元，并增设了北京、辽宁、长沙三个分局。当年，营业额达26万元。由于经营得当，业务逐步发展，营业额呈直线上升，1925年增至36万元，1927年突破50万元，1928年达到63万元。

在北洋时期出版了孙中山的《三民主义》、《建国方略》和《建国大纲》等著作。后又陆续出版了《四库全书总目提要索引》、《曲海总目提要》、《唐宋八大家文集》、《中国医学大成》、《应用文集成》以及各种尺牍、字典之类的工具书。20世纪二三十年代，其旗下由周瘦鹃主编的《紫罗兰》半月刊曾风靡一时。除了周瘦鹃等翻译的《亚森罗苹探索全集》外，还出版了郭沫若的重要著作《甲骨文研究》和《殷商青铜器铭文研究》。此外，大东书局还编印了

不少中小学教科书。

### 2. 世界书局

世界书局于1921年夏正式成立,为民国四大书局之一。创办人沈知方原系商务印书馆职工,后与陆费逵筹备中华书局,任中华书局副经理。1917年沈因故脱离中华书局,先是个人单独经营出版工作,后独资创办世界书局。后营业日盛,于1924年夏季扩大改组为股份有限公司。

世界书局改组为股份公司后,在经营方针上特别强调赚取利润,为此瞄准通俗图书市场,专门出版一些迎合一般市民趣味的通俗章回体小说,以言情、武打等通俗章回体小说起家并累积了大量资金。自1924年起,开始涉足小学教科书。当时的小学教科书市场,基本上为商务、中华两家大书局控制,世界书局采取不求赚钱只求挤入教科书市场的策略,集中力量编写小学教科书。出版教科书奠定了丰厚的经济基础后,世界书局的出书范围进一步扩大,品位也有所提高。不过,畅销书依然是它关注的重点。在畅销书之外,沈知方还重视发展通俗杂志,他创办的《侦探世界》对于促进侦探小说在中国的发展和传播起到了重要作用。这份杂志连载过一系列畅销的侦探小说,在当时的大众读者中很受欢迎。

### 3. 贵阳文通书局

贵阳文通书局是贵州近代最大的编辑、印刷、发行综合出版机构,由贵州爱国人士华之鸿独资创建。书局成立于1909年,在民营出版机构中成立时间仅晚于商务印书馆。民国初年,文通的业务发展兴盛,贵州所有的印件都由文通代印,财政税收、商业贸易中的票据证件也大多由它印刷。1916年护国运动中,护国军曾委托文通书局代印300万纸币。加上贵州省只有文通这一家近代化出版机构,当时政府所办的公报、杂志,全部委托文通书局印刷,业务大增,一直持续了10年左右的时间。

1927年,文通书局又增设了图书部,运北京、上海各出版机构出版的教科书、一般图书及文具来黔,供文教界采用。其图书门市部,除经销图书外,还经销文体用品。抗战爆发后,上海、北京等地的许多出版机构和高等院校纷纷转移至西南。商务、中华、世界等出版机构都在贵阳开设了分局,至此文通书局停办代理各出版机构图书的业务,开始独立出版图书。1941年6月,增设编辑部,聘请贵州籍著名学者、上海大学教授马宗荣任编辑部主任,贵州著名文人谢六逸为副主任。编辑出版了马宗荣和谢六逸主编的"大学丛书",以及"国际时事丛刊"、"公医丛书"和《莎士比亚全集》等图书,并于

1941年10月创办《文讯》月刊。1943年，编辑所正、副所长马宗荣和谢六逸先后病逝，改聘著名历史学家、复旦大学教授顾颉刚为所长，历史学家、云南大学教授白寿彝为副所长。因白寿彝在昆明较多，为了便于其领导工作，编辑所由贵阳迁往昆明。[①] 到1946年，贵阳文通书局已在成都、重庆、昆明、贵阳、上海、长沙、广州等地设立了7个分局。出版图书的数量明显增加，也出版了一批有影响的图书，如茅盾编选的《近代短篇小说选》、穆木天译的《巴尔扎克全集》等。刊物除继续出版《文讯》外，由中华书局出版的《中华文史》也改由文通书局出版。

贵阳文通书局在军阀混战、政权更迭中闯荡，在诸多矛盾中发展。在近半个世纪里，书局出版各类图书500多种，出版承印报纸和杂志28种，编辑出版《文讯》月刊9卷、55期、49册，为开拓和发展贵州的文化事业作出了一定的贡献。可惜文通书局长期采用旧式家族经营模式，在激烈的图书市场竞争中，终因管理落后，到新中国成立前夕，已濒临破产的边缘。

**4. 亚东图书馆**

1913年春，安徽绩溪人汪孟邹在上海四马路惠福里一间简陋的楼房里，创办了亚东图书馆，后与其侄汪原放合伙经营。汪孟邹早年在芜湖开办科学图书社，销售上海出版的新书新刊。成立之初，亚东图书馆只出售一些自己出版的地理书和地图，后来增加了《新青年》、《每周评论》、《新潮》等杂志和少数图书。1919年门市建成后，开始经售北京大学出版部的图书，成为该部在上海的总经售处。同年，孙中山因护国运动失败，决定到上海创办《建设》杂志，宣传其三民主义思想，其他各书局均不敢发行，而亚东图书馆独自承担达二年之久。其时，赵南公与陈独秀、胡适关系密切，二人的重要著作均由亚东图书馆出版。[②] 五四运动以后，亚东图书馆首先采用新式标点符号和分段的方式出版中国古典小说（通称"亚东本"），风行一时。亚东版的中国古典小说有：《水浒传》、《儒林外史》、《红楼梦》、《西游记》、《三国演义》、《镜花缘》、《水浒续集》、《儿女英雄传》、《老残游记》和《海上花》等。特别是其1921年出版的《红楼梦》附有胡适的《红楼梦考证》、《考证后记》以及顾颉刚的《答胡适书》和陈独秀的《红楼梦新叙》。在出版预告中声称："打破从前种种穿凿附会的'红学'，创造科学方法的《红楼梦》研究。"其出版的《红

① 华问渠：《贵阳文通书局的创办和经营》，《出版史料》1991年第4期。
② 杨寿清：《中国出版界简史》，永祥印书馆1946年版，第27页。

楼梦》平装 6 册,初版时就印刷了 4000 部,计 24,000 册,每部定价三元三角。[①] 其后,又出了不少新文化书籍,营业兴旺,工作人员达 20 多人。1928 年,其他书店也竞相仿效,出版粗制滥造的标点本古典小说,并盗印亚东的畅销书,削价倾销,亚东营业大受影响。改由其侄汪原放任经理,仍无起色,复由汪孟邹任经理。抗日战争爆发后,收歇门市部,只留西藏中路编辑所。这时期亚东主要靠卖存书勉强维持,工作人员也减少到三四人。亚东一直采用家长式的旧式经营管理方法,曾打算改组为股份公司而终未实现。

亚东共出版了 300 多种书,是五四前后出版销售新书最多的机构之一。早期的出版物有《中国四大交通图》、《中国自然地理图》等,都在日本印制。曾代售和出版印行的期刊有《甲寅》、《新青年》、《每周评论》、《新潮》、《少年中国》、《少年世界》、《建设》等 10 多种。五四运动后所出版的新文化书籍有胡适的《尝试集》、俞平伯的《冬夜》、汪静之的《蕙的风》等新诗集,田寿昌(田汉)、宗白华、郭沫若的通信集《三叶集》,高语罕的《白话书信》,朱自清的散文集《踪迹》,蒋光赤的《少年飘泊者》、《短裤党》、《鸭绿江上》。还出版了《独秀文存》、《胡适文存》等文集。

### 5.泰东图书局

泰东图书局,于 1914 年创办于上海,由欧阳振声任总经理,谷钟秀任总编辑。它是一家股份制出版机构,股东大部分是政学系的一些人。泰东图书局的创设,主要是便于政学系的人出版自己的著作,宣扬自己的政治主张。其创立之初所出版的书籍大多是政治方面的。如《地方自治讲义》(12 册)、《世界联邦共和国宪法集》、《中华民国开国史》(谷钟秀著)、《中国近时外交史》(刘彦著)等。袁世凯复辟失败后,泰东出版了杨尘因著的《新华春梦记》,揭露袁称帝阴谋及其失败的丑史,畅销一时。护国运动后,股东们都到北京做官去了,泰东图书局转由股东之一的赵南公一人主持。赵南公沿袭了泰东早期的出版方针,继续出版具有进步社会思想和论述中国社会问题的书籍。五四运动后,该局成立编辑部,改出新文艺书刊。1921 年扩大为编辑所,其主要编辑人员有王靖、张静庐、王无为等人。其时出版了一些有关新思潮、新知识和介绍苏俄情况的书籍,如《新俄国研究》、《劳农政府与中国》、马克思的《工资劳动与资本》、《劳动总同盟研究》,以及日人河上肇的《近世经济思想史论》和《贫乏论》等。值得注意的是,泰东图书局在当时出

---

① 汪原放:《回忆亚东图书馆》,学林出版社 1983 年版,第 64～65 页。

版这类书籍,在上海乃至全国也是不多见的,使它一下子就在新书业界赢得了良好声誉。

1920年,郭沫若、郑伯奇由日本回国后,曾在该局所租房屋居住一段时期。在文学书刊的编辑方面,赵南公对郭沫若十分倚重。他在7月28日的日记中写到:"即沫若暂返福冈,一切审定权仍归彼,月薪照旧,此间一人不留,否则宁同归于尽。"[1]郭沫若在一个半月里为泰东图书局编辑了三部书稿:一是编定诗集《女神》;二是改译《茵梦湖》;三是标点《西厢记》。这三部书的出版,引起了读者极大兴趣,特别是列为"创造社丛书"第一种的《女神》的畅销和引发的巨大社会反响,为泰东图书局闯出了一条新路。赵南公还曾明确表示支持《创造》季刊的出版,其在5月11日的日记中写到:"予到编辑所,与沫若谈《新晓》事。彼亦言恐不能按期出版。乃商决仍由王靖主持,另出一种季刊名《创造》,专容纳沫若同志等文字。"[2]"可以这样说,泰东,是创造社的摇篮。泰东,在初期的新文化运动中间,它是有过相当的劳绩的。"[3]张静庐在其《在出版界二十年》中说的这一段话,客观而又公允地评价了泰东图书局在现代出版史和现代文学史上的地位。

## 五、中国共产党早期的主要出版活动

中国共产党自1921年7月成立以后,对党的宣传政策和图书的出版发行工作特别重视。从1921年至1927年就先后设立了人民出版社、上海书店和长江书店3个出版发行机构,出版发行了许多革命书刊,向广大人民群众进行了革命宣传和教育活动。

### 1. 中国共产党早期的出版方针政策及领导机构

其实,早在中国共产党成立之前,就有了革命的出版机构新青年社。新青年社成立于1920年9月,因出版《新青年》杂志而得名。《新青年》是五四时期的一份重要杂志,由陈独秀于1915年9月在上海创刊。从创刊号起,直至第7卷第6期止,均由上海群益书社发行。为了更好地宣传马克思主义,1920年9月(第8卷第1号)起,脱离了群益书社而独立出版发行,成立

---

[1]　《创造社元老与泰东图书局——关于赵南公1921年日记的研究报告》,《中华文学史料》第1辑,1991年。

[2]　《赵南公日记》,转引于广隶:《一九二一年的泰东图书局》,《出版史料》1990年第2期。

[3]　张静庐:《在出版界二十年》,江苏教育出版社2005年版,第68页。

了新青年社。社址在上海法大马路(今金陵东路)279号,仍由陈独秀负责,编辑部设在上海环龙路老渔阳里2号,沈雁冰、李达、陈望道都曾参加过编辑工作,发行所的具体工作由陈独秀的朋友苏新甫负责。新青年社成立后,除继续出版《新青年》杂志外,还出版了"新青年丛书"。如英人克卡朴著、李季翻译的《社会主义史》,罗素著、苏凌霜翻译的《哲学问题》,坎斯著、陶孟和与沈性仁译的《欧洲和议后之经济》,陈独秀、李达、施存统等著的《社会主义讨论集》,以及《劳动界》、《伙友》和《京汉路工人流血记》等多种书刊。

新青年社的出版工作,为中国共产党的成立做了思想上、组织上的准备,大批革命报刊和书籍的编辑者和组织者,成为筹备建立中国共产党的发起人或骨干分子。在建立中国共产党的过程中做出了重要贡献。中国共产党一大中央负责人中,陈独秀和李达都长期从事于出版工作,是有丰富经验的编辑,另外张国焘也从事过出版工作。

1921年7月,中国共产党第一次全国代表大会通过的《中国共产党第一次决议》十分强调出版工作的重要性。决议称:"一切书籍、日报、标语和传单的出版工作,均应受中央执行委员会或临时中央执行委员会的监督。每个地方组织均有权出版地方通讯、日报、周报、传单和通知。不论中央或地方出版的一切出版物,其出版工作均应受到党员的领导。任何出版物,无论是中央的或地方的,都不得刊登违背党的原则、政策和决议的文章。"①这个中国共产党的第一个决议,反映出中央对于出版工作的方针和政策,也可以看出其对出版工作的重视程度。虽然中共一大并没有成立专门出版机构,但却成立了中央局宣传部,由它来领导宣传、教育和出版工作。中国共产党成立后所发布的第一份通告,即1921年11月由中央局书记陈独秀签名发出的《中国共产党中央局通告》,也对出版工作提出了具体的要求:"中央局宣传部在明年七月以前,必须出书(关于纯粹的共产党主义者)二十种以上。"②

1923年11月,中国共产党第三届第一次执行委员会在上海召开,会议通过了《教育宣传问题决议案》,并批准成立教育宣传委员会。教育宣传委员会由中共中央和社会主义青年团中央局联合组织,其委员由两中央局"协定委派",其政治上的指导直隶于CP中央,并对之负责;至于组织上、工作

---

　　①　《中国共产党第一次决议》,载中央档案馆编:《中共中央文件选集》(第1册),中共中央党校出版社1983年版,第6~7页。

　　②　《中国共产党中央局通告》,载中央档案馆编:《中共中央文件选集》(第1册),中共中央党校出版社1983年版,第26页。

上的分配,概依两中央协定决议布定。其任务是"研究并实行团体以内之政治上的、主义上的教育工作以及团体以外的宣传鼓动。"此外,该委员会下设编辑部、函授部、通讯部、印行部和图书馆。其中印行部负责"经理印刷并发行刊物及讲义以至党中央其他出版物。"①可见,当时领导出版的机构是党中央教育宣传委员会下设的编辑部和印行部。这两部存在时间非常短,不足半年。1924年5月,中共中央出版部成立,编辑部和印行部的任务就归其承担。中共中央成立之初,李达是中央局成员之一,任中央局宣传部主任,李上任后即着手筹建了中国共产党的第一个出版机构——人民出版社。

**2. 中国共产党早期建立的主要出版发行机构**

从1921年中国共产党成立到1927年大革命失败,党领导的出版发行机构主要有:人民出版社、上海书店和长江书店。它们出版发行了大量革命书刊,在白色恐怖中为宣传马克思主义和党的路线方针政策,充分发挥和调动群众的革命积极性发挥了极其重要的作用。

人民出版社　　1921年9月,距中国共产党第一次全国代表大会闭幕仅一个月,中国共产党的第一个出版机构——人民出版社即在上海正式成立。人民出版社的编辑、印刷、发行工作全部由中共中央局宣传部主任李达亲自负责,社址在上海成都南路辅德里625号。为了防止敌人的破坏,另在广州昌兴新街26号三楼设公开的社址。

人民出版社的主要任务是出版马克思、列宁的理论著作和其他理论性书籍。其出版的宗旨和任务是:"近年来新主义新学说盛行,研究的人渐渐多了,本社同人为供给此项要求起见,特刊行各种重要书籍,以资同志诸君之研究。本社出版品的性质,在指示新潮底趋向,测定潮势底迟速,一面为信仰不坚者祛除根本上的疑惑,一面和海内外同志图谋精神上的团结。各书或编或译,都经严加选择,内容务求确实,文章务求畅达,这一点同人相信必能满足读者要求,特在此慎重声明。"②由于《新青年》是公开发行的出版物,其通告人民出版社的宗旨和任务有所隐讳。其"新主义新学说"实指马列主义理论,"新潮"指的是革命高潮。人民出版社刊行的各种出版物,是为了供共产党员研究马列主义理论之用,指示革命高潮的发展趋向,坚定革命斗争的信心,团结进步同志共同奋斗,这便是通告的真实意图。通告还强调

---

① 中国社会科学院新闻研究所编:《中国共产党新闻工作文件汇编》(上),新华出版社1980年版,第7～9页。

② 《人民出版社通告》,《新青年》第9卷第5号,1921年9月。

出版物的编译质量,充分显示了人民出版社严谨的出版态度。

成立后,人民出版社计划编辑出版"马克思全书"15 种,"列宁全书"14 种,"康明尼斯特丛书"(即"共产主义丛书")11 种,其他宣传马克思主义的书籍 9 种,共计 49 种图书。上述 49 种图书,除《马克思传》由王仁编译外,其余都是马克思、恩格斯、列宁、布哈林、考茨基、托洛斯基等人的原著中译本,内容包括马克思主义哲学、政治经济学、科学社会主义等三个部分,全系马克思、恩格斯、列宁的主要代表作。这些经典著作,除《共产党宣言》已有单行本出版外,其余都是第一次出版发行。这对当时的人民了解马克思主义,提供了一个十分宝贵的机会。[①] 人民出版社成立后,出版的第一本书,就是重印陈望道所翻译的《共产党宣言》。这本书对共产党的理论建设,对共产党领袖的造就和培养,都有巨大的意义。在谈到这本书时,毛泽东曾说:"有三本书特别深地铭刻在我的心中,建立起我对马克思主义的信仰。我一旦接受了马克思主义是对历史的正确解释以后,我对马克思主义的信仰就没有动摇过。这三本书是《共产党宣言》,陈望道译,这是用中文出版的第一本马克思主义的书;《阶级斗争》,考茨基著;《社会主义史》,柯卡普著。"[②]

1921 年冬,陈独秀、包惠僧、李明斋和柯庆施等人在渔阳里被捕。后经孙中山、马林等人的营救被保释出来。但由于白色恐怖日益严重,在上海进行出版活动也越来越困难,人民出版社被迫迁至广州。1923 年初,人民出版社并入《新青年》社。尽管人民出版社只存在 2 年的时间,只出版了 15 种图书,但作为第一次有计划、有系统地出版马克思、恩格斯、列宁等人的经典原著,使中国读者第一次通过单行本,系统地读到这些经典原作,这对于传播马克思主义有着十分重要的意义。

**上海书店** 人民出版社与《新青年》社合并后,中国共产党感到有必要在上海成立一个公开的出版发行机构,以加强党的宣传工作,扩大共产党的《向导》、《前锋》、《新青年》等刊物的发行。党的第三次全国代表大会后,中国共产党决定在上海成立上海书店。1923 年 11 月 1 日,上海书店正式对外营业。当时共产党在上海的文化宣传工作由毛泽民负责,为了不暴露系共产党创办的性质,决定书店由原浙江某女子师范学校的徐白民负责。新青年社的所有存书、账务和善后工作都归上海书店负责。上海书店开设

---

① 叶再生:《中国近代现代出版通史》(第 2 册),华文出版社 2002 年版,第 532 页。
② 埃德加·斯诺:《西行漫记》,生活·读书·新知三联书店 1979 年版,第 131 页。

在上海南市小北门民国路振业里内 11 号,实际上是《新青年》社迁回了上海。

上海书店成立后,在《前锋》、《新青年》、《新建设》等杂志上刊载了"开幕启事",说明其创办的宗旨和任务。"我们要想在中国文化史上尽一份责任,所以开设这一小小的书铺子。我们不愿吹牛,我们也不敢自薄,我们只是竭我们的力,设法搜求全国出版界关于这个运动的各种出版物,以最廉价价格供给读者之前,这是我们所愿负的责任。现已于民国十二年十一月一日起先行交易,待筹备完竣后,再正式开幕。"① 事实上,上海书店在 11 月 1 日以前就开始经营了。如 1923 年 10 月 27 日出版的第 44 期《向导》周报上,就印着该报的分售处为上海书店。而该书店出版的《中国青年》杂志创刊号也在 10 月 20 日就刊行了。上海书店成立后,中国共产党的所有对外宣传刊物都归它出版发行,但当时还只能是秘密发行,如《向导》就是另租房子秘密发行。为了避免引起敌人的注意,上海书店的铺面里还摆着民智书局、亚东图书馆、新文化书社以及商务印书馆和中华书局等出版机构的出版物。上海书店除了继续新青年社、人民出版社的出版发行业务外,还出版了一些新书,如《社会科学讲义》(瞿秋白著,系上海大学讲义)、《反对基督教运动》(恽代英等著)、《国外游记汇刊》(瞿秋白著)等。

1926 年,各地进步人士及共产党人纷纷成立发行机构,如长沙文化书社、湘潭书店、南昌明星书店、广州国光书店等,这些书店都与上海书店建立了业务关系,代售上海书店编辑出版的书刊。后来,上海书店又设立沪西、沪东、沪北(上海大学内)等分销处。此外,巴黎的一家书报社、香港的一家代售处,也销售上海书店出版的书刊。同年,孙传芳率军队进攻上海。不久以"印刷过激书刊,词句不正、煽动工团,妨害治安"为罪名,封闭了上海书店。上海书店被封后,中国共产党的书刊发行工作转入地下,随即在宝山路开设了宝山书店。

长江书店　　长江书店为中共中央在第一次国内革命战争时期的出版发行机构,1926 年 11 月在汉口创立,由中共中央分管宣传工作的瞿秋白领导,苏新甫任经理。1926 年 2 月,上海书店被军阀孙传芳封闭。中共中央认为有必要在适当的地区重建一个公开的出版发行机构。9 月,北伐军占领武汉。湖北、湖南一带革命形势高涨,瞿秋白、毛泽民等选定在汉口后城马路(今中山大道)设立长江书店,派苏新甫具体负责。11 月开业,主要销

---

① 《上海书店广告》,《新青年》(季刊)第 2 期,1923 年 12 月 20 日。

售《向导》社、《新青年》社、《中国青年》社和上海书店的出版物。开业3天，从广州、上海运来的书刊销售一空。

　　1927年2月，北伐军占领杭州、嘉兴等地，直逼南京、上海。革命形势的发展，迫切需要革命书刊的配合。共产党决定在上海恢复公开的出版发行机构。由于《向导》、《新青年》、《中国青年》三个刊物在上海影响很大，就暂用其名义成立三个刊物的总发行所。地址设在原来的宝山书店，并在《民国日报》等报刊上刊登启事。北伐军占领上海后，党中央决定把三个刊物的总发行所改名为上海长江书店。3月31日，《民国日报》刊登了长江书店的启事。"本店受《向导》社、《新青年》社、《中国青年》社委托为上海总发行所，经售一切关于革命书报。现设在本阜闸北宝山宝昌路口，分店则设在本阜南市西门中华路。没有革命的理论，便不能有革命的行动。本店愿意于革命高潮中，供给民众以研究高深革命理论的材料。凡我革命同志欲购革命的书报，请移至敝店可也。"①

　　长江书店为了适应革命形势发展，大量重印《新青年》社、上海书店的出版物，同时也自行出版新书。如：斯大林的《列宁主义概论》由瞿秋白译成中文首次由长江书店出版发行；毛泽东的《湖南农民运动考察报告》曾在《向导》周报连载，后因陈独秀阻挠被中断。瞿秋白将该书改名为"湖南农民革命"，亲自撰写序言，由长江书店出版单行本，公开发行。

　　长江书店在中共各地党组织的支持下，还广泛设立了发行网点。时中书社（武昌）、国光书店（广州）、文化书社（长沙）、真理书店（长沙）、国民书店（成都）、民星书店（重庆）、明星书店（南昌）、万县书店（万县）、九江书店（九江）、江淮书店（安庆）等，都是它的分店或特约代销书店。为扩大营业，长江书店于1927年5月1日迁往济生路，连续一个月在汉口《民国日报》刊登减价出售各种革命书报的广告。7月，汪精卫在武汉发动"七一五"政变。7月20日，长江书店被查抄，该店在年初设立的长江印刷厂也遭到破坏，印刷器材、纸张被抢，厂长被抓。8月4日，长江书店在汉口《民国日报》刊登"停业启事"，实际是转入地下，截至年底，仍秘密重印、发行革命读物。

**3. 中国共产党早期的出版发行机构所出出版物的主要特点**

　　共产党早期建立的三个出版机构，虽然由于白色恐怖的严重迫害，存在的时间很短，最长的也仅有四年，但其仍出版了大量马克思主义经典著作，

────────────

① 《长江书店的启事》，《民国日报》1927年3月31日。

这些著作为马克思主义在中国的传播，以及中国共产党的创立和发展都做出了不可磨灭的贡献。这些出版机构所出图书的主要特点是：

第一，出书有明确的目的性。这些图书旨在宣传马克思主义，宣传党的方针政策和思想。而这种宣传又是密切结合形势，结合群众所关切的问题，结合党在各个时期的主要任务进行的。在宣传马克思主义方面，除出版"马克思全书"、"列宁全书"和"康明尼斯特丛书"等丛书外，还出版了《马克思主义浅说》、《唯物史观浅释》、《社会进化简论》等书。五卅运动爆发后，编辑出版了《不平等条约》、《中国关税问题》、《反对基督教运动》和"向导丛书"、"中国青年社丛书"等。农民问题是中国革命运动中的一个十分重要的问题，是非常需要人们了解和着手去解决的问题。为此党的三大出版机构出版了《湖南农民革命》、《俄国资产阶级革命与运动》、《农民问题》等图书。以供应各地平民夜校作教材的《青年平民读本》，就是针对特定的读者对象，选择生动通俗的方式向人民群众进行宣传教育的。[①]

第二，形式多样，十分注意宣传效果。共产党建立的这些早期出版机构的出版物，在图书形式上多样化，面向不同的读者对象，品种繁多、类型丰富。其既出版各种刊物和单行本书籍，也出版诗集、课本、明信片和日历；既出版普及读物，也出版理论性专著；既出版政治、经济著作，又出版艺术读物。另一方面，这些出版机构在排印和装帧上创造了多种风格。在开本方面，有的采用 16 开，有的采用 32 开；在用纸方面，有的用白报纸，有的用道林纸；在装帧上，有的用平装，有的用精装，甚至有些书刊还采用传统蝴蝶式散页装和彩色丝线穿订等形式。有的通俗读物，为了突出宣传效果，就在封面上印"要目"或"内容提要"，让读者一目了然。如 1927 年 1 月长江书店出版的《革命日历》，就是十分精致的宣传品。在日历的每一页上，上半部分印月、日，左边是阳历，右边是阴历、节气，下半部分则印有关于这一天的国际或国内的大事，并有简短的评介，受到了广大工农群众的热烈欢迎。

第三，书刊发行形式广泛。党的这些早期出版机构在图书的宣传和发行方面，采取了自己独特的方式。如在报上刊登广告，甚至连续多天登载大幅广告，以壮大其图书的声势，扩其影响。上海的长江书店，就曾多次在《民国日报》上刊登广告，介绍长江书店及其出版物的有关情况。如 1927 年 4 月 6 日至 13 日，长江书店连续在《民国日报》上发布《长江书店正式开幕廉价启事》和该店出版的几十种图书书目的大幅广告，宣布该店将于 4 月 10

---

① 曹予庭：《党在早期建立的出版发行机构》，《出版史料》第 1 辑，1982 年 12 月。

日正式开业。[①] 此外,这样的大幅广告,还在《时事新报》等其他报纸上多天连续刊登,其声势浩大,影响深远,不啻于对大好革命形势的称赞和鼓动。1927 年 5 月 1 日,长江书店迁往济生路,连续一个月在汉口《民国日报》刊登减价出售各种革命书报的广告。8 月 4 日,长江书店又在汉口《民国日报》刊登"停业启事"。实际上,该书店是借机转入地下,秘密重印、出版发行革命读物。

另外,在有关书刊白页上刊载介绍文字,相互推荐。或者在多处设立分销处和流动分销处,以利于读者购买革命书刊;办理函购、办理直接发行或通过各地书店代为出售和尽量降低书价等。

---

① 《长江书店正式开幕廉价启事》,《民国日报》1927 年 4 月 6 日。

# 第六章　国民政府初期
# 出版业的发展

## 一、上海出版业的兴盛

自 19 世纪下半叶以来,上海逐渐从一个 10 万人左右的县城,发展到拥有 100 万人口的大都市。特别是到 20 世纪二三十年代,上海已成为中国经济最为发达的城市,也是远东地区最大的工商业城市。经济的繁荣发展,带动了文化事业的繁荣与发展,而文化的繁荣与发展,又促进了近代中国出版业的迅猛发展。上海是 20 世纪上半叶中国出版业的中心,其出版机构数量与所出图书数量,均占到中国出版的大半壁江山。

### 1. 民国五大出版企业的发展

国民政府统治初期,商务印书馆、中华书局、世界书局、大东书局和开明书店(简称"商中世大开"),是当时上海也是全国规模最大的出版企业。这五大出版企业,集编辑、印刷、发行于一体,拥有雄厚的资金和超强的编辑出版能力。五大出版企业的编辑出版活动,对上海以及全国的出版事业和文化教育事业的繁荣与发展,都做出了不可磨灭的贡献。

商务印书馆是以出版中小学教科书起家的,经过 30 多年的发展,其图书出版数量和营业额都有了很大的发展。不仅继续出版中小学教科书,而且还开始出版大学教科书以及各种丛书、大部头书和成套书。1928 年,王云五计划出版一套由多种丛书组成的综合性大丛书"万有文库"。该文库第一集 1010 种、2000 册,于 1929 年刊印问世。由于这套文库门类齐全,检索方便,价格又低于同类图书,广受欢迎,许多城市和学校都以"万有文库"第一集成立了其小型图书馆。该丛书开创了我国图书出版平民化的新纪元,对中国近代文化事业影响很大。1929 年到 1937 年间,王云五又主持编印了"万有文库"第二集及四库全书珍本初集、丛书集成初编和"中国文化史丛书"等一大批有影响力的书籍。

　　1932 年,"一·二八"事变爆发,商务印书馆遭到日军轰炸,损失惨重。
在巨大的灾难面前,王云五带领商务人以"为国难而牺牲,为文化而奋斗"的
精神,进行了一系列的复兴活动。复业后,商务不仅重印旧版图书,更致力
于新书的出版,很快实现了"日出一书"的目标。商务印书馆 1931 年出书
787 册,1934 年出书 2793 册,为 1931 年的近 4 倍。1935 年出书达 4293
册,1936 年出书达 4938 册,较 1931 年增长近 6 倍。这一时期商务的出书
数量占到全国出书总数的半数左右。其中,1934 年占全国出书总数的
45％,1936 年更占到全国出书总数的近 53％。

国民政府统治初期全国主要出版机构所出图书数量统计[①]

| 年 份 | 商务印书馆 | 中华书局 | 世界书局 | 三家总计出书数 | 全国出书总数 |
|---|---|---|---|---|---|
| 1927 年 | 842 册 | 159 册 | 322 册 | 1323 册 | 2035 册 |
| 1928 年 | 854 册 | 356 册 | 359 册 | 1569 册 | 2414 册 |
| 1929 年 | 1040 册 | 541 册 | 483 册 | 2064 册 | 3175 册 |
| 1930 年 | 957 册 | 527 册 | 339 册 | 1823 册 | 2806 册 |
| 1931 年 | 787 册 | 440 册 | 354 册 | 1581 册 | 2432 册 |
| 1932 年 | 61 册 | 608 册 | 317 册 | 986 册 | 1517 册 |
| 1933 年 | 1430 册 | 262 册 | 571 册 | 2263 册 | 3481 册 |
| 1934 年 | 2793 册 | 482 册 | 511 册 | 3786 册 | 6197 册 |
| 1935 年 | 4293 册 | 1068 册 | 391 册 | 5752 册 | 9223 册 |
| 1936 年 | 4938 册 | 1548 册 | 231 册 | 6717 册 | 9438 册 |

　　另外,商务印书馆的资本额和营业额也随着其出书数量的增加有较大
规模的增长。民国初年,商务印书馆的年营业额约为 300 万～400 万元,到
20 世纪 30 年代初,其资产额就达到 500 万元,营业额更是高达 900 万元。
由于出版规模的扩大,商务印书馆在 20 世纪 30 年代中期达到鼎盛阶段,出
书的质量与数量在国内一骑绝尘,与 Mcmillan(麦克米伦)、McCraw-Hill
(麦格希尔)并列为世界三大出版社。

　　中华书局一直是商务印书馆最大的竞争对手。为了扩大自己的政治势
力,1930 年中华书局董事会推举国民政府实业部部长孔祥熙为董事长。
1932 年商务印书馆遭到日军轰炸,中华书局在没有竞争对手的情况下,业

　　①　根据王云五《十年来中国出版事业》统计而得,张静庐辑注:《中国现代出版史料》(乙编),
中华书局 1957 年版,第 336～337 页、338～339 页。

务快速发展,年营业额增至 450 万元,资产也达 200 万元。[①] 同年,中华书局在上海扩充印刷厂,大规模承印国民政府有价证券及小额钞票。次年,中华书局又在九龙新建印刷分厂,其设备之新颖完备号称远东第一,其印刷质量也非常精美。到抗战前,中华的资本扩展到 400 万元,年营业额约为 819 万元(为现款数,其真正的营业额可能要超过此数)。其图书的出版数量也有了较大规模的增长。到 1937 年 5 月总计出版图书约 4000 多种、1 万册,其中所出各种丛书,包括《四部备要》、"袖珍古本读书"、"中国文学精华"、"学生文库"等共计 96 种。[②] 尽管在 1927 年才出版图书 159 册,但到 1935年则达到了 1068 册,1936 年达到 1548 册,占全国所出图书总数的 16.4%。然而中华的繁荣是畸形的,从 1935 年起印钞业务就占据了主导地位,图书出版却处于陪衬状态。在中华的业务中,印钞占了 60%,教科书占了 30%,而一般图书只占 10%。这种状况一直持续到新中国成立。

作为当时仅次于商务与中华的世界书局,在国民政府初期也获得了较大发展,特别是教科书的出版,占到全国教科书市场的很大份额。1927 年北伐战争胜利后,世界书局的沈知方邀请当时国民政府监察院院长于右任担任其教科书的审订人,使其中小学教材更易于被审定通过。在图书营销方面,世界书局"除给贩卖同业优厚手续费外,更降低批发折扣,赠送钢笔、丝袜、书卷做礼物 ,贿赠教育界和学校负责人"[③]。与一般书店赠品多为书券不同,世界书局赠品及方式超越了书业的常规,凡"购书满洋五角,可摸奖券一张",奖品包括布料、钢笔、十元赤金券、香烟盒、时装美人镜屏等等,并在报纸上大做广告,人人有赠,人人不落空。同时,世界书局的教科书一般来说价格都比较便宜,而且适应性较强。如它出版的新课程标准教科书,分别编有乡村版、中小城市版、大都市版,以及春季和秋季等各套教材,以便适应不同地区、不同学年的需要。[④] 由于其出版的图书质量又好,因而广受使用者的好评。其公司资金也由 2.5 万元陆续增加到抗战前的 73 万元。并陆续在各省大城市开设分局 30 多处,在苏州和杭州都设过编辑分所,职工人数最多时达到 1000 人以上。

就出版物的数量而言,商务和中华从 1927 年到 1936 年其每年所出版

　　① 陆费逵:《六十年来中国之出版业与印刷业》,载张静庐辑注:《中国现代出版史料》(补编),中华书局 1957 年版,第 278 页。
　　② 钱炳寰:《中华书局大事记》,中华书局 2002 年版,第 150、157 页。
　　③ 张静庐辑注:《中国现代出版史料》(甲编),中华书局 1957 年版,第 268 页。
　　④ 叶再生:《中国近现代出版通史》(第二卷),华文出版社 2002 年版,第 436 页。

的图书数量基本上逐年增加的。而世界书局则在这 10 年里,其图书出版数量的增长幅度不大,基本上比较稳定。1933 年出书最多为 571 册,1936 年最少为 231 册。世界书局这 10 年,总计出书 3878 册,其出书数占到全国出书数的近 10%。其中 1929 年出版图书达 483 册,占全国出版总数的15.2%。商务、中华和世界这三家出版机构出版物数量与全国出版物总量相比较,则这三家出版机构出版量在 1934 年占到了 61%,1935 年占到62%,1936 年由占到 71%。出版物数量的大量增长,一方面说明当时上海出版业的繁荣与发展,而另一方面也说明出版机构力量的增强和壮大。

除商务、中华和世界外,当时全国影响较大的出版社还有大东书局和开明书店。大东书局从 1916 年成立,经过 14 年的发展到 1930 年,共出版图书 1245 种,其中畅销图书达到 40%~50%,其中有的图书重版达十几次之多。其营业额已达 79 万元,并在 16 个城市设立了分局或特约分局。①1932 年,为了扩展图书出版业务,又合并上海别美彩色照相制版公司和龙飞印刷公司。其印刷厂已扩建成能铅印、胶印、照相制版、凹版印刷、彩色制版、石印、坷罗版的全能厂,有大小印刷机 30 余台,除印刷书刊外,还承印邮票、印花税票、有价证券、各类纸币等。② 大东书局组织机构比较健全,总局设有总店、总务处、编译所、印刷所。总局职员 150 多人,工人 3000 多人。其编译所设有教科、法制、国学、字典、英文、丛书、艺术和儿童 8 个部。此外,还有《现代学生》、《学生文艺丛刊》、《科学月刊》、《社会科学杂志》、《新家庭》、《戏剧月刊》和《现代女学生》等 7 大杂志社以及法律函授学社、东方舆地学社。其中《现代学生》印数曾达 4 万多册。其出版物的种类主要分为中小学教科书、法律书、国学书、中医书、文艺和社会科学丛书、儿童读物、期刊等。特别是其出版的中小学教科书,其发行量居当时民营出版业的第 4 位。

1926 年由章锡琛、章锡珊兄弟创办的开明书店,其成立与发展,得到许多作家、教师和编辑的合作与支持。其中文学研究会的作家就有郑振铎、茅盾、叶圣陶、赵景深等;立达学会的教师有夏丏尊、匡互生、朱自清、朱光潜、丰子恺等;商务印书馆的编辑有胡愈之、周建人、王伯祥、周予同、徐调孚、顾均正、贾祖璋等。③ 他们把书店当作自己的事业,时时关心它的成长,把好的作品首先交给它出版。书店的编辑出版业务,长期由夏丏尊、叶圣陶、

① 储品良:《1916~1931 年的大东书局》,《出版史料》1990 年第 4 期。
② 储品良:《1916~1931 年的大东书局》,《出版史料》1990 年第 4 期。
③ 唐锡光:《开明的历程》,载《我与开明》,中国青年出版社 1985 年版,第 291 页。

章锡琛等主持。他们最先从编辑《新女性》杂志起家,1930 年起先后创刊《中学生》、《新少年》、《月报》、《国文月刊》等 14 种杂志,同时还出版文学、艺术、文史、自然科学以及儿童文学等方面的读物。尽管初办时开明书店的资本才 5000 元,但到 1937 年就发展到拥有资本 30 万元,分店遍布全国各省市的大出版社。

尽管开明的出版物在数量上无法与商务、中华以及世界相比,但它出书严谨,从编撰、审读、校对、印刷,到书籍装帧,均有严格的要求,因此在出版界享有很高的声誉。如开明的教科书由叶圣陶撰文、丰子恺插图,可谓图文并茂,深受广大小读者的喜欢。由林语堂编,丰子恺插图的《开明英文读本》,在早期的教科书中最为畅销。夏丏尊译的《爱的教育》、徐调孚译的《木偶奇遇记》和叶圣陶译的《稻草人》等都是开明书店有名的畅销书,在广大青少年中拥有很大的影响。此外,开明书局出版的《中学生》期刊和《开明活页文选》,在青少年中久享盛誉,成为影响一代又一代青年读者的品牌出版物。也正由于这些书刊使开明获得了较大盈利,业务也一步一步扩大。开明书店也依靠朴实、严谨的开明人,创出了严肃认真出好书的开明风。其存在的 20 多年间,开明书店出版书刊 1500 多种,月平均出书 5～6 种,最多达 10 种左右,终于成为民国五大出版社之一。

**2. 中小出版企业迅猛发展**

国民政府初期,上海的中小出版企业随着上海以及全国图书市场的繁荣,也获得较大的发展,上海出版业进入了一个相对鼎盛的时期。1930 年,上海的图书杂志出版机构为 145 家,印刷机构也增至 200 多家。[①] 另据 1935 年上海市教育局调查书店统计,上海市共有 260 家书店,其中资产在 1 万元以下的书店就有 193 家,占上海市书店总数的 74.2％。下表就是 1935 年上海市出版机构数量与资产的统计表。[②]

1935 年上海市图书出版机构的数量与资产统计

| 出版社资产数额 | 出版机构的数量 | 所占上海市出版机构的比例 |
|---|---|---|
| 500 元以下 | 49 家 | 18.8％ |
| 500 元～1000 元 | 38 家 | 14.6％ |
| 1000 元～5000 元 | 77 家 | 29.6％ |

① 《上海通志》编纂委员会编:《上海通志》(第 9 卷),上海人民出版社、上海社会科学院出版社 2005 年版,第 5904 页。

② 《沪教育局调查全市书店统计》,《申报》1935 年 5 月 18 日。

（续表）

| 出版社资产数额 | 出版机构的数量 | 所占上海市出版机构的比例 |
|---|---|---|
| 5000 元～1 万元 | 29 家 | 11.1％ |
| 1 万元～5 万元 | 28 家 | 10.7％ |
| 5 万元～10 万元 | 5 家 | 1.9％ |
| 10 万元以上 | 34 家 | 13％ |

图书出版销售机构的大量涌现和迅速发展,使中国出版业有了一个飞跃的发展。它们集中诞生在上海,与那时整个上海的经济发展和融资环境有着密切的联系,而整个上海社会经济的发展,也为上海的出版文化消费提供了良好的市场基础。"上海是图书生产的中心,也是图书集散的基地,同时上海本地更是图书消费的重镇,这也是支撑整个上海现代出版事业的重要因素。"①

一位在上海图书出版业工作了 50 年的出版界老前辈朱联保先生以他的耳闻目睹描绘了上海 30 年代兴盛的出版文化街市场景。他在《近现代上海出版业印象记》一书中写道:

"(二十世纪)三十年代是文化街最繁盛的时期,我亲眼看见的书店,在河南中路上,自南而北,店面朝东的,有文瑞楼、著易堂、锦章图书局、校经山房、扫叶山房、广益书店、新亚书店、启新书局、文明书局、商务印书馆、中华书局、会文堂书局等。其店面朝西的,有群益书社、正中书局、审美图书馆、民智书局、龙门联合书局等。

在广东路中段,有亚东图书馆、文华美术图书公司、正兴画片公司等。在福州路上,自东而西,店面朝南的,有黎明书局、北新书局、传薪书店、开晨书店、新月书店、群众图书杂志公司、金屋书店、现代书局、光明书局、新中国书局、大东书局、大众书局、上海杂志公司、九洲书局、新生命书局、徐胜记画片店、泰东图书局、生活书店、中国图书杂志公司、世界书局、三一画片公司、儿童书局、受古书店、汉文渊书肆等;店面朝北的,有作者书社、光华书局、中学生书局、勤奋书局、四书局门市部、华通书局、环球画片公司、美的书店、梁溪图书馆、陈正泰画片店、百新书店等,可见文化街上,书店确实是多的。弄堂内,大楼内的,还不在内。

此外,在山东中路,昭通路上的中小书店尚未列举。……在苏州河以北四川路一带,可说是第二条文化街,那地方除商务印书馆分馆外,有新知书

---

①　熊月之主编:《上海通史·民国文化卷》,上海人民出版社 1999 年版,第 122 页。

店、群益出版社、良友图书印刷公司、水沫书店、天马书店、春野书店、南强书店、大江书铺、湖风书局、创造社出版部等十余家，而且都是三十年代前后，出版进步书刊的。"①

从上可以看出，上海出版业主要集中在福州路和苏州河以北的四川路这两个区域。上海的这些中小型出版社主要是以出版文艺书刊和社会科学著作为主，当时称为"新书业"。上海中小型出版社的快速兴起和发展，一方面说明了当时上海出版业以及整个上海文化事业的繁荣和发展，另一方面则说明出版行业的有利可图，吸引了大量人员从事这一行业。下表是1930年上海地区图书初版发售时成本明细情况。

**1930 年上海图书初版发售时的成本明细表②**

| 项目 | 支付或收入 | 说明 |
|------|-----------|------|
| 稿费 | 支出 120 元 | 字数 4 万，以 1000 字 3 元计算 |
| 印刷费 | 支出 171.25 元 | 纸张用 60 磅道林纸计为 84 元，排工费 33.75 元，印工费 15.5 元，装订费 10 元 |
| 发行费 | 支出 280 元 | 广告、折扣及其开支以书价的 4 折计算 |
| 卖书费 | 收入 700 元 | 每册以市价 0.35 元计算，2000 册，计为 700 元 |
| 利润 | 毛利为 128.75 元 | |

（注：以一本 32 开 100 多页的图书，以印数 2000 册，来计算成本收入统计的）

上述收支是按印刷所向一般顾客标定的印书价格计算的，如出版商自印，其价格至少还可以减低一二成，至如广告、批扣及其他损耗也打得比较宽。如果是重版书，其利润就更高了。由于从事图书出版行业可获丰厚的利润，导致了民国时期中小型出版社的迅猛发展。另外，这些中小出版社并没有完全受到国民党宣传机关的控制，特别是由于编辑者的政治立场、营业性质等种种因素的影响，它们不愿也不可能站在国民党政府的对立面，但是为了迎合读者兴趣的需要，谋取更大的利润，他们也出版了一些左翼作家的文艺作品、介绍马克思主义的书籍，以及其他能够盈利的图书。它们中的有些书局，还在其发展过程中，形成了自己的出版特色，以致在近代中国的出版界中形成了一股不可忽视的力量。

**3. 上海出版业的主要特点**

（1）在竞争中促进了上海出版业的兴盛与发展

从 19 世纪末开始，经济活跃、文人荟萃的上海逐渐成为中国出版业的

---

① 朱联保：《近现代上海出版业印象记》，学林出版社 1993 年版，第 6～7 页。
② 姚福申：《中国编辑史》（修订本），复旦大学出版社 2004 年版，第 382 页。

中心。尤其是民国成立以后,上海的民营书业发展如雨后春笋,纷纷崛起。图书出版事业不仅仅是一项文化事业,而且也是一项经济商业活动。图书出版商更主要的目的还是希冀通过出版图书来获得利润,取得投资的成功。对利润的追求,使当时的出版业具有浓厚的商业竞争的气息。出版商们主要在选题策划、出书的质量和速度,以及在经营、服务、宣传上展开激烈的竞争。

　　图书出版事业本身就具有浓厚的商业性,追求利润是图书出版商最基本的目标。只有千方百计地赚钱,才能维持自己的生存与发展,也才能谈得上为文化事业尽力。在经济利益的驱使下,图书市场成为出版商们关切的中心。以什么样的产品、以怎样的方式、在什么时候打入怎样的市场,也就成为竞争的核心内容。世界书局以出版通俗之作来迎合一般市民的阅读口味。它以较高额稿酬,将张恨水、不肖生(向恺然)等受读者欢迎的作家作品"买断",出版了一些影响面大、行销范围广的通俗性畅销书。而开明书店则以出版质量较高的社会科学、自然科学、文艺类等图书来争取知识界的读者。竞争市场的需要,使各出版商十分重视经营,注意宣传策略和营销手段的运用与创新,注重市场的预测和时机的选择。激烈的竞争,造就了出版商们强烈的竞争意识,而强烈的竞争意识又驱使着他们尽自己最大的能力、智慧和手腕,去参与竞争,去赢得竞争的胜利。

　　为在激烈的竞争中获胜,各书局图书新品种不断推出,图书形式不断变革,技术手段不断进步,图书广告宣传灵活多样,图书营销手段五花八门。商务凭其经济、人才实力,常常有令同行称奇之举。即便是紧随其后的其他书局,也努力创新。如开明书店的《活叶文选》,率先将小学教科书的版面革新,取消原来传统的方框,使版面加宽,字体和图画放大,此举收到了良好的效果。在某种程度上可以说,在20世纪20~30年代,竞争是上海当时出版业最大的特点。中国近代出版业之所以在艰难岁月中得到发展,相互之间良性地竞争是一个重要的原因。①

　　(2)形成了多种类型的出版格局

　　到20世纪30年代中期,上海的出版业已经有了突飞猛进的发展,并初步形成中国的出版格局。这种出版格局,是由多种类型的出版小格局构成的:一是经营规模不同的大中小格局,二是经营方式不同的商业文化格局,

---

① 王建辉:《书业竞争:考察近代出版史的一条辅线》,载《出版与近代文明》,河南大学出版社2006年版,第194页。

三是资本来源不同的官方与民营格局,四是政治倾向不同的左中右格局,五是空间地域不同的中心和次中心格局。[①]

以大小格局而言,上海出版业经营规模大小不一,但地点却比较集中。20世纪30年代在上海的书业包括出版社印刷厂大概有200多家。大的出版社资产数百万,营业额达1000万,自设编辑所,自办印刷所,自设发行机构,分支店遍布全国各省市和海外。如商务就有资本500多万,职工最多时达4000人。一些小型出版社,其人员只有10~20人或10人以下,资金数百元或数千元,出书数量几种就可以成为一家书店或出版社。虽然规模大小不一,但上海的出版业却比较集中,福州路和苏州河以北的四川路就是如此。正是这两个地域的独特优势,吸引着出版行业向此处集聚,在形成一定的规模后,所产生的规模效应更加强烈地吸引着同行业者,同时带动着相关行业积聚。

从商业文化格局看,商务印书馆将文化作为一种商务来运作,让文化充满商业精神,文化生活出版社将商务活动作为一种文化来操作,让商业活动充满人文关怀,两者是商业与文化的一种逆向操作。[②]

从出版社政治倾向来说,上海形成了左、中、右态度明显的出版格局。在20世纪30年代,出版业的左、中、右倾向基本明朗,右的是官方书业如中正书局,中间偏左的如开明出版社,左的是受中共领导和影响的生活书店等。当然,由于生存和经营的需要,大多数出版社的政治倾向并不明显。

以空间地域论,上海绝对地成为中国出版的重镇和中心,北平和江苏等地则成为次中心。

(3)出版了一批划时代意义出版物

第一,在古籍整理方面,以商务和中华为代表一些大的出版社了整理出版了一大批古籍图书。1922年,商务影印版《四部丛刊》初印本问世,共收入经、史、子、集之书323种,8548卷,装订成2100册。1926年,商务印书馆又推出《四部丛刊初编》,1934推出《四部丛刊续编》,次年又推出《四部丛刊三编》。中华书局也影印出版《古今图书集成》和《四部备要》,编辑出版《聚珍仿宋版二十四史》。开明书店编辑出版了《二十五史》补编。特别是中华版《四部备要》与商务版《四部丛刊》是这一时期古籍整理出版方面最重要的代表之作,具有相当高的学术价值。

①　王建辉:《1935~1936年:中国近代出版的高峰年代》,《武汉大学学报》2000年第5期。
②　王建辉:《1935~1936年:中国近代出版的高峰年代》,《武汉大学学报》2000年第5期。

　　第二,在工具书编辑出版方面。商务编辑出版了《综合英汉大词典》和《四角号码词典》,而中华则先后编辑出版《中华大字典》、《辞海》。特别是1936年《辞海》编纂出版,成为中华这一时期最具影响的图书。此书经过100多人先后20年的努力始告完成,共计收字13000余个,共收词组10万余条,是一部百科全书式的工具书,成为近代以来中国文化和中国出版的经典,代表了当时中国工具书编纂出版的最高水平,也代表了当时中国文化的最高水平,对我国近代的文化教育事业发展产生了深远的影响。此外,还有北平好望书店发行的《古今同姓名辞典》,世界书局1936年出版的《世界人名大辞典》等也都具有重要影响。

　　第三,在大部头的丛书出版方面。作为当时全国最大的民营出版社,商务印书馆在这一时期出版了各种大丛书、小丛书、大部头书和成套书。诸如《学生国学丛书》、《世界文学名著丛书》、《汉译世界名著丛书》、《大学丛书》、《小学生文库》、《中国文化丛书》等等。特别是《丛书集成》和《中国文化丛书》,这二套书是具有时代意义的重要出版物。前者是一部"丛书的丛书",1935年3月宣布刊行,不到半年的时间就推陈出新出版了第一批,随后陆续出版。它的大规模出版,标志着中国的古籍整理与出版达到了一个新的高峰。后者直到1936年才完成了《中国文化史丛书》的编辑出版计划,延至1937～1939年共出版2辑、40种、50册,被学术界公认为中国文化史研究上最有代表性的成果。另外,1935年,生活书店编辑出版的《世界文库》丛书,以丛书入期刊的形式,以最便利的方法,系统介绍和整理中外古今文学名著。当时的报纸也认为它是"1935年文坛的伟大工作",茅盾也认为:"看了《世界文库》第一辑目录,非常高兴中国之部收了许多传奇,其中有三十多种罕见的秘本,重要名著又注重最近于原本的抄本或刻本,且初步的整理。单是这第一集已经称得上研究文学的基本书籍的集大成者。"①

　　第四,在其他图书编辑出版方面。除商务与中华外,像亚东图书馆、神州国光社、辛垦书店、光华书局、南强书局等一些中小型出版机构,也一度成了上海出版的主角,并编辑出版了一些划时代意义的图书。如良友图书印刷公司编辑出版的《中国新文学大系》10册,在中国文学史上占有重要的历史地位。它是1917～1927年10年间的文学总集,分别由鲁迅、茅盾、郑伯奇编选小说1～3集,郁达夫、周作人编选散文集2集,洪深编选戏剧集,朱

---

①　杨义:《中国新文学图志》(下册),载《中国文存》(第三卷),人民文学出版社1996年版,第451页。

自清编选诗集,郑振铎编选理论建设集,阿英编选史料索引集。这部书一是不论是从当时还是从历史来看,编选者都是国中一时之选;二是这部书乃是对新文学的第一次大结集和集体审视;三是出版的创意和操作,使这部书成为中国出版史上的名牌,半个多世纪以后还有对它的模仿之作。[①] 此外,北新书局、光华书局、现代书局和泰东图书局等出版机构所出的文学书刊,都在文艺读物市场中占有重要位置。中华自然科学社、中国科学图书印刷公司、龙门联合书局、新亚书店和中华地学会等则在自然科学书籍和地图的出版中也有很大的影响。

**4.上海出版业繁荣兴盛的原因**

上海是中国近代出版业的发源地,清末以来上海一直占据着中国近代出版业的半壁江山,这里不仅拥有全国最重要的出版社、最先进的印刷设备和最健全的发行网络,而且汇聚着大批出版、印刷和发行方面的优秀人才,其出版社林立,编辑出版的图书众多。据统计在《民国时期总书目》语言文字分册中所收录的3861种图书中,65％的图书都是在上海出版的。[②] 另据夏衍先生的回忆,民国时期的上海在文化科学方面,不只是全国的"半壁江山",而是"三分天下有其二"[③]。那么,为什么上海的出版业如此兴盛,其原因是什么呢? 笔者认为上海的出版业如此兴盛发展,至少有以下几个重要原因。

(1)上海资本主义工商业的繁荣发展

近代出版业,从总体上来说,还是一种近代化产业形式,是近代机械生产的产物。上海资本主义工商业的繁荣与发展,为上海图书出版业的发展提供了必要资金和设备条件,更有利地促进了上海以及全国出版业的快速发展。

第一,资本主义工商业需要出版文化的各种载体如书报杂志去宣传、报道、散播它们的商业信息。资本主义工商业又从出版文化中,获取所必需的市场经济动态。商品的信息、销售的信息,以及行情的信息、价格的信息,都直接或间接地影响商业经济的发展。而这些信息,只有经过出版物,才能走向千家万户,也只有经过出版物,才能使生意在市场上连成一片。[④]

---

① 王建辉:《1935～1936年:中国近代出版的高峰年代》,《武汉大学学报》2000年第5期。
② 邱崇丙:《民国时期图书出版调查》,载叶再生主编:《出版史研究》(第二辑),中国书籍出版社1994年版,第172页。
③ 夏衍:《新的跋涉》,《文汇报》1994年4月17日。
④ 李白坚:《中国出版文化概况》,广西教育出版社1999年版,第158页。

第二,资本主义工商业的快速发展,造就了上海大规模的都市化倾向,也刺激了出版文化市场的萌生,造就了出版文化的广大的受众。资本主义工商业在上海突飞猛进的发展,造就了广大市民阶层,他们即是出版文化的巨大市场之一,也是出版文化的主要受众。同时,资本主义工商业的发展,吸取了大量移民的迁入。众多的移民的涌入,使上海由原来 10 万人口的小县城,发展到 20 世纪 30 年代已成为远东地区拥有 100 万人口的大都市。众多的移民,特别是一些有知识有文化的人才移居上海,又造就庞大媒体的受众群体。

第三,出版文化已融入资本主义工商业之中,进一步走上了商业化、企业化和市场化的资本主义经营道路,成为资本主义工商业的有机组成部分。① 资本主义刺激了中国近代出版业,使中国原有的出版业有了脱胎换骨的改造和发展,也使中国近代出版业深深地打下了工业化和商业化的烙印。

因而,上海资本主义工商业繁荣发展是出版事业的繁荣和发展的前提条件,而上海出版业的快速发展,又在某种程度上促进了上海资本主义工商业的迅猛发展。

(2)图书市场迅猛增长的需要

1928 年,随着国民政府在全国统治的确立,对外贸易增加迅速,外国对华投资猛增,国内市场与世界市场联系和从属关系同时加强,国内商业迅速增长。社会经济发展,必然对图书市场产生极大需求,中国出版业正是在这一时期应运而生并蓬勃发展。民国后改学堂为学校,教育更加普及,教育的兴盛为出版业带来了巨大而稳定的教科书和教育图书市场。这一时期,上海是中国各种学校最为集中的地方,拥有资格很老的圣约翰大学等一批教会大学;拥有国人自办的南洋公学、复旦大学;拥有一批知名度很高的中等学校,如徐汇公学、中西书院、中西女中等。这些大中学师生无疑是最基本、最热情的图书消费者。此外,随着经济的发展,公共图书馆教育也随之发展起来。民国后,公共图书馆更如雨后春笋般出现,各种学校图书馆、专门图书馆和私立图书馆也纷纷建立。1928 年,教育部曾通令全国各学校均须设置图书馆。图书馆成为图书消费大户,对图书购买的需求极大。

另外,政治运动对图书的需求极大。从 20 世纪起特别到了新文化运动后期,上海成为中国近代新文化的中心。许多进步书刊特别是马克思主义

---

① 　李白坚:《中国出版文化概况》,广西教育出版社 1999 年版,第 163、168 页。

书籍,成为许多进步青年学习和了解马克思主义的迫切需要。尽管马克思主义书籍等进步书籍,常遭国民政府查禁,但却依然层出不穷。1936年,国民党查禁社会科学书刊676种。可见,需求是图书市场不断发展完善的动力所在。对此,《中国青年》发刊辞道出了广大出版者的心声:"政治太黑暗了,教育太腐败了,衰老沉寂的中国像是不可救药了。但我们常听见青年界的呼喊,常看见青年界的活动,许多人都相信中国的唯一希望,便要靠这些还生气勃勃的青年,……我们必须为青年们的这种需要,供给他们一种忠实的友谊的刊物。"[①]

(3)上海租界的特殊环境

上海租界特殊环境是上海出版业兴盛发展的一个重要原因,它客观上为进步书刊的问世提供了避难所。清末以来的政局动荡,使"国中之国、市中之市"的上海租界成为吸引出版者栖身之处。据美国学者墨菲统计的1935年华界上海市区工业概况表中的2676家工厂中,没有一家造纸厂和印刷厂,而公共租界中却有663家,这不是偶然的。上海实际存在着公共租界、法租界和华界三个政治区,租界实行的是多元统治,租界当局把母国的政治制度、文化传统和价值观念带到了租界。因此,国民党采取了严厉的思想统制,查禁了大量进步书刊。但国民政府的控制措施在租界内根本无法实施。相反由于读者普遍存在的逆反心理,在这集权主义传播控制政策无法推行的租界内,反而出现马列名著的出版热。[②]

(4)以留学生为主体的各地人才在上海的积聚

19世纪中叶以来,随着上海商品经济的繁荣,各种新式学堂的创办,来沪求学就业人员倍增,引起人口向上海的流动。上海所拥有的庞大的图书生产者和消费的群体,使上海渐渐成为汇合各地文化名家的盆地,吸引四方著译的磁体和孕育新生代人才的温床。清末以来寓居沪上的各地出版人物就有王韬、李善兰、徐寿、华蘅芳、赵元益、王季烈、曾朴、罗振玉、丁福保等;五四以后大批名家纷纷来沪,如陈望道、郑振铎、鲁迅、伍光建等。1927年革命转入低潮,一批原来投身政治斗争的文化战士又重返文坛,陆续来到上海的有瞿秋白、冯雪峰、潘汉年、周扬等。而构成出版界文化主体的是大批从国外归来的留学生。留法归来的有陈绵、巴金、梁宗岱、黎烈文、李健吾、戴望舒、王力、周太玄、李丹等;留英归来的有陈源、吕叔湘、徐志摩、伍蠡

---

① 《中国青年》第1期,1923年10月20日。

② 邹振环:《上海出版业的百年历程》,《档案与史学》2001年第2期。

甫等;留美归来的有赵元任、王造时、罗念生、唐钺、冰心、梁实秋、何炳松、余家菊、潘光旦、李安宅、章益等;留日归来的最多,如张东荪、刘文典、郭沫若、成仿吾、陈望道、李达、李汉俊、陈启修、田汉、夏衍、谢六逸、郁达夫、周昌寿、郑贞文、刘呐鸥、傅子东、王亚南、夏丏尊、楼适夷、穆木天等。

曾译出都德《挪拉女郎》的法国留学归来的四川人罗玉君说得很清楚:当年离开巴黎时我就想,只要这个世界上有地方放下我的书桌,有地方出版我的译著,有年长的年轻的读者喜欢我的书,珍藏我的书,那地方就是我眷恋的,……正因为如此,巴黎留不住我,欧洲留不住我,四川太凋敝也留不住我,留住我的恰恰是上海。1927 年留日归来的夏衍也蛰居上海,把写书译书作为自己的公开职业。商务在王云五主持期间,更是大规模地引进留学人员担任编辑室主任,如朱经农(留美)、竺可桢(留美)、段育华(留美)、任鸿隽(留美)、陶孟和(留美、留日)为各部主任。一批又一批归国留学生在上海的栖息,加之相当数量的上海国际移民,使上海出版界保持了一种真正意义上的国际视野。

## 二、《出版法》及其实施细则的颁布与实施

1914 年,袁世凯当政期间,颁布了我国第一部《出版法》。该法规定:"出版之文书图画,应于发行或散布前,禀报该管警察官署,并将出版物以一份送该官署,以一份经由该官署送内务部备案。"[①]这一规定,开启了我国近代图书审查制度先河。袁死后,北洋军阀政权同样加紧对文化领域的控制,尤其是严防俄国十月革命后马克思主义的传入。一些著名的刊物,如《湘江评论》、《觉悟》、《浙江新潮》等都先后遭到查禁。1920 年 2 月,北洋政府曾一次查禁了 83 种宣传"过激主义"的图书。《新青年》在北京难以生存,先后迫迁往上海和广州,最后也被查封。中国共产党成立后,其主要宣传刊物,如《向导》、《工人周刊》、《先驱》、《中国青年》等都在重点查禁之列。

### 1. 国民政府《出版法》及其实施细则的颁布

1927 年,以蒋介石为首的南京国民政府成立,国民党在军事上、政治上取得了暂时的胜利,然而在思想文化领域却远没有获得绝对的领导权。为了规范言论、维护自身统治地位树立政治权威,国民政府相继颁布实施了一

---

① 刘哲民编:《近现代出版新闻法规汇编》,学林出版社 1992 年版,第 54 页。

系列的新闻出版法令。1929 年 1 月,国民党依中央宣传部组织条例之规定,制定了《宣传品审查条例》,规定了审查各种宣传品的范围、审查手续、审查标准等,对"反动宣传品"、"谬误宣传品"进行了界定,并针对违规宣传品规定了处理办法。6 月 22 日,又公布了《取缔销售共产书籍办法》以及《取缔销售共产书籍办法令》,分别规定各地党部宣传部随时审查本区域内书店、印刷所等部门,严密查禁共产书籍及宣传品。8 月 23 日,国民党又接连出台《出版条例原则》,规定了出版品的审查及处置。1930 年 12 月 16 日,国民政府正式颁布了《中华民国出版法》(以下简称《出版法》),共计 6 章 44 条。该法主要是对新闻纸、杂志及书籍等出版品的申请登记和刊载内容作了规定限制,禁止在书刊上发表反对国民党政府的言论,并规定违反《出版法》的种种处罚办法。该法主要是申请登记和出版品内容的限制,从法律学的角度看,它属于注册登记制。1931 年,国民政府内政部和国民党中央宣传委员会(当时简称"中宣会")又制定公布了《出版法施行细则》,共 25 条。

《出版法》是关于新闻出版的基础性法律,它包括总则,新闻纸及杂志,书籍,其他出版品,出版登载事项之限制,行政处分,罚则共六章及附则。总则对出版品的范围作出定义,即"用机械或化学之方法所印制,而供出售或散布之文书、图画",具体包括新闻纸、杂志、书籍及其他出版品。同时,还界定了发行人、著作人、编辑人的所属范围。对于书籍及其他出版品,则"应于其末幅记载发行人之姓名、住所、发行年月日、发行所及印刷所之名称及所在地",其出版物内容若涉及党义或党务,"应以一份寄送中央党部宣传部"[①]。为了取缔一切不利于国民党及国民党所组织的政府的言论与思想,国民政府仍采取事前干涉、事后追惩的办法,对言论和出版事业的限制极为严酷。如《出版法》第四章"出版品登载事项之限制"中,规定"意图破坏中国国民党或三民主义者、意图颠覆国民政府或损害中华民国利益者、意图破坏公共秩序者,妨害善良风俗者"等不得登载。[②]

《出版法》的二十二条至二十六条就违规出版物应受行政之处分做出规定。罚则部分,则是详尽列举了违规出版物之著作人、编辑人、发行人及印刷人应担负之经济、刑事处罚,如第三十三条规定:"发行人违反第十五条之规定,不寄送书籍或其它出版品者,处百元以下之罚金";第三十五条规定:"违反第十九条之规定者,处发行人、编辑人、著作人及印刷人一年以下有期

---

① 张静庐辑注:《中国现代出版史料》(乙编),中华书局 1957 年版,第 510、513 页。
② 张静庐辑注:《中国现代出版史料》(乙编),中华书局 1957 年版,第 514 页。

徒刑、拘役或一千元以下罚金"。而发行人若在出版品发行前未按时声请登记或出版品内容含禁载事项，则发行人得处"一年以下有期徒刑、拘役或千元以下之罚金"，知其情而出售或散布该项出版品者，"处六月以下有期徒刑、拘役或千元以下之罚金。"[①]

　　1931年10月，国民政府内政部及国民党中央宣传部又制定了《出版法施行细则》25条，把《出版法》中的原则和办法加以具体规定，并就《出版法》中所提到的有关事项及其适用条款做出了解释和说明。例如施行细则第二条对《出版法》所提到的"有关党义、党务事项之出版品"作了界定，即"引用或阐发中国国民党党义者；记载有关中国国民党党务或党史者；所载未直接涉及中国国民党党义、党务、党史，但与中国国民党党义、党务、党史有理论上或实际上之关系者；涉及中国国民党主义或政纲、政策之实际推行者"[②]。对于《出版法》中规定的应"经内政部纠正之书籍"的处理，《出版法施行细则》第17条明确要求："凡应经中央党部宣传部纠正者，应于修正后以二份寄送中央党部宣传部，一份寄送内政部备查。"[③]

　　事实上，《出版法》作为新闻出版的基础性法规，其各项规定的可操作性并不强，尤其是出版品登载事项之限制的条文，有些在具体操作中很难界定。这也为国民政府日后在出版检查中的混乱状况埋下了隐患。《出版法》及其施行细则颁行之后，国民政府并没有放松其对出版品的敏感与警惕，各种法规还是随着出版形势的变化不断面世。1932年11月，国民党第四届中央执行委员会第48次常务会议修正通过了《宣传品审查标准》，再次明确了"阐扬总理遗教者；阐扬本党主义者；阐扬本党政纲政策者"等是适当的宣传；曲解误解本党主义政纲、政策及决议者等是谬误的宣传；而"为其他国家宣传危害中华民国者；宣传共产主义及鼓动阶级斗争者；宣传无政府主义、国家主义及其他主义而有危害党国之言论者；对本党主义、政纲、政策、及决议恶意低毁者"等则为反动的宣传。[④]

　　这样一来，国民政府不仅将共产主义拒之门外，而且也将无政府主义、国家主义及其他主义的宣传视为洪水猛兽。同时，这一标准的颁布，预示着出版由注册登记制向审查制的发展。1934年6月，国民政府公布了《图书杂志审查办法》，规定一切图书、杂志应于付印前将稿本送中央宣传委员会

　　① 张静庐辑注：《中国现代出版史料》(乙编)，中华书局1957年版，第516～517页。
　　② 张静庐辑注：《中国现代出版史料》(乙编)，中华书局1957年版，第518页。
　　③ 张静庐辑注：《中国现代出版史料》(乙编)，中华书局1957年版，第520页。
　　④ 刘哲民编：《近现代出版新闻法规汇编》，学林出版社1992年版，第222页。

图书杂志审查委员会审查，审查委员会有权删改稿本，删掉的地方不许留下空白。鲁迅在 1934 年 12 月给赵家璧的一封信中说："我会为文学明年第一号作随笔一篇，约六千字，所讲是明末故事，引些古书，其中感慨之词，自不能免。今晚才知道被检查官删去四分之三，只存开首一千余字。由此看来，我即使讲盘古开天地神话，也必不能满他们之意。"[1]1935 年 7 月 15 日，国民政府立法院又颁布了《修正出版法》：规定报刊应于"首次发行前，填具登记申请书，呈由发行所所在地之地方主管官署核准后，始得发行"。这两个法规，实际上将由原《出版法》规定的注册登记制改成了干涉舆论自由的审查批准制，并且这一改动一直延续到国民党退出中国大陆。

**2.《出版法》及其他出版法规的实施**

国民党出版法及其他出版法规的颁布，使中国的出版业由注册登记制转变到干涉舆论自由的审查批准制。为了加强对报刊图书的审查力度，1929 年国民党中央相继秘密颁布了《全国重要都市邮件检查办法》、《各县市邮电检查办法》等文件。通过设立在全国各地的邮电检查所，从发行渠道控制出版物的传播。邮电检查所主要进行新闻邮件检查，通过检查秘密扣留、没收与销毁对国民党统治不利的报刊图书，此外还密令各地邮局禁止发行进步报刊。同时，为了更好地落实加强新闻出版业的审查制度，国民党中央宣传部又成立了一系列的专门机构直接负责图书报刊的审查工作。规定凡是报纸使用的电讯和稿件，均由中宣部审查处审理；凡是图书杂志的原稿，由中央图书杂志审查委员会来处理。隶属于国民政府行政院的中央图书杂志审查委员会及所属各省市图书杂志审查处，审查"除自然科学应用科学之无关国防者"之外的一切稿件。审查合格的稿件或清样上加盖"审讫"图章发还。

《出版法》公布之前，中国左翼作家联盟的《拓荒者》、《萌芽月刊》等刊物，虽然被认为"不合法"，但是还能公开发行。1931 年，国民党上海市党部以出版中国左翼作家联盟机关刊物《拓荒者》为由，把现代书局划为"宣传赤化"的书店，将其查封。[2] 1931 年 2 月，国民党中央宣传部在关于省市党部宣传的工作方案中，特别强调对于报馆杂志社及通讯社要按期审查，如认为

① 柳叔：《第二次国内革命战争时期国民党反动政府是如何进行文化围剿的》，载张静庐辑注：《中国近现代出版史料》（乙篇），上海书店出版社 2003 年版，第 54 页。
② 施蛰存：《我和现代书局》，载《中国出版史料·现代部分》（第一卷下册），山东教育出版社、湖北教育出版社 2001 年版，第 228 页

其所发稿件记载失实或言论反动,就要给予处置。对于书店,他们则是随时派员密查其印售的图书,防止其编印或发售所谓反动宣传品。1933 年 11 月初,国民党上海市党部宣传部召集各出版商和杂志主编开会,提出今后不准出版和发表"反动"书刊和文章。次月,国民党政府下令查封《生活》周刊,罪名是"言论反动,思想过激,毁谤党国",并指令某些进步文艺刊物稿件送审。这也表明国民党政府对出版业审查的监控也更加严厉了。

其实早在南京国民政府成立后,国民党经常就以"宣传共产"的名义作为其查禁书刊的理由。1928 年 11 月,国民党中央宣传部以"捏词诬蔑中央,肆意攻击,意图煽惑民众,危害民国"为由,严行查禁了天津书局出版的《暖流半月刊》。几天后,上海光华书局出版的《疾风月刊》及《双十月刊》被认为"言论悖谬,捏词诬蔑,抵毁中央,肆意鼓惑,居心巨测,若不严予查禁,为害非小",国民政府令江苏省政府转令上海临时法院会同上海特别市政府将其查禁。如果出版物的内容稍有不慎,动辄就会被以"宣传共产"为由迅速查封。就在《疾风月刊》和《双十月刊》被查封的第二天,国济难会江苏全省总会所办的《战迹旬刊》被认为是"共党刊物",并以"言论悖谬,宣传共产,意在煽惑人心,以图暴动"的理由将其查禁。国民政府对于民间出版物尚且到了几乎风声鹤唳的地步,对于真正由中国共产党所办刊物更是如此。1928 年 12 月,施蛰存、刘呐鸥主编,上海第一线书店出版的半月刊《无轨列车》、上海利群书社的《血潮》等因宣传共产主义与阶级斗争被查封。此外,宣传无政府主义的《东方》、宣传国民党改组派主张的《革命评论》等也在 1932 年底先后被查禁,就连国民党系统的《杭州民国日报》也在 1928 年 7 月因为"传布反动文字,淆惑视听"被当局查禁。据不完全统计,从 1929 年至 1936 年,国民党中央宣传部各处室查禁所谓"普罗文艺"书籍 309 种。①

1931 年 9 月,国民党湖南长沙市党务整理委员会的《工作报告书》中,共查禁了《马达生活》和《民权旬刊》等 228 种报纸、刊物和书籍。② 据北平公安局统计,从 1932 年 11 月 30 日至 1932 年 2 月 24 日(中缺 1931 年 12 月 27 日至 1932 年 1 月 3 日)的短短 69 天里,邮电检查员"扣留销毁"的"有关时局平信及电报,并宣传共产党的各种反动刊物、报纸"即达 7280 种。③ 针对左翼作家联盟倡导流行的"普罗"文艺书刊,1933 年国民政府教育部颁

---

① 张静庐辑注:《中国现代出版史料》(丙编),中华书局 1957 年版,第 145、164~172 页。
② 张静庐辑注:《中国现代出版史料》(乙编),中华书局 1955 年版,第 189 页。
③ 谢荫明:《冲破文化"围剿"的北平左翼文化运动》,《新文化史料》1992 年第 6 期。

了《查禁普罗文艺密令》,密令中宣称:"此辈普罗作家,能本无产阶级之情绪,运用新写实派之技术","煽动无产阶级斗争,非难现在经济制度,攻击本党义","煽动力甚强,危险性甚大","其为祸之烈,不可言喻"。① 密令中还附有作家名单,命令各有关机关对此种反动刊物"严密查扣,禁止流传"。另据统计,仅1934年上海一地就有149种文艺书刊被国民党中央党部禁止出售,其中包括鲁迅、郭沫若、茅盾以及巴金等许多著名作家的作品。抗战前夕,因国民政府实行"攘外必先安内"的政策,因而抗战意识浓厚的刊物被禁售者也不在少数,例如1936年12月一个月就有14种杂志遭政府查禁,其中有《冬季月刊》、《通俗文化半月刊》、《新世纪半月刊》、《青年文化月刊》、《国际导报》、《时论》等。1936年11月至1937年6月,遭国民政府查禁的报刊有《救国半月刊》、《生活知识》、《读书生活》等130余种。② 这些刊物被查禁后,均被焚毁。又据一些人统计,1927年4月至1937年7月的10年间,被国民党政权各检查机构查禁的社会科学书刊达到1028种、进步文艺书刊458种。③ 这些被查禁、扣留的报刊、书籍的罪名有:"含有反动意识"、"攻击党政当局"、"挑拨阶级斗争"、"宣传共产主义"、"不妥"、"欠妥"、"鼓吹抗日"、"普罗文艺"、"左倾"、"言论反动"、"妖言惑众"、"讥评政府"等。

国民党政府在实行审查制度的同时,还实行了一套对新闻舆论的追惩制度。审查制加追惩制的舆论箝制,对于本就羸弱的中国舆论界来说,无疑是两道致命的枷锁。它严重摧残了新闻舆论工具,扭曲了公正的舆论导向,强化了舆论环境的"党化"色彩。为了完善对舆论的箝制程序,将舆论机构彻底成为国民党的"御用工具"和传声筒,国民党政府在对舆论工具实施审查、追惩手法之外,还将以践踏法律为特征的特务手段也引进了舆论管理,致使国统区舆论界遭受到野蛮摧残,被渗入了现代法西斯主义的血腥味道,遭致广大出版界同人以及广大人民群众的强烈反对。

### 3. 反对审查制度,争取出版言论的自由

从《出版法》颁布实施的那一刻起,出版界和广大进步人士就通过宣言的方式,抵抗南京国民政府的新闻管制政策,并且一直没有停止过。他们反对书刊审查制度,争取出版言论自由的方式主要有以下几种方式。

---

① 陈国强、张生:《南京国民政府出版体系的形成》,载《中国出版史料·现代部分》(第一卷下册),山东教育出版社、湖北教育出版社2001年版,第286页。

② 张静庐辑注:《中国现代出版史料》(丙编),中华书局1957年版,第145、164~172页。

③ 许焕隆:《中国现代新闻史简编》,河南人民出版社1988年版,第479页。

第一，出版界与进步人士反对《出版法》及其他出版法规的斗争。1930年，郁达夫、鲁迅、田汉等 51 名代表，组织成立中国自由运动大同盟，并在《萌芽》月刊第一卷第三期刊发《中国自由运动大同盟宣言》，提出："自由是人类的第二生命，不自由，毋宁死。我们处在现在统治之下，竟无丝毫自由可言！查禁书报，思想不能自由；检查新闻，言语不能自由；封闭学校，教育读书不能自由……我们组织自由运动之同盟，坚决为自由而斗争。感受不自由痛苦的人团结起来，团结到自由运动大同盟旗帜下来共同奋斗。"[①]1932 年，以商务印书馆、中华书局、世界书局、北新书局等为代表的上海出版界就发表了反对政府施行出版法的请愿书，一致认为"言论出版自由，为民主国国民应享有之权利；国民党党纲，久经明白规定，垂为典则。……中央及各地党政军各机关，往往派遣员役，检查邮寄，搜索书肆；轻则扣押处罚，重则拘禁封闭。甚至同属一书，有在甲地可以通行，寄至乙地则遭罚办者；更有中央政府或党政机关业经允许出版，而地方或军事机关仍复禁止者。政令分歧，无所赴诉。立法上又有出版法及出版法施行细则之颁布，条文繁碎，奉行艰难。"[②]请愿书中还提到了书籍出版过程中的诸多困难，例如出版法施行细则规定书籍出版之前，应将稿本呈送内政部声请登记许可，否则一概扣押或处罚。而内政部从前办理之著作权注册及新闻杂志登记，有的甚至拖延一年半载延误不颁发；且凡稍涉政治之书，除呈送内政部之外，更须呈奉中央党部审核，势必更多延时日；甚至甲许乙驳，终至妨碍出版。"其他苛细之条，烦酷之罚，殆难缕数。此法一行，将使著作出版之人，无一书可以应时出版，无一日不可陷于刑辟。"[③]

1934 年 2 月 19 日，国民党上海市党部在一次查禁活动中，查禁图书490 多种，涉及 25 家出版社、28 位作家，其中就有鲁迅、茅盾、郭沫若、陈望道、田汉、沈端先、巴金、丁铃、冯雪峰、胡也频、柔石等人。[④] 因为这次禁书涉及了太多的出版社，在上海的中国著作人出版人联合会迅速做出反应，于21 日召集紧急会议，议决以全体出版业名义要求"体恤商艰"，重新复查被禁新书内容，并请说明其被禁理由。23 日，18 家书局联合呈文国民党中央

① 《萌芽》月刊第 1 卷第 3 期，转引于张静庐辑注：《中国近现代出版史料》（乙编），中华书局1955 年版，第 98 页。

② 《上海出版业反对国民党反动政府施行出版法请愿》，张静庐辑注：《中国现代出版史料》丁篇（下卷），中华书局 1957 年版，第 412～413 页。

③ 《上海出版业反对国民党反动政府施行出版法请愿》，张静庐辑注：《中国现代出版史料》丁篇（下卷），中华书局 1957 年版，第 413 页。

④ 《中央党部禁止新文艺作品》，1934 年 3 月 14 日《大美晚报》。

及市党部、市教育局免禁书籍,提出:"今不分轻重,一律禁毁,际此教育界衰颓,商业凋敝之秋……受此重大打击,势难无以自存,且此后出版各家,懔于此种严重之处置,将不复敢印行书籍。"①25 日,18 家书局联合推举代表向市党部请愿。由于考虑到禁书可能使出版社倒闭歇业,或一些出版企业不肯出书,造成文化事业的凋零,徒然为反对派别制造口实,实在也不是长远之策。在此情况下,市党部在 3 月 20 日做出答复:"一、切实执行前令,严予禁毁,以绝流传者三十种;禁售者三十种;三、在剿匪严重时期内暂禁发售者三十种;需加删改方准发售者二十二种;五、准予暂缓执行查禁者三十七种。"②

为抵抗南京国民政府的新闻统治政策,新闻出版界的仁人志士们采用许多反抗新闻不自由的斗争形式和方法。除了上文介绍的,发行单位借排版错误之名,讽刺当局的事例常有发生。为了对抗新闻检查制度,又采取"开天窗"、用"××"代替官方不容的字词、注明被删段落或者断章刊登、用错误广告、登载"更正""启事"的方法来将已发表的文章从新排列等等。通过这些斗争方式,许多反对专制统治的战斗檄文可以顺利地通过新闻检查而得以传播。

此后,随着日本帝国主义侵略的加深,中国新闻出版界的融合也逐渐由业务方面转到政治方面,这就是共同要求抗日救亡,共同反对国民党当局所实施的新闻检查制度。要求政府撤销新闻检查制度,开放新闻封锁,反对文化统制政策等政治主张。文化界的这些主张并没有从根本上改变南京国民政府新闻统制政策的松动,但是起到了鼓舞士气、振奋人心的作用。

第二,以伪装封面、更改署名的方式以及进行"地下"印刷与发行进步书刊。国民党一再严令查禁、取缔共产党报刊,残酷迫害编辑发行部门、承印机关、贩报人和读者。凡运送、传阅共产党报刊的人,一经查出就会被监禁或杀害。因此,共产党的报刊经常伪装封面、更改报刊名称出版。共产党的报纸经常是仿照都市小报来包装、掩饰,例如用红色纸张印刷,在封面、封底都刊登商业广告,标题设计的尽量趣味化,文章也常用隐晦、曲折的手法。在新闻检查官眼中,一些作家、评论员如同"眼中刺",遇到这些人物的作品可以轻易地将其"打入冷宫"。面对这种情形,许多评论员都频繁地更换自己的署名,以求增加"通过率"。最具代表的就是鲁迅,在为《自由谈》写稿的

---

①　《申报》1934 年 2 月 24 日。

②　李瑞良:《中国出版编年史》(下册),福建人民出版社 2004 年版,第 1000 页。

近两年中,为逃避国民党的言论检查,用 48 个笔名共写了 143 篇杂文,引起了南京国民政府的嫉恨。尽管国民党严厉执行《出版法》等新闻出版管制法令,但是进步刊物还是可以通过各种途径印刷并送到读者手中。进步刊物采取"游击式"的战术,此起彼伏使国民党审查部门疲于应对。由于国民党派系斗争严重,各方政治势力均有自己的辖区,因此,在此辖区内揭露其他辖区内的政治丑闻成为可能。

## 三、中国共产党革命根据地的出版工作

面对国民党反对派的文化围剿,中国共产党领导下的进步文化出版工作并没有被吓倒,更没有屈服,而是在严酷斗争下继续进行艰苦的斗争。一方面,在国统区严酷的白色恐怖现实下,进行地下出版活动。如成立了北方人民出版社,编辑出版革命书刊。另一方面在农村革命根据地里,编辑出版了一些革命书刊,以配合当时的军事斗争和政治斗争。随着农村根据地的逐步发展和稳定,特别是 1931 年工农红军取得第三次反围剿斗争的胜利,建立了以瑞金为中心的革命根据地,为苏区的革命出版活动提供了条件。中国共产党领导的农村革命根据地的图书出版事业,是在周围白色政权包围中创立和发展起来的,其编辑印刷条件非常艰苦,物资和经费非常缺乏的条件下实现的。

### 1. 中共中央的出版领导机构及出版政策

1927 年,中共第五次全国代表大会在武汉召开,大会选举出新的中央委员会。新的中央委员会为加强出版工作,设立了中央出版局,作为领导全党出版工作的机构。第一任中央出版局局长是张太雷,不久由汪原放接任,汪当时的公开职务是汉口《民国日报》营业主任。紧接着召开的八七会议,中共中央设立了出版委员会。会上通过了关于《党的组织问题决议案》,提出:"政治局之下设一特别的出版委员会,专掌传播党的机关报及中央一切宣传品的责任。北方顺直省委(或北方局),南方局,以至上海省委之下,亦应设立出版机关及传播秘密宣传单等工作。中央临时政治局,应当建立全国的秘密交通机关,与出版委员会的散布宣传品的工作相联络,担任传达通告指令输送宣传品等等的职任。"①八七会议之后,中央加强了出版工作,仍

---

① 《党的组织问题议决案》(1927 年 8 月 7 日),载中央档案馆编:《中共中央文件选集》(第 3 册),中共中央党校出版社 1989 年版,第 302 页。

保留原来中央出版局。

　　1928年7月，中共召开了第六次全国代表大会，通过了《宣传工作的目前任务》。决议案强调各种刊物（报纸、传单、小册子、宣言等等）宣传的"极重大的意义"。要求各级党组织："一、发行并供给城市与乡村用的大量通俗的政治书籍报章，注意程度浅劣的工农，最好编成歌谣韵语；二、发行为中等党员用的比较高深的书籍，如关于中国现时政治生活、党的目前任务、列宁主义、苏联、评孙中山主义及党内各种机会主义与左派盲动主义倾向等等问题；三、最后一个任务——时间比较长些——就是发行马克思、恩格思（即恩格斯）、斯达林（即斯大林）、布哈林及其他马克思主义、列宁主义领袖的主要著作。"[1]翌年召开的中共六届二中全会通过《宣传工作决议案》中有了进一步的阐述，提出编印发行画报画册及通俗小册子的要求，并要求中央宣传部必须有一个健全的组织，应当建立审查科、翻译科、出版科、编辑委员会、文化工作委员会等科委。同时规定，省委宣传部也要尽可能依照中央宣传部的组织形式建立各科。根据决议案的规定，中央宣传部的出版科、编辑委员会和文化工作委员会成为编辑一切宣传教育的丛书、小册子和公开发行的各种书籍刊物，以及管理公开的发行工作和出版事务的机构，担负起原先中央出版局的职责。

　　1931年2月，中共中央成立了中央出版部。中央出版部成立后根据中共中央政治局的指示，提出建立全国发行网，特别是建立有效的发行机构和发行路线，供给苏区党的非党的各种书刊和巡视制度的建议。中共中央批准了这项建议，决定以中央组织部下属的出版科为基础，成立中央发行部及主要省市的发行部。中央发行部受中央出版部的领导。当时中央出版部主要机构有三：一是印刷厂，由毛远跃负责；二是党内发行科，负责党内文件、通知和内部书刊等；三是公开的发行科，通过各种关系半公开地推销中共出版的书刊，对外则称为发行部。1933年1月，中共临时中央局被迫从上海迁往中央苏区，中央出版部也完成了其历史使命。

### 2. 中国共产党在国统区的出版机构及其出版活动

　　中国共产党在极其困难的条件下，坚持在国统区建立出版机构，秘密从事于书刊的出版发行工作。继长江书店之后，1929年曾以浦江书店、中华书店及无产阶级书店等名义，出版马列主义著作和党的重要文献。同年，中

---

　　① 《宣传工作的目前任务》(1928年7月10日)，载中央档案馆编：《中共中央文件选集》(第4册)，中共中央党校出版社1989年版，第421～422页。

共中央出版发行部在上海创办地下出版社华兴书局（也曾用启阳书店、春耕书店、春阳书店名义），出版"中外研究学会丛书"及"上海社会科学研究学会丛书"。如以"中外研究学会丛书"、"上海社会科学研究会丛书"名义出版了列宁的《国家与革命》、《革命与考茨基》（即《无产阶级革命与叛徒考茨基》）、《二月革命至十月革命》，布哈林的《资本主义之解剖》等中译本，以及《俄国革命画册》、《无产者的哲学》、《新俄宪法》、《苏联红军史》等图书。[①] 1931年，华光书店被国民党查禁，后改名继续对外营业。

1931年9月，中共地下党又在保定、北京等地成立了北方人民出版社。该社由王辛民、王光潜负责。它对党的早期出版机构，如上海人民出版社、新青年社、平民书社、中国青年社和上海书店等所出版的书籍，加以重新校订编排而出版。另外还编审出版了一些新的书刊，在严重的白色恐怖下秘密进行着出版发行工作。该社出版发行的书籍，内容通俗易懂，很容易为人民群众所接受。其主要出版物有：《国家与革命》、《俄国革命中之农业问题》、《二月革命与十月革命》、《土地农民问题指南》（包括中共六大决议案五次劳动大会决议案等）、《政治问题讲话》（即联共十六次大会斯大林的政治报告）、《中国革命与中共的任务》（国际代表在中共第六次代表上的政治报告）、《化学战争》、《共产国际纲领》等著作。[②] 为了避免遭到国民党当局的查封、检扣，这些图书的扉页和版权页上都印着别的名称，如北国书社、新生书社、人民书店、新光书店等。这些图书除供应北方读者外，还邮寄上海方面的读者。1932年7月，国民党当局镇压保定师范学生，通缉人民出版社负责人，该社在保定的出版活动被迫停止。

这一时期，党还组织进步文化团体，同国民党当局进行斗争。这些进步文化团体中最具影响的是中国左翼作家联盟（简称"左联"）。左联于1930年3月成立之后，社会科学作家同盟、社会科学研究会、新闻记者联盟等团体也相继成立了。左联的机关刊物有《萌芽》、《拓荒者》、《文学月报》和《北斗》等。这些进步书刊在宣传进步文化和革命思想方面，有很大影响。

**3. 中国共产党在中央苏区的主要出版机构及其出版物**

大革命失败后，中国共产党领导工农红军开辟了大大小小15块革命根据地。由于战争频繁、斗争残酷，而革命根据地又大多在文化不很发达的农

---

　① 李瑞良：《中国出版编年史》（下册），福建人民出版社2004年版，第951页。

　② 丁珉：《记北方人民出版社》，载张静庐辑注：《中国现代出版史料》（乙篇），中华书局1955年版，第19～20页。

村,印刷条件简陋,书刊编辑出版工作遇到了前所未有的困难,但是中央苏区的出版工作者克服层层困难,建立了齐全的出版机构,出版了大量革命书刊,对发展经济、提高部队战斗力,统一干部思想认识,协调各苏区行动,巩固和发展苏维埃政权,都起了十分重要的作用。①

总体来说,中央苏区的新闻出版事业的发展经历了萌芽、兴起、发展三个阶段。1929 年,中国工农红军第四军向赣南、闽西进军,创建中央苏区,中央苏区新闻出版事业进入萌芽阶段。12 月底,红四军召开了著名的古田会议,指明了根据地党和红军今后政治宣传工作的方针,首次提出了出版报刊书籍和革命宣传的计划。古田会议后,出版了不少布告、宣言、传单、标语、简报、壁报、书籍等,尤其是各种教材课本、政治读物在种类和数量上均超过以前。这一时期的出版物比较著名的有《中国工农红军告国民党士兵书》和《共产主义与共产党》等。

1930 年以后,中央苏区新闻出版事业得到了进一步兴起发展。次年春,闽西苏维埃政府创办了中央苏区最早的一家红色出版发行机构——闽西列宁书局。列宁书局的诞生,标志着中央苏区新闻出版事业的兴起。它下设印刷所、编辑部、发行部、会计科和事务股等,有工作人员 20 余人,印刷设备有石印、铅印两套。列宁书局主要编辑出版介绍党的有关方针政策的小册子,各种布告、宣言及文件,各种政治文件、教育图书,还有自然科学、社会科学常识丛书,并出版革命报纸刊物,如早期的《红旗报》、《战线报》等。列宁书局的创办,为后来临时中央政府成立后创建中央出版局、中央印刷厂、中央发行部以及工农红军书局等,积累了宝贵的经验。

1931 年 9 月,中央主力红军取得了第三次反"围剿"战争的胜利,使赣南和闽西两大块革命根据地联成一片,形成了以瑞金为中心的中央革命根据地(简称中央苏区)。中央苏区成立了中央出版局,新闻出版事业得到了空前的繁荣和发展。苏区中央政府制定了一系列包括文化教育事业在内的方针政策。《中华苏维埃共和国宪法大纲》明确规定:"中国苏维埃政权以保护工农劳苦民众有受教育的权利为目的。……应开始施行完全免费的普及教育,首先应在青年劳动群众中施行并保障青年劳动群众的一切权利,积极的引导他们参与政治和文化的革命生活,以发展新的社会力量。"②为了将

---

① 叶再生:《十年内战时期苏维埃区出版简史》,《出版史研究》第 2 辑,中国书籍出版社 1994年版,第 32 页。

② 《中华苏维埃共和国宪法大纲》,载中央档案馆编:《中共中央文件选集》(第 7 册),中共中央党校出版社 1983 年版,第 467 页。

根据地的文化教育事业列入苏维埃政府的日常工作中去,临时中央政府决定省、县、区苏维埃政府一律设立文化部,设正副部长。文化部负责苏区文化教育事业、新闻出版工作的管理和领导。同时规定各级政府的总务厅总务处,一律设立印刷股,负责出版印刷活动。临时中央政府还设立教育人民委员部,作为全国苏区文化教育事业的领导机构。1932 年下设中央出版局、中央印刷局、中央总发行部等机构,[①]从而形成了较为完备的编、印、发的新闻出版体制,保证了根据地新闻出版事业的发展。下表是中央苏区的主要书刊出版机构及其主要活动。

中央苏区的主要出版机构及其重要出版活动[②]

| 出版机构 | 成立时间 | 重要出版人 | 重要出版活动及其出版物 |
|---|---|---|---|
| 中央苏区出版局 | 1931 年 | 朱荣生、张人亚 | 是中央出版领导机构,它是苏区新闻出版和发行事业的管理机构。它的主要职责是检查、审批报刊、书籍的出版发行,其下设编审部、发行部,还经常编纂书稿出版。主要出版物有:布哈林的《农民问题》、《布尔什维史学的三十年 1930～1933》、《论清党》和《政治经济学》,列宁的《无产阶级革命与叛徒考茨基》、《左派幼稚病》和《社会进化简史》,洛甫的《新的领导方式》等 |
| 中共中央局党报编辑委员会 | 1933 年 | 张闻天 | 主要出版期刊《斗争》 |
| 中央革命军事委员会出版局 | 1932 年1 月 | | 出版了一批军事、政治理论书籍,并附设有印刷厂,重要的出版物有:《游击队怎样动作》、《中国的军队》、《战术讲授录》、《架桥教范草案》和《德译战术讲授录》等 |
| 中央教育人民委员会编审委员会 | 1932 年 | 徐特立、关蕴秋 | 负责苏区教育图书的编纂、审定工作。有印刷所,拥有石印机 2 台,也能进行雕版印刷,主要是承担苏区教育用书和苏维埃政府法规文件的印刷。主要出版物有:《地理课本》、《列宁小学国语课本》、《列宁小学教科书》、《国语教学法》、《小学制度草案》等 |

---

① 严帆:《中央革命根据地新闻出版史》,江西高校出版社 1991 年版,第 35～36 页。

② 本表主要根据叶再生著的《红色根据地的斗争——苏维埃区的出版活动》[《中国近现代出版通史》(第二卷),华文出版社 2002 年版]、《第二次国内革命战争时期的苏区出版物简目》(张静庐辑注:《中国现代出版史料》乙篇,中华书局 1955 年版)和严帆的《中央革命根据地新闻出版史》(江西高校出版社 1991 年版)统计而成。

（续表）

| 出版机构 | 成立时间 | 重要出版人 | 重要要出版活动及其出版物 |
|---|---|---|---|
| 中央革命军事委员会编译委员会 | 1932年底 | | 主要翻译苏联的军事政治书籍和外国的军事资料。曾编译出版《战术讲授录》、《德国联合兵种之指挥战斗》、《军队的参谋工作》、《战术与战略》。有规模较大印刷所，主要负责《红星》报和《革命与战争》刊物的印刷，以及红军教材、文件、布告等印刷 |
| 马克思主义研究总会编译部 | 1933年4月 | 张闻天 | 编辑出版马克思主义研究总会刊物《通讯》，还编辑出版一批有关马克思主义的书籍，如《列宁主义问题》、《共产党宣言》、《论清党》、《中国经济性质问题研究》和《政治常识讲义》 |
| 马克思共产主义学校编审处 | 1933年3月 | 董必武 | 负责该校教材的编辑出版，所出图书有：《列宁主义问题》、《共产党宣言》（附《雇佣劳动与资本》）、《中国革命基本问题》、《政治常识讲义》 |
| 中国工农红军学校出版科 | 1932年5月 | | 它出版图书范围较广，除校内发行外，还向对外销售。所出图书有：《步兵教程》、《政治问答》、《马克思主义政治经济学》、《世界革命简史》、《革命领袖传略》等 |
| 中国工农红军大学出版科 | 1933年10月 | 何长工 | 出版科下设发行所、印刷所和编辑室等机构，出版了比较多的军事、政治、文化等书籍和教材。出版有：《步兵教程》、《政治问答》、《马克思主义政治经济学》、《世界革命简史》、《革命领袖传略》和《列宁式工作》等的重要书籍 |
| 中华苏维埃共和国中央军事政治学校编审出版科 | 1931年10月 | | 主要负责该校教材的编辑出版工作。所出版的图书有《中国工农红军军用号谱》和《红军哨音》、《灯号》、《旗语通讯》等 |
| 中国工农红军卫生学校出版科 | 1932年春 | 贺诚 | 是当时苏区出版书籍较多的单位，其出版的书籍主要以医药学通俗知识和临床实践经验为主。如《简明医药学》、《实用内科学》、《实用外科药物学》、《简明绷带学》、《中药之研究》和《药物学》等 |

中央苏区出版的这些出版物，主要包括马克思列宁主义经典著作、党政群众团体建设书籍、军事建设书籍、法律、教育、文艺以及医药卫生等各类书籍，共350多种。①

---

① 严帆：《中央革命根据地新闻出版史》，江西高校出版社19991年版，第2页。

　　1931 年底,中央印刷局成立。中央印刷局是中央苏区政府的下属机构,主管苏区的印刷事业。苏区的印刷业有相当的规模,其中有中央印刷厂、青年实话印刷所、中央教育人民委员部印刷所、中央财政人民委员部印刷所、中央革命军事委员会印刷所以及其他地方性印刷企业。其中中央印刷厂下设八个部,设备齐全,"每月有 7000 元以上的基本收入,是一个大的印刷机关",也是苏区当时规模最大的企业之一。中央苏区的重要印刷机构及其重要的特点如下表所示。

中央苏区重要的印刷机构及其特点①

| 名称 | 成立时间 | 主要负责人 | 特点 |
|---|---|---|---|
| 中央印刷局 | 1931 年底 | 张人亚 | 其工作人员技术性强,劳动量大,经常日夜加班印刷书报,有少量工资 |
| 中央印刷厂 | 1931 年底 | 陈祥生、杨其鑫 | 该厂设备齐备,编辑、铅印、石印、铸字、刻字、裁纸装订、油墨等 8 个部门,其工人最多时达 200 多人。虽条件有限,但仍印刷大量书籍和报刊,经常受到中央的表扬 |
| 青年实话印刷所 | 1933 年 | | 共有工人 30 多人,主要印刷设备有铅印机和石印机,主要印刷《青年实话》 |
| 中央教育人民委员部印刷所 | 1933 年 | | 以石印为主,经常进行木刻雕板印刷,主要印刷苏区教育图书、教育法规文件 |
| 中央财政人民委员部印刷所 | 1933 年 10 月 | | 以石印为主,主要负责苏区纸币设计出版,以及公债卷、借谷票、财政法令、布告文件等印刷 |
| 中央革命军事委员会印刷所 | 1933 年 5~6 月 | | 设备齐全,以铅印为主,主要印刷《红星》和《革命与战争》等报刊,并印刷红军各种教材课本文件等 |

### 4. 其他革命根据地的主要出版机构及其重要出版活动

　　当时,除中央苏区外,中国共产党还领导工农群众,建立了其他大小不一的十多个革命根据地。在这些革命根据地,也成立了些出版机构,开展了一些出版活动。但由于印刷条件的限制,大多数出版物只能采用油印的方式。下表就是其他革命根据地的主要出版活动及其主要出版物。

---

　　①　本表据叶再生著的《红色根据地的斗争——苏维埃区的出版活动》[《中国近现代出版通史》(第二卷),华文出版社 2002 年版]和严帆的《中央革命根据地新闻出版史》(江西高校出版社 19991 年版)统计而成。

**其他革命根据地的主要出版活动及其主要出版物**①

| 革命根据地名称 | 主要出版机构和重要出版人 | 主要出版活动及其的特点及其主要出版物 |
|---|---|---|
| 井冈山革命根据地 | 没有成立出版机构 | 出版物采用油印,其主要出版物有:《政治问题和边界党的任务》、《井冈山的斗争》、《教练官之教练士兵注意》、《土地法》、《军队中的支部工作》、《三大纪律六项注意》,翻印《共产党宣言》 |
| 湘赣苏区 | 有石印局和石印厂,印刷文件、布告、重要刊物课本等 | 出版报刊 10 多种。重要刊物有《湘赣斗争》、《列宁青年》和《湘赣红旗》。书籍有《国语读本》、《常识读本》 |
| 闽西苏维埃区 | 有毛铭新印刷厂、龙岩尚文印刷所和列宁书局。重要的出版人为毛钟鸣 | 有石印和铅印设备,创办和发行多种刊物。重要的刊物有《闽西列宁青年》、《福建红旗》等。印刷了大批《共产党宣言》、《告商人及知识分子》、《告绿林弟兄书》、《苏维埃组织法》。出版《中国共产党红军第四军第九次代表大会决议》、《共产儿童读本》等 |
| 闽浙赣苏区 | 有印刷局、铅印厂和造纸厂和发行部。主要由方志敏领导 | 生产可供印刷的纸张和各色油墨。建立了由通讯员步行分送和邮局系统投送的发行渠道。重要的刊物有《红旗周报》、《工农报》和《支部生活》 |
| 湘鄂赣苏区 | 红旗报社、赤色石印局、列宁图书馆 | 有小型石印厂和雕版印刷厂,普通采用刻蜡版油印。主要出版有《工农兵报》、《红旗》、《战斗报》和《列宁通讯》。出版《列宁读本》和《共产主义ABC》,翻印《中华苏维埃共和国宪法》 |
| 湘鄂西苏区 | 省文化部编委会、列宁书店和省苏石印局 | 编辑印刷发行苏区各类出版物、课本、讲义和其它书籍报刊。主要出版物《红旗日报》、《布尔什维克周报》、《工农日报》、《红星报》、《列宁青年》 |
| 鄂豫皖苏区 | 石印科、红日印刷厂和皖西北特区石印局 | 石印科有 4 台石印机,能编辑印刷各类课本、报刊、书籍等《列宁周报》、《红旗》、《苏维埃》和《少年先锋》等 |
| 左右江革命根据地 | | 编印了一些课本、报刊等,出版《右江日报》、《工农兵报》和《红旗周报》和《工农兵识字课本》 |
| 川陕和陕甘革命根据地 | | 《北甘穷人》、《苏维埃》、《少年先锋》、《红军》、《布尔什维克生活》和《与"剿赤"军作战要诀》 |

　　总体来说,中国共产党领导的根据地的出版活动,其出版的书籍也紧紧

①　本表据叶再生著的《红色根据地的斗争——苏维埃区的出版活动》[《中国近现代出版通史》(第二卷),华文出版社 2002 年版]和严帆的《中央革命根据地新闻出版史》(江西高校出版社 19991 年版)统计而成

围绕苏区工作中心，始终保持着强烈的革命斗争性，具有鲜明的时代特色。它们紧密配合革命斗争，宣传党、政府和红军的政策，为坚持武装斗争、夺取革命斗争的胜利服务。如出版的军事建设书籍，主要包括红军和地方武装的军事训练教材和思想政治工作两大类。这些书籍理论联系实际，力求适应中国革命的特点，努力从根据地斗争的实际出发，推动红军武装力量的建设。同时，由于其读者均是农民和战士，其出版物的又一个重要特点是通俗易懂。正是各类军事建设书籍的出版发行，使根据地军民不断获得丰富的军事科学知识和政治知识，在战争中学习军事，在实践中研究和提高自己的军事、政治理论水平。然而，由于中央苏区范围较小，经费十分缺乏，再加上恶劣的战争环境，使中央苏区的图书出版只能是小规模、小批量的，其出版物的印刷水平低下和制作质量比较粗糙。

毋庸置疑，革命根据地的这些出版物在动员苏区群众支援红军作战，为保卫革命根据地发挥了重要的宣传鼓动作用。同时，中央苏区所出版的图书，对于提高人民群众的革命觉悟和文化科学水平做出了重要贡献。

# 第七章　抗战时期的出版活动

## 一、全国出版中心的转移

1937年7月7日，日军突然进犯卢沟桥，发动了企图灭亡全中国的侵略战争，中国守军奋起抵抗，长达八年之久的抗日战争由此拉开序幕。8月13日，日军进攻上海，淞沪抗战爆发。至1937年底，在不到半年时间，平津沦陷，华北危急，上海、南京等城市相继失守，国民政府被迫宣布迁都重庆。在这样一种特殊的时代背景下，抗战前形成的以上海、北京、天津等地为中心的中国出版业遭受沉重的打击，其蓬勃发展的势头被阻遏。随着国土的沦丧，政治中心的转移，文化中心也开始了一次大迁徙。一大批出版发行机构、文化团体陆续迁往大后方，先后形成了武汉、重庆、桂林等新的出版中心。

### 1. 抗战初期的出版中心——武汉

早在全面抗战爆发前，国民政府即已选定四川作为抗日战争的后方基地，以便于持久作战。抗战爆发后，国民政府于1937年11月20日正式宣布迁都重庆。12月13日，南京失守后，由于不能遽行迁渝，国民政府指挥抗战的中枢暂驻于武汉，国民政府的军政机关大部分迁至武汉，"在野的各党各派的领袖们，文化界的知名人士，也差不多都先后集中到武汉来了"。一时间，武汉这个素称"九省通衢"的中部重镇，一变而成为"事实上的抗战首都"。[1] 政治中心的转移，使出版文化中心也随之迁徙，中国的多数出版机构纷纷从上海迁往武汉，一些著名的新闻出版人士如邹韬奋、胡愈之、沈

---

① 郭沫若:《洪波曲》，人民文学出版社1979年版，第20页。

钧儒、钱俊瑞、李公朴、郭沫若、杜重远、柳亚子、胡绳等人也相继来到武汉。在此后将近一年的时间内,武汉成为中国的战时出版中心。

　　武汉是中国中部地区首屈一指的商业重镇和文化中心,其出版业在抗战前已有一定的规模,但相比于上海、北京、天津等城市,仍有一定差距。以报刊杂志为例,当时就有评论认为:"这里没有一个由私人组合的出色的刊物,能够在全国出版界中占一席地位,有几个像《江汉思潮》、《文艺》、《经济评论》、《商业月刊》等一类定期杂志,还是党部和商业机关出钱办的,而且销路也有限的很。"[①]武汉一些重要报纸如《武汉日报》、《扫荡报》、《大光报》等的销量也很不理想。有人曾估计,1937年抗战爆发前夕,武汉大小各报的总销量不超过三万份,"其中销路最好的也不过一万份,最坏的竟有五百份的。在大报中销路最好的是《扫荡报》约七八千份,《武汉日报》也不过四五千份,其余都是两三千份及一二千份的。"面对如此的窘况,该作者不禁哀叹,武汉的新闻事业不仅不能与欧美、日本相比,"就和平、津、京、沪等地日销数万份及十数万份的,也望尘莫及"![②] 抗战爆发后,众多出版机构迁至武汉,加之受全民抗战精神的激发,出版界的任务就是"唤起全国民众的抗战情绪,发动民众自卫武力,编制通俗大众读物"。[③] 武汉出版业迅速进入了报业汇集、出版社林立、期刊繁荣的蓬勃发展阶段。

　　抗战爆发前夕,武汉有《中西报》、《新闻报》、《新民报》、《震旦民报》、《武汉日报》、《大同日报》、《扫荡报》、《新中华日报》、《华中日报》、《国民日报》、《汉报》、《大光报》、《正义报》等十三家对开大报。此外,还有《新快报》、《时事白话报》、《导报》、《新汉报》、《时代日报》、《工商日报》、《武汉时报》、《壮报》、《戏世界报》、《新汉口报》、《罗宾汉报》、《春秋日报》、《国民朝报》等十三家四开小报。[④] 抗战爆发后,一些原先在上海出版的大报陆续转移到武汉出版:1937年9月18日,《大公报》汉口版创刊;1938年1月15日,《申报》汉口版复刊。这期间,也有一些新的报纸在武汉陆续创刊:1938年1月11日,中共公开出版的《新华日报》在武汉创刊;1938年2月7日,由救国会发起的《大众报》在汉口创刊;隶属于国民党军事委员会"战时干部训练团"的《自强日报》于1938年4月25日创刊;青年党的《新中国日报》于1938年6

　　① 黎何聪:《最近武汉新闻事业》,《内外什志》第2期,1936年8月20日。
　　② 穆超:《武汉的新闻事业》,《时事月报》第16卷第4期,1937年4月。
　　③ 张静庐语,转引自宫为之:《一个出版家的"举鼎雄心"——张静庐出版事略》,《编辑学刊》2000年第2期。
　　④ 穆超:《武汉的新闻事业》,《时事月报》第16卷第4期,1937年4月。

月 15 日创刊。除此之外,1938 年创刊于武汉的报刊还有《前进日报》《时代日报》《尚理日报》《抗战晚报》《救国晚报》等。这样一来,武汉的报纸不仅数量增多,且汇集了《大公报》《申报》《新华日报》这样的大报,销量也迅速改观。

以《大公报》为例,"八一三"事变后,该报认为:"政府决心抗战,一定是长期的局面",因此一方面由经理胡政之等人在上海维持局面,一方面委托总编辑张季鸾率领少数人先行前往汉口筹备发行汉口版。张季鸾等人到达汉口后,利用原《大光报》停刊后的机器设备,于当年 9 月 18 日创办《大公报》汉口版,日出版对开报纸一张。《大公报》汉口版创办之后,除了宣传抗日主张、鼓舞军心民气外,还发起救济受伤将士活动,代收捐款,并转送红十字会使用。其后,该报还主办《中国万岁》的话剧公演,并将售票所得尽数用来救济受伤士兵。《大公报》的抗日言论与活动,得到了社会各界的欢迎与赞赏,"是时本报以得社会之同情与信任,销数竟达 53,000 余份,创武汉报业史上发行最高之记录"。[①]

武汉原有的出版机构,到抗战初还营业的有武昌舆地协会、商务印书馆汉口分馆、中华书局汉口分局、汉口圣教书局、上海广益书局汉口分局、世界书局汉口分局、生活书店汉口分店、开明书店汉口分店、大东书局汉口分局、华中图书公司、儿童书局汉口分局、江汉印书馆、武昌益善书局、正中书局武昌批发处、光明书局等 15 家。抗战爆发后,武汉的出版业迅速发展起来,各种出版机构不断涌现,上海的一些出版机构如生活书店、新知书店、读书生活出版社、上海杂志社等也迁至武汉。据叶再生先生统计,抗战初期,武汉地区新建的出版机构,多达 40 余家,加上从上海、南京、西安迁来的出版社总数竟达 48 家。[②] 这些出版机构,既有国民党官方的出版社,也有中共创办的出版社,还有的属于一些进步人士所办。加上抗战前在武汉的 15 家出版机构,总数达到 63 家。不仅如此,一些出版社在武汉期间还迅速扩展了自己的业务。以生活书店为例,该店于 1937 年 11 月迁到武汉后,业务突飞猛进,逐步发展成战时最大的出版机构之一,分支店从战前的武汉、广州两处迅速发展到西安、重庆、长沙、成都、桂林、兰州、贵阳、南昌、昆明等 56 处,在香港、新加坡也设有分店,书店职工也由 60 多人增加到 300 余人。[③]

---

① 曹谷冰、金诚夫:《大公报八年来的社难》,《大公报》(上海版)1946 年 7 月 7 日。
② 叶再生:《中国近代现代出版通史》(第三卷),华文出版社 2002 年版,第 93 页。
③ 湖北省地方志编纂委员会:《湖北省志·新闻出版卷》下册,湖北人民出版社 1995 年版,第 72 页。

　　出版业的壮大,使得战时武汉出版了大批的报刊和书籍,这其中期刊的
出版尤为壮观。当时的刊物犹如雨后春笋,不断涌现,一些著名的刊物如
《群众》、《全民周刊》、《抗战》、《全民抗战》、《抗战文艺》、《新闻记者》、《文艺
阵地》、《自由中国》、《全民抗敌》等,大都是在武汉创刊发行。这些杂志形式
多样,有三日刊、周刊、旬刊、半月刊、月刊等多种类型,类别上则包括政治、
时事、军事、经济、科技、教育、文化、戏剧、宗教、侨务等不同内容。据统计,
各种抗战杂志到 1938 年 3 月已达 67 种,7 月抗战一周年前后超过 100 种,
以后刊物出版高峰时达到 180 余种。① 这些杂志,一方面积极宣传抗日主
张,一方面传播进步文化和革命理论,全面适应了抗战的特点,"快节奏地反
映时代和战时形势,适应了群众对于出版物的急剧扩张的多样化需求,也适
应了聚集在武汉的文化人的所需"。② 此外,这时期武汉的书籍出版也相当
多,据不完全统计,抗战初期武汉 57 家以出版书籍为主的出版社,共出版书
籍 550 种。③ 凡此种种,充分反映出武汉在抗战初期已经成为新的出版中
心,国民党中宣部亦认为:"目前出版界已全数集中武汉",足以反映全国出
版界面貌,因此"有加以审查的必要"。④

### 2. 战时中国的出版中心——重庆

　　1938 年 10 月,武汉、广州等地相继失陷,国民党驻武汉的政府机构纷
纷转移到重庆,抗战初期聚集在武汉的各出版机构、文艺团体也随之迁往重
庆。此后,随着战事的发展,重庆作为战时中国的陪都,不仅是大后方的政
治、经济、文化中心,也成为全国的出版中心,"特别是在战略相持和反攻阶
段,更是盛极一时,一举取代了昔日的上海和战初的武汉,而成为全国最大
的出版中心"。⑤

　　重庆出版业的繁荣,首先表现在各种报刊、杂志的创办与发行方面。截
至抗战爆发前的 1936 年,重庆仅有十余家报纸,且都属于地方报纸,如《商
务日报》、《新蜀报》、《崇实报》、《佛化新闻》、《济川公报》、《四川晚报》、《大江

---

　　① 　湖北省地方志编纂委员会:《湖北省志·新闻出版卷》下册,湖北人民出版社 1995 年版,第
72 页。
　　② 　王建辉:《大武汉:1937~1938 年的全国出版中心》,《江汉论坛》2000 年第 12 期。
　　③ 　湖北省地方志编纂委员会:《湖北省志·新闻出版卷》下册,湖北人民出版社 1995 年版,第
80 页。
　　④ 　湖北省地方志编纂委员会:《湖北省志·新闻出版卷》下册,湖北人民出版社 1995 年版,第
97 页。
　　⑤ 　王余光、吴永贵著:《中国出版通史·民国卷》,中国书籍出版社 2008 年版,第 133 页。

日报》、《国民公报》等。这些报纸多数在 1939 年前后停刊,只有实力较强的
《国民公报》、《新蜀报》、《商务日报》能够坚持出版。[1] 抗战爆发后,上海、南
京、天津、武汉等地的一些报纸先后迁至重庆,主要的报纸有以下一些[2]:

| 名称 | 创刊地 | 迁渝出版时间 |
| --- | --- | --- |
| 《新民报》 | 南京 | 1938 年 1 月 15 日 |
| 《时事新报》 | 上海 | 1938 年 4 月 27 日 |
| 《新华日报》 | 武汉 | 1938 年 10 月 25 日 |
| 《南京晚报》 | 南京 | 1938 年 8 月 1 日 |
| 《中央日报》 | 南京 | 1938 年 9 月 1 日 |
| 《扫荡报》 | 汉口 | 1938 年 10 月 1 日 |
| 《大公报》 | 天津 | 1938 年 12 月 1 日 |
| 《自由西报》(英文) | 汉口 | 1938 年迁渝,1939 年在渝出版 |
| 《益世报》 | 天津 | 1940 年 3 月 24 日 |
| 《大美晚报》(英文) | 上海 | 1943 年 1 月 |

以上报纸中,《新民报》、《时事新报》、《新华日报》、《中央日报》、《扫荡
报》、《大公报》、《益世报》等七家报纸是当时具有很大影响力的全国大报。
其他一些报纸,如《武汉时报》、《武汉快报》、《壮报》、《武汉晚报》、《大陆晚
报》、《大汉夜报》等也在武汉陷落后先后迁到重庆。此外,抗战期间,在重庆
又有一批新创刊的报纸如《大中日报》、《重庆日报》、《星渝日报》、《国语千字
报》、《西南日报》、《世界日报》、《正气日报》(军中版)、《中国论坛报》、《新蜀
夜报》、《侨声报》、《金融导报》等。据相关研究统计,抗战期间先后在重庆出
版的报纸有 133 种[3],可以说,此时重庆已经成为全国报业的中心,"盖全国
最著声誉与乎代表党政当局的报章,殆均汇聚于行都"。[4] 其最鼎盛的时
期,"有二十二家报纸同时出版,十二个通讯社同时发稿"。[5]

这些报纸的销量,也有不错的成绩。据统计,1940 年初《大公报》的销
量约为一万三千份,《时事新报》和《新民报》的销量均在七八千份左右,《中
央日报》、《扫荡报》、《新蜀报》、《新华日报》等约为六七千份,《国民公报》、

---

　①　参见向纯武:《抗日时期的四川报刊》,钟树梁主编:《抗战时期西南的文化事业》,成都出版
社 1990 年版,第 360 页。
　②　谢儒弟主编:《重庆抗战文化史》,团结出版社 2005 年版,第 178 页。
　③　谢儒弟主编:《重庆抗战文化史》,团结出版社 2005 年版,第 177 页。
　④　张十方:《行都的报业》,《战时记者》第 2 卷第 6、7、8 期合刊,1940 年 4 月 1 日。
　⑤　曾虚白:《中国新闻史》,三民书局 1984 年版,第 422 页。

《商务日报》、《自由西报》、《西南日报》、《南京晚报》等各约三四千份。各报总销量，在 1940 年初约为七万份左右。[①] 当然，此统计并不是这些报纸在抗战期间的最高销量，以《大公报》为例，该报在重庆最高销量，"日报销行达 91,500 余份，晚报 32,000 余份，则又创重庆报业史上空前之记录也"。[②] 这些报纸，各自有不同的风格，例如《大公报》以言论的公正与客观，赢得读者的信任与欢迎，"销路广及远近，读者对象多为中上的智识阶层"；《中央日报》、《扫荡报》属于官方报纸，"于军党方面占有地位与销路"；《时事新报》则在财政及金融界有深厚的基础；《新华日报》则"以青年及下级大众为对象"[③]，以其抗日宣传而为各界所瞩目。总体来说，这些报纸适应了战时的特殊环境，满足了社会不同阶层需要，推动了战时重庆报业的发展。

在期刊杂志方面，抗战初期集中于武汉的主要期刊社很多都转移到重庆，比较重要的有《群众》周刊、《全民抗战》、《抗战文艺》、《中苏文化》、《民意》周刊、《政论》半月刊、《再生》周刊、《妇女生活》、《文摘》战时旬刊、《时事类编》半月刊等。此外，抗战时期在重庆新创办的杂志也很多，较为重要的有《战地知识》、《读书月报》、《理论与现实》、《学习生活》、《现代妇女》、《文汇周报》、《宪政》、《民主与科学》、《青年知识》、《文艺战线》、《文学月刊》、《文艺工作》等。据估计，抗战期间在重庆出版的杂志数量，达到 900 种以上，数量之多，品种之全，在全国居首位。[④] 而另据抗战期间的一份统计数据，1941 年重庆出版的杂志为 999 种，至 1943 年则增长为 1783 种。[⑤] 国民党重庆市图书杂志审查处代处长陆并谦也曾表示："1943 年 3～8 月，重庆出版图书 1974 种，杂志 534 种，约占全国出版物的三分之一。"[⑥]虽然这些统计数字不一，但大体反映了抗战时期重庆期刊杂志出版的繁盛状况。这些杂志内容涉及了抗战时期政治、经济、文化、军事、科技、教育等各个方面，积极宣传抗战，为弘扬抗战文化做出了积极贡献。

抗战初期重庆的出版业以期刊杂志为主。太平洋战争爆发后，这种局面开始改变，一批图书出版机构纷纷迁到重庆。商务印书馆早在 1906 年就

---

① 张十方：《行都的报业》，《战时记者》第 2 卷第 6、7、8 期合刊，1940 年 4 月 1 日。
② 曹谷冰、金诚夫：《大公报八年来的社难》，《大公报》（上海版）1946 年 7 月 7 日。
③ 张十方：《行都的报业》，《战时记者》第 2 卷第 6、7、8 期合刊，1940 年 4 月 1 日。
④ 向纯武：《抗日时期的四川报刊》，钟树梁主编《抗战时期西南的文化事业》，成都出版社 1990 年版，第 364 页。此外，唐慎翔在《抗战期间重庆的出版发行机构及图书业》一文中指出，重庆在抗战八年中出版期刊近 2000 种。见《抗战时期西南的文化事业》，第 448 页。
⑤ 潘公展：《抗战七年来之出版事业》，《文化先锋》第 3 卷第 23 期，1944 年。
⑥ 转引自苏朝纲整理：《抗日战争时期重庆出版大事记》，《重庆出版史志》第 5 期。

曾在重庆建立分馆,1941 年太平洋战争爆发后,总经理王云五在重庆建立商务总管理处驻渝办事处及编审处。1942 年,又在《大公报》刊登广告招收研究生 9 名,以充实编辑、管理部门。1943 年建立印刷厂,并复刊《东方杂志》,同时还恢复商务日出新书一种的传统。抗战期间,商务印书馆在重庆共出版图书 1011 种,注册资本为 500 万元。[①] 中华书局 1931 年在重庆设立特约经销处,1934 年建立分局。太平洋战争爆发后,中华书局总管理处于 1942 年由香港迁到重庆,在重庆建立印刷厂,恢复图书出版及印刷钞票、邮票业务,复刊《新中华》、《中华英语》等杂志。抗战期间,中华书局在重庆出版图书 679 种,注册资本为 500 万元。[②] 此外,这期间先后迁至重庆的还有生活书店、读书出版社、新知书店、正中书局、大东书局、开明书店、世界书局、文通书局等多家出版机构。

商务印书馆、中华书局这些大型出版机构迁渝,无疑对重庆出版事业的发展起了重要的推动作用,一批新的出版机构也应运而生。据统计,1935年重庆较大的印刷局有 17 家,大小书店 40 余家。[③] 抗战爆发后,特别是进入相持阶段后,重庆的出版业已经是空前发展,盛极一时。下表是对1942～1943 年间重庆市出版概况的统计[④]:

| 年代 科目 | 印刷厂数量 | | | 书店数量 | | | 图书数量 | | |
|---|---|---|---|---|---|---|---|---|---|
| | 重庆 | 全国 | 百分比 | 重庆 | 全国 | 百分比 | 重庆 | 全国 | 百分比 |
| 1942 年 | 131 | 1311 | 10% | 145 | 1286 | 11% | 1292 | 3879 | 33.3% |
| 1943 年 | 225 | 709 | 31.7% | 149 | 629 | 23.7% | 1642 | 4408 | 37.3% |

抗战期间仅重庆市的售珠市街、武库街和劝工局街就集中了二十几家书店。这其中有北新书局、开明书店、生活书店、新知书店、读书生活出版社、世界书局、大东书局、儿童书局、中学生书局、复兴书局、东方书社、万光书店、艺新图书社、中国书店、永生书局、新生命书局、会文书局、晨光书店、正中书局、青年书局、中国文化服务社、军用图书社、兵学书店、拔提书店等,

① 唐慎翔:《抗战期间重庆的出版发行机构及图书业》,钟树梁主编:《抗战时期西南的文化事业》,成都出版社 1990 年版,第 436 页。
② 唐慎翔:《抗战期间重庆的出版发行机构及图书业》,钟树梁主编:《抗战时期西南的文化事业》,成都出版社 1990 年版,第 437 页。
③ 苏朝纲:《抗战时期陪都重庆出版业的发展变化及其特点》,《出版史料》2004 年第 2 期。
④ 此表根据潘公展《抗战七年来之出版事业》一文中的相关数据整理得出,见潘公展:《抗战七年来之出版事业》《文化先锋》第 3 卷第 23 期,1944 年。

人称"文化一条街"。① 当时的繁荣景象,有人曾如此描述:

"最近一年来,文化界颇有一种蓬勃的气象:刊物不断地增加,新书争先恐后地出版,出版社的纷纷成立;虽然书刊的价格逐月高涨,而书铺子里却整天挤满了顾客;印刷所日夜开工,仍然应付不了出版界的要求;新书一出,旋踵即罄,真有所谓"洛阳纸贵"的气势。"②

据统计,抗战八年期间,重庆出版书刊的单位共有 644 家,出版图书8000 余种。③ 出版业的发展,也推动了印刷业的繁荣。重庆的印刷企业,由1935 年的 17 家,增长到 1943 年的 225 家。据统计,抗战期间重庆经注册批准的印刷厂就有 461 家,其中 60%～70%是以印刷报刊、图书为主,亦有专门印刷钞票、邮票的,还有 30%的小印刷厂主要印杂件。④ 如此一来,重庆的出版业呈现出了编辑、印刷、发行三位一体的全面发展态势,也进一步强化了重庆作为战时大后方出版中心的地位。

### 3. 空前繁荣的文化城——桂林

抗战时期,桂林享有"文化城"的美誉,是大后方仅次于重庆的出版中心。桂林在历史上即是西南地区的文化重镇,1936 年 10 月,广西省的省会从南宁迁到桂林后,遂使桂林成为广西的政治、文化中心。1938 年 10 月,武汉、广州、长沙等地相继失守,大批的文化名人、社会团体、新闻出版机构纷纷向大后方撤退。桂林由于其独特的地理位置,是连接中国西南、华南、华东的重要交通枢纽,也是大后方通往香港、越南,联系海外的中转站,因此成为一个理想的落脚地。据统计,抗战期间先后来到桂林的文化名人达千名以上,闻名全国的也有近 200 人。⑤ 一个城市汇聚如此多的人才,在当时来说是独一无二的,诚如时人评论说:"留桂的文化工作者,无论质和量,有一个时期都占全国第一位。"⑥

这些人中,既有社会科学工作者和自然科学工作者,也有作家和艺术家,还有一批新闻出版人士,如郭沫若、茅盾、巴金、夏衍、胡愈之、陶行知、叶

---

① 彭伯通:《古城重庆》,重庆出版社 1981 年版,第 140～141 页。
② 邵荃麟:《对于当前文化界的若干感想》,《文化杂志》第 2 卷第 5 号,1942 年 6 月。
③ 唐慎翔:《抗战期间重庆的出版发行机构及图书业》,钟树梁主编:《抗战时期西南的文化事业》,成都出版社 1990 年版,第 448 页。
④ 唐慎翔:《抗战期间重庆的出版发行机构及图书业》,钟树梁主编:《抗战时期西南的文化事业》,成都出版社 1990 年版,第 448 页。
⑤ 杨益群:《桂林文化城概况·前言》,广西人民出版社 1986 年版,第 1 页。
⑥ 王坪:《文化城的文化状况》,《广西日报》1943 年 9 月 8 日。

圣陶、邵荃麟、范长江、宋云彬、傅彬然、徐铸成、王文彬等人,组成了一支浩浩荡荡的文化大军,投身到抗日救亡文化运动中。他们一方面把一些出版社、书店、印刷厂迁到桂林,一方面又集资创办了一些新的出版发行机构,对推动桂林出版事业的发展,起了非常重要的作用。此外,由于桂林是广西省省会,是桂系的政治中心。桂系为笼络人才、发展自己力量,政治上采取了相对宽松的政策,也为出版事业的发展提供了有利环境。因此,从 1938 年 10 月武汉沦陷起,到 1944 年 9 月桂林大疏散为止,桂林的出版事业空前繁荣,盛极一时。

　　抗战之初,桂林的报业极为落后,只有《广西日报》一家报纸发行。《广西日报》由原《桂林日报》改组而成,是广西省政府的机关报,创刊于 1937 年 4 月 1 日。该报在抗战之初,每日仅出四开报纸一张,销量也很不理想,"当时的销数约是数千"。[1] 随着抗战形势的发展,多家报纸迁到桂林出版,或在桂林新创办报纸,使得桂林的报纸数量大增。据不完全统计,抗战期间桂林的的报纸有以下一些[2]:

| 名称 | 创刊地 | 创刊时间 | 迁桂复刊时间 |
| --- | --- | --- | --- |
| 《广西日报》 | 桂林 | 1937 年 4 月 1 日 | |
| 《扫荡报》 | 汉口 | 1934 年 5 月 1 日 | 1938 年 12 月 15 日 |
| 《救亡日报》 | 上海 | 1937 年 8 月 24 日 | 1939 年 1 月 10 |
| 《力报》 | 长沙 | 1936 年 9 月 | 1940 年 3 月 10 日 |
| 《阵中画报》 | 武汉 | 1937 年 11 月 | 1938 年秋 |
| 《辛报》 | 上海 | 不详 | 1943 年 3 月 10 日 |
| 《新华日报》(航空版) | 桂林 | 1938 年 12 月 7 日 | |
| 《旦华三日刊》 | 桂林 | 1939 年初 | |
| 《桂林晚报》 | 桂林 | 1939 年 6 月 18 日 | |
| 《自由报》(晚报) | 桂林 | 1940 年 8 月 1 日 | |
| 《小春秋》 | 桂林 | 1940 年 9 月 18 日 | |
| 《大公报》(桂林版) | 桂林 | 1941 年 3 月 15 日 | |
| 《民众报》 | 桂林 | 1941 年 5 月 1 日 | |
| 《戏剧日报》 | 桂林 | 1941 年 11 月 16 日 | |
| 《大公晚报》 | 桂林 | 1942 年 4 月 1 日 | |
| 《星期导报》 | 桂林 | 1943 年 1 月 1 日 | |

---

　　①　仕学:《桂林的新闻事业》,《战时记者》第 3 卷第 6 期,1941 年 2 月 1 日。
　　②　本表根据杨益群:《桂林文化城概况》(广西人民出版社 1986 年版)、王文彬编著:《中国现代报史资料汇辑》(重庆出版社 1996 年版)、张宪文等主编:《中华民国史大辞典》(江苏古籍出版社 2001 年版)等书中相关资料整理而成。

| 名称 | 创刊地 | 创刊时间 | 迁桂复刊时间 |
|------|--------|----------|--------------|
| 《广西晚报》 | 桂林 | 1944 年 2 月 25 日 | |
| 《民众晚报》 | 桂林 | 1944 年 9 月 5 日 | |
| 《戏剧日报》 | 桂林 | 1944 年 2 月 | |
| 《剧声报》 | 桂林 | 1944 年春 | |
| 《青年日报》 | 桂林 | 1945 年 8 月 | |

这些报纸，从数量上看，已经远超抗战前广西全省出版的报纸。在销量方面，也一改抗战前的低迷状态，《扫荡报》在桂林复刊后，"为桂林的新闻事业开了一个新的时代"，销量在 1941 年时已接近两万份，"在西南是销数最大的一家"。① 《救亡日报》原是上海文化界救亡协会的报纸，该报在桂林复刊后，曾开展"广征订户运动"，获得读者热烈欢迎。1939 年 6 月，该报的发行数从 3000 份突增至 7500 份以上，至 1939 年底，已达 8000 份，并拥有一批长期订户。② 《大公报》（桂林版）自 1941 年 3 月 15 日发刊后，"不数月跃居桂林各报及桂粤湘赣黔等省之第一位"，"三十二年最多时，曾达到35,000份的高峰"。③ 此外，《广西日报》也在 1938 年后进行调整，购置设备，改革编辑部门，整顿和重组全省及各县的通讯网，并将原先的四开一张报纸改为对开大张出版，到 1941 年时该报的销量已"几近万余份"。④ 由此也可见，抗战期间桂林的报纸，从大报到小报，从日报到晚报，从综合性报纸到专业性报纸，都随着抗战形势的发展而出现了空前兴盛的局面。

桂林报业的发展，也带来杂志的繁荣。抗战前，桂林的杂志很少，只有《月牙》半月刊、《桂初中校刊》、《新文字》、《前锋》、《风雨》等几种。1937 年，随着抗日热潮的兴起，杂志开始大幅增加，这一年有 17 种杂志创刊，主要有《文化救国》、《火炬》、《前导》、《正路》、《前线》、《广西学生》、《歼敌》等。这些杂志多由政府机关、学校及文化界抗日救亡团体创办。1938 年后，桂林逐渐成为西南的文化中心，复刊或新办的杂志数量开始猛增。据统计，1938～1944 年在桂林创办的杂志情况如下⑤：

---

① 仕学：《桂林的新闻事业》，《战时记者》第 3 卷第 6 期，1941 年 2 月 1 日。
② 叶再生：《中国近代现代出版通史》（第三卷），华文出版社 2002 年版，第 51 页。
③ 曹谷冰、金诚夫：《大公报八年来的社难》，《大公报》（上海版）1946 年 7 月 7 日。
④ 仕学：《桂林的新闻事业》，《战时记者》第 3 卷第 6 期，1941 年 2 月 1 日。
⑤ 叶再生：《中国近代现代出版通史》（第三卷），华文出版社 2002 年版，第 187～190 页。

| 年份 | 1938 年 | 1939 年 | 1940 年 | 1941 年 | 1942 年 | 1943 年 | 1944 年 |
|---|---|---|---|---|---|---|---|
| 数量 | 36 | 43 | 54 | 45 | 35 | 43 | 5 |

这些杂志中,影响较大的有夏衍、秦似等主编的《野草》、胡愈之主编的《国民公论》、叶圣陶主编的《中学生》、王鲁彦主编的《文艺杂志》、司马文森主编的《文艺生活》、叶苍岑、邵荃麟主编的《文化杂志》、林憾庐、林语堂主编的《宇宙风》、田汉、洪深主编的《戏剧春秋》、艾芜、钟期森主编的《抗战文艺》等,内容涉及政治、经济、教育、科学、文学、戏剧、音乐、美术等各个方面,从不同的角度对社会科学各个领域发表自己的见解,为抗战做宣传。其繁荣状况,曾有人描述道:"每天平均出版新书期刊在二十种以上,刊物的普通销路约近一万份。一本专谈新诗的月刊可销七千本,销路最大的刊物可印二万份。单行本的印数,初版以五千为单位。"①这个数字,反映了桂林期刊发展的巨大成就,为抗日救亡运动的发展和桂林文化城的形成营造了良好的气氛。

桂林的出版机构在抗战前并不多,只有经纶堂、经益堂、翰文书局、桂林图书公司、商务印书馆桂林分馆、世界书局桂林分局、桂海书局、亚洲书局、民团周刊社、全文堂等十多家,"业务以销售图书文具为主"。② 1938 年后,随着武汉、广州等地的失守,桂林的出版机构开始大增。其繁荣景象如下所述:

"桂林的街头,最容易触目的,是贩卖精神食粮的书报店的增加率,和贩卖粮食的饭菜馆,等量齐观。试看桂林的文化街范围,已从中北中南两路,拓展到桂西环湖二路。战前桂林原有的新书□□,仅有桂海、文海、文源、文南、大成、典雅、前导七家,报局莫林记、张日光两家,旧书店全文堂、经益、少卿、石渠……等几家。战后,生路、正中、开明、生活、中华、文明、商务各家,都先后来桂设店。"③

据统计,抗战期间桂林共有大小出版机构 178 家(仅有名称,其他情况不详的几十家未列入),其中民营的 166 家,政府行政部门的 12 家。④ 这其中,仅 1942 年,在桂林书业工会登记过的大小书店、出版社,就有 79 家,"抗

①　赵家璧:《忆桂林——战时的"出版城"》,《大公报》(上海版)1947 年 5 月 18 日。

②　叶再生:《中国近代现代出版通史》第三卷,华文出版社 2002 年版,第 145 页。

③　丽尼:《战期中桂林文化的动态》,《克敌周刊》第 23 期,1938 年。

④　龙谦、胡庆惠编著:《抗战时期桂林出版史料》,漓江出版社 1999 年版,第 71 页。

战以来，一个城市的出版单位多至如此，大约还是第一次"。① 如此众多的
书店，分布在桂林的各主要街道。当时的桂西路（今解放路）书店、出版社鳞
次栉比，被称为"书店街"，读者络绎不绝，十分兴盛。

　　出版事业的发展，也带动了印刷业的进步。抗战以前，桂林的印刷企业
大小不到 30 家，大部分采用手工印刷，资金总额共计不足 30 万元。抗战开
始后，桂林的印刷业开始发展，1938 年前，桂林具备铅印机器设备且稍具规
模的印刷厂有 9 家，到 1941 年底，桂林的印刷厂已经增加到 50 多家。1941
年太平洋战争爆发后，桂林的印刷事业进一步发展，到 1943 年 7 月，桂林大
小印刷厂达到 109 家，其中印刷书籍的印刷厂有 8 家。可以说，1943 年是
桂林印刷业的鼎盛时期，印刷设备应有尽有，"即以对开机而论，桂市共有五
十余架，四开机六十余架，印刷生产，每月可印刷纸一万令至一万五千令，每
月书版可排三千万至四千万以上"。② 如此规模的印刷业，推动了图书出版
的繁荣。据统计，从 1938 年秋到 1944 年秋，桂林出版图书约 2000 种，除自
然科学、哲学、历史学、经济学外，仅文艺书就出了 1000 种。③ 如此可观的
出版数量，著名出版家赵家璧给予了高度评价："精神食粮——书，有 80％
是由它（指桂林）出产供给的。所以说桂林是文化城，不如说它是出版城来
得适当。"因此，"假如以中国出版业的发展史而言，桂林的这一阶段是值得
大书特书的"。④

　　抗战时期大后方的出版中心，与抗战之前相比，一个显著的特点，"就是
出版地点分散，机构分散，变化频繁"。⑤ 战争形势下，大后方的出版中心难
以保持战前出版业集中，相对平稳的状况。抗战初期，武汉因暂为国民政府
党政机关的所在地，也一度成为全国出版机构云集、出版事业繁荣的地方。
除此之外，广州和长沙也因为其特殊的地理位置而云集了众多出版机构。
据统计，抗战八年间，广东全省共有出版机构 134 家，发行机构（除沦陷区
外）约 131 家，共出版图书 1209 种。这其中，从七七事变到广州失守，广州
出版机构有 71 家，出版各类图书 189 种。⑥ 从 1937 年 7 月到 1938 年 10
月，长沙有专业出版社 7 家，兼营报刊、图书出版的社团、学校有近 10 家，发

　　① 秋飚：《出版事业在广西》，《新华日报》1942 年 9 月 25 日。
　　② 洗文：《桂林市的印刷工业》，《中国工业》第 19 期，1943 年 9 月 1 日。
　　③ 龙谦、胡庆惠编著：《抗战时期桂林出版史料》，漓江出版社 1999 年版，第 448 页。
　　④ 赵家璧：《忆桂林——战时的"出版城"》，《大公报》（上海版）1947 年 5 月 18 日。
　　⑤ 熊复主编：《中国抗日战争时期大后方出版史》，重庆出版社 1999 年版，第 41 页。
　　⑥ 广东省地方志编纂委员会编：《广东省志·出版志》，广东人民出版社 1997 年版，第 102
页。

行机构 80 多家,期刊 80 多家,报纸 30 多家。[①]

抗战后期,大后方的出版中心除了重庆和桂林之外,昆明、成都也成为出版业的集中地。昆明的出版业,在抗战中期骤然兴起,据不完全统计,1942 年昆明共有出版社、书店 73 家,印刷厂 70 多家,刊物 30 多种,报纸 10 多种。[②] 成都作为四川省的政治、经济、文化中心,出版事业历来居全川之首。抗战爆发后,成都成为省内仅次于重庆的出版中心。此外,西安、兰州、贵阳、迪化(乌鲁木齐)、恩施、邵阳、蓝田、衡阳、耒阳、曲江、上饶、泰和、赣州、金华、丽水、永安等城市也相继成为新兴的出版据点,不再赘述。概括而言,抗战时期中国出版中心的后方大转移,不仅对于推动内地出版业的发展起了积极作用,更主要的是保存了中国出版业的有生力量,"使其在国难当头的危亡时刻,得以保持文化的一方阵地,保证了战时广大人民群众抗战精神食粮的供应,对于鼓吹抗日救亡,并最终战胜日本帝国主义,发挥了不可低估的推动作用"。[③] 因此,抗战时期中国出版业的后方大转移,具有深远的历史意义。

## 二、国统区的出版活动

抗战爆发后,抗战救国成为出版界面临的首要任务。抗战伊始,大批的文化人士投身到抗日救亡的浪潮之中,以出版书刊来支持抗战,使得各种抗战期刊风起云涌,各种抗战丛书应运而生。抗战进入相持阶段后,大后方的进步出版人士继续坚持出版,为抗战服务,并与国民党钳制进步出版业的行为进行坚决斗争,争取出版自由。这期间,随着国民政府的内迁,国民党官办出版机构在大后方也有所发展。总体而言,在民族危亡的生死关头,国统区的出版文化人士发扬了高度的爱国热忱和敬业精神。抗战八年中,大后方共出版图书 22,552 种,期刊 2000 余种。[④] 考虑到当时艰苦的环境,这样的出版规模已经是十分难能可贵的了。

### 1. 抗战初期出版界的抗战出版活动

抗战开始后,国难当头,出版界人士义不容辞地担当起宣传抗日救国的

① 熊复主编:《中国抗日战争时期大后方出版史》,重庆出版社 1999 年版,第 49 页。
② 叶再生:《中国近代现代出版通史》第三卷,华文出版社 2002 年版,第 457 页。
③ 王余光、吴永贵著:《中国出版通史·民国卷》,中国书籍出版社 2008 年版,第 135 页。
④ 熊复主编:《中国抗日战争时期大后方出版史》,重庆出版社 1999 年版,第 370 页。

大任。如茅盾所言:"大时代已经到了,民族解放的神圣的战争要求每一个不愿做亡国奴的人贡献他的力量……在必要的时候,人人要有拿起枪来的决心。但在尚未至此必要时,人人应当从容不迫,站在各自的岗位上,做他应做的而且能做的工作。"①出版界的岗位就是以笔为矛,进行抗日救亡宣传,唤起民众的觉醒。大批的文艺界人士,投身到抗日救亡的浪潮之中,以出版书刊作为斗争的武器来支持抗战,创办了大批的抗日报刊,推动了抗战初期出版热潮的出现。另外,抗战开始后,国民政府面对空前严重的民族危机也对出版采取了一些宽松的政策。如国民政府教育部即认为,"御辱抗敌之民众读物,收效甚大,需要甚切",并指示各地邮局对于抗日御辱等民众读物应予优先寄发,该部在给上海市邮政总局的函中即强调:"现在长期抗战期间,训练民众,刻不容缓,所有民校课本亟需寄发,以应各校急需。"②国民党政治上的让步,对民众宣传运动的口径的放宽,也促进了抗战初期出版的发展和繁荣。

"八一三"抗战开始之后,上海率先涌现了一批抗日爱国报刊,成为抗战初期全国的抗日宣传中心,这其中最具影响力的就是《抗战》三日刊和《救亡日报》。1937年8月19日,刚刚被国民党释放仅19天的邹韬奋为全民抗战的紧急需要,创办了《抗战》三日刊。在《抗战》三日刊的第1期里,邹韬奋以"编辑室"的名义说明了办刊的宗旨:

"在这民族抗战的紧急时期,本刊的任务,在一方面是要对直接间接和抗战有关的国内和国际形势,作有系统的分析和报道,显现其重要意义和相互间的关系;在又一方面,是要反映大众在抗战时间的迫切要求,并贡献我们观察讨论所得的结果,以供国人的参考……本刊内容力求适合抗战紧急时期的需要,希望作家和读者多多赐教。"③

《抗战》三日刊的主要撰稿人,除了邹韬奋外,还有郭沫若、茅盾、金仲华、潘汉年、胡愈之、巴金、柯灵、钱俊瑞、张仲实、章乃器、杜重远等人。其特点是刊期短、篇幅小(16开,每期12页),时事性强,信息量大。刊物设社论、时评、战局一览、随笔、答读者问等栏目,以政论、述评以及战地通讯为主要报道内容,每期还有《战局一览》的附图,用各种形式及时、系统地报导、分析抗战形势的变化与发展,以影响民众积极投身到抗日救亡运动中去。在

---

① 茅盾:《站上各自的岗位》,《炮火的洗礼》,烽火社1939年版,第1页。

② 教育部档案:《编审民众图书读物的来往文件》,中国第二历史档案馆藏,转引自叶再生:《中国近代现代出版通史》(第三卷),华文出版社2002年版,第39页。

③ 《抗战》第1期,1937年8月19日。

办刊过程中,邹韬奋继续保持其办报中密切联系群众的作风,重视"读者信箱"栏目,亲自解答读者的提问,反映民众在抗战期间的迫切要求。此外,《抗战》三日刊除了在抗战之初对民众进行积极动员外,还介绍和宣传了中共的各种政治主张,刊登过中国共产党对时局的宣言,朱德、彭德怀联名发表的抗日通电等,对中共领导下的八路军抗日活动给予了高度赞扬。1937年11月12日上海沦陷后,《抗战》三日刊于11月23日出至第29期后停刊,转移至汉口出版。

1937年8月24日,就在《抗日》三日刊创办后的第五天,《救亡日报》创刊。该报名义上是上海文化界救亡协会的机关报,实际上则由共产党控制,具有统一战线的性质。《救亡日报》的社长由刚刚归国的郭沫若担任,下设两个总编辑,分别由夏衍(代表共产党)、暨南大学教授樊仲云(代表国民党)担任总编辑。此外,《救亡日报》还设有一个30人的编委会,汇集了国共两党以及文化界的许多著名人士。由于国民党方面派来的人员对办报并不太热心,因此实际做工作的主要是共产党人和文化界的进步人士。

在宣传报导方面,《救亡日报》总的方针就是抗日、团结和进步。在由国民党人潘公展执笔的《发刊辞》中,除了叙述日本帝国主义对中国的侵略外,也指出了万众一心、团结抗日的必要性,"救亡图存的第一件事,全国人士必须有忍痛牺牲的决心","四万万五千万人苟能一德一心,何患众志之不能成城"? 文章结尾更是大声呼吁:

"现在,民族全面的战争已经发动了,如何能使战争能够胜利,国家能从危亡之中得到复兴,一方面有赖于前方忠勇之将士,但他方面亦需要后方民众能持以坚定,为其后援。这是所谓全民抗战之义。当《救亡日报》发刊之始,敢以此意质之海内明达。"①

《救亡日报》在形式上和一般报刊并无二致,但内容上却有自己的特色。既不刊登广告、猎奇新闻,也不刊登国民党中央社和外国通讯社的消息,"专靠特写、评论、战地采访以及文艺作品为内容"。② 该报刊载的作品,大致分为社论、救亡文件、特稿、短评、新闻言论、战局鸟瞰、国防常识等内容,通过各种形式来宣传抗日。在编辑方面,还突破常规,对新闻报导实行精编、缩编,大量发表评论、通讯以及小说、散文、诗歌等文艺性的作品。此外,该报还刊登了一些街头小说、街头剧、大鼓、木刻、抗日歌曲等更易为大众接受的

① 《救亡日报》1937年8月24日。
② 夏衍:《懒寻旧梦录》,三联书店2000年版,第272页。

通俗文艺作品,进一步凸显了"报纸杂志化"的特点。《救亡日报》的这些特点,加上高举抗日大旗,对战局进行精辟的分析,不讲假话,把真实的战况报告给民众,深受读者欢迎。因此,"《救亡日报》尽管处境困难,每天仍能销到一千份以上,最多的时候能销到三千五百多份"。[①] 1937 年 11 月 22 日,《救亡日报》在日本侵略者和上海租界当局的压力下,出版了最后一号(85 号)后,被迫停刊。其后,该报于 1938 年 1 月 1 日在广州复刊,广州陷落后又转往桂林出版。

抗战初期上海新创办的进步报刊,除了《抗战》三日刊和《救亡日报》外,还有以下一些:

| 名称 | 创办时间 | 创办者或主持者 |
|---|---|---|
| 《呐喊》(后改为《烽火》) | 1937 年 8 月 25 日 | 《文学》、《文季》、《中流》、《译文》四家刊物联合出版,茅盾、巴金等主持编务 |
| 《战时联合旬刊》 | 1937 年 9 月 1 日 | 《世界知识》、《妇女生活》、《中华公论》、《国民周刊》四家刊物联合出版,金仲华、沈兹九、张志让、张仲实、郑振铎等主持编务 |
| 《文化战线》 | 1937 年 9 月 1 日 | 上海编辑人协会主办,艾思奇、施复亮等主持编务 |
| 《战时妇女》 | 1937 年 9 月 5 日 | 陈艾蕴任发行人,胡兰畦等 6 人为编委 |
| 《七月》 | 1937 年 9 月 11 日 | 胡风等主编 |
| 《战线》 | 1937 年 9 月 13 日 | 艾思奇、章汉夫等主持编务 |
| 《前线》 | 1937 年 9 月 14 日 | 章乃器、艾思奇、夏征农、章汉夫等主持编务 |
| 《救亡漫画》 | 1937 年 9 月 20 日 | 上海漫画界救亡协会主办,华君武主编 |
| 《战时教育》 | 1937 年 9 月 25 日 | 国难教育社主办,前身为陶行知主办的《生活教育》 |
| 《民族呼声》 | 1937 年 10 月 1 日 | 柯灵等主编 |
| 《战时日报》 | 1937 年 10 月 5 日 | 姚吉光任经理,龚之方编辑 |
| 《救亡周刊》 | 1937 年 10 月 10 日 | 上海职业界救亡协会主办 |
| 《半月》 | 1937 年 10 月 | 郑森禹、魏友棻等主编 |
| 《战时大学》 | 1937 年 10 月 30 日 | 上海战时大学编辑部 |

在这些抗日报刊中,尤为值得一提的是《战时日报》的创刊。《战时日报》创刊于 1937 年 10 月 5 日,是由上海最有影响的十家小报联合出版的,分别为:《大晶报》、《上海报》、《小日报》、《金刚钻》、《东方日报》、《正气报》、《世界晨报》、《铁报》、《明星报》、《福尔摩斯》。这十家报纸在民族危亡的关

① 夏衍:《懒寻旧梦录》,三联书店 2000 年版,第 272 页。

键时刻,表现出少有的团结,顺应了抗战的时代潮流。在其发刊词中即指出:"我们为什么要办这样一张小型刊物,我们是不愿在这样大的时代进行中,来放弃我们的责任。我们未曾忘记自己是一个大中华民国的百姓,我们知道自己是有五千年历史的炎黄子孙,所以我们要干,干到敌人的铁骑,不再来践踏我们的国土为止。"①该报创刊后,一改以往小报的消闲性文字和花边新闻,刊登了很多抗战新闻与时局分析的文章,写下了上海小报发展史中光辉的一页。

　　大量抗战新报刊的出现,也推动了一些商业性报纸如《大公报》、《申报》、《新闻报》、《立报》等的转变。这些报纸开始转变报导内容,积极宣传抗日,反映进步舆论,在抗战初期的抗日报刊中也占有十分重要的地位。这中间,《大公报》上海版自1936年4月1日创刊以来,就积极主张抗日。"八一三"事变后,《大公报》顶住各种压力,积极报导抗战消息,宣传抗日主张,坚持了其抗日爱国的立场。1937年12月14日,《大公报》上海版被迫停刊,当天发表了王芸生的两篇社评《暂别上海读者》和《不投降论》,声称:"我们是报人,生平身怀文章报国之志,在平时,我们对国家无所赞襄,对同胞无所贡献,深感惭愧。到今天,我们所能自勉,兼为同胞勉者,唯有这三个字——不投降。"②文章写得慷慨激昂,表达了《大公报》同人诚挚的爱国之心和誓不投降的骨气。

　　1937年底,随着上海、南京的相继失陷,全国出版中心开始转移到武汉。由于当时抗日救国的呼声很高,各种宣传抗日的出版物如雨后春笋般在武汉出现,较为重要的有:《全民周刊》、《全民抗战》、《新闻记者》、《文艺阵地》、《抗战文艺》、《抗敌新闻》、《教育通讯》、《文艺月刊》、《战时青年》、《战时文化》、《反攻》、《妇女共鸣》、《报国》月刊、《生力》周刊等。这些杂志均以宣传抗日救亡、动员民众为己任,对于提高全民抗战斗志,振奋抗战精神起了重要作用。

　　以《全民周刊》为例,该刊创办于1937年12月11日,社长为沈钧儒,发行人为李公朴。在创刊号中,即发表了署名为"全民同人"的《为争取全面全民族战争胜利而奋斗》的文章,阐明了《全民周刊》的办刊宗旨:"神圣的民族革命战争,现在已经进到一个非常严重的阶段,这一个阶段,最最基本的任务是加强全民族的统一战线,接受抗战以来的血的教训,将单纯的政府与军

---

① 《我们的发刊词》,《战时日报》1937年10月5日。
② 王芸生:《不投降论》,《大公报》(上海版)1937年12月14日。

队的抗战转变而为全民族的抗战，以突破当前民族的危机。"①其后，该刊又与《抗战》三日刊(1937年12月23日于汉口复刊)合并，于1938年7月7日创办《全民抗战》，目的就是"集中双方的力量，发挥双方的优点"，"对抗战作更大贡献"。《全民抗战》创刊后，由于其兼具新闻与杂志的两种特点，"在时事方面力求保持新鲜趣味，但以系统的供给新闻为原则，而其他方面，却要发挥杂志本身的特点"，②使得它在报导抗战消息、分析时局发展、介绍抗战知识方面发挥了很好的作用，深受读者欢迎，其发行量最高曾达到30万份。

　　在抗战初的出版热潮中，中共也开始利用合法身份，树起了抗战出版的大旗，突出的表现就是《群众》周刊和《新华日报》的创刊。1937年12月11日，《群众》周刊在汉口创刊，社长兼主编为潘梓年，副主编许涤新。由于《群众》周刊是中共的机关刊物，侧重于理论宣传。周恩来在谈到《群众》周刊的编辑方针时特意强调："《群众》的编辑方针，同《新华日报》毫无二致，差别是在于《群众》是党刊，是理论性的刊物，它要更多地从马克思列宁主义出发，要更多地从理论角度出发，帮助广大读者理解抗日战争的正义性，理解抗日战争胜利的必然性。同时，还要从理论的角度出发，去批判当时一切不利于抗战以至破坏抗战的各种反动谬论。"③该刊创刊后，在宣传中共的路线、方针、政策方面发挥了重要作用，同时也登载了一些国内战局、抗战政策、国际问题方面的文章，销量曾达到2万多份。武汉沦陷后，《群众》周刊迁往重庆出版。

　　《新华日报》是抗战期间中共在国统区公开发行的唯一一份报纸，1938年1月11日创刊于武汉，社长为潘梓年，总编辑先后为华岗、吴克坚。在发刊词中，《新华日报》庄严宣告："本报愿在争取民族生存独立的伟大的斗争中作一个鼓励前进的号角……愿为前方将士在浴血的苦斗中，一切可歌可泣的伟大的事迹之忠实的报道者记载者……在'抗日高于一切，一切服从抗日'之原则下，本报将尽其绵薄提倡与赞助一切有利于抗战之办法、设施、方针，力求其迅速确实的实现。"④该报一出版就受到读者的热烈欢迎，在宣传抗日、传播马列主义、开展群众运动方面取得了很好的成绩。其在武汉期间的销量，最盛时曾达到3万多份，仅武汉地区就发行万余份。

　　《群众》周刊和《新华日报》的创刊，是抗战时期国统区进步出版活动的

①　《全民周刊》第1号，1937年12月11日。
②　《全民抗战的使命》，《全民抗战》第1号，1938年7月7日。
③　《新中华报》1939年8月1日。
④　《新华日报》创刊号，1938年1月11日。

一个重要事件,意义重大,"在武汉文化阵地上树起抗战、团结、进步的两面大旗,成为全国抗战的'火星'与'北斗'"。① 这两份报刊不但直接向国统区群众宣传了党的路线、方针、政策,也使中共有了一块重要的宣传阵地,成为中共向各地党员传达指示的重要工具。1938 年 4 月 2 日,中共中央曾就党报问题指示各地方党组织,"今后地方党部必须根据党报杂志上重要负责同志的论文当作是党的政策和党的工作方针来研究。在党报上下列几种论文:(一)新华报上的社论;(二)'新华'、'解放'、'群众'上中央政治局负责同志的文章,必须在支部及各级党的委员会上讨论和研究"。②

抗战初期,随着一些重要的出版机构在武汉的集中,抗战图书的出版也十分兴旺。以生活书店为例,该店 1938 年上半年在武汉共出版新书 69 种,印数达到 56.5 万余册;再版书 74 种,印数达到 73.6 万余册。而此前生活书店在上海时,新书一般只印 2000 册,在武汉,新书至少印 5000 册,有的还要多次再版。该店出版的一些通俗读物如《战时读本》、抗战救国知识等,印数更是达到数百万册之多。③ 在抗战初期出版的这些图书中,一个很重要的特点就是丛书的出版,从 1937 年 7 月到 1938 年 10 月间,武汉各出版社出版的"丛书"或"丛刊"共 51 种,包括了 500 多种图书。④

在这些丛书中,最有影响的是由《新华日报》社和《群众》周刊社编辑出版的"新群丛书"。该丛书"系由《新华日报》、《群众》周刊所收之稿件中选辑出来——已经发表过的或未经发表过的,另篇的或整部的。我们编印这个丛书的目的,和编印日报、周刊一样,在于巩固团结,帮助抗战,争取最后胜利"。⑤ 该丛书先后出版了毛泽东、周恩来、朱德、博古等中共领导人的著作,共计 18 种。此外,生活书店出版的"黑白丛书战时特刊"、"世界知识丛书"、"世界知识战时丛刊"、"抗战中的中国丛书"、"救亡文丛"、"问题与答案丛刊"、"战时大众知识丛书";扬子江出版社的"实践文库"、"实践丛书";新知书店的"战时问题丛书"、"救国通俗小丛书";上海杂志公司出版的"战时报告丛书"、"战士生活丛书"、"游击队小丛书"等,也有一定的影响。这些丛书虽然由不同出版社编辑出版,"却都是围绕着抗日救亡这个大主题,而自

---

① 王建辉:《大武汉:1937～1938 年的全国出版中心》,《江汉论坛》2000 年第 12 期。

② 《中共中央关于党报问题给地方的指示》,《群众》第 1 卷第 22 期,1938 年 5 月 14 日。

③ 湖北省地方志编纂委员会:《湖北省志·新闻出版卷》(下册),湖北人民出版社 1995 年版,第 72 页。

④ 熊复主编:《中国抗日战争时期大后方出版史》,重庆出版社 1999 年版,第 87 页。

⑤ 《新群丛书》,《群众》第 1 卷第 17 期,1938 年 4 月 10 日。

然形成了一个门类齐全、规模宏伟的'抗战丛书'的大整体"①，在宣传动员和教育群众积极抗战方面发挥了巨大的作用。

**2. 抗战中后期大后方的进步出版活动**

1938年10月，随着武汉、广州的相继失陷，抗战进入相持阶段，中国的出版中心也转移到重庆、桂林等地。这期间，由于国民党态度发生转变，消极抗日，积极反共，国统区的出版活动变得非常复杂，"文化战线上就出现了团结抗日与分裂投降的严重分歧和斗争".② 抗战初期比较一致的宣传抗日的局面开始改变，代之以出版界内部的分歧与矛盾，各个报刊及出版机构都有自己鲜明的政治主张和思想倾向。在国民党的压制下，进步的出版活动经常受到打击与摧残。

抗战期间，重庆作为战时的陪都，报业十分兴旺。这些报纸按照政治背景和倾向性来划分，可以分为三类：一是国民党主办或主要倾向于国民党的，包括《中央日报》、《扫荡报》、《时事新报》、《益世报》等；二是以四川实力派为背景或者代表中间民主势力的，如《商务日报》、《新蜀报》、《国民公报》、《新民报》、《大公报》等；三是中共的机关报《新华日报》.③ 在这些报纸中，《新华日报》作为中共在国统区唯一公开出版的报纸，在宣传抗日、争取进步方面发挥了积极作用，是中共在大后方出版界中联系进步力量的一个重要纽带。

武汉失陷后，《新华日报》于1938年10月25日迁往重庆复刊。该报在中共中央南方局和周恩来的领导下，继续坚持抗日民族统一战线，高举抗战大旗。面对大后方民众在武汉、广州失守后人心恐慌的局面，该报在复刊之初就发表社论，呼吁要克服暂时的挫折，沉着应对，"我们不仅仅悲痛愤激，亦不应该张皇丧气，我们应该更鼓起我们的勇气去战胜暂时的困难，克服一时的困难，坚持持久抗战，坚决全面抗战，以达到最后的胜利。"④在具体的抗战宣传上，《新华日报》一视同仁，不仅以专电、战地通讯等形式大量报导了八路军、新四军英勇抗战的事迹，也对国民党在对日作战中的战绩如台儿庄战役、徐州战役、武汉外围战等，做了客观报道。由于《新华日报》始终高举抗战、团结、进步的旗帜，使得其在大后方享有非常高的信誉，受到社会各

① 熊复主编：《中国抗日战争时期大后方出版史》，重庆出版社1999年版，第86页。
② 熊复主编：《中国抗日战争时期大后方出版史》，重庆出版社1999年版，第168页。
③ 参见向纯武：《抗日时期的四川报刊》，钟树梁主编：《抗战时期西南的文化事业》，成都出版社1990年版，第361~363页。
④ 《坚持持久战》，《新华日报》1938年10月26日。

界的欢迎。因此,尽管国民党在《新华日报》发行的过程中进行了种种干扰、破坏,该报仍坚持出版,并取得了发行量最高达五万多份的好成绩。

此外,前述大后方的一些中间报纸,如《商务日报》、《新蜀报》、《国民公报》、《新民报》、《大公报》等,也表现出了抗日爱国的进步倾向,刊载了很多宣传抗日救亡的文字与报道。以《新民报》为例,该报1929年创刊于南京,1938年1月15日在重庆复刊。在抗战期间,该报一直坚持团结抗战,争取民主的办报宗旨,在重庆发刊的第一天的发刊词中就明确表示:"目前任何工作莫急于救亡图存,任何意见莫先于一致对外,凡无背于此原则者,皆应相谅相助,协力共赴。"[①]在其周围,聚集了郭沫若、叶圣陶、巴金、夏衍、洪深、老舍、曹禺、陈白尘、吴祖光等一批进步知识分子为其撰稿,发表了很多进步文字。该报虽然采取"中间偏左,遇礁即避"的编辑方针,但仍与《新华日报》密切合作,相互支持,迁渝不久就刊登了一系列《延安通讯》,介绍延安的新气象。1944年7月30日起,还连载了该报记者赵超构参观延安后写的长篇访问记《延安一月》,较为系统地报道了中共的方针、政策,介绍了毛泽东及其他中共领导人的言行和延安所取得的各种成就,在大后方曾轰动一时。

战时重庆的期刊杂志中,也涌现了大量的进步刊物。既有从武汉等地迁来复刊的,如《群众》、《全民抗战》等;也有新创办的,如《战地知识》、《理论与现实》等。这其中,《群众》周刊于1938年12月25日在重庆复刊,直至1946年3月10日出版至第11卷3、4期合刊为止,其在重庆存在的时间大约为七年半。这期间,《群众》周刊继续在宣传马列主义理论方面做了大量工作。1939年12月21日,在《群众》周刊创办两周年之际,该刊进一步明确与《新华日报》的分工,声称:"我们所贡献给亲爱的读者的,不是日常的富有时间性的问题之解释与指示,而是偏重于比较理论比较专门的问题之分析与检讨。"[②]其后,《群众》周刊更加偏重理论化和专门化,翻译出版了大量马克思、恩格斯、列宁、斯大林等人的著作和文章,介绍国际共产主义运动的历史与经验,以及出版毛泽东、周恩来等中共领导人的著作和文章。其历史功绩,有目共睹。

在出版机构方面,抗战中后期重庆的进步书店主要是在中共的领导之下展开活动的:生活书店于1938年8月迁到重庆,相继复刊了《全民抗战》、

---

① 《新民报》(发刊词),1938年1月15日。
② 《本刊出版二周年》,《群众》第3卷第24期,1939年12月21日。

《文艺阵地》、《读书月报》、《理论与实践》、《战时教育》、《妇女生活》等进步刊物,还出版了大量马列主义经典著作;新知书店于 1938 年 9 月迁到桂林,后又迁到重庆,出版了《什么是马列主义》、《斯大林言论选集》、《毛泽东救国言论选集》、《共产国际纲领》等大量政治理论书籍;读书出版社于 1938 年 8 月迁到重庆,出版了《鲁艺丛书》、《新中国文艺丛刊》、《新音乐丛刊》等进步书刊。新华日报图书课于 1938 年 10 月随《新华日报》社迁到重庆,专门负责图书的制作和发行,除了继续出版"新群丛书"外,还刊印了"时事丛书"、"抗大军事丛书"、"马列丛书"等各类书籍。

　　这时期,还出现了由一些社会名流创办的书店。主要有:潘序伦创办的立信会计图书用品社,巴金、吴朗西创办的文化生活出版社渝处分社,郭沫若创办的群益出版社,沈钧儒创办的峨嵋出版社,陈望道创办的文聿出版社,黄炎培创办的国讯书店,老舍、顾颉刚创办的作家书屋,夏衍、于伶等创办的未林出版社,冯亦代、徐迟等创办的美学出版社,刘尊棋、孙伏园创办的中外出版社等。这些出版社也出版了很多进步作品,如群益出版社出版了郭沫若的《甲申三百年祭》、《屈原》、《十批判书》等著作;峨嵋出版社重印了《鲁迅全集》的单行本,以及一批研究中国历史的图书;中外出版社出版了《亚洲的决策》、《战时游记》、《苏联纪行》等时事读物及译作。

　　另外,由于抗战时期大后方出版中心的分散性特点,桂林、成都、昆明等地的进步出版活动也很活跃,特别是桂林还一度成为抗战中期出版文化的重要基地。从 1938 年 10 月到 1944 年秋,桂林涌现了大量的进步报刊。《新华日报》于 1938 年 12 月在桂林设立分馆,从 12 月 7 日起,按日由重庆总馆将《新华日报》原纸型航寄桂林翻印发行,是中共在桂林的重要舆论宣传阵地。《救亡日报》在广州沦陷后迁到桂林,于 1939 年 1 月 10 日在桂林复刊,该报坚持"讲人民大众想讲的,讲国民党不肯讲的,讲《新华日报》不便讲的"[①]办报方针,树立了自己独特的风格,不仅吸引了很多读者,也团结了文化界人士。其他一些报刊如《国民公论》、《中学生》、《野草》、《文艺杂志》、《文艺生活》、《文化杂志》等,也在宣传抗日,动员民众方面作出了很多贡献。出版机构方面,战时桂林的进步出版机构主要分为两类:一是在中共领导下,以传播马列主义思想和科学文化知识为主要任务的,有生活书店、读书生活出版社、新知书店、新华日报桂林营业处、南方出版社、文化供应社、学

---

　　① 夏衍:《巨星永放光芒》,《周恩来总理八十诞辰纪念诗文选》,人民出版社 1978 年版,第 74页。

艺出版社等;二是以进步知识分子为骨干,发行进步书刊为主的书店,如白虹书店、华华书店、文化生活出版社、开明书店、科学书店、上海杂志公司、大公书店等。这些出版社发行的进步书刊,广泛传播了进步思想文化,对于民众特别是进步知识青年的思想启迪,起到了重要作用。

　　抗战时期大后方的进步出版事业,对于传播进步思想和鼓舞群众的抗日斗志,有着十分显著的作用。但是,这些活动遭到国民党的一再压制与打击。抗战初期,国民党在很大程度上放松了对抗战言论的禁锢,对人民的民主自由权利表示了一定的尊重与宽容。但是,国民党很快就开始倒退,1938年7月公布了《战时图书杂志原稿审查办法》和《修正抗战期间图书杂志审查标准》,筹备成立中央图书杂志审查委员会,对图书杂志进行审查。1939年6月,国民党又成立战时新闻检查局,并相续颁布了《战时新闻检查办法》、《战时新闻违检惩罚办法》、《抗战时期报纸通讯社申请及变更暂行办法》,建立了严密的新闻检查网络。1940年后,又陆续颁布《战时图书杂志原稿审查办法》、《杂志送审须知》、《图书送审须知》、《书店印刷店管理规则》、《新闻记者法》、《修正图书杂志剧本送审须知》、《出版品审查法规与禁载标准》等。这些法令的推行,使得进步书刊遭到没收甚至焚毁,出版机构被查封,出版人员被拘捕,大后方的进步出版活动受到全面的摧残与迫害。

　　面对严峻的出版形势,进步出版界采取了各种方法进行抵制。1938年3月,当国民党当局开始大规模查禁书刊后,《新华日报》于5月14日发表《查禁书报问题》社论,号召"各地书业工会或文化团体与文化机关""来争取自身的民主自由"。当日,《群众》周刊也发表《宣传的扩大与书报的查禁》,抨击国民党查禁书刊的反动行为,要求抗战言论自由。5月22日,《新华日报》再次发表社论,提出:"我们要求抗战言论的完全自由,要求目前混乱状态的查禁书报迅速停止。"①7月29日,《新华日报》发表吴敏撰写的《反对查禁救亡书报》专论,进一步表明中共对国民党查禁书刊事件的严正立场。9月10日,《群众》第2卷第10期上发表了由中华书局、商务印书馆、开明书店、新知书店、生活书店、黎明书店、世界书局等16家书店联合署名的《武汉出版界请求撤销战时图书杂志审查办法》,该文据理力争,列举不可实行审查原稿办法的八条理由。此外,该期《群众》周刊还刊登了《新华日报》社长潘梓年的《战时图书杂志原稿审查问题》长篇文章,对国民党公布的图书杂志审查标准和办法做了分析与批判,强调《战时图书杂志原稿审查办法》,

①　《抗战期中言论与出版的自由》,《新华日报》1938年5月22日。

"对于抗战是不会有什么好处的","我们热切地希望政府对十六家书店的请求加以容纳"。

1938 年 10 月 28 日,第一届国民参政会第二次会议在重庆召开。在这次会议上,著名出版人邹韬奋联合了 70 多名参政员,向国民党参政会提交了《请撤销图书杂志原稿审查办法,以充分反映舆论及保障出版自由案》,列举 6 点理由,指出图书杂志原稿审查制度弊端重重,不利于出版自由。1939 年 9 月 17 日,第一届国民参政会第四次会议在重庆召开,邹韬奋代表出版界再次提交《改善审查检查书报办法及实行撤销增加书报寄费、以解救出版界困难而加深抗战文化事业案》,要求消除书报检查制度的种种弊端。1940 年 4 月,邹韬奋又在第一届国民参政会第五次会议上提出《严禁违法拘捕,迅速实行提审法,以保障人民言论自由案》。这些提案虽经国民参政会通过,但却是一纸空文。国民党图书杂志审查委员会认为国民参政会只有建议之权,并不遵行。

随着抗战的深入,特别是皖南事变之后,国民党对报纸、刊物、出版社的检查制度,发展到登峰造极的地步,大后方的出版自由空间更加狭小。在这种情况下,进步出版界人士并没有退缩,而是进行了更坚决的抗争。1941 年 3 月,国民参政会参政员沈钧儒等人向国民党当局提交了《保障文化出版事业案》,揭露当局违法查封书店、检扣书报的粗暴行为,要求国民党不得非法查封书店或者拘捕人员,"如仍有不经法定手续,滥施封闭拘捕者,应予惩处"。[①] 1943 年 11 月 18 日,茅盾、夏衍、王亚平、丁玲、老舍、曹禺、胡风等 53 名文化界知名人士,向国民政府行政院提出了改进文化出版事业的 14 条建议,一致认为图书审查制度严重阻碍了抗战文化的发展,要求国民政府予以改进。

除提出公开提案外,大后方的进步出版界还积极联合起来,以维护自身的利益。1943 年 12 月 19 日,经过多方筹划,生活书店、读书出版社、新知书店、峨嵋出版社、上海杂志公司、作家书屋、五十年代出版社、华中图书公司、文化生活出版社、文化供应社、群益出版社、国讯书店、教育书店等 13 家出版机构,联合成立了"新出版业联合总处",董事长为黄洛峰,总经理为张静庐。1944 年春,总处第九次代表会议决定开设联营书店。同年 5 月 1 日,联营书店正式在重庆成立,当时联合的书店、出版社已达 21 家。随着其

---

① 　中国第二历史档案馆编:《中华民国史档案资料汇编第五辑第二编·文化(二)》,江苏古籍出版社 1998 年版,第 250 页。

影响力的扩大,最多时发展到 54 家。1944 年 9 月 9 日,为了集中管理,联营书店改组为新出版业联营书店股份有限公司,设立总管理处。联营书店在创办过程中,除了在业务上得到发展外,还团结同业,对国民党的文化统制政策展开斗争。1945 年 6 月 14 日,参加联营书店的 29 家出版社在《大公报》上发表《出版业的紧急呼吁》一文,向国民政府提出四项要求:①平价供应纸张,以利文化事业;②限制印刷价格无限制狂涨;(③取消对邮寄书刊的限制;④设立出版文化贷款。

　　抗战期间出版界争取出版自由的斗争,充分展示了进步文化界团结战斗的强大力量。尽管国民党图书杂志审查委员会查禁了大批的书刊,但进步书刊仍在广为流传。据统计,自 1938 年 10 月至 1943 年 12 月,图书杂志审查委员会列表查禁取缔的 1414 种书刊中,经各地查获没收的仅有 559 种,其余 835 种则徒有取缔之名。[①] 这也反映了进步出版界经过抗争所取得的一定成绩。总之,抗战中后期大后方的进步出版活动是抗战文化的一个重要组成部分,进步出版人士在中共的领导和影响下,冲破重重困难,艰苦奋斗,出版了大量的进步书刊,对宣传抗日、争取民主,做出了重要贡献,推动了大后方进步出版业的发展。

### 3.国民党官办出版机构及其活动

　　国民党的官办出版机构,早在 1927 年南京国民政府成立时,就开始建立和扩充。到 1937 年抗战爆发前,已经颇具规模,形成了以《中央日报》为核心的党报系统和以正中书局、拔提书店、军用图书社、国立编译馆等数十家出版社、书店为主的官书局系统。抗战爆发后,随着华北、华东、华中、华南等地先后沦陷,这些地方的国民党官办出版机构也开始向大后方转移,进入了一个新的发展阶段。

　　抗战初期,国民党的党报系统发生了较大的变化,"总的发展趋势是规模缩小,数量增加,深入内地城市为长期抗战做准备"。[②] 随着政治中心的西迁,国民党的官办报纸也向内地转移,各大报社都纷纷设立分支机构,从大城市向中小城市辐射。以《中央日报》为例,该报曾于 1937 年 6 月在庐山创办了分版,虽到 8 月初即停刊,却为《中央日报》创设地方分版之始。全面抗战爆发后,《中央日报》坚持至 11 月 26 日才撤离南京,开始了西迁。1938

---

　　① 　张克明:《抗战时期国统区出版界的反查禁斗争》,《新民主主义革命时期出版史学术讨论会文集》,中国书籍出版社 1993 年版,第 410 页。

　　② 　方汉奇主编:《中国新闻事业通史》(第二卷),中国人民大学出版社 1996 年版,第 632 页。

年1月10日,《中央日报》长沙版创刊,编号紧接南京版之后,日出一大张,由张明炜等主持。同年9月1日,又创设《中央日报》重庆版,编号衔接长沙版,由程沧波担任社长兼总主笔,长沙版遂改为重庆版的分版。此后,《中央日报》又陆续在贵州、昆明、广西、湖南、福建、安徽、成都、福建等地相继创设分版,构成了一个庞大的报业系统。

在《中央日报》西迁创办分版的同时,国民党的其他一些报纸也纷纷在大后方创设分版:《武汉日报》在抗战爆发后不久,于1938年1月26日创办宜昌分版。1938年10月武汉失守后,该报于10月24日停刊。其人员分两路西迁,一路撤退至贵阳,于1938年12月改出《中央日报》贵阳版。一路撤至湖北恩施,于同年11月1日出版《武汉日报》恩施版。《扫荡报》在武汉失守后,其人员也是分两路迁移。一路于1938年10月1日在重庆创办分版,10月24日武汉版停刊后,重庆版被确定为总社。另一路则撤退至桂林,于同年12月25日创办《扫荡报》桂林版。除此之外,《广州中山日报》曾先后迁往梧州、梅县、老隆出版,有4个分版。《民国日报》在抗战期间创设了西康《民国日报》、青海《民国日报》、宁夏《民国日报》等。

抗战初期内迁的这些国民党官办报纸,在抗战进入相持阶段后,开始逐渐安定下来,并在新的环境下有了一定的恢复。但是这种战时形势下的大转移,也使这些报纸大伤元气,特别是大后方物资匮乏,人才欠缺,更是影响其发展。当时的报纸"印刷的美观既大逊以前,纸张的质量,亦低劣远甚。战前铅字精美,现在或者粗疏简陋;战前字体繁多,现在或者普遍减少;战前篇幅广大,现在一般的缩小;战前一概采用白报纸,现在则大部分改用土产纸"。[①] 不仅如此,当时大后方的报纸还面临着敌军轰炸的威胁与破坏。1939年5月3日、4日,日机接连两天对重庆进行轰炸,使得重庆各报损失惨重,很多物资都被焚毁,一时间难以继续出版,最后不得不发行各报联合版。

由于国民党党报属于官办报纸,为国民党的"喉舌",其地位自然与其他报纸不同。国民党对于这些报纸的恢复与发展,也十分重视。蒋介石就曾表示:"当今全国努力抗战之时,我新闻界为国奋斗,责任之重大,实不亚于前线冲锋陷阵之战士。如何宣扬国策,统一国论,提振人心,一致迈进,以达驱除敌寇,复兴民族之目的,而完成三民主义国家之建设,实惟新闻界之积

---

① 赵炳烺:《抗战以来的新闻事业》,《新闻学季刊》创刊号,1939年11月20日。

极奋起是赖。"[1]为此,国民党采取了很多有力措施来推动这些官办报纸的发展,经费方面给予了很大支持。据国民党中央宣传部档案记载,1943年和1944年国民党中央宣传部补助各直辖报社的经费,少则16万多元或20余万元(广州中山日报),多则160多万元或300多万元(重庆《中央日报》社)。[2]可以说,如此宽裕的经费,是一般民营报纸远不能与之相比的。而且,除了国民党中央的拨款外,国民党地方党政部门也对这些报纸积极支持,既提供了部分经费,又协助其发行,并取得了很好的效果。

在这种条件下,加之国民党报人的努力,国民党官办报纸很快就在大后方发展起来。战前国民党中央直辖的报纸有9家,到1944年则发展到18家。其基本情况见下表[3]:

**抗战期间国民党中央直辖党报一览表(至1944年)**

| 名称 | 创刊时间 | 社址 | 社长 | 规模 | 日销数 |
|---|---|---|---|---|---|
| 重庆《中央日报》 | 1938.9.15 | 重庆化龙桥 | 胡健中 | 一大张 | 16000 |
| 贵阳《中央日报》 | 1938.12.1 | 贵阳环城路 | 王亚民 | 一大张 | 9000 |
| 芷江《中央日报》 | 1940.2.21 | 芷江 | 房沧浪 | 一大张 | ? |
| 成都《中央日报》 | 1939.10.10 | 成都五世同堂街 | 张明炜 | 一大张 | 5400 |
| 昆明《中央日报》 | 1939.5.15 | 昆明华山南路 | 钱沧硕 | 一大张 | 6000 |
| 《西京日报》 | 1933.3.21 | 西安五味十字街 | 胡天册 | 一大张 | 6000 |
| 《南郑西京日报》 | 1939.1.1 | 南郑建国路 | 何凤池 | 一小张 | |
| 《武汉日报》 | 1940.10.1 | 恩施中正街 | 宋漱石 | 一大张 | 5000 |
| 《中山日报》 | 1937.1.1 | 韶关平治巷 | 廖崇圣 | 一大张 | 4000 |
| 《梅县中山日报》 | 1938.2.10 | 梅县大康路 | 陈燮勋 | 一大张 | 4600 |
| 福建《中央日报》 | 1941.4.21 | 永安桥尾 | 林炳康 | 一大张 | 4500 |
| 福州《中央日报》 | 1941.9.10 | 福州东街 | 翁礼维 | 一大张 | 3500 |
| 湖南《中央日报》 | 1939.4.10 | 邵阳东门外 | 段梦晖 | 一大张 | 6000 |
| 广西《中央日报》 | 1938.11.10 | 梧州乐平路 | 徐泳平 | 一大张 | 3500 |
| 安徽《中央日报》 | 1942.7.18 | 屯溪栗里 | 冯有真 | 一小张 | 6200 |
| 西康《民国日报》 | 1941.8.13 | 康定耳子坡 | 段公爽 | 一大张 | 1500 |
| 青海《民国日报》 | 1942.8 | 西宁南大街 | 尹尚谦 | 一小张 | 400 |
| 宁夏《民国日报》 | 1943.6.1 | 宁夏中正西街 | 张荣绶 | 一小张 | 1200 |

在大力发展中央直辖党报的同时,国民党对地方党报的发展也很关注。蒋介石就曾要求国民党报人:"宜以筚路蓝缕之精神,向困难最多而前途希

---

① 蒋介石:《今日新闻界之责任》,《新闻学季刊》第1卷第3期,1940年10月20日。
② 蔡铭泽:《中国国民党党报历史研究(1927~1949)》,团结出版社1998年版,第200页。
③ 蔡铭泽:《中国国民党党报历史研究(1927~1949)》,团结出版社1998年版,第202页。

望最大之内地,散播文化之种子,提高人民之智识。依吾人之理想,宜使平均,每五县或三县有一规模完善之地方报纸,印刷不求其精美,内容必期其充实,补社会教育之不足,为地方进步之动源。"① 据此,国民党中央宣传部曾于 1939 年通令,"责由各直辖党报注意各省边区偏僻地带择其办报可能性较著中心点的地方筹办分社"。② 因而,抗战期间国民党地方党报发展十分迅速,其触角深入到内地的偏远县城。据国民党中央宣传部统计,1944年国民党地方党报有 412 种,虽然在绝对数量上较战前的 590 家有所减少,但从相对地域上却大大增加了。③ 更何况这期间国民党还拥有《扫荡报》、《阵中日报》、《前线日报》、《桂林晚报》等 170 家军队党报。加上 18 家中央直辖党报,1944 年国民党党报数量已经达到 600 家左右。此外,国民党还在抗战期间出版了大批的抗战期刊,如在武汉出版的《民意周刊》、《血路》、《时事月刊》、《青年月刊》等,在大后方重庆等地出版的《中央周刊》、《中国半月刊》、《文艺先锋》、《三民主义周刊》等,数量也很可观。

国民党的官办出版社,在抗战时期也有很大的发展。除了战前创办的正中书局、独立出版社、拔提书店等出版机构外,国民党还新创办了一些书店,主要有中国文化服务社、青年书店、国民出版社等。在这些出版社中,尤以正中书局的发展最为迅速,一跃而成为当时实力仅次于商务印书馆和中华书局的大书店之一。

正中书局于 1931 年 10 月 10 日由陈立夫创办于南京。1933 年,陈立夫将书局全部资产捐献给国民党。自此,正中书局正式成为国民党的官营书局。由于得到官方的支持,正中书局很快就在出版界确立了自己的一席之地。抗战爆发后,正中书局于 1937 年 11 月迁往汉口,成立总办事处。1938 年 2 月,正中书局重庆分局成立。3 月,汉口总局迁渝。1940 年,正中书局调整机构,扩大组织,将总局改为总管理处,总经理为吴大钧。其后,正中书局的业务迅速拓展,在雄厚的资金支持下,先后在四川、浙江、湖北、湖南、陕西、广西、甘肃、福建、云南、贵州等地设立了 18 家分店。

在出版发行方面,正中书局以出版国定教科书为主。1941 年初,国民政府教育部推行战时国民教育,颁布新的小学课程标准,编印全套抗战读本,交由正中书局独家经营。1943 年 4 月,国民政府教育部为了推行国定

---

① 蒋介石:《今日新闻界之责任》,《新闻学季刊》第 1 卷第 3 期,1940 年 10 月 20 日。

② 陈天佑:《贵阳中央日报社芷江分社创办经过》,《新闻学季刊》第 1 卷第 3 期,1940 年 10 月 20 日。

③ 蔡铭泽:《论中国国民党地方党报的建立和发展》,《广州师院学报》1995 年第 1 期。

本教科书,又指定商务印书馆、中华书局、正中书局、世界书局、大东书局、开明书店、文通书局等七家出版单位在重庆联合组成国定中小学教科书七家联合供应处(简称"七联处"),专门负责国立编译馆主编的国定中小学教科书的排印运销任务。这一方面使正中书局、商务印书馆等七家出版社垄断了教科书发行的利益,另一方面也使正中书局在出版界确立了霸权。[①] 此外,正中书局还出版了一些国民党领袖人物的论著及文艺书籍,如蒋介石的《中国之命运》、陈立夫的《唯生论》、吴原的《民族主义文艺论集》、梁实秋的《偏见集》、张忠绂的《国际政治论文集》、金公亮的《中国哲学史》等。应该说,抗战期间正中书局出版的书籍是比较多的。根据《正中书局抗战后图书出版总目》统计,截至 1944 年 9 月 10 日,正中书局在抗战期间出版各类图书达 636 种。[②] 其图书分类列表如下[③]:

| 类别 | 党义 | 总类 | 哲学 | 社会科学 | 语文学 | 自然科学 | 应用科学 | 艺术 | 文学 | 史地 | 合计 |
|------|------|------|------|----------|--------|----------|----------|------|------|------|------|
| 种数 | 30 | 16 | 25 | 315 | 16 | 32 | 70 | 8 | 62 | 62 | 636 |
| 比例 | 4.72% | 2.51% | 3.94% | 49.52% | 2.51% | 5.03% | 11.01% | 1.25% | 9.75% | 9.75% | 100% |

国民党的其他官营出版社,在抗战期间业务也有所发展。中国文化服务社 1935 年成立于上海,抗战爆发后迁到重庆。1938 年 12 月 25 日,该社正式成为国民党的官办出版社,直属国民党中央宣传部管辖。中国文化服务社初期规模较小。1939 年 10 月刘百闵接任社长后,开始扩展业务,一面增设出版部,发行书刊,一面在全国各地设立支社及分销处。截止到 1943 年底,该社在全国设立了 18 所分社、563 所支社及分销处。[④] 其出版的书籍主要以国民党党义为主,也出版一些社会科学及文艺类书籍。到 1943 年,"书籍方面,已出版一百余种,现在正致力于青年文库及国民文库之编印"。[⑤]

青年书店 1938 年 12 月创办于重庆,先后在浙江、江西、四川、湖南、广西、陕西、甘肃等地设立了 28 处分支机构。出版的书籍,主要以国民党党义

---

① 参见黎子遗:《概述国民党正中书局》,全国政协文史资料委员会编:《文史资料存稿选编·文化》,中国文史出版社 2002 年版,第 410 页。

② 《正中书局抗战后图书出版总目》,《出版界》第 1 卷第 8、9 期,1944 年 9 月 15 日。

③ 熊复主编:《中国抗日战争时期大后方出版史》,重庆出版社 1999 年版,第 253 页。

④ 刘百闵:《关于中国文化服务社》,《出版界》创刊号,1943 年 12 月 15 日。

⑤ 朱云影:《中国文化服务社》,《社会服务》第 8 期,1943 年 3 月 27 日。

为主,兼及社会科学类图书,定期出版《中国青年》月刊、《中国青年》季刊等杂志。另外,该社还独家经营国民党中央军事委员会政治部编印的政治教程、集训教材,及总理遗教、领袖言论等书籍。在刚成立的头八个月,青年书店就出版了各类书籍 100 多种。① 独立出版社成立于 1928 年,1937 年 12 月由上海迁往武汉,1938 年 3 月再迁至重庆,由潘公展担任社长。该社以出版时事政治类书籍为主,也有一些社会科学及文艺类书籍。拔提书店 1932 年创办于南京,1938 年迁到重庆,主要出版军事类书籍,在四川、江西、广西等地设立分支机构 9 处。国民出版社 1940 年创办于浙江金华,后在重庆设立总社及总发行所,出版国民党党义及时事宣传读物。

　　总之,通过这些出版机构,国民党出版了大量的党务书刊及社科读物。据国民党中央宣传部统计,仅 1941 年度,国民党中央所属的 6 家出版社就出版书籍 305 种。这其中正中书局 100 种,青年书店 53 种,独立出版社 51 种,中国文化服务社 49 种,国民出版社 48 种,拔提书店 4 种。② 此外,国民党中央宣传部还成立了出版事业处和书刊供应处来加强战时的图书发行工作。1941 年 10 月 1 日,国民党中央宣传部出版事业处成立,主要负责国民党出版政策的执行,对出版工作进行指导。之后,又在全国设立书刊供应处,负责统一分发"党员必读丛书"、"通俗丛书"等。国民党中央宣传部下辖五个书刊供应处,除香港因沦陷停顿外,重庆、上饶、衡阳、西安各处都在 1941 年 11 月先后成立。这些书刊供应处每月按出版事业处提供的纸型,组织翻印发行,负责辖区内党、政、军及县以上学校团体的书刊供应分发,同时还可以自行编印一些通俗读物以供应军民。以上饶书刊供应处为例,该处从 1942 年 1 月到 7 月,共收书 27 万册,发书 36 万册,规模可谓不小。③ 这些机构均对国民党官办出版业的发展起了推动作用。

## 三、抗日根据地的出版活动

　　抗战爆发后,以延安为中心的各抗日根据地出版事业,经历了一个从无到有、由弱变强的艰难发展历程。为了打破日本侵略者对广大根据地的文化围剿,华北、华中、华南等十几个根据地,在中共中央的领导下,一方面努

---

①　参见熊复主编:《中国抗日战争时期大后方出版史》,重庆出版社 1999 年版,第 123 页。

②　《出版调查》,《出版通讯》第 1 卷第 6 期,1942 年 6 月。

③　高信成:《中国图书发行史》,复旦大学出版社 2005 年版,第 348 页。

力创造和改善出版环境,克服纸张、印刷条件、交通运输等艰难困境,坚持出版活动;另一方面采取多种有效措施改变出版策略,通过设立主管机构,创建出版社、印刷厂及筹办各级新华书店等途径,形成了编辑与印发并举,图书、报刊、杂志共进的发行路线,在一定程度上推动了根据地出版工作的蓬勃发展。伴随着战事的进行,抗日根据地的出版活动宣传了中共的抗日主张,同时也动员了广大群众的革命热情,壮大了中共抗日的队伍,为争取抗日战争的最后胜利赢得了广泛的群众基础。

**1. 中共对根据地出版工作的领导**

中国共产党在建党之初,对新闻出版工作就十分重视。抗日战争爆发后,中共中央对出版工作更加重视,为配合政治和军事斗争的需要,中共中央曾先后做过多次重要决策和重要指示来加强对出版工作的领导。1937年7月23日,毛泽东在《反对日本进攻的方针、办法和前途》一文中,指出坚决抗战的办法之一就是实行国防教育,"新闻纸、出版事业、电影、戏剧、文艺,一切使合于国防的利益。禁止汉奸的宣传"。① 1938年10月,在中共六届六中全会上,毛泽东特别强调指出:"在一切为着战争的原则下,一切文化教育事业均应使之适合战争的需要"。②

本着出版为抗战服务的原则,从1940年9月到1941年6月,中共中央连续发出四个文件,加强对出版工作的领导。1940年9月10日,中共中央发出《中央关于发展文化运动的指示》,指出:"要注意组织报纸刊物书籍的发行工作,要有专门的运输机关与运输掩护部队,要把运输文化粮食看作比运输被服弹药还重要。"③10月14日,中共中央宣传部在《关于充实和健全各级宣传部门的组织及工作的决定》中指出,党的宣传工作应包括"领导和组织党报的出版与发行,并编审和出版各种书籍、教材及宣传品",各个根据地的中央局、分局、区党委或省委宣传部须设立"出版发行科管理出版发行工作"。④ 12月25日,毛泽东起草党内指示《论政策》,再次强调"每个根据地都要建立印刷厂,出版书报,组织发行和输送的机关"。⑤ 1941年6月20日,中共中央宣传部又发出《关于党的宣传鼓动工作提纲》,明确指出:

"报纸、刊物、书籍是党的宣传鼓动工作最锐利的武器,党应当充分的善

---

① 《毛泽东选集》第2卷,人民出版社1991年版,第348页。
② 《毛泽东同志论教育工作》,人民教育出版社1958年版,第33页。
③ 中央档案馆编:《中共中央文件选集》第12册,中共中央党校出版社1991年版,第487页。
④ 中央档案馆编:《中共中央文件选集》第12册,中共中央党校出版社1991年版,第508页。
⑤ 《毛泽东选集》第2卷,人民出版社1991年版,第769页。

于利用这些武器。办报,办刊物,出书籍应当成为党的宣传鼓动工作中的最重要的任务。除了中央的机关报、机关杂志及出版机关外,各地方党组织应办地方的出版机关、报纸、杂志。除了出版马恩列斯的原著外,应大量出版中级读物,辅助读物以及各级的教科书。应当大量的印刷和发行各种革命的书报。"①

在出版发行机构的设置方面,中共中央在抗战前曾设有中央发行部。1937年春,中共中央为了加强抗日救国和马列主义宣传工作,还成立了由张闻天、周恩来、秦邦宪(博古)、何克全(凯丰)等人组成的中央党报委员会,统一领导新闻、报刊及出版工作。1939年3月22日,中共中央发出《关于建立发行部的通知》,通知指出:"为了适当地散发、分配与推销党的各种出版物,统一对于各种发行机关的领导,打破各地顽固分子对于本党的出版物的查禁与封锁,研究各种发行工作的经验","从中央起至县委一律设立发行部"。② 同年4月,李富春向有关部门传达了中央的这个决定,指出党的出版发行工作,就是要把党的各项方针、政策、指示等以图书、报刊、杂志的形式传递到各个抗日根据地及大后方,扩大党的影响。6月,以中央党报委员会发行科为基础,中共中央发行部(后改为中央出版发行部)在延安成立,李富春担任部长。1941年,为加强党对出版业的领导,中央出版发行部又改组为中央出版局,博古兼任局长。

此外,对于各根据地出版工作的开展,中共中央也十分重视。1939年3月,中共中央指示各局、各省委、各特委"必须用一切力量出版公开的地方报,最好购置铅印,如万一无法购置铅印亦须出石印、油印报纸,并经常将报纸出版情形及报纸寄交中央党报委员会审查"。③ 同年5月,中共中央再次强调:"从中央局起一直到省委区党委,以至比较带有独立性的地委中心县委止,均应出版地方报纸。党委与宣传部均应以编辑、出版、发行地方报纸成为自己的中心任务。"④

应该说,中共中央这些政策、决定的颁布和实施,有效地保证了抗日根据地出版发行工作的蓬勃发展,以延安为中心,各个抗日根据地纷纷建立出版发行机构,报刊、图书出版发行大大增加。

---

① 中央档案馆编:《中共中央文件选集》第13册,中共中央党校出版社1991年版,第136页。
② 中国社会科学院新闻研究所编:《中国共产党新闻工作文件汇编(1921~1949)》(上卷),新华出版社1980年版,第88页。
③ 中央档案馆编:《中共中央文件选集》第12册,中共中央党校出版社1991年版,第44页。
④ 中央档案馆编:《中共中央文件选集》第12册,中共中央党校出版社1991年版,第70页。

**2.根据地报业的发展**

抗日战争期间,随着中共力量的壮大,以延安为中心,包括各个抗日根据地在内的新闻报纸事业在艰苦的环境下逐步向前发展。这其中,最重要的就是《新中华报》的改组和《解放日报》的创办。

自 1935 年 10 月红军长征到达陕北后,即开始注意恢复和发展新闻事业。但是,限于当时艰难的生存条件,还只是为恢复出版工作做准备。1935年 11 月 25 日,《红色中华》首先在瓦窑堡复刊。该报是江西瑞金中华苏维埃中央政府的机关报,长征前在江西中央苏区由中央印刷厂铅印,中央苏区中央局发行部负责发行。1937 年 1 月 29 日,《红色中华》从第 325 期起改名为《新中华报》,期号续前,成为陕甘宁边区政府的机关报,主要在陕甘宁边区及各抗日根据地内发行。

抗战开始后,中共中央加强了对《新中华报》的领导工作,"把《新中华报》造成抗战的一支生力军",[①]于 1939 年 2 月 7 日将其改组为党中央的机关报。在新版第 1 号的社论中提到:

"《新中华报》今后与过去的主要不同点,将表现在代表中共中央政策主张等社论专论之增多;将表现在国内国外重要新闻的增加;将表现在对全国军民的英勇抗战业绩更广泛的表扬;将表现在对八路军新四军及其对领导的抗日游击队的抗战经验更有系统的介绍;将表现在对陕甘宁边区的政治、经济、军事、文化、教育各方面生活更有系统的反映。"[②]

《新中华报》的改组,改变了中共中央在边区没有机关报的局面,加强了党对根据地抗战的指导。改组后的《新中华报》,以毛泽东提出的"坚持抗战、反对投降,坚持团结、反对分裂,坚持进步、反对倒退"的口号作为办报的方针,积极宣传抗战,发表了大量社论、重要评论和中共中央的通电、文件等,对八路军、新四军的英勇抗战事迹做了大量报道。皖南事变前后,该报在批评国民党顽固派反共限共言论,揭露皖南事变真相的斗争中起了重大作用。之后,为了集中力量创办党的大型机关报《解放日报》,《新中华报》于1941 年 5 月 15 日停刊。

《解放日报》的创办,有着其特殊的历史背景。1941 年,陕甘宁边区和各抗日根据地进入了抗日战争最艰难的时期,由于日伪的大规模扫荡和国民党顽固派的封锁、包围,延安及各根据地的物质条件极为匮乏,难以维持

---

① 《新中华报》1939 年 2 月 10 日。
② 《〈新中华报〉改革的意义》,《新中华报》1939 年 2 月 7 日。

大批报刊的出版。与此同时,随着中共领导的抗日武装力量的壮大,《新中华报》四开版的小型三日报,在时效性和篇幅上显然难以适应形势发展的需要。特别是在皖南事变后,国统区的《新华日报》遭受到国民党越来越严重的摧残,使得中共的宣传工作受到很大影响。纷繁复杂的局面,给中共的宣传工作带来很大的困难,使得中共亟需创办一个大型的日报,以加强对各地的宣传与工作指导。因此,中共中央决定加强对新闻宣传工作的领导,集中力量在延安创办大型机关报《解放日报》。

　　1941年5月15日,毛泽东为中共中央书记处起草了创办《解放日报》的通知,宣布:"5月16日起,将延安《新中华报》、《今日新闻》合并,出版《解放日报》,新华通讯社事业亦加改进,统归一个委员会管理。一切党的政策,将经过《解放日报》与新华社向全国宣达。《解放日报》的社论,将由中央同志及重要干部执笔……重要文章除报纸、刊物上转载外,应作为党内、学校内、机关部队内的讨论与教育材料。"①5月16日,《解放日报》正式创刊,毛泽东题写了报头并撰写发刊词阐明该报的出版使命:"本报之使命为何? 团结全国人民战胜日本帝国主义一语足以尽之。这是中国共产党的总路线,也就是本报的使命。在目前的国际国内形势下,这一使命是更加严重了。"②

　　《解放日报》是中共中央的机关报,也是抗日根据地出版的第一个大型日报。该报第一任社长是博古,后为廖承志,第一任总编辑为杨松,后为陆定一、余光生。1942年9月,中共中央决定,《解放日报》兼为中共中央西北局的机关报,"今后不仅是代表中央指导全国的报纸,而且应当成为西北局中央自己的喉舌,成为它的宣传鼓动与组织工作的锐利武器"。③《解放日报》在创刊后,除刊登中共中央的文件外,还经常发表中央领导人的文章,毛泽东曾为《解放日报》撰写了大量的社论、评论及消息,其重要著作《改造我们的学习》、《整顿党的作风》、《反对党八股》、《在延安文艺座谈会上的讲话》等都是首先在该报发表的。在《解放日报》创刊的前后,为了集中有限的物资,优先保障《解放日报》的出版,边区的其他一些报刊,如《共产党人》、《八路军军政杂志》、《中国工人》、《中国青年》、《中国妇女》、《中国文化》、《解放》

　　① 《关于出版〈解放日报〉和改进新华社工作的通知》,《毛泽东新闻工作文选》,新华出版社1983年版,第54页。
　　② 《延安〈解放日报〉发刊词》,《毛泽东新闻工作文选》,新华出版社1983年版,第55页。
　　③ 《中共西北中央局关于〈解放日报〉工作的决定》,张之华主编:《中国新闻事业史文选》,中国人民大学出版社1999年版,第513页。

等报刊先后停刊。

抗战期间,各主要抗日根据地也出版了各类新闻报纸,丰富和发展了根据地的文化事业。比较著名的有晋察冀边区 1937 年创刊的《抗敌报》。1937 年 12 月 11 日,《抗敌报》创办于河北省阜平县,由晋察冀军区政治部主办,这是敌后抗日根据地创办的最早的一份报纸。1938 年 4 月,该报改为晋察冀边区党委的机关报,由邓拓任主编。1940 年 11 月 7 日,《抗敌报》又改版为《晋察冀日报》,4 开 4 版,成为中共中央晋察冀分局机关报,这是边区创办的最早的中央分局机关报,邓拓任社长兼总编辑。在《晋察冀日报》创刊号上,头版头条位置刊登了一个简短的《革新启事》,称:"为适应抗战新形势的要求,本报实行全面的革新,改为日报,并更名为《晋察冀日报》,俾能反映与推动晋察冀边区全面的斗争。"[1]《晋察冀日报》创办后,在艰苦的战争环境下,始终坚持出报,发行量曾达到 5 万份,"成为全边区人民最忠实的喉舌和我们思想战线上的正规的党军"。[2] 此外,在晋察冀边区出版发行的还有《子弟兵报》、《冀中导报》、《救国报》、《挺进报》、《新民主报》、《战斗报》等。

晋冀鲁豫边区是 1937 年抗日民族统一战线形成后,中共在华北创建的最大的一个抗日根据地,下辖太行区、太岳区、冀南区、冀鲁豫区等四个地区,各区党委均设有出版发行机构。为适应战争和革命文化宣传工作的需要,1938 年 5 月 1 日,《中国人报》创刊,社长兼总编辑为李君如。在此基础上,又于 1939 年 1 月 1 日在晋东南沁县创办了《新华日报》(华北版)。这是当时敌后第一份铅印的日报,社长兼总编辑为何云。该报的发行范围,以晋察冀为主,遍及华北各抗日根据地,初始发行量即达 2 万份,一年后达 5 万余份,常年发行量保持在 3 万份左右。[3] 在 1939 年 7 月的"反扫荡"中,该报还出了东线、南线、西线、北线四个版的油印或石印报。1943 年中共中央太行分局成立后,该报改名为《新华日报》(太行版),成为中共中央太行分局的机关报。

在晋绥边区,1940 年 9 月在山西兴县创办了《抗战日报》。该报由《五日时事报》、《新西北报》等合并而成,是晋绥边区第一份铅印的报纸,初为三日刊,后改为双日刊再改为日刊,社长廖井丹。1942 年 9 月,中共中央晋绥

---

① 《晋察冀日报》1940 年 11 月 7 日。

② 彭真:《军区三周年、十月革命二十三周年与〈晋察冀日报〉》,《晋察冀日报》1940 年 11 月 7 日。

③ 钱承军:《建国前中国共产党报刊研究》,中国文联出版社 2009 年版,第 231 页。

分局成立后,《抗战日报》成为分局机关报。《抗战日报》是各根据地中办的最有成绩的报纸之一,曾得到中共领导人的表扬。1944 年 12 月 20 日,毛泽东还对该报作了改进工作的指示:"本地消息,至少占两版多至三版。排新闻的时候,应以本地为主,国内次之,国际又次之。对于外地与国际消息,应加以改造。对新华社的文章不能全登,有些应摘要,有些应印成小册子。不是给新华社办报,而是给晋绥边区人民办报,应根据当地人民的需要(联系群众,为群众服务),否则便是脱离群众,失掉地方性的指导意义。"①1946年 7 月 1 日,《抗战日报》停刊,改出《晋绥日报》。

　　在山东抗日根据地,1939 年 1 月 1 日,苏鲁豫皖边区党委在沂水县创办机关报《大众日报》,中共中央山东分局成立后,又改为分局机关报。对于报纸的发行,分局规定该报既是边区党委机关报,又是边区人民自己的报纸。在由时任《大众日报》总编辑匡亚明执笔的发刊词中明确提出:"为大众服务,成为他们精神上的必要因素之一,成为他们自己的喉舌,成为他们所支持的最公正的舆论机关之一。"②在艰苦的条件下,特别是在日寇扫荡中,报社工作人员一手拿枪,一手执笔,坚持出版。报纸的发行量从初期的四千份,逐步增加到六七千份。③

　　此外,1942 年 12 月 2 日创刊的《江淮日报》为中共中央华中局的机关报,社长由刘少奇兼任,王阑西任副社长兼总编辑。该报是苏北的第一份大型报纸,发行量曾达到 1.5 万份。其他的报纸,还有 1938 年 9 月在河南确山创办的《拂晓报》,1939 年 7 月创刊的鄂豫皖边区党委机关报《七七报》,1943 年 4 月在苏北创办的《盐阜大众报》,1942 年 3 月在广东创办的《前进报》等。

　　这些报纸的发行,适应了抗日战争形势的需要,在冲破日本帝国主义的文化封锁和国民党反动势力的阻挠方面发挥了重要的作用,成为中国共产党抗日期间重要的舆论宣传工具。

### 3. 根据地期刊、杂志的出版

　　抗战期间,中共在根据地除了加强新闻报纸的建设外,还在延安及各个根据地创办了一批刊物,以进行抗日反顽宣传,推进根据地的文化建设。以《新中华报》为中心,《解放》周刊、《八路军军政杂志》、《共产党人》、《中国青

---

① 毛泽东:《怎样办地方报纸》,《毛泽东新闻工作文选》,新华出版社 1983 年版,第 120 页。
② 《大众日报》1939 年 1 月 1 日。
③ 叶再生:《中国近代现代出版通史》(第三卷),华文出版社 2002 年版,第 840 页。

年》、《中国文化》、《中国妇女》、《中国工人》等一批期刊杂志的出版，形成了一个以中共中央机关报为中心的报刊系统。

早在抗战爆发前，中共中央就于 1937 年 4 月 24 日在延安创办了中共中央机关刊物《解放》周刊。该刊为中共中央的理论刊物，由张闻天主持，是当时"最有权威的刊物"，是"中国共产党的喉舌，而且也是全中国民族、人民的喉舌"。①《解放》周刊在栏目设置上，有"时评"、"论著"、"翻译"、"文艺"、"来件专载"等。抗战爆发后，《解放》周刊积极宣传中共关于抗日救国的主张，阐述抗日民族统一战线政策，评论抗日根据地的抗战与建设，介绍马列主义理论著作。中共的很多领导人如毛泽东、朱德、刘少奇、周恩来、张闻天等都在该刊上发表过重要论著。1938 年 7 月，《解放》第 43、44 期发表了毛泽东著名的《论持久战》，该文对中共关于抗日持久战的战略和理论进行了全面系统的阐述。1941 年 8 月 31 日，《解放》停刊，共出版 134 期。

1939 年 1 月 15 日，《八路军军政杂志》在延安创刊。该刊由八路军总政部出版，萧向荣任主编，编委有毛泽东、王稼祥、萧劲光、萧向荣、郭化若等人。毛泽东在《〈八路军军政杂志〉发刊词》中指出："抗战是长期的与残酷的，发扬八路军的成绩，纠正八路军的缺点，首先对于提高八路军的抗战力量是迫切需要的；同时对于以八路军经验贡献抗战人民与抗战友军，也属需要。《八路军军政杂志》应该为此目的而努力。"②该杂志的主要读者是营以上军政领导干部，主要刊载抗战经验教训，八路军军政建设的方针、政策，前线军民英勇抗战事迹等，对于提高八路军抗战力量，宣传中共的政治主张起了重要作用。该刊的发行，从创刊到 1942 年 3 月停刊，共出版 4 卷 39 期，每期约 11 万至 12 万字，发行数约 3000 份。

1939 年 10 月 20 日，中共中央在延安创办《共产党人》。该刊是以党的建设为中心的党内理论刊物，张闻天任主编。毛泽东在撰写的《发刊词》中，提出该刊的任务是："帮助建设一个全国范围的、广大群众性的、思想上政治上组织上完全巩固的布尔什维克化的中国共产党。"③此外，毛泽东在发刊词中还提出"中国共产党在中国革命中战胜敌人的三个法宝，三个主要的法宝"，即"统一战线，武装斗争问题，党的建设"。《共产党人》刊登的文章，主要是关于党的建设方面的方针、路线，组织工作中的经验教训以及党的建设

① 《〈解放〉二周年纪念》，《解放》第 70 期，1939 年 5 月 1 日。
② 《八路军军政杂志》创刊号，1939 年 1 月 15 日。
③ 《毛泽东选集》第 2 卷，人民出版社 1991 年版，第 602 页。

方面的学习材料。该刊出至 1941 年 8 月停刊，共出 19 期。

　　1940 年 2 月 7 日，中共中央职工委员会出版《中国工人》月刊。毛泽东在《〈中国工人〉发刊词》中指出：中国工人阶级当前的任务就是，"团结自己和团结人民，反对帝国主义和封建主义，为建立新民主主义的新中国而奋斗"。对于如何办好一个刊物，毛泽东指出："一个报纸既已办起来，就要当作一件事办，一定要把它办好。这不但是办的人的责任，也是看的人的责任。"又说："我希望这个报纸好好办下去，多载些生动的文字，切忌死板、老套、令人看不懂，没味道，不起劲。"①该刊出至 1941 年 3 月停刊，共出 13 期。

　　陕甘宁边区还创办了其他一些期刊：1939 年 4 月 16 日，全国青年联合会延安办事处创办《中国青年》半月刊，以帮助、引导青年为目标；1939 年 6 月 1 日，中共中央妇女运动委员会出版《中国妇女》，以发动全国妇女投身抗日运动为宗旨；1940 年 2 月 15 日，陕甘宁边区文化协会主办的《中国文化》创刊，这是陕甘宁边区第一个大型的综合性学术刊物，毛泽东著名的《新民主主义论》就全文发表在该刊的创刊号上。此外，边区还出版了多种类型的通俗刊物，文艺方面有《文艺突击》、《大众文艺》、《中国文艺》、《诗刊》、《草叶》、《谷雨》等；对敌工作方面有《敌国汇报》、《敌伪研究》；卫生工作方面的《国防卫生》、《卫生月刊》；教育工作方面有《边区教育通讯》等。②

　　为扩大抗日根据地的宣传，增强中国共产党的影响力，建设根据地新文化。各抗日根据地在中共中央的指导下，成立出版机构，开展出版活动。在发行报纸、出版书籍的同时，也出版了大量的期刊杂志。以晋察冀为例，曾出版《战线》、《边政导报》、《新长城》、《抗敌周刊》、《群众杂志》、《抗战建设》、《熔炉》、《五十年代》、《冀中文化》、《晋察冀文艺》等一大批刊物。其出版的盛况，可以从 1938 年《抗敌报》上刊登的一篇文章中看出。该文指出："边区自成立以来，文化事业即呈示着蒸蒸向上之势。就出版刊物方面来说，仅本报所知，已在五十种上下。"③据统计，晋察冀抗日根据地出版的期刊至少不少于 400 种，这既包括抗日战争期间创办的期刊，也包括 1945 年抗战胜利后至根据地结束时创办并出版的刊物。既有公开发行的刊物，也有各种内

---

　　① 《毛泽东选集》第 2 卷，人民出版社 1991 年版，第 728 页。

　　② 曹国辉：《延安时期的出版工作概述》，宋原放主编：《中国出版史料·现代部分》第 2 卷，山东教育出版社 2000 年版，第 297 页。

　　③ 《边区文化事业蒸蒸日上，一年来刊物达五十种》，《抗敌报》1938 年 8 月 25 日。

部刊物,乃至绝密刊物。①

其他根据地如华中区,据 1941 年 8 月陈毅在《四年抗战与新四军现状》一文中介绍,华中根据地有日报 27 种,周刊、月刊、半月刊 40 余种,部队报纸 40 余种,油印的报纸,以区乡部队计约 200 余种。② 到抗战胜利前夕,华中区有各类报刊 101 种。当然,根据地的刊物远不止这些,1942 年仅苏北一地,就有《江淮文化》、《江淮杂志》、《抗敌周刊》、《新文艺》、《江淮艺术》、《文艺周刊》、《新诗歌》等杂志。③

抗日根据地的这些期刊杂志,在内容上涉及政治、经济、军事、教育、文学艺术、时事新闻以及根据地各个方面,发行方式上灵活多样,适应了战时的特殊环境,能及时为抗战服务。虽然这些刊物由于战争原因,流动性大,存在的时间一般不长,但其顽强不屈的抗日精神是难能可贵的。

**4. 根据地的图书出版活动**

抗战时期,中共中央一直十分重视图书出版发行事业的发展,1937 年初中共在成立中央党报委员会时,就设有专门负责出版和发行的两个科。1939 年 3 月 22 日,又在这两个科的基础上成立出版发行部,"以推销党的各种出版物"。1939 年 5 月,中共中央书记处在《关于宣传教育工作的指示》中,特意强调要"坚持公开宣传马克思主义,出版翻印各种关于马列主义刊物与书籍,组织各种社会科学的研究会与读书会等"。④ 1941 年,为加强对出版业的领导,中共中央出版发行部又改为中央出版局。可以说,中共中央对出版工作的指示与决策,对抗日根据地的图书出版活动起了很大的推动作用。各根据地的出版发行机构纷纷建立,图书发行量大大增加。

作为革命根据地的出版中心,陕甘宁边区在抗战期间建立了许多出版机构。这些出版机构,大致可以分为三种类型:一是编辑报刊与出版图书工作合二为一的报社、杂志社,如《解放日报》社、《八路军军政杂志》社等;二是专营图书出版发行的机构,如解放社、新华书店等;三是兼做编辑出版工作的机关团体学校,如八路军留守兵团政治部、抗日军政大学、鲁迅艺术学院等。⑤ 上述第一种类型的出版机构不仅发行报刊,还出版了很多图书,如

---

① 田建平、张金凤著:《晋察冀抗日根据地新闻出版史研究》,人民出版社 2010 年版,第 99 页。

② 陈毅:《四年抗战与新四军现状》,《八路军军政杂志》第 3 卷第 8 期,1941 年 8 月 25 日。

③ 小克:《苏北文化教育剪影》,《解放日报》1942 年 6 月 21 日。

④ 中央档案馆编:《中共中央文件选集》第 12 册,中共中央党校出版社 1991 年版,第 72 页。

⑤ 戴知贤、李良志主编:《抗战时期的文化教育》,北京出版社 1995 年版,第 304 页。

《解放日报》社出版了《苏德战争以来重要文献》、《论战局》、《驳蒋介石及其
它》等书;《八路军军政杂志》社曾出版过毛泽东的《中国革命中的战略问
题》、王稼祥的《中共共产党与革命战争》以及马克思列宁经典著作等。

专营图书出版发行机构,是根据地面向社会各阶层进行图书出版的主
体。1938年创办的延安解放出版社(简称解放社)是中共在抗战期间设立
的第一个大型的出版机构。解放社的前身,是《解放》周刊社,创办于1937
年4月。该社在创办之初,就着手出版书籍,出版了"列宁丛书"。从1938
年起,《解放》周刊社正式以"解放社"的名义出版刊物和书籍。同年2月5
日,中共中央在《解放》第31期上发表声明:

"自民国廿七年三月八日起,凡关于本党文件,本党领导人之著作和言
论,以及关于本党的历史材料及领导人传记等,均请托中国出版社及延安解
放社印行。前此各书店所出版之与本党上述各问题有关之书籍小册等,除
延安解放社出版者及曾经本党负责人签字交付个别书局印行之个别小册子
外,中共中央绝不负任何责任。"[①]

解放社出版的图书,主要以理论性书籍为主,在翻译引进马列主义经典
著作和出版中共领导人的政治、军事著作方面起了积极作用。抗战期间,解
放社出版的重要书籍有"两大丛书"("马恩丛书"和"抗日战争丛书")、"两大
选集"(《列宁选集》和《斯大林选集》)。这其中,"马恩丛书"从1938年到
1942年共出版了12卷;"抗日战争丛书",包括毛泽东、朱德、刘少奇等中共
领导人关于抗战的著作数种;《列宁选集》共20卷,从1938年开始出版,到
1947年3月出完;《斯大林选集》1939年出版5卷。解放社出版的图书,不
仅供应各个根据地,其中一部分书籍,还以"中国出版社"的名义在国统区重
印出版,引起了强烈反响,甚至远销国外。

新华书店是陕甘宁边区的另一个大型出版发行机构。1937年4月24
日,中共中央党报委员会发行科首次使用"新华书店"名称。1939年9月1
日,新华书店单独建制,隶属于中共中央出版发行部。1941年以后,凡是中
共中央出版局编辑的图书,一般都由新华书店出版。由于新华书店是集图
书出版、印刷、发行三位一体的机构(建国后才专营图书发行业务),早在
1940年至1941年间,就在陕甘宁边区各地县陆续建立新华书店,负责图书
的发行,1942年又成立陕甘宁边区新华书店,负责全区的图书报刊发行业
务。随着各根据地的不断壮大,新华书店也逐步向全国各地辐射,如1940

---

① 《中国共产党中央委员会启事》,《解放》第31期,1938年2月5日。

年 3 月成立的晋西北新华书店,1941 年 5 月成立的新华书店晋察冀分店,
1942 年 2 月太行区成立的华北新华书店等。

1941 年 10 月,根据中共南方局指示,生活书店、读书出版社、新知书店
三家联合派人到延安,以民营形式创办华北书店,经理为李文。该书店在创
办的过程中得到了中共中央的大力支持,以出版和发行进步文艺书籍及通
俗读物为主。根据 1942 年 8 月的统计,该店成立一年来,就出版了《高尔基
论文集》、《中国史话》、《巨人的少年时代》、《戏剧艺术论》等书籍 21 种,杂志
1 种,小学课本 16 种,发行 12.08 万册。[1] 1943 年,华北书店与陕甘宁新华
书店合并统一经营,但依然保留店名。1944 年,邹韬奋逝世后,于 11 月 1
日改名为韬奋书店,以示悼念。

其他一些专营图书的出版机构,还有光华书店、延安抗战书店、延安民
族解放青年社、延安中国工人社、延安大同出版社、延安青年出版社、延安文
明书局、陕西延安书店等,均在抗战期间出版过不少革命书刊。

抗战时期,陕甘宁边区的图书出版活动是在中共中央的直接领导下展
开的。从 1937 年到 1947 年 3 月中央机关离开陕北为止,陕甘宁边区出版
了大量图书,仅由中央印刷厂印刷、解放社及新华书店发行的书籍就有 300
种、百万册,[2] 同时还出版了大量的报纸杂志。有文章称:"1937 年 5 月到
1940 年 10 月三年中,清凉山印刷厂印刷、新华书店发行、解放社出版的书
籍 130 余种,其他出版机关的丛书 30 余种,报刊 10 余种,总计书籍 50 多万
册,报刊数百万份。"[3]

此外,随着全国各抗日根据地的建立和发展,各个根据地在中共中央的
指导下,也逐渐成立图书出版机构,以扩大图书发行范围,积极建设根据地
的文化宣传工作,以壮大革命宣传的力量。各根据地都开始建立自己的印
刷基地,特别是购置铅印设备,为出版业的发展创造了条件。同时,中共中
央为了加强各根据地的出版能力,还派遣了一些专业出版人员到各个根据
地支援出版工作。在此情况下,各根据地的图书出版业开始得到迅速发展。
其中,以晋察冀、晋冀鲁豫、晋绥、山东、华中等根据地较为突出。

晋察冀边区是抗战后中共建立的最早的根据地,其早期的书籍报刊都
是由陕甘宁边区运送过来,后来开始翻印、自印书刊。从一开始的油印、石

---

① 叶再生:《中国近代现代出版通史》(第三卷),华文出版社 2002 年版,第 829 页。

② 来新夏等著:《中国近代图书事业史》,上海人民出版社 2000 年版,第 375 页。

③ 叶林:《三年来的新华书店》,《新中华报》1940 年 11 月 14 日。

印一些小册子,到 1940 年开始铅印出版各类书籍。随着印刷条件的改善,
书籍的出版量也大大增加。在晋察冀根据地,《晋察冀日报》社不仅是党的
机关报社,也是最权威、成绩卓著的出版社,集报、刊、书的编、印、发于一身,
内部设出版发行部进行分工。据统计,在 1938 年至 1942 年的 5 年时间里,
《晋察冀日报》社共出版图书 156 种,共计印 1,113,207 种,平均每年出书 40
余种,其中政治类读物占 80%以上。① 在《晋察冀日报》社出版的书籍中,以
马列主义经典著作和毛泽东著作最多。值得一提的是由邓拓主编的第一部
《毛泽东选集》,就是 1944 年 7 月由《晋察冀日报》社出版的。此外,该区的
主要出版机构还有晋察冀新华书店、教育阵地社、冀中新华书店、边区文化
供应社、前卫出版社等。

　　晋冀鲁豫边区是抗战时期华北最大的抗日根据地,其图书出版活动的
展开也经历了一个艰苦的过程。在华北新华书店成立前,中共中央北方局
曾在晋东南成立太行文化教育出版社。该社在存在的一年半中,出版各种
书刊 50 余种,其中《战时读本》在社会上有较大影响。② 1940 年初,太行文
化教育出版社和华北《新华日报》社合并。其后,华北《新华日报》社又于
1940 年 12 月在社内设立华北新华书店,负责出版发行《新华日报》及各种
书籍杂志。1943 年 9 月,华北新华书店从华北《新华日报》社中分离出来与
华北书店(生活、读书、新知三家书店创办)合并成立新的华北新华书店。华
北新华书店成立后,前后出版了大量图书。据统计,从 1940 年到 1944 年,
华北新华书店出版发行图书达 1,602,500 余册,仅 1944 年一年,就发行图书
134,900 余册,其中中级读物 54,400 余册,普及读物 21,700 余册,国民教材
56,600 余册,宣传读物 2100 余册。③ 1945 年,华北新华书店总店出版书籍
124 种,59.6 万册。④

　　其他根据地如晋绥抗日根据地、山东抗日根据地、华中抗日根据地也在
艰苦的条件下,采取各种方式坚持出版,取得了很好的成绩。在晋绥边区,
除吕梁文化教育出版社外,《抗战日报》社、《晋绥大众报》社、《战斗报》社等
均兼营出版业务。从 1940 年到 1945 年,晋绥边区的图书出版事业发展很

　　① 《中国共产党晋察冀边区出版史》,河北人民出版社 1991 年版,第 37 页。
　　② 孙玉祥:《晋冀鲁豫边区出版概述》,叶再生主编:《出版史研究》第 6 辑,中国书籍出版社
1998 年版,第 215 页。
　　③ 山西省史志研究院编:《山西通史·抗日战争卷》第 8 卷,山西人民出版社 2001 年版,第
669 页。
　　④ 张山明:《解放区印刷出版工作》,《出版史料》2003 年第 1 期。

快,除了印行 66 种马、恩、列、斯和毛泽东的著作外,还出版发行了涉及政治、经济、文艺等书籍 123 种、100 多万册。[①] 山东抗日根据地的报社,在出版报纸的同时,也承担图书出版的任务。以《大众日报》社为例,从 1939 年 3 月到 1943 年底,该社共印书 188 种、73 万册。[②] 华中抗日根据地,也先后成立了一批出版发行机构,如战地文化服务社、苏北出版社、东海文化服务社、苏北文化服务社、大众书店、江淮出版社、江南书店等,出版了"抗敌丛书"、"大众丛书"、"战地戏剧丛书"、"团结丛书"等,以及很多马列主义政治读物、文化教育类通俗书籍等。

　　抗战时期,以延安为中心的抗日根据地的图书出版工作是与党的革命工作紧密联系在一起的。在艰苦的战争环境下,出版工作者编辑、印刷、发行了大量的图书,广泛传播了马克思列宁主义和毛泽东思想,普及了科学文化知识,为广大人民提供了精神食粮,使人民群众紧密团结在中国共产党周围,为争取抗日战争的最后胜利,做出了积极贡献。

---

　　① 山西省史志研究院编:《山西通史·抗日战争卷》第 8 卷,山西人民出版社 2001 年版,第 675 页。

　　② 乐美素:《山东解放区的出版工作》,《中国近代现代出版史学术讨论会文集》,中国书籍出版社 1990 年版,第 310 页。

# 第八章　抗战胜利后的出版业

## 一、国统区的出版状况

1945 年 8 月 15 日,日本宣布无条件投降,中国终于赢得了八年抗战的伟大胜利。随着战火的平息,大后方的出版界开始了恢复工作,中国的出版中心自西而东,再一次返回到抗战前的出版格局上来,以上海为中心的京沪杭地区再度成为全国出版中心。在抗战胜利之初,国统区的出版业有所复苏,但这种势头很快就随着内战的爆发而被打断,中国的出版业陷入了比抗战时期还要困难的境地。这期间,国统区的进步出版人士为冲破国民党当局的文化专制统治,争取出版言论自由,进行了坚持不懈的斗争,谱写了中国出版史上光辉的篇章。

### 1. 出版界争取出版自由的活动

抗战胜利后,在举国欢腾、普天同庆的时刻,国内社会各界强烈要求国民党结束一党专政,组织联合政府,实行民主,切实保障民众的言论自由。这期间,国统区的进步出版界也抓住有利时机,掀起了一次又一次争取出版自由的浪潮。其中声势最大的就是 1945 年重庆出版界开展的拒检运动,震撼了整个国统区。

早在 1938 年国民党颁布《战时图书杂志原稿审查办法》时起,大后方的进步出版界就一直进行着反检查斗争。1945 年 7 月 1 日,黄炎培、褚辅成、冷遹、左舜生、章伯钧、傅斯年等六位国民参政员,应中共中央的邀请前往延安进行访问,亲眼目睹了中共各项政策的实施,看到了抗日根据地各项事业的辉煌成就。回到重庆后,黄炎培立即写了《延安归来》一书,以日记体裁详细记载了在解放区的所见所闻,用事实揭露了国民党多年来对共产党及解放区的种种污蔑。考虑到当时国民党的原稿审查制度,该书送检后肯定会被扣押或者禁止出版,黄炎培等人经过反复研究后决定,不把《延安归来》送交国民党检查机关检查,而是交由国讯书店直接出版。8月7日,《延安归来》由国讯书店出版发行,初版两万册,几天之内就销售一空。由此,《延安归来》的出版,揭开了"拒检运动"的序幕,成为"冲破国民党政府法西斯专制的图书杂志检查制度,拒不送检而出版发行的第一本书!"①

《延安归来》一书不送审、径自出版的行动,对于进步出版界而言,是个很大的鼓舞。接着,张志让、杨卫玉、傅彬然三人就起草了一份《重庆杂志界"拒检"联合声明》。在征得《宪政》月刊、《国讯》周刊、《中华论坛》、《民主世界》、《民宪》半月刊、《民主与科学》、《中学生》、《中苏文化》、《现代妇女》、《再生》、《新中华》、《东方杂志》、《文汇周报》、《战时教育》、《国论》、《学生杂志》等16家杂志社签名后,于8月17日公开发表,并函告国民党中宣部、宪政实施协进会和国民参政会。《声明》指出:《战时图书杂志原稿审查办法》已不适合当前的形势,应予撤销,并宣布从9月1日起不再将杂志原稿送审。②

8月27日,在重庆杂志界联谊会上,在拒检声明上签字的杂志社增至33家。31日,重庆各民主党派团体所办的八大杂志(《宪政》、《国讯》、《民宪》、《中华论坛》、《再生》、《民主世界》、《文汇》、《中学生》)负责人黄炎培、张志让、杨卫玉、左舜生、章伯钧、孙宝毅、钟天心、陈翰伯、傅彬然等人举行会议,一致认为战争已经结束,图书杂志审查制度已经没有存在的必要。会议除决定致函国民党中宣部、国民参政会、宪政实施协进会,请明令废止《战时图书杂志原稿审查办法》外,还决定从9月份起各家杂志的稿件一律不再送给国民党审查,并出版一份不向国民党办理登记手续、稿件全部不送检的《联合增刊》。9月6日,重庆33家杂志在重庆青年会举行茶会,宣告"重庆杂志界联谊会"正式成立。出席会议的代表决定采取一致行动,拒绝送审。9月15日,《联合增刊》第1期在重庆由国讯书店出版,在其发刊词《我们为什么发行这个联合增刊》中指出:

"为了实现民主,我们认为舆论界的联络,以及坦明诚恳的交换意见,研究问题,并将各种意见同时发表,以供国人的研讨是必要的。所以,我们现在联合了若干主张民主的定期刊物,来发行这一种联合增刊,便是想对组织

---

① 尚丁:《四十年编余忆往》,重庆出版社1986年版,第13页。
② 彭亚新主编:《中共中央南方局的文化工作》,中共党史出版社2009年版,第260页。

舆论这一点，作一个初步的尝试。"①

　　重庆出版界拒检声明的发表，立即引起了很大的轰动，也得到了整个文化界的支持与响应。由生活书店、新知书店、读书出版社等出版机构组成的新出版业联合总处宣布坚决支持拒检声明。9 月 1 日，重庆《新华日报》发表社评《为笔的解放而斗争——"九一"记者节所感》，对国民党的原稿审查制度进行猛烈抨击，号召文化界为争取新闻出版与言论自由而斗争，并指出："今天，应该是中国新闻记者起来洗刷羞辱的时候了。在今年的九一记者节还要写《为笔的解放而斗争》的文章，应该已经是一个天大的讽刺了。"②9 月 4 日，《新华日报》社论《走向和平的中国》再次呼吁："现时的一切束缚人民的言论、出版、结社、集会自由的法令必须立即废除。"9 月 18 日，《群众》杂志宣布自即日起不再送检。10 月 1 日，《群众》杂志发表《论文化界的"拒检"运动》一文，指出拒检运动"是一个意义重大的民间运动"，并认为："战时对文化出版的统制，除了检查制度外，还有许多不合理的法令规定等等，都是应该立即废除的。"③

　　许多文化界进步人士如郭沫若、黄炎培、沈钧儒、章伯钧、茅盾、叶圣陶等人也纷纷采取发表文章或者其他一些形式来支持拒检斗争。1945 年 10 月 4 日，《联合增刊》第 2 期发表叶圣陶的《我们永远不要图书杂志审查制度》一文，提出：

　　"我们不要图书杂志审查制度，从一个基本的理解出发：现在无所谓统治者与被统治者这两面了，所以行不通专制政治，所以用不着合于专制精神的图书杂志审查制度……标准与尺度紧也好，宽也好，全都一样。我们不讨论什么紧与宽，总之我们永远不要这个制度。我们不甘受精神上的迫害，我们要享有罗斯福先生提出的四大自由的第一项'发表的自由'。"④

　　重庆拒检运动发起后，很快就得到全国许多城市出版界的响应。9 月 3 日，成都《华西晚报》发表社论《我们对于抗战结束时期新闻业的六项建议》，要求国民党立即取消新闻出版的检查，切实保障新闻工作者的民主自由权利。9 月 8 日，成都的《新中国日报》、《华西晚报》、《成都快报》等 16 家报纸杂志，响应重庆出版界的拒检运动，并发表《致重庆杂志界联谊会公开信》，

　　①　转引自尚丁：《四十年编余忆往》，重庆出版社 1986 年版，第 24 页。

　　②　《新华日报》1945 年 9 月 1 日。

　　③　《群众》第 10 卷第 18 期，1945 年 10 月 1 日。

　　④　叶圣陶：《我们永远不要图书杂志审查制度》，《联合增刊》第 1 期，1945 年 10 月 4 日，转引自张静庐：《中国近现代出版史料·现代丙编》，上海书店出版社 2003 年版，第 74～75 页。

表示:"八年来以战时为借口的检查制度,严重地糟蹋了中国人民的言论自由,损害了中国文化新闻界的尊严和信誉。现在战争已经结束,一切钳制言论自由的战时法令完全失去了存在的根据,政府既不能采取及时的措施,我们为了保卫中国人民的言论自由,当然有理由自动宣布检查制度的死亡!"[①]9月17日,成都27家新闻出版机构集会,决定成立"成都文化新闻杂志界联谊会",推举叶圣陶、沈志远、黎澍等7人为执行委员,并决定创办一份联合刊物《言论自由》,于9月25日创刊。

9月15日,昆明的《民主周刊》社、《人民周刊》社、《大路杂志》社、《真报》社、天野社、北门出版社、进修出版社等11家出版单位也响应重庆的拒检运动,成立了"昆明杂志界出版界联合会",宣布从即日起所有文稿不再送检。其后,《民主周刊》社等十余个文化团体又联合发表《昆明文化界争取出版自由宣言》,提出废除新闻检查必须彻底,取消中央社的新闻垄断,取消邮电书报检查等六项主张。与此同时,西安、桂林、上海、北平等城市也先后成立了杂志界、出版界联谊会,响应重庆的拒检运动,呼吁言论出版自由。四川大学、燕京大学、复旦大学等高校也响应拒检,学生编辑的刊物、壁报等不再交学校训导处检查。

拒检运动的兴起和发展,给标榜民主自由的国民党造成很大的压力,是对国民党一党专政的有力冲击。为了缓和矛盾,国民党被迫放宽对出版自由的限制。9月12日,国民党中宣部部长吴国桢向外国记者宣布,自10月1日起废止战时新闻检查制度,但同时又表示收复区在军事行动尚未完成前不予废止。9月22日,国民党中央第六届第十次常委会召开,通过了废止新闻出版检查制度的决定与办法。10月1日,国民政府宣布,自即日起废除新闻及图书检查制度。至此,一场全国性的轰轰烈烈的拒检运动,终于告一段落。

拒检运动的成功,对于国统区的进步出版界来说,是一个重大胜利。但是,想要彻底废除国民党对出版自由的限制,还需要继续斗争。10月1日,即国民党宣布废止新闻检查制度的当天,重庆《新华日报》就发表社论《言论自由初步收获》,指出:"检查制度的废止,是言论自由的开始,但还不是言论自由的真正实现","我们更要增加信心,更加努力,争取更多的自由,争取一切应有的民主自由。"《新华日报》社论的警示,得到了进步出版界的响应,进一步提出了新的目标,将争取出版自由的斗争推向新的高潮。1945年11

---

① 尚丁:《四十年编余忆往》,重庆出版社1986年版,第17页。

月,马叙伦、郑振铎等 91 名上海文化界人士联名发表宣言,要求废止收复区的新闻检查制度,实现言论出版自由;12 月,上海 30 余名新闻记者联名发表宣言,反对上海市政府的新闻统制措施;1946 年 3 月 18 日,北平出版界联合会发表《北平出版业为抗议摧残出版发行自由紧急呼吁》,有 24 个出版机构署名;同年 3 月 25 日,上海杂志界联谊会发表《为抗议摧残言论出版发行自由宣言》,有 25 个出版单位署名。所有这些均表明,国统区的进步出版界为冲破国民党的文化专制政策而进行了不屈不挠的斗争,在中国近代出版史上留下了光辉的一页。

**2. 出版业的恢复与困厄**

抗日战争胜利后,避居大后方的出版业为了恢复旧业与求得发展,除了一小部分在内地继续经营外,大部分都随着全国政治、经济、文化中心的转移而积极进行恢复工作,重新返回东部上海、北平、南京等地,收回、恢复或重建原来的出版机构,在出版界掀起了新的出版热潮。

抗战胜利之初,国民党中央宣传部就开始筹划《中央日报》等官办报纸及出版机构的迁移工作。1945 年 9 月,国民政府行政院颁布《管理收复区报纸、通讯社、杂志、电影、广播事业暂行办法》,规定:"敌伪机关或私人经营之报纸、通讯社、杂志及电影制片厂、广播事业一律查封,其财产由宣传部会同当地政府接收管理。但其中原属未附逆之私人及非敌国人民财产而由敌伪占用者,经查明确实,并经中央核准后得予归还。"①9 月 5 日,国民党《中央日报》以出席南京受降仪式为名,派员飞往南京,利用其所接收的汪伪《中央日报》、《申报》及兴中印刷所的机器设备,很快就重建起国民党《中央日报》馆。9 月 10 日,南京《中央日报》复刊。11 月 12 日,国民党军报《扫荡报》改名为《和平日报》,并出版南京版。其后,该报总社也由重庆迁到南京。在上海,国民党上海市党部于 1945 年 8 月 23 日复刊《正言报》;8 月 30 日,上海《中央日报》出版;10 月 6 日,上海《民国日报》复刊。这期间,《申报》与《新闻报》也在国民党中宣部的管理与指导下,于 1945 年 11 月先后复刊。在北平,国民党接收了日伪《华北新报》,并在此基础上于 1945 年 10 月 1 日复刊《华北日报》。同日,《中山日报》也在广州出版。

出版机构方面,国民党的官办书局如正中书局、中国文化服务社、独立出版社、拔提书店等也迅速从大后方向江浙地区的南京、上海等地迁移,通

---

① 方汉奇主编:《中国新闻事业通史》第二卷,中国人民大学出版社 1999 年版,第 987 页。

过接收、接管日伪的一些出版机构、机器设备来扩充出版力量。1946 年 5 月,国民政府还都南京后,这些出版机构很快就以南京为中心建立起新的出版发行网络。以正中书局为例,该书局在抗战胜利初期业务发展迅速,除了原先设立的重庆、成都、西安、兰州、贵阳、昆明、赣州七所分局及内江、万县两支店外,自 1945 年底到 1946 年初先后又成立了南京、上海、汉口、广州、长沙、开封、杭州、南昌、福州、济南、青岛、北平、天津、沈阳、长春、台湾等 16 个分局,并在上海设立发行所,在安庆、太原设供应处。其分支局及供应处共计达 27 所,遍及全国主要城市。中国文化服务社在抗战胜利后迁至南京,除了原有的 18 所分社,563 所支社、分销处外,又增设上海、南京、武汉、广州、北平等数十所分支社及分销处。拔提书店在战时有 9 处分支机构,抗战胜利后又在南京、上海等地增设多处分支机构。①

这期间,战前设在上海、北平、天津、南京等地的一些民营报刊也纷纷返回原地出版,不少报纸还在原有基础上增设分社,出版分版。《大公报》在抗战前出版天津版和上海版,抗战期间总社先迁武汉后迁重庆,发行香港、桂林版。抗战胜利后,该报立即派员前往上海、天津,于 1945 年 11 月 1 日复刊上海版,12 月 1 日复刊天津版。《大公报》上海版复刊号上发表了《重来上海》社评,表示:"我们是一张民间报,自十五年改组复刊后,承全国各界的爱护,得有今日。二十年来,饱经忧患,同人等不揣谫陋,始终固守'不私、不盲'的社训,对建国大业,尽其平凡之努力。现在我们也随着国家复员而复员,上海版今日首先复刊,我们今后一本过去不畏强权,不媚时尚的传统,继续为国家服务,为社会服务。"1946 年 1 月,《大公报》总管理处迁到上海,统辖上海、天津、重庆三馆工作,1948 年又复刊香港版,设立台湾办事处负责上海航空版的发行。

其他一些报纸,陈铭德、邓季惺夫妇在战后将《新民报》总管理处迁回南京,逐渐发展成拥有南京、上海、北平、重庆、成都 5 个分社和日、晚报共 8 种的报团,各地总销数约十一二万份。② 著名报人成舍我主办的世界报馆,战前在北平出版有《世界日报》、《世界晚报》、《世界画报》,抗战期间仅在重庆出版《世界日报》。抗战结束后,成舍我立即回到北平,于 1945 年 11 月 20 日复刊《世界日报》和《世界晚报》,同时继续出版《世界日报》重庆版。《益世报》在抗战期间由天津迁到昆明、重庆出版,战后迁回天津,于 1945 年 12 月

---

① 参见叶再生:《中国近代现代出版通史》(第四卷),华文出版社 2002 年版,第 23～24 页。
② 方汉奇主编:《中国新闻事业通史》(第二卷),中国人民大学出版社 1999 年版,第 997 页。

复刊,并设北平、上海、南京、重庆等分版。伴随着这些老牌报纸的恢复与发展,一些新创办的报刊也大量涌现,比较著名的有 1945 年 9 月 21 日创办于上海的《联合日报》、1945 年 10 月 5 日创办于重庆的《民主星期刊》、1946 年 2 月创办于重庆的《民主报》、1946 年 9 月 1 日创办于上海的《观察》等。

从以上对出版业的恢复情况的介绍,可以看出抗战胜利后中国出版业有了恢复性发展。以战前的出版中心上海为例,随着战后出版业的恢复,抗战时期在内地创办的一些出版机构如海燕出版社、群益出版社、大孚出版社、文光书店等纷纷迁沪,一些新创办的出版机构如上海出版公司、晨光出版公司等也相继成立。据统计,1946 年上海全市共有出版机构(含书店)258 家,到 1947 年上海主要的出版机构尚有 70 家左右,上海出版业再度呈现出多年来未见的生机与盛况。[①] 这期间,发展最快的是报刊。据国民政府内政部 1947 年 1 月的统计,1946 年全国报纸已办理登记者有 984 家。至 1947 年 8 月底,全国已登记换证的报纸总数则为 1781 家,通讯社 1763 家。[②] 这些数据,相较于战时的出版情况,已经是很大的进步,"表明报刊出版在此段历史时期,确露出了点点复苏的迹象"。[③]

然而,出版业这种良好的发展势头,很快就昙花一现。内战的爆发和国民党当局的倒行逆施,造成了国统区出版业的危机。当时出版界的困顿状况,如陈东林所描述的:"胜利后怀着满腔的热望复员归来的出版者,只经过不到半年和平时期,全国又陷于战乱之中。书籍虽称精神食粮,但是它不比其他日用品,在动荡不定之生活中,它的需要就越益减退。因此战争给予出版者的打击也更其重大。"[④]通货膨胀,交通阻塞,成本日高,销路狭窄,使出版者陷于重重困难之中。白报纸作为出版最重要的原料,在抗战胜利初期每令仅一万五千元,而到 1947 年初已经上涨了 100 倍,加上排工、印工的价格也随着纸币的贬值,不断上涨。三者平均,"出版的成本一共涨了 206 倍",而同时期书籍的价格仅上涨不到 70 倍,"这与成本上涨比较起来,真如小巫见大巫了"。[⑤] 1947 年后,这种情况更加严重,"除了极少数能配给到纸

① 周武:《从全国性到地方化:1945 至 1956 年上海出版业的变迁》,《史林》2006 年第 6 期。

② 叶再生:《中国近代现代出版通史》(第四卷),华文出版社 2002 年版,第 153～154 页。

③ 吴永贵主编:《中国出版史》(下册),湖南大学出版社 2008 年版,第 119 页。

④ 陈东林:《战后两年来的中国出版界》,《中华教育界》复刊第 2 卷第 2 期,1948 年 2 月 15 日。

⑤ 陈东林:《战后两年来的中国出版界》,《中华教育界》复刊第 2 卷第 2 期,1948 年 2 月 15 日。

张的出版品能够维持以外,所有文化事业都陷于空前的困厄中"。①

出版成本的增长,对于出版业来说自然是致命的,而国民党在内战开始后加紧对出版自由的钳制,也造成出版界精神上的苦闷与萎缩。当时身为《国文月刊》编辑的周予同就曾指出:"一篇文章来了,要考虑再三,好些文章不能刊登,有的登出来了又得担心是否会使期刊本身发生问题。像这种苦痛,以前是很轻微的,而现在却在日益加重……苦闷达于极点,而光明似又不在眼前,若再这样发展下去,我实在无法工作下去了。"②同时,内战的局面也影响到读者心理的变化,"战时在重庆、桂林等地,稍涉专门的书籍,最低限度也可销一千部。但是回到战后的上海,情形就大不相同:严肃点的书,即使要销几百部也大有问题。反之,一般色情书刊却能畅销各地"。③对此,作家郑振铎也曾感叹:

"这繁华和蓬勃的现象,只是昙花一现。不到半年,低级趣味的方型周刊便大量的出现,夺去了不少比较严肃性的杂志的地位。一般人因为在政治上感觉到苦闷,渐渐的没有了胜利初期的好心情。因此,其间的一部分原来只是以读物为消遣之资的人物便专看那些方型周刊,恢复了战前的爱好社会小新闻,特别是桃色的,和一般揭露政治、社会黑幕的故事的癖心。"④

国统区的这种出版状况,使得出版业在重重的危机中度日如年,一些小的出版机构命若转蓬,旋起旋落,而大的出版机构也大都是勉强维持门面,濒临破产的边缘。商务印书馆自创建以来,一直执出版界之牛耳。抗战期间,商务虽然受到重创,但仍能勉强维持。抗战胜利后,商务处境艰难,"从前,编辑和出版教科书是商务印书馆的骄傲,如今全部教科书的编辑出版权落入了政府主办的正中书局之手,商务只有承印的份儿";"从前,商务印书馆在各地的分馆是扩展营业的强大力量,如今,随着教科书编辑出版权的转移,反成了不堪负担的累赘"。⑤ 这样一来,就使得商务支出多而收入少,甚至沦落到靠出售善本书和纸型度日的境地。到1948年,商务已经是债台高筑,面临严重的出版危机。1948年2月6日,商务经理李拔可在给张元济

---

① 《出版界的厄运》,《创世》第3期,1947年11月1日。

② 《出版业现况》,《大公报》(上海版)1948年4月26日。

③ 陈东林:《战后两年来的中国出版界》,《中华教育界》复刊第2卷第2期,1948年2月15日。

④ 郑振铎:《文化正被扼杀着》,《民主》第44期,1946年8月17日,转引自宋原放主编:《中国出版史料·现代部分》第2卷,山东教育出版社2001年版,第165页。

⑤ 董进泉、陈梦雄:《现代出版楷模张元济》,赵云声主编:《中国大资本家传·实业巨子卷》,时代文艺出版社1994年版,第529页。

的一封信中提到:"闻公司年终负债已达三百亿,分馆同人待遇亦照生活指数计算,而盈亏并计,[再]不努力,前途殊为可虑。"①其后,商务更是每况愈下,1948 年 11 月后,不仅没有出版新书,"连坚持 30 多年的《东方杂志》,以及其他杂志都作出了停刊的决定,1949 年 1 月连期刊都不出了"。②

与商务印书馆的情况相似,开明书店原本也是一家很有朝气的出版社。1946 年 2 月,开明书店迁回上海后,发展上遇到了比抗战期间更为严重的困难。这些困难来自四个方面:"一是造货成本高,售价却因币值的一再迅速贬落而不能相抵。二是要多做生意,必须放账,多放账利息折蚀,吃亏大,不知如何是好。三是因战事关系,不少地方邮路常断,运输不畅。四是所谓'国定本'教科书问题,国民政府教育部决定废止原由商务、中华、世界、大东、开明、文通、中正七家专营教科书的方式,自此引起书业同行间的剧烈竞争。"③虽然开明书店采取各种办法,如改进出版物质量,向新书店学习开放门市,兼售非开明出版的图书,尽量不放账等,但均收效甚微,直至全国解放,开明一直处于半死不活的状况。

概括而言,抗战胜利后,国统区的出版业不但没有获得发展的生机,反而日益呈现颓势,图书出版日趋减少,陷入了比抗战时期还要困难的境地。到解放前夕,国统区的出版业除中华书局等个别出版社尚能勉强维持外,基本已经到了山穷水尽、气若游丝的地步,出版实力严重削弱。

## 二、三联书店的成立

生活·读书·新知三联书店的前身是生活书店、读书出版社和新知书店。三家书店都诞生于 20 世纪 30 年代的上海。生活书店成立较早,创办于 1932 年。读书出版社和新知书店成立稍晚,分别成立于 1935 年和 1936年。读书出版社和新知书店都是在中国共产党的领导下开展进步出版文化事业的,而生活书店成立之初并没有任何政党背景。随着民族危机的加深,生活书店因刊发左翼书刊,主张抗日救亡而遭到国民党的压制。加之店内胡愈之等共产党员的影响,生活书店逐渐加入了中国共产党的出版阵营。抗日战争和解放战争期间,生活书店与读书出版社、新知书店在中国共产党

① 张树年主编:《张元济年谱》,商务印书馆 1992 年版,第 529 页。
② 汪家熔:《商务印书馆史及其他》,中国书籍出版社 1998 年版,第 184 页。
③ 唐锡光:《开明的历程》,中国出版工作者协会编:《我与开明》,中国青年出版社 1985 年版,第 310 页。

的领导下适时地调整经营方针和路线以积极地开展出版工作,为中国共产党的文化建设工作及共和国的缔造做出了自己的贡献。1948 年 10 月,生活书店、读书出版社和新知书店经过十多年独立经营后实行合并,成立三联书店,一直持续到现在。

**1. 生活书店**

生活书店于 1932 年 7 月 1 日由邹韬奋、徐伯昕等人创办。其前身是《生活》周刊社,原隶属于黄炎培创立的中华职业教育社。《生活》周刊是中华职业教育社的机关刊物,1925 年 10 月 11 日创刊,起初黄炎培聘请王志莘任主编,从第二卷开始由邹韬奋取代王志莘成为《生活》周刊主编,而徐伯昕和孙梦旦则协助邹韬奋负责发行和总务工作。邹韬奋接编后,逐渐转变了《生活》周刊以往注重个人修养的办刊方针,开始关注社会问题,并增设"读者信箱"、"小言论"、"政论"、"海外通讯"等专栏,以丰富的刊物内容吸引读者。同时,徐伯昕采取批发零售和发展订户的方式发行《生活》周刊,并通过编印"生活丛书",设立书报代办部等方式来拓展《生活》周刊的发行渠道。至"九一八"事变时,《生活》周刊的发行量由最初的 2800 份增加到 12 万份。[①]"九一八"事变后,随着民族危机的加深,《生活》周刊开始主张抗日救亡,抨击国民党的"不抵抗主义",逐渐由综合性的青年大众读物转变为以抗日救亡为中心的时事政治刊物,因而遭到国民党的压制。为不牵连中华职业教育社,邹韬奋、徐伯昕、胡愈之、杜重远、毕云程等人经职教社同意,脱离中华职业教育社,组建"生活出版合作社",并于 1932 年 7 月 1 日在上海成立生活书店。

生活书店继承了《生活》周刊的经营传统,以"努力为社会服务,竭诚谋读者便利"为经营主旨,体制上实行集体所有制性质的合作社形式,对内称"生活出版合作社",对外则称生活书店。书店内部实行民主的管理制度,设有理事会、人事委员会和监察委员会三个领导机构,成员则由社员大会民主选举产生。1933 年 8 月,生活书店召开第一次社员大会,选举出理事会成员邹韬奋、徐伯昕、王志莘、毕云程和杜重远,经理邹韬奋,副经理徐伯昕,人事委员会成员孙明心、陈锡麟和孙梦旦及监察委员会成员艾寒松、严长衍,[②]组建了生活书店的领导机构。销售上,生活书店采用出版和发行并举的方式进行经营,并利用《生活》周刊已有的发行渠道,代办、经售各种书、

①　《生活书店史稿》编辑委员会编:《生活书店史稿》,三联书店 1995 年版,第 22 页。
②　《生活书店史稿》编辑委员会编:《生活书店史稿》,三联书店 1995 年版,第 39 页。

报、刊以拓展发行业务。

从成立至抗战爆发之前，是生活书店发展壮大的一个时期，书店成员从二十人增至六七十人，陆续出版了一批刊物和书籍。除出版《生活》周刊(邹韬奋主编)、《新生》周刊(杜重远主编)等时事政治类周刊外，还相继出版了《文学》(月刊)、《世界知识》(半月刊)、《太白》(半月刊)、《妇女生活》(半月刊)等十余种刊物。此外还出版了文艺读物、国内外时事政治读物、哲学社会科学知识读物及马列主义经典著作等 400 多种书籍。[①] 为确保生活书店的长久发展，避免书店遭受损害，邹韬奋、胡愈之等人对外采取书店独立经营的方式，同时以其他的名义出版刊物尤其是时事政治类刊物。自 1935 年12 月《生活》周刊被禁至抗日战争爆发前，生活书店相继出版了《新生》、《大众生活》、《永生》、《生活日报》、《生活星期刊》等政治类周刊，坚持不懈地宣传抗日主张和马克思主义，为 20 世纪 30 年代的反"文化围剿"斗争做出了积极的贡献。

抗日战争爆发后，生活书店利用国共合作初期宽松的政治环境及战争形势，大力拓展业务及发行网络以宣传抗日救国主张和出版进步书籍，使生活书店步入了新的发展时期。1937 年"七七"抗战开始至上海沦陷的四个月内，为适应战时需要，生活书店出版了《抗战》三日刊、《国民周刊》、《世界知识》半月刊、《中华公论》月刊等 8 种报刊杂志，同时还编印了"黑白丛书战时丛刊"、"战时大众知识丛书"等近 600 种战时读物以满足读者的需要，成为当时战时读物的主要供应者。[②] 1937 年 11 月上海沦陷后，生活书店总店开始迁往武汉，上海分店由王泰雷负责，同时还派出大批人员到内地去开辟市场，设立分店、办事处等，以拓宽生活书店的发行网络。1938 年至 1939年的两年时间里，生活书店在全国建立了庞大的发行网，遍及除新疆、西藏、青海、宁夏外的十四个省份，其中分支店及办事处 52 个，临时营业处 3 个及9 个流动供应所，[③]使生活书店的影响范围深入了内地甚至穷乡僻壤。

同时，为加强总店对分店的领导，1938 年 8 月 1 日，生活书店将总店改为总管理处以领导全店的工作，武汉沦陷后在重庆正式成立。生活书店迁往武汉后，还进行了改组，组成了以邹韬奋、胡愈之、张仲实为中心的编审委员会，开始有计划地展开编辑出版工作。抗战初期，生活书店基于战时的需

① 吴永贵主编：《中国出版史》下册，湖南大学出版社 2008 年版，第 213 页。
② 《生活书店史稿》编辑委员会编：《生活书店史稿》，三联书店 1995 年版，第 112 页。
③ 《生活书店史稿》编辑委员会编：《生活书店史稿》，三联书店 1995 年版，第 136 页。

要,出版了《全民抗战》、《文艺阵地》等 8 种刊物,同时为满足各层次读者的需要,生活书店还编印了多种工具书、抗战丛书、抗战文艺作品及大量通俗文艺作品,并利用当时宽松的政治环境,有计划地出版了多种马列主义理论书籍及多种启蒙读物,以宣传进步文化思想。据统计,1937 年,生活书店出版新书 150 种,比 1936 年增加二分之一;1938 年出版新书 200 余种,重版书近 200 种;1939 年在国民党的种种迫害下,也出版图书 240 种,这成为生活书店图书出版记录上最高峰的三年。① 此外,生活书店迁到武汉后,邹韬奋通过书店编委会委员张仲实拜访了周恩来,继而建立了生活书店与中共中央长江局及后来的南方局的联系。

武汉陷落后,生活书店将总管理处迁往重庆,同时适时调整出版方略,改组编审委员会并建立西南区(桂林)和东南区(香港)管理处以协助总管理处工作。此时,随着抗战进入相持阶段,国民党开始采取消极抗日、积极反共的方针,对大后方的进步文化事业进行打击和压制。1938 年 7 月,国民政府颁布《战时图书杂志原稿审查办法》和《修正抗战期间图书杂志审查标准》,以此来打压进步出版文化事业。至 1940 年底,因国民党的查禁和迫害,生活书店的发行网络从 55 处减少到 6 处,仅剩重庆、成都、贵阳、昆明、桂林、曲江 6 个分店。② 1941 年皖南事变后,在第二次反共高潮中,生活书店仅剩重庆分店一处。面对这一严重的危险境地,生活书店在中共南方局和周恩来的指导下,于 1941 年 4 月将生活书店总管理处迁往香港,以便继续领导内地分店业务和开拓新的出版阵地,而留在内地的各分支机构则采取分散经营、化名经营、主副业并举等方式来保存力量,以便继续在国统区内进行斗争和出版。

**2. 读书出版社**

读书出版社 1936 年由李公朴、柳湜、艾思奇等人在上海创办,其前身是《读书生活》社。《读书生活》半月刊是 1934 年 11 月 10 日李公朴等人在《申报》"读书问答"专栏的基础上创刊的。1932 年,李公朴应《申报》老板史量才之邀创办了《申报》流通图书馆。其后,为了更好地指导读者学习,于 1933 年 8 月在流通图书馆内设立了"读书指导部",并在《申报》上开辟了由柳湜、夏征农、艾思奇负责的"读书问答"专栏,得到了读者的欢迎。1934 年,考虑到国民党文化压制的影响及"读书问答"专栏的发展,李公朴、柳湜

---

① 《生活书店史稿》编辑委员会编:《生活书店史稿》,三联书店 1995 年版,第 123 页。
② 《生活书店史稿》编辑委员会编:《生活书店史稿》,三联书店 1995 年版,第 221 页。

等专栏原班人马决定停办"读书问答"而另创《读书生活》半月刊,由李公朴任主编,柳湜、艾思奇任编辑。

《读书生活》半月刊以大众化、通俗化为宗旨,最初由上海杂志公司发售,至第三卷时开始由读书出版社发行,每期销量可达一万多份甚至两万份。[①] 1936 年初,为壮大《读书生活》杂志社的力量,李公朴、柳湜等人联合"左联"成员王仑在上海成立"读书生活出版社"。读书生活出版社成立后,编印的第一本书是艾思奇的《哲学讲话》(遭禁后改名"大众哲学"),该书以通俗易懂的方式讲解了马克思主义哲学,得到了读者的认同,同时也得到了中共的支持。1936 年 11 月,"七君子事件"发生后,因社长李公朴被捕,黄洛峰出任读书出版社经理,成为该社的主要负责人。黄洛峰上任后,对读书生活出版社进行了机构和人事调整,成立新的董事会,建立了新的会计制度和新的规章制度,同时还明确了新的出版方针,计划加强翻译马列主义原著、社会科学通俗刊物及高、中级理论书刊的出版工作。[②] 因而,在这一时期读书生活出版社对郭大力、王亚南合译的《资本论》提供了大力支持,并最终实现了全译本在中国的首次出版。抗战爆发前,读书生活出版社共刊发了《读书生活》、《大家看》、《战线》、《认识月刊》等 6 种刊物,编印了"角半小丛书"、《少年的书》、《中国呼声集》、《新哲学大纲》及多种《读书生活》文章辑录等四五十种书籍,还翻译出版了一些苏联的文艺理论作品,在当时社会上产生了较大的影响。

1937 年 11 月,上海沦陷后,读书生活出版社本着"在抗战中求发展"的方针迁往武汉,以开辟新的阵地。上海方面则由郑易里负责出版,继续坚持工作。1938 年 3 月,黄洛峰到武汉后,与中共长江局的何伟进行联系,从而在中国共产党的指导下开始了新的出版工作。武汉期间,读书生活出版社在中国共产党的指导下,编印了中共领导下的《群众》周刊、《抗战文艺》三月刊、《战时青年》半月刊等 5 种刊物,此外还出版了《怎样进行持久抗战》(周恩来等著)、《游击队政治工作概论》(彭雪枫著)等二十多种新书及两套战时丛书。[③]

1938 年 10 月,武汉、广州失守后,读书生活出版社西迁到重庆并改名为"读书出版社"。在重庆,为躲避国民党的压制,读书出版社组织力量,大

① 范用编:《战斗在白区:读书出版社(1934~1948)》,三联书店 2001 年版,第 15 页。
② 吴永贵主编:《中国出版史》下册,湖南大学出版社 2008 年版,第 217 页。
③ 范用编:《战斗在白区:读书出版社(1934~1948)》,三联书店 2001 年版,第 40 页。

力开办邮购业务以扩大经营。在此期间,读书出版社创办了《学习生活》、《文学月报》、《新音乐月刊》等杂志,并出版了一些苏联文学书籍。此外,为拓展业务和壮大力量,读书出版社到重庆后,先后建立了桂林、贵阳、昆明、成都、香港几个分社,其中桂林分社集中印刷书籍,香港分社主要是转运书籍,而贵阳、昆明、成都三分社则主管门市售书①,各社共同合作在国统区坚持斗争和发展。但随着国民党不断掀起反共高潮,读书出版社遭到国民党的查禁和压制。1941 年皖南事变后,各个分社不断被封,最后仅剩重庆总社一处。面对这一困境,读书出版社在中国共产党的指导下开始采用新的斗争方式进行战略转移。

### 3. 新知书店

新知书店同生活书店、读书出版社相似,都是在报刊社的基础上创办的。新知书店 1935 年秋成立,其前身是《中国农村》月刊社和《中国经济情报》周刊社。这两个刊物都是中国农村经济研究会的机关刊物。中国农村经济研究会是中共领导下的农村调查和研究机构,1933 年由陈翰笙、钱俊瑞、薛暮桥等人在上海成立。1935 年夏,"新生事件"发生之后,《中国农村》和《中国经济情报》两刊物面临被迫停刊的危险,于是农研会成员商议集资筹办书店,并于 1935 年秋在上海成立新知书店,由钱俊瑞任理事长,徐雪寒与华应申负责业务,姜君臣主持编辑工作。

从创立到 1937 年"八一三"抗战爆发,新知书店总共出版了 20 多种书,均是社会科学方面的书籍,出版了系统的有关马克思主义的政治经济学理论和现实经济问题的书籍。最早出版的一部书为钱俊瑞、章乃器、朱楚辛等所著之《中国货币制度往哪里去?》。期刊方面,除《中国农村》月刊外,还出版了《语文》、《新世纪》、《阅读与写作》等刊物。

抗战爆发后,新知书店转移到武汉,并于 1937 年底恢复出版业务。同时,在转移过程中,新知书店还设立了第一家分店——广州分店,由王益负责。武汉时期是新知书店的大发展时期,先后在广州、重庆、丽水、金华、襄阳、南阳、衡阳、长沙、常德和香港等地建立了分店或办事处。② 这期间,中共长江局计划成立"中国出版社",作为党在国统区以民营企业面貌出现的出版机构,以区别于党的公开宣传机关《新华日报》社及其附属出版部,但因

---

① 范用编:《战斗在白区:读书出版社(1934~1948)》,三联书店 2001 年版,第 56 页。
② 《新知书店的战斗历程》编辑委员会:《新知书店的战斗历程》,三联书店 1994 年版,第 114 页。

干部、资金等问题继而委托新知书店接替办理中国出版社的工作,出版所得的书稿编辑费和稿费,则一律转为新知书店的股金。因而,新知书店以"中国出版社"的名义出版的图书大多为马、恩、列、斯和毛泽东的著作。从1938年初到1941年皖南事变的三年间,新知书店出版了《关于团结救国问题》(毛泽东著)、《什么是列宁主义》(凯丰编)、《马恩论中国》(方乃宣译)等四五十种图书。此外还以新知书店的名义出版了《辩证法唯物论入门》(胡绳著)、《历史哲学教程》(翦伯赞著)、《列宁的故事》、《中国现代革命运动史》和一些宣传抗战的小册子①,同时还出版了《中国农村·战时特刊》和《新战线》两个刊物。

　　1938年10月,武汉沦陷后,新知书店总店转移到桂林,由华应申负责书店的日常事务,徐雪寒则常住重庆以兼办中国出版社的业务。武汉撤退后,新知书店增设了桃源、辰溪、宜山、柳州、贵阳、昆明等分店,并出版了《鲁迅及其他》(冯雪峰著)、《心防》(夏衍著)、《经济学》(薛暮桥著)等书籍。1939年1月国民党五届五中全会后,国民党掀起第一次反共高潮,开始在各地打击中共领导的出版机构,至1940年冬,新知书店在金华、丽水、常德、宜山、衡阳、辰溪、襄阳等地的分店,相继被迫停业或被查禁,只剩下桂林、贵阳、昆明、重庆四个分店。皖南事变后,新知书店只剩下重庆分店一处。在此形势下,新知书店在中国共产党的指导下,进行战略转移,开始了战时特殊时期新的使命。

### 4. 三联书店的成立

　　读书出版社和新知书店都是在中国共产党领导下以民间企业面貌出现的出版机构,而生活书店原无任何政治背景,随着抗战爆发,逐渐加入中国共产党的出版阵营。早在1938年,读书出版社和新知书店已有联合,在1940年的第一次反共高潮中,促使三店开始在中国共产党的领导下尝试合作并转战大后方。1941年皖南事变后,为保存力量和开展新的斗争,三店在中国共产党的指导下,逐步开展统战工作,最终实现全面合并。

　　1938年10月武汉、广州沦陷后,生活书店、读书出版社和新知书店分别进行了战略转移,其中生活和读书总店迁往重庆,新知书店则迁往桂林。三店进行战略转移后,联合的工作开始展开。1938年,桂林三家分店的党关系均由八路军驻桂林办事处统一领导,三家分店经常共同组织读书会,学习《联共(布)党史》、《新民主主义论》等著作,以提高政治觉悟。1939年,桂林三家分店还联合开明书店、上海杂志公司组成书业界联合流动供应队,在衡阳、曲江、八步、四会等地设摊售书,受到读者的欢迎。[①] 1939年2月,读书出版社和新知书店在贵阳联合成立贵新书店,成为两店联合经营的开始。

　　1939年国民党五届五中全会后,开始采取消极抗日、积极反共的政策,并掀起第一次反共高潮,三家书店及各地分店均遭到国民党的查封和压制。对于以后工作的开展,1940年夏,周恩来约见徐伯昕、黄洛峰、徐雪寒等人商谈关于毛泽东提出的去敌后发展的具体事项,提出"以民间企业形式去延安和华北敌后开展图书发行工作"[②]的办法。1940年下半年,三家书店根据毛泽东和周恩来的指示开始到延安、晋南和苏北等抗日根据地开设分店以发展力量,此即三家书店联合工作的初步开始。1940年9月,生活书店派李济安,读书出版社派赵志诚,新知书店派陈在德到太行山八路军总部展开工作,印刷出版文艺小说和通俗读物,并于1941年1月1日在通辽(左权县)建立华北书店。不久,又在涉县开设支店。1940年10月,生活书店派柳湜,读书出版社派赵冬垠,新知书店派徐耀桢(徐律)到延安筹备华北书店,并于1941年8月13日在延安成立。1944年11月,为纪念邹韬奋,将延安、晋东南华北书店改为韬奋书店。[③] 1939年秋,上海读书出版社与生活王泰重、新知王益商量,在新四军根据地天长县成立大众书店,销售上海出版物。1940年10月,新四军渡江东进,生活书店袁信之、上海读书出版社张汉清和新知书店王益代表三家书店在苏北盐城成立大众书店,向盐城、黄桥一带根据地销售进步书刊,后成为盐阜党委宣传部领导下的一个出版发行机构。[④]

　　1941年皖南事变后,三店及其各地分店的出版工作遭到了国民党严重的打击,三店均只剩下一个重庆分支机构。面对这一严重的危险和困境,三家书店根据周恩来的指示妥善疏散干部人员,采取"一、二、三线三条战线"这一新的策略和斗争方式,继续在国统区内开展出版工作。1941年3月,生活书店、读书出版社的总管理处迁往香港,新知书店则继续开展在敌后抗日根据地的工作。三家书店的各地分店则在周恩来的指示下展开"三条战线"工作,为将来的合并工作奠定了基础。其中,第一线出版机构主要发行

①　范用编:《战斗在白区:读书出版社(1934～1948)》,三联书店2001年版,第55～59页。
②　中共中央文献研究室编:《周恩来年谱》,中共中央文献出版社1989年版,第456页。
③　《生活书店史稿》编辑委员会编:《生活书店史稿》,三联书店1995年版,第220页。
④　范用编:《战斗在白区:读书出版社(1934～1948)》,三联书店2001年版,第70页。

革命和进步的书刊,正面与国民党进行斗争;第二线的机构则偏重于出版理论性著作及与现实政治联系不密切的历史读物和社科基础读物;第三线则以出版中外文艺读物、知识性读物和工具书为主。这一时期,留在重庆的生活书店,用了5家出版社名义出书,分别为生活出版社、文林出版社、峨嵋出版社、国讯书店、立信会计图书用品社。其中,文林出版社和峨嵋出版社是重庆地区主要的二线机构。桂林则建立自营或合营机构七个,都属于二、三线机构,出版机构有:学艺出版社、三户图书社、立信会计图书用品社桂林分社;印刷厂有三户印刷厂和建华印刷厂;贸易单位为光华行和裕中行衡阳办事处两处。读书出版社成立了新华书店、光夏书店、建业文具公司、中南图书文具公司(和新知书店合办)、金碧文具公司、文华纸行等二三线机构。新知书店则创办了远方书店、实学书局、裕丰贸易行、秦记西南印刷厂等机构。

　　1941年12月太平洋战争爆发后,读书出版社总经理黄洛峰重返重庆,根据中共中央文件精神,联合生活、新知书店的主要负责人开始开展出版业联合阵线的工作。1943年12月19日,以生活书店、读书出版社、新知书店、峨嵋出版社为核心,联合上海杂志公司、作家书屋、华中图书公司、文化生活出版社、文化供应社、群益出版社、国讯书店、教育书店等13家出版单位,建立了"新出版业联合总处",以壮大力量反抗国民党对于出版业的压制政策。1944年春,又创办联营书店,黄洛峰任董事长,张静庐为总经理。是年9月,新出版业联合总处改组为新出版业联营书店股份有限公司,在重庆设立总管理处。随着抗战形势的变化,1945年三店领导人黄洛峰、薛迪畅、沈静芷根据中共南方局的指示提出三店正式合并的方案,以联合最大的力量去抢占出版阵地。1945年6、7月间,三家书店首先成立联合生产部,至10月22日在重庆首先实现生活书店、读书出版社和新知书店的合并,成立"三联书店"重庆分店,并在北平、广州、长沙设立三联分店。①

　　抗日战争胜利后,三家书店在党的指示下,除上海外,其他各地三家分店都按照重庆分店合并的方式联合成一整体,并统一派遣人员到各大城市去设立分店。解放战争期间,三联书店紧随解放战争的步伐开始在东北和华北等解放区建立三联分店,烟台、大连、哈尔滨、齐齐哈尔、长春等地的分店以光华书店命名,而石家庄、天津等地的分店则以"新中国书局"的名义出版。上海则仍设三家分店,采取暂时分散,各自开设分店的方式以抢占全国

---

　　①　为避免迫害,北平分店用了"朝华书店"的名义,广州和长沙分店则以"兄弟图书公司"的名称命名。

最大的出版和宣传阵地。① 随着战争的进行，三家书店陆续将出版事业及工作人员转移到香港、华北及东北等解放区。1948 年，为迎接全国胜利的到来，生活书店、读书出版社和新知书店在党中央的指示下全面开展三店的合并工作。10 月 26 日，三联书店总管理处在香港正式成立，1949 年 3 月又将三联书店总管理处从香港迁到北京，并取消东北解放区的光华书店和华北解放区的新中国书局名称，统一名称为"生活·读书·新知三联书店"。

　　生活书店、读书出版社和新知书店共计出版书籍 2000 种，期刊 70 种②，在中国出版事业史和共和国历史上都占有重要一席。三家书店在中国共产党的领导下，由最初的各自为战到最终的联合，不仅仅体现了出版机构的历史进程，也体现了中国共产党的奋斗历程。三家书店不仅仅是民间商业机构，同时某种意义上也是中国共产党的政治宣传机构。三家书店战时的宣传工作使中国共产党在全国赢得了舆论同情，也影响了广大的群众，动员了全国广大群众的革命性和觉悟性，使中国共产党在统战和宣传工作上成就斐然。三家书店出版的书刊所传播的进步思想和马克思主义文化在当时启蒙了广大的群众，影响了一代人的价值追求和理想，同时也紧随时代的变化建构了共和国历史的思想历程。

## 三、解放区的出版工作

　　抗战胜利后，中国共产党领导下的解放区的报刊发行与图书出版都获得了很大发展。内战爆发后，解放区的出版事业一度缩减，但经受住了严峻的考验。随着国共战略决战的展开，中共在战场上节节胜利，解放区的报刊事业再度发展起来，各地的新华书店则成为解放区出版业的主力军。

### 1. 解放区的报刊事业

　　中国共产党历来重视报刊的舆论宣传作用，至抗战胜利前夕，中共的报刊事业在全国已经初步形成中央机关报刊、各级党委及政府机关报刊、军队报刊以及青年、儿童、妇女等报刊相互配套的报刊宣传体系。③ 抗日战争胜利后，随着解放区的扩大，解放区的报刊事业也随之发展。内战爆发后，解放区的报刊事业也随着战事的起伏而经历了曲折的发展历程。

---

① 《生活书店史稿》编辑委员会编：《生活书店史稿》，三联书店 1995 年版，第 367 页。
② 赵晓恩：《延安出版业的光辉》，中国书籍出版社 2002 年版，第 61 页。
③ 倪延年、吴强著：《中国现代报刊发展史》，南京大学出版社 1993 年版，第 508 页。

(1)抗日战争胜利后的迅速发展

抗战胜利前夕,解放区的报刊总数达到 198 种。其中华北解放区的各种报刊包括日刊、周刊、月刊等共计 115 种,华中解放区共计 35 种,陕甘宁边区报刊共计 48 种,[①]初步形成了解放区的报刊网络。

抗战胜利以后,伴随着解放区的扩大,报刊事业也随之跟进,以加强对解放区的宣传工作。为此,解放区原有的报刊事业,或从油印改为铅印,或从四开改为对开,或从多日刊改为日刊以加大报刊的发行量,[②]如日本宣布无条件投降的第二天,山东的《大众日报》由两日刊改为日刊,其发行范围也随之扩大;而《胶东大众报》则迅速发行到青岛市和胶济铁路沿线,发行量由原来的不足20,000份扩展到31,000多份。[③] 1945 年 9 月迁往张家口出版的《晋察冀日报》则由四开改为对开,最高发行量也由先前的 2 万份增至 5 万份。

同时,随着解放区的收复和扩大,中共各级党委的机关报也随之复刊、扩大及改组,以便加强中共中央的政治宣传和动员能力,促进中国共产党与群众之间的联系。其中,中共中央机关报《解放报》积极派遣人员到解放区和国统区以开辟新闻阵地,1945 年 10 月在东北建立新华社东北总分社。华北方面,1945 年 9 月《晋察冀日报》随军迁往张家口;1946 年 7 月,原北方局机关报华北《新华日报》改为《新华日报》太行版,成为太行区党委机关报。华中方面,1945 年 9 月,原中共华中局与山东分局合并成为中共中央华东局,原山东分局的机关报《大众日报》成为中共中央华东局的机关报;1945 年 10 月,原鄂皖中央局改组为中共中央中原局,原鄂豫皖边区党委机关报《七七报》改名为《七七日报》,成为中原局的机关报。1946 年春,随着山西、河北、河南、山东的解放,晋冀鲁豫解放区随之扩大,为适应这一形势,中共晋冀鲁豫中央局于 1946 年 5 月在河北邯郸创办机关报《人民日报》以指导全区的工作。[④] 此外,抗战胜利后,中共新开辟了东北解放区,于 1945 年 9 月 15 日成立中共中央东北局,并于 11 月 1 日在山海关创办机关报《东北日报》,同时在东北局的指导下,东北解放区各级地区的报刊工作陆续展开。据统计,至 1946 年 5 月,东北解放区出版的报纸达到 20 多种,[⑤]初步形成了

---

① 王文彬编著:《中国现代报史资料汇辑》,重庆出版社 1996 年版,第 15 页。
② 方汉奇主编:《中国新闻事业通史》(第二卷),中国人民大学出版社 1999 年版,第 1057 页。
③ 李龙牧:《中国新闻事业史稿》,上海人民出版社 1985 年版,第 324 页。
④ 倪延年、吴强著:《中国现代报刊发展史》,南京大学出版社 1993 年版,第 540～541 页。
⑤ 王文彬编著:《中国现代报史资料汇辑》,重庆出版社 1996 年版,第 15～16 页。

东北各省、市、县等多级的报刊体系。

　　抗战胜利后,解放区开始从农村向城市扩展,报刊事业也随之向城市转移,在主要的解放城市开始出现城市报刊、工矿报刊以及民营报纸,如在哈尔滨出版的民营报纸有《午报》、《民生日报》、《民主新报》、《哈尔滨时报》、《社会新报》等。至此,1946 年解放区已经形成了初具规模的报刊网络(见下表)。这一时期,解放区的报刊主要服务于中共的长期军事战略,政治方面主要向人民群众宣传中国共产党在抗战后提出的"和平建国"方针、有关政治协商会议的决议及揭露国民党的政治阴谋等内容,在思想舆论上发挥政治宣传的作用。同时,在解放区,各主要报纸根据中共中央的"五四指示"的精神,从人民的切身利益出发,积极宣传土地改革运动的情况及正义性,以获得最大范围民众的支持,展开对国民党的革命和斗争。[①]

**1946 年各解放区出版的主要报纸**

| 地区 | 机关报 | 领导机关 | 主要报纸 |
|---|---|---|---|
| 苏皖区 | 《新华日报》(华中版) | 中共中央华中分局 | 《淮南日报》、《江潮江海日报联合版》、《江海大众》、《苏中报》、《人民报》、《盐阜大众》、《盐阜报》、《江淮文化》、《拂晓报》 |
| 晋察冀区 | 《冀中导报》 | 中共冀中区党委 | 《晋察冀日报》、《子弟兵》、《新察哈尔报》、《张市学联》、《冀热辽日报》、《冀晋日报》、《民声日报》、《冀东日报》、《北方文化》、《张家口日报》、《长城》 |
| 山东区 | 《大众日报》 | 中共中央山东分局 | 《烟台日报》、《胶东日报》、《渤海日报》、《鲁南日报》、《新威日报》、《新潍坊报》 |
| 晋冀鲁豫区 | 《人民日报》 | 中共晋冀鲁豫边区中央局 | 《冀南日报》、《济宁日报》、《新华日报太岳版》、《新华日报太行版》、《冀鲁豫日报》 |
| 东北区 | 《东北日报》 | 中共中央东北局 | 《安东日报》、《嫩江日报》、《牡丹江日报》、《黑龙江日报》、《胜利日报》、《内蒙古日报》、《辽东日报》、《通化日报》、《北光日报》、《民声日报》、《大众日报》、《午报》、《松江商报》、《民立新报》、《人民日报》、《人民呼声》 |

---

① 倪延年、吴强著:《中国现代报刊发展史》,南京大学出版社 1993 年版,第 546 页。

（续表）

| 地区 | 机关报 | 领导机关 | 主要报纸 |
|---|---|---|---|
| 晋绥区 | 《晋绥日报》 | 中共中央晋绥分局 | 《绥蒙日报》、《战斗报》、《晋绥大众报》 |
| 中原解放区 | 《七七日报》 | 中共中央中原局 | 《襄河报》、《野战报》、《前线报》 |
| 陕甘宁区 | 《解放日报》 | 中共中央 | 《边区群众报》、《部队生活》、《三边报》、《关中报》、《陇东报》、《绥德大众报》 |
| 华南解放区 | 《前进报》、《新潮报》、《新琼崖报》 | | |

资料来源：张静庐辑注：《中国出版史资料补编》，中华书局1957年版，第367～370页；方汉奇主编：《中国新闻事业通史》（第二卷），中国人民大学出版社1999年版，第1057～1066页。

同时，随着中共解放区的扩大及军事力量的加强，军队报刊在此形势下也有了短期而又迅速的发展。至内战爆发前，中共的军队报刊初步形成了从野战军、兵团、师、团及连队的报刊宣传网络。这些报刊创办和发展，在积极宣传中共的"和平建国"方针、统一部队官兵的思想教育、提高官兵的思想觉悟及发扬中共军队的优良作风方面做出了重要的贡献。

**1946年解放区的主要军队报刊**

| 时期 | 军区 | 主要报刊 |
|---|---|---|
| 抗战胜利后继续出版 | 晋察冀军区 | 《子弟兵报》、《战友》、《军事》、《太行民兵》、《晋察冀画报》 |
| | 晋冀鲁豫军区 | 《战友报》 |
| | 冀晋军区 | 《冀晋子弟兵报》 |
| | 冀东军区 | 《冀东子弟兵报》 |
| | 冀中军区 | 《前线报》 |
| | 华南 | 《前进报》 |
| 抗战胜利后新创刊 | 晋冀鲁豫军区 | 《人民的军队》、《人民战士》、《人民炮兵》、《战士》、《人民解放军》、《学习》、《前卫报》、《新军人报》 |
| | 冀南军区 | 《团结报》 |
| | 华东军区 | 《火线报》 |
| | 东北军区 | 《自卫报》、《东北画报》 |
| | 晋察冀军区 | 《晋察冀画报》 |
| | 山东军区 | 《战士画报》 |

资料来源：倪延年、吴强著：《中国现代报刊发展史》，南京大学出版社1993年版，第542～544页。

（2）内战爆发时期规模的缩小

1946 年 6 月，国民党开始向中原解放区发动大规模的进攻，全面内战爆发。中共各解放区军队在中共中央的指导下采取战略防御的方式，以消灭有生力量为目标，主动放弃了若干城市和地方。继而伴随着解放区暂时的缩小，解放区的报刊事业也由此遭到损失，开始由发展走向低落。

内战爆发之初，国民党凭借其武力优势，暂时占领了一部分解放区。解放区的部分报刊不得不采取相应的方式进行转移，一些报刊则被迫停刊，如创刊于 1939 年的《七七日报》（1945 年 10 月中原局建立后的机关报），于 1946 年 6 月在大突围之前被迫停刊。1946 年 7 月，国民党进攻苏皖解放区时，皖中的《大江报》、淮南的《淮南日报》以及《苏中报》、《江海报》先是随军转移，但不久在紧张的战事下不得不停刊。1945 年 12 月创刊的中共中央华中局机关报《新华日报》（华中版）在战斗中坚持出版到 1946 年 12 月 26 日，也被迫停刊。1947 年初，国民党对解放区由全面进攻转向对山东解放区和陕北解放区的重点进攻。在这一形势下，山东解放区的地区性报纸大都因战事而被迫停刊，陕北解放区的大多数地方报刊也被迫停刊。1947 年 3 月，中共中央机关报《解放日报》最终也被迫停刊。此后两年多内，中共中央未再办机关报，继而开始加强新华社的工作。

此外，一些报刊则随同军队及战局的发展而进行战略转移，从乡村迁入城市的报刊，又重迁回农村；而在乡村出版的原有报刊，则随战局的变化而转移。而且，这时出版的报刊也不得不缩小其规模，或从油印改为铅印，或由日刊改为双日刊、三日刊、周刊甚至不定期刊，发行范围与数量也逐渐降低。[①] 其中，1946 年 10 月 11 日，《晋察冀日报》由对开一张改为半张，并随同军队撤出张家口，迁往阜平继续刊行；中共中央西北局机关报《边区群众报》经过多次转移，并多次改刊（日刊、三日刊、周刊）一直在陕北解放区坚持出版；山东的《大众日报》、东北的《人民日报》等报刊则从城市转移到山区。[②]

尽管这一时期解放区的报刊事业遭到了严重的破坏，但转移的报刊仍坚持出版工作。在揭露国民党政治阴谋罪行和宣传中共军队的辉煌战绩方面仍做出积极的宣传贡献。从舆论上获得群众的支持，鼓励人民群众积极进行战斗，增强人民必胜的信心。至 1947 年 3 月，苏中、苏北两个解放区，

---

①　丁淦林：《中国新闻事业史》，武汉大学出版社 2000 年版，第 371 页。

②　方汉奇主编：《中国新闻事业通史》（第二卷），中国人民大学出版社 1999 年版，第 1068 页。

出版各种报刊仍达到 40 余种。[①]

　　(3)报刊事业的复兴和新报刊体系的建立

　　1947 年下半年,中共部队开始转入战略反攻阶段。随着政治和军事形势的迅速改变,解放区的报刊事业逐渐开始复兴起来,并进入了一个新的发展阶段。

　　据统计,1948 年解放区的报刊,无论是铅印、油印和石印的,总计不下数百种,每一个解放区总有一二十种至数十种。不论是政府的、地方的、民营的报纸,都获得了经济及其他方面的帮助,并在中共宣传方针的指导下,获得了长足的发展,形成解放区报纸共同的特点:"代表群众意见;大家看报,大家办报;读报的人就是办报的人,消除了编辑与读者之间的隔膜,读者的意见及时反映到报上去,成为编者意见;政府根据报上读者意见的反映,检查和改进了行政工作。"[②]

1948 年各解放区出版的主要报纸

| 区域 | 主要报纸 |
|---|---|
| 陕甘宁区 | 《解放日报》、《边区群众报》、《前线日报》 |
| 东北区 | 《东北日报》、《哈尔滨工商报》、《民主日本》、《牡丹江日报》、《安东日报》、《关东日报》、《哈尔滨日报》、《嫩江日报》、《黑龙江日报》、《人民日报》、《吉林日报》、《大连日报》 |
| 晋冀鲁豫区 | 《人民日报》、《解放日报》、《前线画报》、《新华日报》、《冀鲁豫日报》 |
| 晋察冀区 | 《冀中导报》、《晋察冀画报》 |
| 晋绥区 | 《晋绥日报》、《战斗日报》 |
| 山东区 | 《大众报》、《群力报》、《滨海农村》、《军政报》、《渤海日报》、《新民主报》、《胶东画报》 |
| 中原区 | 《豫西日报》、《江汉日报》、《胜利报》、《前进报》、《雪枫报》、《新华日报》 |

　　资料来源:张静庐辑注:《中国现代出版史料丁编》(上),中华书局 1959 年版,第 371 ～373 页。

　　另外,随着一批城市、矿山和交通中心的相继解放,解放区的报刊事业度过其艰难的岁月,重新开始由农村向城市转移,同时继续创办新的城市报刊,解放区的报刊事业由此进入一个历史性的转变。1948 年 3 月,《吉林日报》迁回吉林市出版;6 月,中原解放军解放洛阳后,《新洛阳报》恢复出版;12 月,《东北日报》迁回沈阳出版;1947 年 11 月 12 日,石家庄解放的当天,

---

　　① 王文彬编著:《中国现代报史资料汇辑》,重庆出版社 1996 年版,第 16 页。
　　② 张静庐辑注:《中国现代出版史料丁编》(上),中华书局 1959 年版,第 370 页。

中共石家庄市委机关报《石门日报》创刊(后改名《石家庄日报》),成为新解放大城市中创办的第一份报纸。其后,随着济南、保定、唐山等城市的解放,《新民主报》、《新保定日报》、《新唐山日报》等报刊相继创刊。1948 年 6 月,《晋察冀日报》和晋冀鲁豫《人民日报》改组,在平山创办《人民日报》,成为中共中央华北局的机关报。随着战事的发展,为适应战事的宣传工作,解放区的军队报刊在原有的基础上又创办了一大批以军事宣传为中心的报刊,形成这一时期发展的一个高潮。

**1947～1949 年新创刊的主要军队报刊**

| 区域 | 主要军队报刊 |
|---|---|
| 华北地区 | 《军政往来》、《时事新闻》、《前哨报》、《前进报》、《军政通讯》、《华北军大》、《解放军》、《进军》、《生力军》、《进军报》、《军政建设》、《胜利报》、《敌工研究》、《新路报》、《修养家庭》、《支援前线》、《前线报》 |
| 华东地区 | 《前哨报》、《战线报》、《战号报》、《学习报》、《军大导报》、《华东前线报》、《华东前线》 |
| 东北地区 | 《军政大学》、《军人报》、《骨干报》(前线版)、《工兵生活》、《战士》、《战友》杂志、《战斗报》、《复仇》、《军大》 |
| 西北地区 | 《人民军队》、《前线生活》、《战斗生活》、《军政导报》、《西北军大》、《部队生活》、《战士报》 |

资料来源:倪延年、吴强著:《中国现代报刊发展史》,南京大学出版社 1993 年版,第553～556 页。

在解放区面积扩大及政权的日趋稳定后,经济、教育、市政建设等配套工作也随之开始进行。为适应这一转变,解放区的报刊宣传范围也从以政治宣传为主进入了为经济、文化建设服务的历史新阶段。宣传内容除土地改革、建立政权等内容外,还结合解放区的经济、文化、商业等工作,创办了一批以经济、文化建设为主要内容的报刊。[①] 可以说,随着广大解放区政权的逐步稳定,加之经济、教育及文化等建设的相互配合,解放区的报刊事业在革命胜利的最后阶段已经逐步建立了全国新的报刊体系。

**战略反攻阶段创办的经济、文化类报刊**

| 领域 | 主要报刊 |
|---|---|
| 时事政治 | 《时事通讯》、《时论丛刊》、《学习》、《文摘》、《工农通讯》、《战友》、《奋勇》、《部队通讯》 |
| 文化教育 | 《辽东日报社业务研究》、《书店一月》、《松江教育》、《书店通讯》、《出版与发行》、《教育手册》 |

---

① 　倪延年、吴强著:《中国现代报刊发展史》,南京大学出版社 1993 年版,第 556～557 页。

（续表）

| 领域 | 主要报刊 |
|---|---|
| 行政管理 | 《政权建设》、《行政月刊》、《松江行政导报》、《安东行政导报》、《行政导报》、《黑龙江行政导报》、《热河政报》、《行政导报》 |
| 经济及财政金融 | 《东北邮电》、《经济情报》、《哈尔滨市经济》、《东北经济》、《财经月报》、《胶东商情》、《银行通讯》、《粮食工作通讯》、《贸易》、《经济旬报》、《经济情报》、《银行月刊》、《商情旬报》、《晋察冀邮工》、《五日商情》、《吉林商业》、《三日商情》 |
| 文学艺术 | 《生路》、《胶东文艺》、《友谊画报》、《群众文艺》、《前锋文艺》、《战士文艺》、《文化报》、《文学战线》、《三猛文艺副刊》、《中原画刊》、《生活》 |

据统计，1949 年初各个解放区出版的报刊，已增加到 72 种。[①] 1949 年 1 月北平解放后，3 月中共中央华北局机关报《人民日报》迁往北平出版。同年 8 月，根据中共中央决定，成为中共中央的机关报。同时，在已获得解放的城市和地区内，根据中共中央精神，各省市也开始创办对所在城市或地区进行指导的报刊。1949 年 4 月，南京解放后，中共南京市委创办机关报《新华日报》；同年 5 月 27 日，上海解放，中共华东中央局和上海市委联合创办机关报《解放日报》；武汉、西安等城市解放后，中共中南局机关报《长江日报》、西北中央局机关报《群众日报》及省、市级等城市报刊也都相继创办。

除此之外，随着战事走向尾声，各解放区内民主党派的报刊也纷纷创刊或复刊，并基本上都归属于中国共产党的领导，成为中共报刊事业中的一个重要组成部分。至 1949 年建国前，全国基本上形成了一个和中共中央保持一致的覆盖全国的公开的报刊宣传网。[②] 新中国建立后，解放区的报刊事业也与新中国一起完成其华丽的变身，步入一个新的历史发展阶段。

**2. 以新华书店为中心的出版网络的形成**

解放区除报刊事业蓬勃发展外，新华书店的出版业务也成为解放区出版工作的又一生力军。新华书店诞生于解放区报刊社的发行工作。由于当时报刊社不仅发行报刊杂志，同时还出版书籍，继而随着书籍出版数量的增多，报刊的发行系统及各地的分销处，逐渐从报刊社中分离出来，建立起新华书店，成为独立的出版发行机构。1939 年 9 月 1 日，新华书店诞生于延安，由毛泽东亲自命名题字。其后，随着革命的发展和根据地的扩大，新华

---

① 王文彬编著：《中国现代报史资料汇辑》，重庆出版社 1996 年版，第 16 页。
② 倪延年、吴强著：《中国现代报刊发展史》，南京大学出版社 1993 年版，第 569 页。

书店在各解放区纷纷成立。解放战争期间,在中共的指导下,新华书店成为中共重要的文化宣传机构,密切配合当时政治和军事斗争的形势,出版发行马列书籍、党政文件及符合人民群众利益的一般读物,积极配合战事的宣传,在各解放区逐渐建立起庞大的发行系统,并最终在全国建立起统一的发行网络。

(1)解放区新华书店的最初发展

新华书店在解放区最初的发展,主要集中于以陕甘宁为中心的西北地区和华北地区。西北区的新华书店是在陕甘宁新华书店和绥德新华书店的基础上发展起来的。1942 年 5 月 1 日,陕甘宁新华书店根据陕甘宁中共中央局的决议,在延安成立。其主要任务是负责陕甘宁边区图书报刊的发行业务,使中共领导的出版工作摆脱陕甘宁边区的具体发行业务,以便在全国范围内展开出版指导活动。这中间,陕甘宁新华书店原附属于解放社,最初的出版发行工作主要集中发行解放社出版的书刊,除发行中共中央机关报《解放日报》及党内文件书刊外,还集中发行马列主义经典著作、毛泽东著作、刊物及党内读物如《列宁选集》、《党的建设》、《论持久战》、《新民主主义论》及《中国文化》、《中国工人》等刊物;绥德新华书店原为绥德大众书店,1942 年改名为绥德新华书店,1943 年和生活、读书、新知三书店在延安创办的华北书店合并。

华北地区新华书店是 1942 年元旦在辽县(今左权县)成立,隶属于晋冀鲁豫中央局宣传部。华北新华书店最初也是报社的一部分,隶属于华北地区《新华日报》社。1942 年以后,由于出版书籍的增多,才开始出现书店的名义。1943 年,中共太行分局成立,《新华日报》(华北版)改为《新华日报》(太行版),并隶属于太行分局领导。至此,华北新华书店正式从报社机构中分离,成为独立的出版机构,改由中共中央北方局领导。1944 年,华北新华书店与生活、读书、新知三书店创办的华北书店合并。抗战胜利前,华北新华书店除重点出版整风文献外,还集中出版了如《小二黑结婚》、《李有才板话》、《李家庄变迁》、《兄弟开荒》等一批通俗的大众读物和一般读物,[1]为解放区的广大群众提供了新的精神食粮,极大地促进了群众对中国共产党的认同,奠定了中共以后革命发展的群众基础。

抗战胜利以后,西北新华书店和华北新华书店获得了发展的空间。但随着时局的变化和内战的爆发,也经历了曲折的发展历程,才最终建立起各

---

① 张煜明:《中国出版史》,武汉出版社 1994 年版,第 444 页。

自区域的出版体系。

　　西北的陕甘宁新华书店在抗战胜利后,获得一定的发展空间。开始与延安的韬奋书店合并发行书刊,除发行马列经典著作及毛泽东、朱德等人的著作外,还出版各种通俗读物和文学作品如《钢铁是怎样炼成的》、《我的大学》、《白毛女》、《国民党统治区民谣集》等。[①] 据不完全统计,抗战胜利至1947 年胡宗南进攻延安,西北的陕甘宁新华书店(总店)发行销售的书籍达170 余种。[②] 内战爆发后,延安的新华书店受到很大的损失,遂与报社合并。1948 年 4 月,延安解放后,陕甘宁新华书店重新与报社分开,并改名为西北新华书店,并随着解放区的扩大,在西安、宝鸡、三原、咸阳、甘肃等地设立分店,同时建立了新华书店野战书店(随军书店),跟随军队途经各地并协助洛川、浦城、韩城、大荔等地建立了新华书店。至 1949 年 9 月底,西北区新华书店已有总分店两个,分店二十个,支店二十三个和代销处若干个。[③] 至1950 年 11 月底,在陕西和甘肃,新华书店的发行网已深入到县级。

　　华北新华书店在抗战胜利后,于 1946 年迁往邯郸,并先后建立了长治、邯郸、邢台、焦作、安阳、阳泉、榆次等分支店。1947 年 11 月,石家庄解放后,又成立了石家庄分店。1948 年,晋察冀解放区和晋冀鲁豫解放区合并。根据上级决定,晋察冀新华书店和晋冀鲁豫的华北新华书店也合并成立华北新华书店总店,下设冀中、邯郸两个总分店和石家庄分店。这中间,晋察冀新华书店是在 1945 年 9 月随晋察冀边区领导机关迁往张家口,并在冀晋、冀中、冀东、察哈尔、热河等省建立支店,期间共计出版新书 96 种,57 万册,自编的占 36%。到 1947 年,则出版图书、课本 105 种,杂志 7 种,印数达到 60 万册。[④] 晋冀鲁豫的华北新华书店则在抗战胜利后出版了众多的通俗读物,如在邯郸出版的《北方杂志》、《大众科学》;在邢台出版的《儿童杂志》以及"晋冀鲁豫边区文化创作小丛书"、《晋冀鲁豫详解地图》等。至1949 年,随着华北各大城市的解放,北平、天津、保定、太原等分店相继成立。至 1949 年 8 月底,华北新华书店已有四个总分店(石家庄、保定、邯郸、太原),十三个分店和十二个支店。[⑤]

　　① 　来新夏等著:《中国近代图书事业史》,上海人民出版社 2000 年版,第 407 页。
　　② 　《1942～1947 年陕甘宁边区新华书店(总店)发行(出版)及经售部分书目》,《延安文艺研究》1987 年第 4 期,第 81～82 页。
　　③ 　高信成:《中国图书发行史》,复旦大学出版社 2005 年版,第 411 页。
　　④ 　吴永贵主编:《中国出版史》(下册),湖南大学出版社 2008 年版,第 393 页。
　　⑤ 　高信成:《中国图书发行史》,复旦大学出版社 2005 年版,第 412 页。

（2）新华书店出版网络的形成

抗战胜利后，随着中共解放区的扩大，各地解放区的文化宣传工作得到了长足的发展。在开辟新的根据地和解放区的同时，新华书店在东北、华中、华东各解放区的分店也纷纷成立，并随着战事的发展进行战略转移，逐步形成覆盖全国的出版发行网络。

东北解放区是日本投降后，中国共产党建立的新解放区，同时也是诸多解放区中出版成绩最大的地区。东北书店于 1945 年 11 月 7 日在沈阳成立，隶属于东北日报社。由于战争形势的变化，东北书店随后辗转于本溪、海龙、长春、佳木斯等地。其间，东北书店建立了辽东各县、本溪、抚顺、清源、新滨、东丰、吉林、合江、牡丹江等地区的分支店，逐步形成了辽东各县、本溪各区及黑龙江地区的农村发行网。此时，东北书店除印发《东北日报》外，还出版马列主义的理论著作、领袖论著、中央文件及有关的论著，不仅宣传了中共的路线、方针、政策，而且也组织和教育了群众。同时，为配合东北解放区的土地改革运动，东北书店还出版了大量以土改运动为体裁的小说、歌曲、剧本及有关政策文献，如《中国土地法大纲》、《白毛女》、《翻身农民的故事》、《八路军到解放区》、《地主血腥发家史》等。

随着战事的发展以及北满、西满和南满根据地日益壮大，东北书店开始逐步筹建哈尔滨东北书店。1947 年 4 月，中共转入战略反攻阶段后，东北书店总店正式从佳木斯转移到哈尔滨，并在东北各省委机关的指导下，先后建立了松江、嫩江、合江、牡丹江、黑龙江、吉林、辽北七个直属分店，下属六十个支店，百余个代销处，逐步形成北满地区的发行网。① 在此期间，出版了三百余种书籍，包括新版《暴风骤雨》、《李有才板话》、《新炮手》《鲁迅杂文集》等，还出版了各种通俗读物，如《翻身乐》（后改为《新农村》）、《知识》、《东北文学》、《东北画报》、《东北教育》等杂志，以满足各级群众和干部的需要。此外，从 1947 年春开始，东北书店还担负了中小学教科书的出版发行任务，起初只供应合江地区，后扩展至北满各省。值得一提的是，1948 年 5 月，东北书店还出版了《毛泽东选集》精装五卷合订本。这不仅在东北，而且在其他的解放区都产生了很大的影响。

1948 年 10 月，随着东北全境的解放，东北书店相继在长春、沈阳建立分店。1949 年 1 月，东北书店总店迁往沈阳。至此，仅成立三年的东北书

① 卢鸣谷：《从东北书店到东北新华书店》，《出版史料》第 2 辑，学林出版社 1983 年版，第 15 页。

店已形成强大的出版发行网络,下属沈阳、长春、哈尔滨、吉林、佳木斯、齐齐哈尔、锦州、四平、北安、牡丹江、承德、丹东、内蒙、营口、通化、旅大等十六个分店,一百八十五个分支店和一百多个代销处。[①]书刊出版方面,据统计,东北书店从成立至 1948 年 11 月东北全境解放,三年内共出版一般书籍、教科书、杂志共 760 种,15219500 册,[②]成为各解放区图书出版的领头羊。

华东新华书店最初是由山东新华书店和华中新华书店合并而成。后随着全国的解放,1949 年初华东新华书店部分人员随军南下,在南京、上海等地纷纷建立书店。至此,华东新华书店和山东新华书店正式分开,形成独立的华东新华书店。

华中新华书店于 1945 年 12 月在淮阴创建,隶属于中共中央华中分局宣传部,下设编辑部、出版部、支店工作组等。随着内战局势的变化,1946年 8 月底,华中新华书店从两淮撤出,辗转于盐阜区和淮海区,最终全部北撤山东惠民、阳信一带才逐步稳定下来,恢复业务活动。之后,为更好地展开出版活动,1947 年 2 月,华中新华书店正式与山东新华书店合并。在合并前的一年多的时间里,华中新华书店翻印了很多延安解放区和其他解放区的书籍,如党内文件《关于若干历史问题的决议》、《中国革命战争的战略问题》等;翻印莫斯科中文版的《恐惧与无畏》、《士兵与统帅》等;儿童文学作品《上饶集中营》;剧本《李闯王》等。1948 年,华中工委会在苏北敌后又重新建立华中新华书店。至 1949 年,华中新华书店总店下设 9 个分店、27 个支店、221 个分销处。[③]解放军渡江后,一部分到无锡,成立苏南新华书店;一部分留在扬州,成立苏北新华书店。江苏省恢复建制后,合并成立江苏省新华书店。

山东新华书店成立于抗战末期,最初隶属于《大众日报》社,1946 年 4月正式与报社脱离,成立山东新华书店总店,归中共中央华东局宣传部领导。同年 7 月,山东新华书店已设有诸城、日照、泰安、新泰等四个直属支店;胶东、渤海、滨海、鲁中、鲁南等五个总分店;烟台、威海卫、泰南、沂山和曲阜等六个分店以及六十九个支店,[④]形成全省范围内比较健全的图书发行系统。据不完全统计,山东新华书店自 1946 年 1 月成立编辑部以来,共计编辑出版了两种杂志《新华文摘》和《文化翻身》(后改名为《群众文化》),

①　高信成:《中国图书发行史》,复旦大学出版社 2005 年版,第 415 页。
②　周保昌:《东北解放区出版发行工作的回顾》,辽宁人民出版社 1988 年版,第 31、119 页。
③　高信成:《中国图书发行史》,复旦大学出版社 2005 年版,第 413 页。
④　高信成:《中国图书发行史》,复旦大学出版社 2005 年版,第 412 页。

484 种图书,包括中小学教科书、通俗文艺作品、知识性和实用性读物等,翻印的和自己组稿的各占一半。[①] 其中,1946 年 1 月至 6 月的半年内,共出版新书 100 种、40 万余册、516 万字(党内内部读物 81 种、36 万册、262 万字不在内);7 至 10 月,又出版新书 92 种、73 万余册、504 万字(内部读物 49 种、13 万册、399 万字不在内)。[②]

　　1947 年 2 月,与华中新华书店合并后的山东新华书店,随着战局的变化,工作上和经营上开展相应的调整。面对国民党的进攻,山东新华书店经营上由相对集中改为分散经营,同时加强随军书店的创办,全力配合前线的战斗。1948 年解放战争进入大反攻阶段后,随着潍坊、济南等城市的解放,潍坊、济南等地新华书店相继建立。1948 年 7 月,山东新华书店根据中共中央华东局的决定改名为华东新华书店。1949 年随着解放军渡江南下,华东新华书店抽调大批干部以华东新华书店的名义随军南下,扩展出版范围,留在山东的则继续以山东新华书店的名义坚持工作。南京、杭州、上海解放后,华东新华书店迅速在东南各省建立起大批分支机构和部分随军书店。自此,华东新华书店和山东新华书店正式分开。据统计,1948 年下半年华东新华书店共出版书籍 117 种、629.8 万字、11,069 万册,在规模、品种、印数方面成为仅次于东北解放区的东北书店。[③] 至 1950 年 11 月底,华东区新华书店共计有 377 个总分支店,其中有上海和济南两个总分店,12 个分店和 363 个支店。[④]

　　此外,随着革命在全国的胜利,以河南、湖北为中心的中原解放区和以云、贵、川、康为中心的西南地区也相继建立新华书店。1950 年河南、湖北两省新华书店的发行网已深入到县,中南区新华书店共计有总分支店 310 个,而西南区则已有 66 个。[⑤]

　　在此基础上,1949 年 2 月,中共中央宣传部成立出版委员会,着手解决全国新华书店的统一问题。1949 年 4 月,华北新华书店迁往北京,华北新华书店统一改为新华书店华北总分店。1949 年 7 月,东北书店亦统一改名为东北新华书店,各省、市、县东北书店一律改称东北新华书店分支店。到

　　① 王益:《解放战争时期的山东新华书店》,《中国出版史料·现代部分》(第二卷),山东教育出版社 2001 年版,第 395 页。
　　② 王益、周保昌、王文彬等:《战争年代的山东新华书店》,山东人民出版社 1990 年版,第 45 页。
　　③ 来新夏等著:《中国近代图书事业史》,上海人民出版社 2000 年版,第 411 页。
　　④ 张煜明:《中国出版史》,武汉出版社 1994 年版,第 450 页。
　　⑤ 张煜明:《中国出版史》,武汉出版社 1994 年版,第 451 页。

1949 年 8 月底，全国已建立新华书店分支店 735 处，职工 8132 人。[①] 1949 年 12 月，中央人民政府出版总署成立后，全国新华书店统一由出版署领导，中国出版史揭开了新的一页。

---

① 张煜明：《中国出版史》，武汉出版社 1994 年版，第 451 页。

# 第九章　近代出版文化人研究

## 一、张元济

张元济,字菊生,号筱斋,浙江海盐人,生于 1876 年(清同治六年),1959 年 8 月 14 日在上海逝世,享年 93 岁,中国近代著名出版家、版本目录学家,商务印书馆的主要创始人之一。自幼受到良好的家庭教育,光绪壬辰(1892 年)中进士,历任翰林院庶吉士、散馆、刑部贵州司主事、总理衙门章京等,后因积极参与戊戌变法被革职,并"永不叙用"。1898 年,张元济离京南下来到上海,不久即被聘为南洋公学(上海交通大学前身)译书院院长,后接任总理。但是由于与当时南洋公学的监督美人福开森在办学方针上的意见不合,难于共事,不久便辞职了。1902 年,张元济应商务印书馆长创始人夏瑞芳之邀进入商务印书馆,主持商务业务,曾历任编译所所长(1903 年至 1918 年 9 月)、经理(1915 年 12 月至 1920 年)、监理(1920 年至 1926 年 7 月)、董事长(1926 年 8 月至逝世)等职,一生与商务结下不解之缘。1948 年他当选为中央研究院第一届院士。1949 年,出席中国人民政治协商会议第一届全国代表大会,受到毛泽东主席接见,并当选为第一届全国政协委员。以后当选为第一、二届全国人大代表,并陆续担任华东军政委员会委员、上海市文史研究馆馆长、国务院科学规划委员会古籍整理出版小组委员等职。

张元济一生致力于改良社会、振兴中华,无论是从政、办教育,还是做出版工作,伴随他的始终是以传承中华文化为己任的历史责任感和对于民族、国家的拳拳赤子之心。

张元济是比较早接触西方文化的中国士人,年轻时便"略识洋文",后来还跟随爱尔兰医生柯大夫学习英语,他接受了西方的民主思想和政治学说,思想开放，并积极参加维新派的活动，"常常在陶然亭聚会，谈论朝政"①，与强学会的人也保持着密切的往来。当时维新派的一个重要主张即是废科举、兴学堂，培养新式人才。1896 年，他与陈昭常、张荫棠、何藻翔、曾习经、周汝钧、夏偕复等人集资兴办"西学堂"，次年正式开馆，并奉旨改称"通艺学堂"，讲授英语、数学，培养翻译人才，积极支持康梁的变法维新活动。通艺学堂是张元济全身心实践其救亡图存目标的第一个阵地，从募集资金、聘请教习、添置图书设备，到外出参观访问、拟奏递呈等，无不躬行。对此，他曾说道："今之自强之道，自以兴学为先。科举不改，转移难望。吾辈不操尺寸，惟有以身先之，逢人说法，能醒悟一人，即能救一人。"②戊戌变法期间，他曾多次上书建议实行政治改革，然而变法很快以失败告终。戊戌后，他认识到："以数千年之古国，一旦欲效法欧美，变易一切，诚非易事"③，但他深信只要启迪民智，就会有更多的人接踵而至，于是毅然南下投身国民教育事业。此时的张元济已经厌倦了官宦生涯，后来汪康年劝其重新入官时，他曾坦言："弟近为商务印书馆编纂小学教科书，颇自谓可尽我国民义务。平心思之，视沉浮郎署，终日做纸上空谈者，不可谓不高出一层也"④。

在南洋公学译书院期间，张元济除了按照盛宣怀制定的"以练兵为急务"的指导思想，大量翻译兵书之外，还亲自筹划翻译了一批近代西方重要的政治、法律、商务等方面的著作，并聘请著名翻译家严复担任译书院总校。截至 1901 年 7 月，译书院已译出外文书籍 31 种，出版 14 种，涵盖历史、文化、法律、政治、经济等方面，大部分译作在社会上反映甚佳，引起轰动的当属英国著名经济学家亚当·斯密原著、严复翻译的《原富》。此后，南洋公学总理（校长）何梅生病逝，张元济接任该职。1901 年，张亲拟章程，开设特班，并邀请蔡元培担任总教习，培养了不少人才，如黄炎培、李叔同、邵力子、谢无量等都是该班的学生。

在南洋公学任职的三年，思考维新变法的教训和兴学育才的得失，张元济的思想开始发生剧烈的变化。1902 年 3 月，他在上海《教育世界》杂志第 20 号上发表《答友人问学堂事书》，便是其痛定思痛之后的写照。他讲："非谓学堂不足以育才，然念念在育才，则所操者狭而所及者浅。……今设学堂，当以使人明白为第一义。德被法败，日本维新，均汲汲于教育之普及

① 张元济：《戊戌政变的回忆》，《张元济全集》（第五卷），商务印书馆 2008 年版，第 232 页。
② 张元济：《致汪康年》，《张元济全集》（第二卷），商务印书馆 2007 年版，第 169 页。
③ 张元济：《戊戌奏稿·跋》，《涉园序跋集录》，古典文学出版社 1957 年版，第 128 页。
④ 张元济：《致汪康年》，《张元济全集》（第二卷），商务印书馆 2007 年版，第 196～197 页。

者。"所以,必须做到"无良无贱,无智无愚,无长无少,无城无乡,无不在教育之列也。"①欲达此目的,必须重视普通和初级教育,这样才能像西方那样"民智大开"。

正是在这种思想的驱使下,同年,张元济加盟商务印书馆,一生与出版结缘。在与商务相伴的半个多世纪中,他编写教科书、办杂志、翻译国外名著、影印校勘古典文献、编写辞书、创立图书馆,还培养了一大批近代中国知名的出版人,可谓功名卓著。可以说,张元济成就了商务,商务也成就了张元济。

到任商务后,张元济随即着手编辑教科书以"扶助教育"。他与蒋维乔、高梦旦、庄俞、杜亚泉等反复研究已有的各种"课本专书"的优缺点,并在此基础上制定了"最新国文教科书"的编纂原则。据蒋维乔回忆,这一过程"略似圆桌会议,由任何人提出一原则,共认有讨论之价值者,彼此详悉辩论,恒有为一原则讨论至半日或终日方决定者。……所发明之原则,涉及儿童启蒙的特点,如何由简入繁,由少而多,循序渐进,增加兴趣,综合发展等等。"②整个编纂过程,参与诸君"合坐一室中每成一课,轮流阅读,或加润色,或竟改作,相互为之,毫无成见。"③经过近半年的努力,"最新国文教科书"第一册始告编成,后又由张元济、高梦旦、长尾慎太郎等人"详加校订",并于1904年3月正式出版。此书上市后仅数日,初版4000册即告售罄。此后,张元济等人又陆续编成了一整套初等、高等小学教科书,共16种、78册,风行全国,同业竞相效仿。这套教科书别开生面,打破了千百年来的思维定势、文化传统和知识框架,不仅满足了当时方兴未艾的兴学浪潮对教科书的迫切需要,而且满足了中国人对新知识、新思想、新文化如饥似渴的需要,可以毫不夸张地说,在20世纪初的新旧知识更替过程中,"最新小学教科书"承担了向近代中国第一次大规模兴学高潮中跨进学校大门的整整一代人进行新思想、新知识、新文化启蒙教育的任务。其规模之大,影响之深、之远,是戊戌时期"新学"的传播无法比拟的。④ 直到建国前,商务印书馆的教科书占据了全国市场的五分之三,教科书编纂的巨大成功使商务印书馆

①　张元济:《答友人问学堂事书》,《张元济全集》(第五卷),商务印书馆2008年版,第23页。
②　蒋维乔:《编辑小学教科书之回忆》,《商务印书馆九十年》,商务印书馆1987年版,第57～58页。
③　庄俞:《悼梦旦公》,《商务印书馆九十五年:我和商务印书馆》,商务印书馆1992年版,第59页。
④　董进泉等:《现代出版楷模张元济》,《中国大资本家传》(九),1994年,第401页。

迅速成为国内最具影响力的出版机构。

与此同时,张元济还组织出版了"帝国丛书",其中包括《明治政党小史》、《埃及近世史》、《帝国主义》、《各国宪法略》、《各国国民公私参考》等。1903 年起,又陆续出版"政学丛书"、"历史丛书"、"财政丛书"、"商业丛书"、"地学丛书"、"战史丛书"、"普通学问丛书"、"说部丛书"、"传记丛书"、"哲学丛书"等一系列的丛书,以及《东方杂志》、《教育杂志》、《小说月报》、《法政杂志》等刊物,为新知、新学的普及传播推波助澜。除此而外,张元济对西方名著的翻译出版青睐有加,其数量之多,质量之精,为当时其他书局所不及。其中以严译名著(有《天演论》、《法意》、《群己权界论》、《社会真诠》、《穆勒名学》、《名学浅说》、《群学肄言》等)和林译小说(170 余种,几乎全部由商务出版)的影响最大,不胫而走,思想界耳目为之一新,这些图书、杂志在当时为中国近代文化教育和出版事业的发展起到了不可低估的作用。

张元济提倡"西学",并不排斥"中学"。他有感于清末以来中华典籍毁于战火和大量流失,决心要精校、影印一批有用的古籍,藉以保存祖国文化遗产,服务于学术界和社会大众。在他亲自策划下,1916 年商务出版了《涵芬楼秘笈》,1919 年编印《四部丛刊》初编,1930 年开始出版《百衲本二十四史》,1934 年和 1935 年,《四部丛刊》续编、三编又陆续印行。此外,《续古逸丛书》、《正统道藏》、《学津讨原》、《宛委别藏》等珍贵古籍,经过张元济多年的不懈努力也先后得以影印出版。当时市上古书奇贵,学人止步,书贾漫天索价,奇货可居。商务影印书的出版,嘉惠学林,人们无不称快。

编写辞书是张元济在文化建设方面的又一大贡献,正是得益于他对辞书出版的持久关注,商务印书馆在 20 世纪逐渐成为了我国辞书出版事业的重镇。早在 1901 年商务印书馆排印我国第一部双解英语词典——《华英音韵字典集成》(谢洪赉编译)时,尚未入馆的张元济就对此创举颇为赞赏,并主动代邀严复为其作序。执掌编译所后,他一直专注于这一领域的开拓,尽管编纂和出版双语辞书被认为是"事烦而益寡"的"甚难"之事,但张元济坚信"凡欲知一国之典章制度,必熟谙其国之文字语言,而后能触类旁通,毕窥奥窔"[1]。以英汉辞书的出版为例,如 1908 年商务印书馆出版《英华大辞典》,为编此书,张元济专门延聘执教于上海圣约翰书院的颜惠庆主持,招邀同人,三易寒暑,终成全稿。这是近代中国辞书事业发展史上一部里程碑式的作品,严复在应张元济之邀而写的序中,也不吝称赞它"搜辑侈富,无美不

---

①　张树年:《张元济年谱》,商务印书馆 1991 年版,第 61 页。

收,持较旧作,犹海视河"①,足见其分量。又如商务 1929 年编印的《英汉模范字典》,至 1935 年已重印了 34 次。在汉语辞书的出版方面,张元济也同样倾注了大量精力。民初问世的《商务印书馆新字典》和《辞源》,就是他会同商务国文部同人共同编就的力作,这两部工具书的出版结束了《康熙字典》支配辞书界 200 多年的历史,标志着汉语辞书的编纂进入了一个新的历史阶段。此外,在张元济的主持下,商务印书馆陆续出版了《中国人名大辞典》、《中国古今地名大辞典》、《中国医学大辞典》等一系列重要辞书。

出于编辑出版工作的需要,商务印书馆于 1909 年设立了第一个图书馆,命名"涵芬楼",所藏不仅用作编译所的参考资料以保证编书的质量,并可以充当影印古籍的底本以开辟商务的古籍影印出版业务。更重要的是,创立并悉心经营涵芬楼饱含着张元济身处乱世,对挽救千年中华文化的责任和使命。他曾讲:"一国艺事之进退,与其政治之隆污,民心之仁暴有息息相通之理。况在书籍,为国民智识之所托,为古人千百年之所贻,抱残守缺,责在吾辈"②。"吾辈生当斯世,他事无可为,惟保存吾国数千年之文明,不至因时势而失坠。此为应尽之责。能使古书流传一部,即于保存上多一份效力。吾辈炳烛余光,能有几时,不能不努力为之也"③,均是其此番心力的真实写照。经过十余年的努力,涵芬楼藏书"虽未可谓集大成,而图书馆之规模略具矣"④。1924 年 4 月,商务印书馆在宝山路公司对面新建的五层高楼竣工,将涵芬楼藏书迁入,取名"东方图书馆"。馆藏不仅有中国的善本古籍,还有大量的新书和外文书刊,尤以教科书最多最全,并于 1925 年对外开放,以供众览。据统计,至"一·二八"事变前,东方图书馆实藏:普通中文书 268,000 余册,外文书 80,000 余册,图表、照片 5000 余种;四部各版善本古籍 3745 种、35,083 册(其中 5000 余册寄存在金城银行金库);全国凡 22 省省志 2641 种、25,682 册(中有元本 2 种、明本 139 种),全国府、厅、州、县志 1753 种;中外杂志、报章亦较完备;另有新购进的扬州何氏藏书 40,000 余册。毫无疑问,当时该馆的馆藏在全国可谓首屈一指,不幸的是,这些藏书(包括善本古籍),连同商务印书馆的印刷厂、编译所在 1932 年 1 月 29 日

① 严复:《英华大辞典序》,《严复集》(第二册),中华书局 1986 年版,第 254 页。

② 张元济:《宋礼堂宋本书录序》,《张元济全集》(第八卷),商务印书馆 2009 年版,第 12 页。

③ 张元济:《致傅增湘》,郑伟章、李万健:《中国著名藏书家传略》,书目文献出版社 1986 年版,第 261 页。

④ 张元济:《东方图书馆概况·缘起》,《商务印书馆九十五年:我和商务印书馆》,商务印书馆 1992 年版,第 21 页。

被日本侵略者付之一炬,很多价值连城的善本、孤本从此绝迹,实乃中国出版史上的巨大损失,令人扼腕叹息!

八年抗战,张元济蛰居上海。虽然隐居一隅,但他依然关注着时局的发展,关注着其付出一生的出版事业。他编写《中华民族的人格》一书,讲述了我国古代 14 个杀身成仁、舍生取义的故事,提倡中华民族应有的人格;联合叶景葵、陈叔通等人一起发起成立了合众图书馆,搜集、保存古籍善本,为散佚的中国典籍营造了一个归宿。新中国成立时,张元济已是 82 岁的耄耋老人,此时的他仍然坚持编校工作,笔耕不辍,最终完成了他人生最后的一本书——《涵芬楼烬余书录》。

张元济先生的一生是孜孜以求的一生。有学者说,他既是首屈一指的国学大师,又具有罕见的现代意识,善于在守旧与创新之间取舍平衡;他从旧文化中来,以抢救、弘扬传统文化为己任,又独具新的眼光和开放的意识,能够放眼西洋,积极引进和传播西学;他学贯中西,博古通今,旧学新知兼收并蓄,同重并举。他之于中国近代出版事业,是拓荒者,是奠基人,是践行者,无愧为我们心中一座永远不朽的丰碑!

## 二、王云五

在商务印书馆 110 多年的发展历程中,对其决策、发展方向产生重大影响者,除德高望重的张元济外,其次就要数王云五。王云五将资本主义的企业管理模式应用于文化企业经营中,在商务推行科学的出版管理方式,又坚守着其对文化的关怀与热爱。他对近代中国的影响和贡献,又并不仅限于经营商务印书馆,而且还在中国近代出版、学术文化史上产生了巨大影响。

### 1. 锐意改革,"出书又出人"

王云五原名之瑞,号岫庐,祖籍广东香山(今中山市)。1888 年 7 月 9日,他出生于上海的一个贫寒之家,其时家中已有两位哥哥、两位姐姐。王云五的童年时代在其家乡泮沙村度过。他的大哥日华长他九岁,聪敏勤学。幼年时,大哥成了他最好的老师。6 岁时,他就随大哥读《三字经》,14 岁时因家庭贫困,被父亲送到一家五金店半工半读,白天当学徒,晚上学英文。后来,他离开了五金店,入美国教会主办的守真书馆学习英语。不久,他又在英国办的同文馆修业。同文馆附设图书馆,这使他有机会接触了西方学者斯宾塞、孟德斯鸠等人的著作。他曾概括其求学经历是"旧学没有考过科举,新学没有进过学校",可以说他主要是靠自学而成功的。[①] 1906 年,他在同文馆任职,利用空暇时间广泛阅读西方书籍,并开始练习中文的写作。同年冬,他被上海益智书室聘为英语教员,兼授数学、史地课,开始步入教育界。10 月,他应聘进入中国新公学担任英语教师,当时该校的英文教师只有两位,另一人就是宋庆龄的父亲宋耀如。宋当时教文学,他教文法和修辞。[②] 当时,胡适、朱经农、杨栓(杏佛)等就在该校学习。胡适曾说:"我在中国公学两年,受姚康侯和王云五两先生的影响很大。"[③]嗣后中国新公学并入中国公学,王云五继续任教,历时四年。辛亥革命后,王云五一度担任临时大总统孙中山的秘书,负责接待来访宾客事宜。不久,又在教育部兼任教育科长职务。1920 年,赵汉卿与人合办出版企业,邀请王云五编辑出版一套"公民丛书"。王云五根据现代生活的需要,将"公民丛书"分成国际、社会、政治、哲学、科学、经济、教育七大类,第一年就出了十二三种,一共出了20 多种,影响颇大。[④]

1921 年 9 月,经胡适大力推荐,王云五正式进入了商务印书馆。这一偶然的机遇,使他从此踏进出版界,与中国最大的民营出版机构商务印书馆结下了不解之缘。他经过周密的调查研究,在 11 月就向商务董事会提交了一份《改进编译所意见书》。这份意见书以现代科学管理方法为指导,提出大胆改革企业管理制度,包括:工效挂钩、资源共享、业务重组、团队协作、开发潜在市场、人尽其才、合理分配七项改革措施。12 月前后,他正式就任商务印书馆第四任编译所所长。按照意见书的大胆设想,王云五重组编译所的组织架构,按照新的学科门类分设各部,延聘青年才俊主持各部。他聘请了一大批刚从国外留学归来的新一代知识分子,担任编译所各部主任,主持各部的日常工作。如留美归来的任鸿隽为理化部长、竺可桢为史地部长、周鲠生为法制经济部部长、陶孟和为总编辑部编译、朱经农为哲学教育部部长,又聘胡明复、胡刚复、秉志、杨杏佛等为馆外特约编辑。在出书方面大胆创新,创编大型丛书"万有文库"。改革带来的新气象和显著成效,使编译所内许多编译专家打消了对王云五这个无正规学历、无学术声望、无资深经验的"三无"外来者的疑虑,为他带领商务印书馆向更高的目标进发奠定了良

---

①　王寿南:《王云五先生年谱初编》第 1 册,商务印书馆(台湾)1987 年版,第 362 页。

②　王云五:《岫庐八十自述》,上海人民出版社 2007 年版,第 28 页。

③　胡适:《四十自述》,载欧阳哲生编:《胡适文集》第 1 卷,北京大学出版社 1998 年版,第 93～94 页。

④　王云五:《岫庐八十自述》,上海人民出版社 2007 年版,第 51 页。

好的基础。

王云五秉承商务印书馆的优良传统,坚持"出书又出人"的原则,对于初出茅庐的年轻学子的作品,大力提携、大胆推出。老舍的第一部长篇小说《老张的哲学》,就是在王云五的认可下,在《小说月报》上发表的。著名作家巴金、茅盾、郑振铎、叶圣陶、冰心、丁玲、施蛰存、萧乾等人的第一部作品都是由商务出版的,商务印书馆成就了众多文学大师,也成就了语言学之父赵元任、哲学家冯友兰、语言学家王力、数学家兼翻译家郑太朴等专家学者。曾在商务任编辑的张明养,称商务印书馆为"培养人才的大学校",而王云五不愧为这个大学校的校长。

1932 年,日机数次轰炸上海闸北,商务印书馆印刷总厂、仓库、编译所及东方图书馆先后被炸,损失惨重。浩劫之后,王云五提出"为国难而牺牲,为文化而奋斗"的出版思想,宣布商务日出新书一种的口号,精减员工,省下钱来重建商务。1937 年,商务印书馆出书 4938 种,而全国新出图书才有 9438 种,商务占全国所出图书份额的 52%。抗战全面爆发后,出版业和其他行业一样面临濒于崩溃的局面。王云五审时度势,将商务体制改为战时体制,迅速把机器、纸张、书籍运到大后方。此时的商务除了努力经营香港、长沙、重庆等分馆外,还想方设法编印各种战时读物和教科书。因此,即使在抗战最艰苦的岁月里,商务也做到了日出一书。可以说,在王云五的努力下,商务多次历经危机而不倒。

### 2. 实行科学的出版管理方式

王云五对近代中国出版产业化发展的最大贡献在于其在出版领域引入西方资本主义的企业管理模式——泰勒制(又称科学管理法)。1930 年春,王云五出任商务印书馆总经理,开始思考如何解决制约商务健康发展的问题。如长期以来内部管理松散、人事交错,以及工潮频仍,效率低下等问题。为此,经过董事会批准,他决定赴国外考察西方先进出版企业的科学管理方法。3 月,他出国考察,遍历日、美、英、法、德、比、荷、意、瑞士 9 国,参观工厂 40 余家,咨询专家 50 余人,通信接洽 30 余次,访问团体与研究会 20 余个,参加重要会议 4 次,作笔记 40 多万字。[①] 回国后,他建议在馆内实行科学管理法,采用西方先进的企业管理方式提高出版效率。9 月 11 日,也就是王云五回国的第三天,他向商务董事会提交考察报告《采行科学管理计

---

① 　王云五:《岫庐八十自述》,上海人民出版社 2007 年版,第 88 页。

划》,要求在商务印书馆推行科学管理法。董事会经过讨论,一致通过了这份报告。9月13日,他召集商务印书馆的重要职员开会宣布"本馆采行科学管理法计划",随后发表了《本馆采行科学管理计划》的长篇演讲,推行科学管理法。其实行科学管理法的主要文件为《科学管理法计划》和《编译所编译工作报酬标准》。《科学管理法计划》长达3万字,涉及预算制度、成本会计制度等12个子计划。《编译所编译工作报酬标准》共26条,其主要内容就是将编译工作分为著作、翻译、选辑、校改和审查五类。其计酬标准大致是:著作和翻译两类分为八级,每千字2~8元;选辑工作分为五级,每千字0.50~1.50元;校改工作分为六级,每千字0.50~2.00元,审查以时间计算,每小时的定额为15~20千字。该标准还订出编译人员每日生产的定额,核心就是要把编译所的月薪制改成工业生产的计件制。[①]

为了推行科学管理法,王云五专门成立商务印书馆研究所,并亲自任所长。同时,他聘请孙士愕、王士悼、关锡琳等8位留学欧美的青年专家为研究所成员,研究商务的改革和发展问题,制定改革细则。为扩大宣传,王又到上海青年会、康元制罐厂、复旦大学、中央大学商学院等地,频频举办宣传科学管理法的演讲。一时间,由美国人泰勒(Frederick Taylor)于1895年提出的科学管理法,引起了学界和企业界的极大关注。然而这项旨在将编译工作标准化并进行量化考核,以提高产能和效率的措施,遭到商务编译所人员一致反对,其他处所的职工也群起响应,最后不了了之。

此后,他暂时放缓了实施科学管理法的步伐,调整策略,将科学管理法化整为零,"于不动声色中,实施对事物与财务之管理"。1932年"一·二八"事变,商务遭日机轰炸,"全厂尽毁",东方图书馆藏书"尽化为劫灰"[②]。商务董事会决定由王云五负责复业工作,这使一度受阻的科学管理计划,却反而在这突如其来的变故之后,有了重新实施的机会。在复业过程中,王云五化整为零的科学管理计划,再一次开始实施。8月1日复业之际,原总厂职工被永久解雇者达2400余人[③],精简人员为他对人事方面进行科学管理提供了前提条件。他大力推行科学管理法,实行"泰勒制",限制编译人员自撰书稿,改为以审外稿为主,以审稿质量与字数计酬,改革生产、行销各环节并将亲自拟定的出版计划也列入科学管理。

① 朱蔚伯:《王云五与商务印书馆》,《中华文史资料文库》第16卷,中华文史出版社1996年版,第514页。

② 何炳松:《商务印书馆被毁记略》,《东方杂志》第31卷第1号。

③ 王云五:《两年中的苦斗》,《东方杂志》第31卷第1号。

经过王云五的努力和实施科学管理改革,商务在遭受浩劫后不到半年就开工复业,其生产效率得到大幅度提高。以 10 月新成立的印刷厂为例,成立一年多时间,"机器仅当从前百分之五六十,工人亦不及从前之半,而生产能力却当从前之两倍有半"。[①] 当然遭到重创的商务印书馆能够在短短半年时间之内复兴,王云五个人的才干和他从国外引进的科学管理法,是一个十分重要的原因。科学管理法以新观念、新方法、新技术和新器材来加强管理近代出版企业,对于提高生产力,促进企业尤其是出版业的发展具有非常重要的作用。王云五也可以称得上是中国出版业的科学管理之父。

### 3. 发明四角号码检字法,创立图书统一分类法

王云五在我国检字和图书分类方面的贡献也很大。他参照杜威十进分类法,增加中文图书的分类,创制使中外图书可以编在一起的、较为科学的中外图书统一分类法,推动了我国图书馆事业的发展。

商务印书馆因为出版辞书,经常接触检字法,而当时研究检字法的人不少,高梦旦和林语堂是其中较有成绩的两位。商务对林语堂的研究极为支持,并资助过一部分研究经费,约定研究成果优先供给商务出版的工具书使用。林的研究思路是西文替代点画,难度很大,最终不了了之。商务的高梦旦在编纂《辞源》时接触检字方法。高认为传统的检字方法极不方便,工作之余便开始着力研究新的检字法。他在传统的部首、笔画检字的基础上,提出以字形定位部首,摈弃过去以六书为分部依据的传统做法,将 214 个部首以字形位置为准,归并为 80 个部首,终因 80 个部首容量有限而放弃。[②]

王云五对检字法也感兴趣,他从林语堂和高梦旦的研究中得到了启发,并从电报译码中得到灵感,即用数字替代笔形和部首。他以汉字的四个角的笔画为基本点,以 0 到 9 十个阿拉伯数字为代码,分别代表一个或数个基本笔形,以此作为检索的基本途径。1928 年 10 月,在商务印书馆同人的大力帮助和支持下,王云五经过 4 年不断的设计,70 多次小修改和 4 次大修改后,终于完成了四角号码检字法的研制。这种检字法摈弃了音序检字法以外的检字法层层分解字形的根本毛病,开创了从字的整体给号码的方法。四角号码检字法一经问世,便受到社会各界的普遍欢迎。四角号码检字法发明以后,商务印书馆用此法编印各种字典辞典。如它先后编辑出版《四角

───────────

①　《旧学新探——王云五论学文选》,学林出版社 1997 年版,第 70 页。
②　唐锦泉:《回忆王云五在商务的二十五年》,《商务印书馆九十年》,商务印书馆 1987 年版,第 258 页。

号码学生字典》、《王云五大辞典》、《王云五小词典》、《王云五小字汇》等,适应了不同层次读者的需要。1928 年经当时的全国教育会议通过,并由大学院(最高教育学术行政机关)颁布通行全国,四角号码检字法得到众多大中小学校、政府机关、图书馆和出版社等的认同和广泛应用。四角号码检字法在海外也产生了较深影响,美国哈佛大学等高等院校、日本的一些图书馆也纷纷采用此法进行中文图书编目检索。

中外图书统一分类法是王云五继四角号码检字法之后的又一重要发明,这一发明是和四角号码检字法联系在一起的,是四角号码检字法在图书分类索引方面的实际应用。用他自己的话说:"分类法赖检字法而完成,检字法亦赖分类法而磨练,两者有相互的关系。"[1]1924 年,东方图书馆新馆落成,筹备对外开放,遇到的首要问题就是所藏 40 万册中外图书的编目问题。作为图书馆的负责人,王云五认为我国旧的图书分类已经不适应于大型综合性图书馆的需要,应该解决中外图书统一分类的问题,也就是解决如何将中外图书混合排列在一起的问题,并对此进行了深入的研究。

经过研究国外的若干种图书分类法,王发现国外的图书分类法中影响最大、被普遍采用的是美国杜威的十进分类法,于是他选择了杜威的分类法加以研究和改进,创制出中外图书统一分类法。他最主要的改进是增加"＋"、"＋＋"、"＂±"三个符号,将这三个符号作为分类新号码排在杜威十进分类法相同号码前面,用以表示中国特有的类目。除此之外,他还利用四角号码为中外文图书著者的姓名统一编号,创立了中外著者统一排列法。这样,为中外图书编排著者目录时,中文书著者姓名只要按四角号码来编号,外文书著者姓名也只要按表翻成号码即可,而且中外著者完全可以统一排在一起。很显然,这种著者排列法的最大优点在于能同时把中外著者用一种方法排列,便其在形式上得到了统一。中外图书统一分类法发明后,首先用于东方图书馆中外图书的分类、检索和编目,后被上海以至全国各大图书馆广泛采用。1928 年,王云五的《中外图书统一分类法》出版。不久,王云五将其发明的图书分类法应用于商务新出版的图书中。"万有文库"、"丛书集成"这两套大型丛书都按此法分类,把类号印在书脊或封面上,既方便了图书管理员,也方便了读者。尽管 20 世纪 50 年代后,这种分类法已很少为图书馆所用,但在当时来说,王云五对于图书分类法的探索,确实极大地推动了近代目录学、图书馆学的发展。

---

[1]　王云五:《岫庐八十自述》,上海人民出版社 2007 年版,第 60 页。

### 4. 弃商从政,速败成战犯

王云五素以无党无派的"社会贤达"著称,1938 年 7 月到 1946 年 6 月,他连任了国民参政会四届参政员。虽然他 1912 年就加入了国民党,但因在 1927 年国民党党员登记时未办手续,所以成了一位无党派的"社会贤达"人士。作为参议员,他认为在国难之际"当努力尽职"。起初在国民参政会上,他对政府办事"非相互推诿,则彼此摩擦"的作风颇为不满,曾提出"调整行政组织系统及人事行政制度"等积极议案。① 皖南事变发生后不久,他以无党派身份发言,公开指责中共参议员不应该以退出参议院来威胁国民党政府,实开此恶例先河。王云五后来对此颇有自责之意,认为其"从侧面协助政府打击中共,较诸简单责备中共者的手段实更厉害,故从彼时起,衔我极深"。②

1946 年 5 月,王云五正式辞去商务总经理的职务,出任国民政府经济部部长,踏上弃文从政、弃商从政之路。他在辞去商务印书馆总经理兼编审部部长职务的同时,还辞去了参政会参政员和主席团成员之职,以经济管理专家自任,标榜自己"不是去做官,而是去做事"。但因蒋介石发动全面内战,经济萧条,物价飞涨,经济部无力管制,王亦束手无策。次年 4 月,他任行政院副院长,成为国民政府政要中比较显赫的一员。1948 年 5 月,翁文灏奉命组阁,他出任行政院政务委员兼财政部部长。当时,国民党军事、政治和财政经济面临全面崩溃之势。为挽救濒于崩溃的经济,王云五在蒋介石的授意下,提出币制改革方案,以金圆券代替法币,限制物价,并获通过执行。然而币制改革不到 10 个月,就宣告失败,物价如天文数字般地飞涨。王本非最高决策之人,但却是这一改革的始作俑者,故一时成了众矢之的,遭到各方面的弹劾。王云五被迫引咎辞职,悄然离开南京去了广州。当时有这样一句顺口溜:"四百万起家,三百万下台",这是对王云五一生功过的形象概括。也由于其从政时位居国民政府高官之列,且一贯支持国民党和蒋介石积极反共,加之他设计的金融改革方案又闹得天怒人怨,因此在 1948 年 12 月 25 日新华社发布的 43 名战犯名单中,他被列为第 15 号战犯。

### 5. 重返商务,老骥伏枥

1964 年 7 月,王云五告别政坛,重新回到出版界,担任台湾商务印书馆

---

① 孟广涵主编:《国民参政会纪实》(上卷),重庆出版社 1985 年版,第 104、578 页。
② 王云五:《谈往事》,传记文学出版社 1981 年版,第 68 页。

董事长。台湾商务印书馆的前身为商务印书馆设在台北的图书批售处，1948 年 1 月成立台湾分馆。在商务海内外 30 多家分馆中，台湾分馆不仅设立时间最短，规模也最小，全馆不足 10 余人。20 世纪 50 年代，台湾分馆更名为"台湾商务印书馆股份有限公司"，从此开始独立经营的道路。台湾商务印书馆从经销总馆图书的分馆一变成为独立的出版机构，一面开始出版新书，另一面重版总馆出版的书刊。然而，由于当时市场狭窄，只能惨淡经营维持。从 1950 年到 1963 年，台湾商务印书馆每年所出之新书与重版书，共计不过数十种，其营业所得只能勉强维持日常开支。王云五一上任，参酌其在大陆主持商务总馆时拟定的整改条例，略加损益，严格推行，使台湾商务印书馆内部管理科学化。他制定台湾商务印书馆的出版方针，从开源、节流、制度化等方面进行改革，并决定将最初两年间的出版放在改编或修订在大陆期间畅销的商务版图书上，第三年起逐步转向编印新图书。

经过精心选编，台湾商务印书馆在一年时间内就出版了《万有文库荟要》第一、二集及简编、《四部丛刊》初编、《丛书集成简编》等三部大丛书，使台湾商务印书馆终于振兴起来。次年起，王云五除了选辑出版"汉译世界名著"等大部丛书外，还出版了《小学生文库》、《四库全书珍本》初集至五集、"国学基本丛书百种"、"宋元明善本丛书"、《百衲本二十四史》、"中华科学技艺史丛书"、《资治通鉴今注》等 20 余部大型丛书或历史文化巨著，在台湾首开大量出版优秀传统文化和学术名著的风气，为改变台湾"文化沙漠"状况和消除殖民文化影响做出了重大贡献。在主持台湾商务印书馆期间，王云五还编辑出版了《云五社会科学大辞典》（12 册）、《中山自然科学大辞典》（10 册）、《中正科技大辞典》（11 册）等三部现代工具书。在王云五任台湾商务印书馆董事长的 16 年间，台湾商务印书馆年均出书 510 种、1554 书册，年均营业额为 2422 万元，年均盈余 563 万元，一跃而成为台湾出版界的龙头，为振兴台湾出版业、促进台湾文化事业发展做出了积极贡献。[①]

王云五主持台湾商务印书馆将近 16 年，这是他出版事业的另一个辉煌时期，也是其著述最为高产的一个时期。这一时期他对自己的过去多有总结，其中比较重要的专著有：《岫庐八十自述》（1967 年）、《商务印书馆与新教育年谱》（1973 年）、《岫庐最后十年自述》（1977 年）。这些专著内容涉及学术、文化、教育、出版以及社会政治等方方面面。他不但使商务的文化出

---

① 张连生：《台湾商务印书馆四十四年述略》，载《商务印书馆九十五年》，商务印书馆 1992 年版，第 514、516 页。

版事业得以在海峡彼岸延续,而且对台湾民众深刻理解中华优秀文化,乃至推动海峡两岸的文化交流,都做出了重大贡献。

王云五除主持台湾商务、为台湾出版事业做出杰出贡献外,还为台湾文化教育事业做出了不可磨灭的贡献。自 1954 年起,他就开始受聘担任台湾"国立政治大学"政治研究所兼任教授,1963 年 3 月底起被改聘为专任教授。任教期间,他在硕士班开"现代公务管理"和"现代行政问题研究"两门课;在博士班开设"中国历代政治典籍研究"课程。由于他对政治学和行政学有独到的研究,又有丰富的实践经验,所以上起硕士班的两门课来,内容十分充实而且生动。在教学之余,他还是政治大学主要的论文指导教授。台湾设置博士学位的倡议,就是其最早提出来的。作为台湾最早的博士生导师之一,他也是同时期台湾指导博士生最多的导师,从而享有台湾"博士之父"的美誉。从 1955 年到 1964 年,政大研究所毕业的博士共 13 位,有 9 位博士生出自其门下。据说,他在政大共培养了 30 名硕士、15 名博士。而他自己也在 82 岁那年获得了生平第一个博士学位——韩国建国大学名誉法学博士学位。1969 年,王云五辞去政治大学教席,专心从事文化出版与个人著述。从 20 世纪 60 年代初起,他主持民营的嘉新教育基金会和嘉新文化基金会。这二个基金会在台湾乃至中国文化教育事业上,都具有开创性的意义,带动了台湾民间捐助文化教育事业的风气。经他建议而成立的中山学术文化基金会,是台湾资金最雄厚的文化基金会,由他任董事长。1972 年初,他预立遗嘱,捐出私人藏书约 3 万册及个人其他财产,成立云五图书馆,为学人研究提供方便。[①]

## 三、陆费逵

陆费逵,中华书局创办人,我国近代著名教育家、出版家。他奉献书业40 年,以"教科书革命"而起家,以倡导职业教育与女子教育而闻名,领导中华书局达 30 年之久,使之成为我国近代最为著名的两大民营出版业机构之一,为我国近代出版业的发展以及近代文化的传播和教育的普及做出了不可磨灭的贡献。由于他长期积累的出版思想、经营理念、务实精神以及卓越的胆识、才识和魄力,加之其强烈的爱国主义情怀,成就了中华书局在我国古籍和现当代文史哲研究著作出版方面的权威地位。

---

① 《新生报》(台湾),1979 年 8 月 23 日。

**1. 自学成才，与书结缘**

陆费逵(1886—1941)，字伯鸿，浙江桐乡人。他出生于一个出版世家，其祖父为《四库全书》总校官陆费墀，父亲长期担任幕僚。6 岁时，父亲入江西南昌府幕，全家遂迁居南昌。母亲为李鸿章的侄女，颇识诗书。幼小的他主要接受母亲的教育，研读经史书籍。陆费逵曾说，"我幼时母教五年，父教一年，师教一年半，我一生只付过 12 元学费。"[①]到 13 岁时，他已经读过了《四书》、《诗经》、《书经》、《易经》、《左传》、《唐诗三百首》6 部书。这不仅为他打下了初步的知识基础，而且还通过自学进一步获得知识的学习方法。1898 年戊戌变法时，他开始阅读《时务报》等刊物，从而开始接受资产阶级改良主义与变法图强的思想的影响。于是，他弃旧学而改自学史地、算术等新学。当时南昌开了一家书报刊社，这成为他吸收新知、充实学问的重要场所。经得父母的同意，他重订每日课程，单日在家自修书籍，双日则在报社研求新知。上午 9 点前到报社读书，下午 5 点后回家，午餐则自备干粮解决。

16 岁时，陆费逵在开始接触算术和代数之前，就已自学了珠算，且已有了一定算术知识基础。但此时新引进来的算术和代数对他来说，还是一个极为陌生和异常困难的领域。他问母亲要了一元钱买了一本《算学笔谈》，便开始了自学算术方法。每天早晨六七点就开始起床，先坚持自学两小时的算学，然而开始学习其他课程。40 多天下来，他就完全掌握了整数四则运算、小数、分数等笔算方法。接着，他又开始向更深的代数学进军了。开始时困难很多，进度很慢。但他刻苦钻研，坚持不懈，终于初步掌握了代数学的基本概念和计算方法。[②] 17 岁起，他就学习日语和英语，此后一面自学一面工作，连续 9 年没有中断。靠着超人的顽强毅力，陆费逵最终自学成才，成为一代爱国的教育出版家。

1903 年，18 岁的陆费逵来到武昌，开始了独闯社会的生涯。次年，他苦于"买书困难"，并与友人在武昌横街开办新学界书店"一面营业，一面有书可看。"[③]由于经常阅读进步报刊和杂志，而深受革命潮流的影响，思想激进倾向反清革命。在武昌，他加入革命团体"日知会"，任五人评议员之一，负

①　陆费逵：《我的青年时代》，《新中华》1934 年第 6 期。

②　陆费逵：《我的青年时代的自修》，载俞筱尧、刘彦捷编：《陆费逵与中华书局》，中华书局 2002 年版，第 487 页。

③　陆费逵：《陆费逵教育论著选》，人民教育出版社 2000 年版，第 311 页。

责起草章程。1905年,不足20岁他的辞去新学界书店的一职,与张汉杰、冯特民受聘于汉口的《楚报》馆,任主笔。该报原是一份英文报纸,后出中文版,馆址在汉口英租界。由于原主笔吴研人到期不再续约,遂由陆费逵接任。他在报上发表《本报改良祝词》、《论群蠹》、《论亡国罪魁》、《论改革当从社会始》、《日俄和议告成感书》等文章,对当时的政治、经济、外交和国际关系阐述了自己的看法,很受读者欢迎。由于刊物中有些文章,揭露粤汉铁路借款密约的一些事情,而得到各界及留美、留日学生积极响应,坚持要求废约。此举引起湖广总督张之洞的强烈不满,张以鼓吹革命为名,下令查封《楚报》,逮捕报纸主笔,史称"《楚报》案"。[①] 在这种情形下,陆费逵被迫只身避走上海。在上海陆费逵迎来人生道路的转折,他跻身书业,终成一代出版大家。

　　到达上海后,陆费逵担任昌明公司上海支店经理兼编辑,并参与发起组织上海书业商会的工作,被选为评议员,兼任《图书月报》主编。1906年冬,21岁的陆费逵任职于文明书局,兼文明小学校长和书业商会学徒补习所教务长。文明书局是一家以出版教科书闻名的出版机构。在这里他与俞覆、丁福宝等编辑《初小国文读本》、《初小修身读本》、《初小算术读本》等教科书,虽因文明书局资本不足,仅出三四册,但其编排体例和内容却让人耳目一新,在教育界享有盛誉。由于在文明书局时,陆费逵经常出席书业公会,结识了许多出版界的知名人士,对我国书业发展现状有了更加清楚的认识。后来,他回忆说:"文明书局职务无名目,但编辑、印刷、发行件件都管,仿佛现在通行的襄理。每日工作常至十余小时,增加经验不少。"[②]陆在文明书局期间,常和商务的高梦旦一起出席上海书业商会的会议。通过一些时间的观察,高梦旦发觉陆不但通晓印刷发行事宜,而且对于编辑工作也有相当的实际经验,是一个出版界的全才。为此,高便与张元济商量,计划聘请他来商务工作。张元济也对陆的才华大加赏识。1908年秋,在高梦旦的重金聘任下,陆费逵离开文明书局,正式加盟近代最大和最具影响的出版机构——商务印书馆。陆费逵先是在编译所任国文部编辑,在总共63人的编辑人员中,"以陆费逵(伯鸿)年纪最轻,这年他刚入馆,还不满二十四岁。"[③]

---

　　① 沈芝盈:《陆费伯鸿行年纪略》,载俞筱尧、刘彦捷编:《陆费逵与中华书局》,中华书局2002年版,第497页。

　　② 陆费逵:《我的青年时代》,《新中华》,第2卷第6期,1934年3月。

　　③ 郑贞文:《我所知道的商务印书馆》,载《商务印书馆九十年》,商务印书馆1987年版,第204页。

半年后,他被任命为出版部长兼交通部长和《教育杂志》主编。由于他当过教师,又主编过有关期刊,因而其对教育理论颇有研究。他曾先后在《教育杂志》上发表了《缩短在学年限》、《普通教育当采用俗礼字》、《减少授课时间》和《论简易识字宜先定为义务教育》等文章,对旧的教育制度提出了许多中肯的改革意见,宣传教育救国理论,为我国教育事业的近代化作出了很大贡献。

**2.献身书业,创办中华书局**

从 18 岁开始,陆费逵就开始从事图书的编辑出版工作,因而其对中国出版业有着深刻的认识。他认为:中国近代图书出版业对于教育的发展以及社会的进步有着十分重要的促进作用。这也成为他积极创办中华书局最重要的原因。1924 年,他在《书业商会二十周年纪念册·序》回忆起自己从事书业的原因时认为:"我们希望国家社会进步,不能不希望教育进步;我们希望教育进步,不能不希望书业进步。我们书业虽然是较小的行业,但是与国家社会的关系却比任何行业为大。"陆费逵的重要助手、中华书局的编辑所所长舒新城在《陆费伯鸿先生生平略述》一文中也认为他从事书业的原因是:"书业关系国家文化前途至大,且预测将来必大发展,故立下决心,终生从事书业。"[①]1912 年 1 月 1 日,陆与同在商务的好友戴懋哉等 5 人共同创办了中华书局。取名为"中华",既是对革命的纪念,也包含着培养共和国民的责任感。陆费逵在《中华书局宣言书》中,他从"教科书——教育——立国"这一整体思路出发来考察教科书的重要性,阐述了国家的根本在于教育,教育的根本在于教科书,要想改革教育必须以改革教科书为突破口。重视教育重视出版,特别是教科书的出版,这也成为陆费逵自青年时代起,就积极投身文化教育和创办中华书局矢志不渝的理想追求。

书业大有发展前途,这是陆费逵投身书业,创办中华书局的第二个重要原因。其实,早在 1906 年,陆费逵就根据日本统计数字,在《图书月报》上发表了《中国书业发达预算表》一文。在文章中,他指出我国要达到日本的读者购书水平,按人口推算每年应有 2.8 亿元营业额。然而,实际上当时中国的图书出版业的营业额还不足 0.4%,书业有着广泛的发展前途。当时上海的书业有百余家,但绝大多数是小店。后来他在《我为什么献身书业》一文中说道:"拿当时日本的状况做比例推算,中国书业每年应有三万万元之

① 舒新城:《陆费伯鸿先生生平略述》,载俞筱尧、刘彦捷编:《陆费逵与中华书局》,中华书局 2002 年版,第 349 页。

营业。年少气盛,野心勃勃就决计献身书业了。"①另外,在他的另一文章《我国书业之大概》中,陆费逵也谈到"外国人不能与我竞争。盖外国人言语不通,文字不习,实不能控制我国书业。旧书商多无学识,吾人投身其间,不惟可改良书业,且易出人头地。"②可知他决心献身书业创办中华书局,把出版作为自己的终身的职业,既是从中国的实际情况出发,又有其长远的综合考虑。而事实上,早在其19岁时,就因买书不便,就与同学集资1500元,在武昌创办了新学界书店,开始了其从事书业经营的道路。

陆费逵创办中华书局的第三个重要原因是,他认为我国图书出版业,特别是教科书的出版不应该依赖外国人,而应该建立独立自主的出版机构。他十分痛心地指出,"以堂堂大中国,竟无一完全自立之书籍商"③。商务印书馆是中日合资,它们的课本虽没有宣传日本,但"利源所在,主权所在"。他认为:"试一考夫全国学堂所用之书,有不令人悚惕者哉! 彼日本于满洲何亲,而干戈甫息,遽令嘉纳谋其教育。我国教育之萌芽未苗,而营书业仪器业于我国者,踵相接也。吾国民犹未醒乎! 印度为英人教育所熏化,台湾为日人教育所熏化,已非复前此之印、台人矣。书籍诚最善之无形感化物,最精之灭国无烟炮哉。吾学识浅陋,不能为读者广征博引,吾惟愿读者读波兰亡国史、越南亡国史、埃及史、犹太史;吾更愿读者参英美之的《同业注意》一文,提出抵制学部即将实行的国定教科书、外资侵入出版、洋纸侵入这三者对我国出版构成的威胁。他认为:"书籍诚最善之无形感化物,最精之灭国无烟炮哉"。面对当时中日合资商务印书馆教科书占了全国最大份额的实际,他甚至说出了"吾恐衡其得失,不如不兴教育之为愈矣"④。

1912年,他创办中华书局后,提出了"用教科书革命"和"完全华商自办"两个口号。《中华教科书》体例新颖,风行一时。民国初年,《中华教科书》几乎独占市场,达到了白天摆出,不到晚上即售完,架上无隔宿之书的地步。虽然中华书局从创办时起,就以出版教科书为主要业务,然而陆费逵又与一般惟利是图的书商,有着本质的区别。作为一个热爱教育事业,同时又具有爱国主义思想和民主主义思想的人,陆费逵在主持编纂出版的《中华初

---

① 陆费逵:《我为什么献身书业》,载俞筱尧、刘彦捷编:《陆费逵与中华书局》,中华书局2002年版,第460页。

② 陆费逵:《我国书业之大概》,载俞筱尧、刘彦捷编:《陆费逵与中华书局》,中华书局2002年版,第463页。

③ 吕达编:《陆费逵教育论著选》,人民教育出版社2000年版,第8~9页。

④ 吕达编:《陆费逵教育论著选》,人民教育出版社2000年版,第14~15、9页。

等小学国文教科书》、《中华高等小学国文教科书》等课本时,就指出其出版教科书的目的是:"以养成中华共和国完全国民为宗旨"。这些教科书充满了爱国和民主共和的思想,同时又切实贯彻了他本人的教育思想和爱国思想。如课本中介绍孙中山时写道:"孙氏天资卓越,性情敦厚","为共和奔走二十年","为中国第一伟人"。这些教科书紧跟时代,内容新颖,编审严谨,富有特色,确实比旧的教科书,歌颂清朝的"我朝自开国以来,列圣相承,谟烈昭垂","仿行宪法。大权统于朝廷。庶政公诸舆论"等等充满封建气味的内容,确实有耳目一新的感觉。此后,他一直把教科书的编辑出版放在非常重要的地位,除出版一些中小学教科书外,还出版一些师范教科书和大学用书,为促进我国教育近代化的发展做出了杰出的贡献。这些教科书影响了一代又一代人的成长,正如著名学者李侃在 1982 年发表的《中华书局七十年》一文中所说:"现在五六十岁以上的知识分子,他们之中的很大人就是在中小学时代,从中华书局出版的各科教科书中,得到基础科学文化知识的。"①陆费逵既是一个出版家,又是一个杰出爱国的教育家。他领导中华书局长期致力于精品教科书的编辑出版,对于促进近代中国教育事业的发展,普及科学文化知识做出了重要的贡献。

**3. 认准形势,出爱国书刊**

陆费逵以眼光独到、预见性强而闻名于出版界。他在积极编辑出版《中华教科书》等图书的同时,也非常重视杂志的筹划和出版。他认为:"杂志是文明必需品","一国学术之盛衰,国民程度高下,论者恒于其国杂志发达与否觇之","杂志多则学术进步,国民程度亦高;而学术愈进步,国民程度愈高,则杂志之出版亦进也。"②在商务主持创办《教育杂志》时,他就本着"研究教育、改良学务"的办刊宗旨,使该刊成为当时全国最重要的教育专业杂志。中华书局成后不久,他就本着"研究教育,促进文化"为宗旨,创办了《中华教育界》(月刊)。随后,在 1914 年至 1915 年初,他就邀请了当时的许多名流专家创办了《大中华》、《中华小说界》、《中华实业界》、《中华妇女界》、《中华童子界》、《中华儿童画报》和《中华学生界》等杂志,号称"八大杂志"。《中华教育界》是中华书局创办时间最早,存在时间最长的刊物,它设有教育评论、教育论著、中小学研究、国外教育译述、国外教育新闻等比较固定的栏目。该刊的主要的撰稿人有范源濂、黄炎培、周建人等。陆费逵不仅积极创

---

① 李侃:《中华书局七十年》《出版史料》第 1 辑,1982 年 12 月出版。

② 陆费逵:《〈大中华〉宣言书》,《大中华》第 1 卷第 1 期,1915 年 1 月 20 日。

办刊物,而且还在该刊发表了《新学制之要求》、《论人才教育、职业教育与国民教育并重》、《新学制之批评》、《学界风潮感言》等一系列文章。《中华教育界》所刊登的这文章紧紧围绕当时教育制度的改革,结合国内教育的实际,大力介绍西方教育思想、教育内容、教育政策、教育设施和教育方法等,其内容生活活泼,每期还附有彩色插图,图文并茂,深受广大教育工作者的好评,与商务的《教育杂志》并称为两大教育专业刊物。它既是教育工作者的主要发言园地,又是中华书局联络教育界的一座桥梁,对于中华版教育书的宣传和介绍起到了重要的积极意义。

《大中华》是陆费逵创办的比较重要的刊物,他聘请梁启超担任该刊的主编,同时还亲自在杂志上写卷首宣言,说明办刊的目的有三:"一曰养成世界知识,二曰增进国民人格,三曰研究事理真相,以为朝野上下之南针。"[1]此外,他还强调其刊物应多论述各国大势、介绍最新学术动态、研究国家政策和个人修养方法,而且要不拘成见,不限于一家之言,有抵触的言论也兼收并蓄。从《大中华》各期的内容来看,这一办刊宗旨确实得到了很好的贯彻。特别是其独立精神办刊的作风,得到当时的知识界、舆论界的一致好评。1915 年 8 月,在《大中华》第 8 期上,发表了梁启超的《异哉所谓国体问题者》一文,抨击了袁世凯复辟帝制的阴谋。这个大胆的政论对社会舆论起了重要的鼓动作用。只可惜由于经济原因,这种有影响、有个性的刊物,只延续了两年的时间就被迫停刊了。

1916 年,中华书局由于经营不善,被迫将《中华学生界》、《中华小说界》、《中华实业界》、《中华妇女界》和《大中华》5 种刊物停刊。"民六危机"之后,中华书局的经济状况也日渐好转,又陆续创办了一些刊物。按照时间顺序先后有《中华英文周刊》、《小朋友》、《小朋友画报》、《中华图书月刊》、《新中华》、《少年周刊》、《中华少年》、《中华英语》等。其中以《小朋友》影响最大。1922 年 4 月,在陆费逵的支持下,由黎锦晖创刊。它也是继商务的《儿童世界》之后,当时全国最重要的少儿刊物,也是我国近代出版史上存在时间最长、最具影响的著名儿童刊物之一。该刊以"陶冶儿童性情,增进儿童智慧"为宗旨。该刊创刊初期设有故事、童话、笑语、小说、诗歌、儿歌、剧本等栏目。各种栏目都配有图画,内容丰富,形式活泼多样。为培养儿童的爱国思想,该刊还出版诸如"提倡国货"专号和"抗日救国"特刊。自创刊以来,《小朋友》就深受小学中高年级小朋友和爱长们的喜欢,其创刊号的发行

---

[1] 《大中华》,第 1 卷第 1 期,1915 年 1 月 20 日。

量最高曾就达 20 万份。①

　　作为一位具有强烈爱国主义情怀的杰出出版家,陆费逵指出,出版人应与时代、与祖国同呼吸共命运,应在国难当头时,表现出对国家存亡、民族危亡的高度责任感和使命感。1931 年"九一八"事变和 1932 年"一·二八"事变后,民族危机日益深重,我国社会各阶层人民掀起了一浪又一浪抗日高潮。当时,陆费逵就用"中国"或"中国人"作为刊名办一份刊物,其良苦用心是很清楚的。后来,经商议用的刊名是《新中华》(中华书局在民初曾办过《大中华》月刊),也同样包含有爱国救国的意思在内。在《新中华》创刊号上,陆费逵发表《备战》一文,分析了国际形势,认为太平洋风云变幻,一天紧似一天,第二次世界大战一触即发。就军事、民食、交通等准备问题,提出意见,主张"一致对外"、"限期抵抗"、"将整个的财力、人力,准备作战",引起了政府和社会各界人士的注意。② 针对 1932 年 3 月日本帝国主义非法成立的伪满洲国,他在该刊第 1 卷第 2 期又发表《东三省热河为我国领土考》一文。为帮助青少年正确认识历史,他还《小朋友》周刊上特地编辑《提倡国货》、《抗日救国》、《淞沪战事记略》等。

**4. 重视工具书和古籍图书的出版**

　　陆费逵十分重视工具书的编写和对祖国传统文化的整理。他认为:"世界愈文明,字典之需要愈急,学子之求学,成人之治事,皆有一日不可离之势。欧美诸国之字典,体例内容之精善,固不待言;其种类之多,亦非吾人所能梦见。即日本区区五岛,近年词书之发行,大有一日千里之观。"他以自己少年时的自学生涯深感工具书之重要,因而在成立中华书局后,陆费逵对工具书的编辑、出版非常重视,先后主持出版了《中华大字典》(1915 年)、《中华中字典》(1916 年)、《实用大字典》(1918 年)、《地学辞典》(1930 年)、《中华百科辞典》(1930 年)、《辞海》(1936 年)、《经济学大辞典》(1937 年)、《外交大辞典》(1937 年)、《中外地名辞典》(1940 年)等一系列重要工具书,以及上百种中小型语文词典和各种专科词典,在当时的出版界、知识界产生了重大反响,其中一些工具书再版多次,为祖国的文化事业贡献卓著。

　　除了主持出版一大批工具书之外,陆费逵也十分重视对传统文化的整理出版工作。在担任中华书局总经理的 30 年间,他先后组织整理出版了一

　　① 俞筱尧:《陆费逵与中华书局》,载俞筱尧、刘彦捷编:《陆费逵与中华书局》,中华书局 2002 年版,第 246 页。

　　② 陆费逵:《备战》,《新中华》第 1 卷第 1 期。

大批古籍类图书。其中,最为著名的当首推出版聚珍仿宋版《四部备要》和影印《古今图书集成》两大工程,为 20 世纪上半叶中国出版文化事业树起了丰碑。《四部备要》的编纂工作始于 1921 年,前后历时 14 年。从《四库全书》中选其精华,按经、史、子、集四部分类,共收各种古籍 351 种、11305 卷。从 1922 年至 1934 年间分 5 集陆续出版。《四部备要》初以线装 12 开本、全套 2500 册印行,后又以精装 16 开本、全套 100 册,平装 16 开本、全套 280 册等式样出版,以满足不同读者的需求。与当时商务印书馆早先出版的《四部丛刊》侧重点不同,《四部备要》并不是仅仅考虑宋契元刊,而是从是否便于读者使用的角度考虑,选收了大量清代学者如戴震、惠栋、段玉裁、王念孙、王引之等人的研究成果,大大方便了学人的研究需要,同时,以聚珍仿宋版排印,可谓独树一帜,深受学界好评。

**5. 大力发展印刷事业,坚持多种经营**

陆费逵十分重视出版物的印制质量,他认为"印刷为文明利器,一国之文化系焉。果使我们印刷放一异彩,不徒为我局实力之发展,亦足以观国民文化之进步。"[①]中华书局最早的印刷所设在福州路惠福里,仅有大小印刷机械 6 台。1913 年,他首次赴日考察,看到日本印刷事业的发达,深受启发。回国后,为了扩充印刷力量,他先后并入民立图书公司、右文印刷所、彩文印刷局,又与中新印刷局合并,并添设文明书局新印刷所,其大小印刷机械就增加到数百台之多,除印刷本版书刊等印件外,还承接比较大宗的外来印件,但这些距离他的要求还差距很大。为此,他决定在上海静安寺路今南京西路购置地皮 43 亩,于 1916 年后建成厂房 2 层楼房 5 幢、平房 4 幢,共约 500 间的印刷总厂。总厂建成后,除承接本局印件外,还与人展开印刷事务的竞争。

为了谋求更多的印刷份额和印刷利润,陆费逵开始致力于引进平版凹版技术,培育印刷人才。为此,他要求印刷所积极添设机械,重点发展平版印刷业务。为此,他购置了 34 英寸×46 英寸的彩色橡皮机,为承接精美的包装、商标、证券等印刷业务创造了条件。尽管在"民六危机"这样困难的条件下,印刷所还先后聘请留英的唐镜元,留日的丁乃刚,以及日籍津金良吉、冈野、杉山正义和德籍的史密茨等技士和技师,从事印刷技术的研究和人才的培训工作。事实证明,这种承接社会印件,对于中华书局的发展起得了十

---

① 陆费逵:《中华书局五年概况》,转引于钱炳寰:《中华书局大事记》,中华书局 2002 年版,第 27 页。

分重要的作用。"民六危机"以后,印刷所能在短期内得到恢复和发展,主要得利于社会业务的开拓,特别是开始承接克劳广告公司和南洋烟草公司的大宗印刷业务。特别是南洋烟草公司的各种宣传品,如各种"月份牌"和附在每个烟盒里的"香烟牌子"等等,其数量大,时间长,所获颇丰。①

20 世纪 20 年代起,陆费逵还开始致力于凹版印刷设备和技术的引进。尽管,当时凹版在国内尚属于凤毛麟角,若单从印刷中华书局本版书刊的角度考虑,实在没有大规模引进的必要。因为中华版书刊除少数插图和幼儿读物外,用彩色平版印刷的出版物很少,用凹版印刷的出版物就根本还没有出现。如果单纯从眼前的经济效益出发,引进也并不合算。此外,凹版印刷印刷过程复杂,损耗较大,印刷价格较贵,除国家发行的钞票、公债票和大企业的股票外,其他印件很少,业务也时断时续。但陆费逵坚持认为,平版和凹版的印刷业务对于中华印刷厂以及整个中华书局都将大有发展前途。事实也再次证明了陆费逵眼光的独到、预见的准确。他重金聘请留日学生、印刷专家沈逢吉作为印刷所技师,负责培训雕版技术培养雕版人才,这奠定了我国雕版凹版的深厚基础。

由于陆费逵对印刷行业的重视,中华书局印刷厂在 1924 年加以扩建,添建 2 层楼房 25 幢和 3 层楼房 3 幢,分别作为装订、图版栈房、新添轮转机机房和印刷所办公室之用。1932 年"一·二八"事变之后,陆费逵深感日本的侵略野心昭然若揭,中国为救亡图存,战争不可避免。鉴于东方图书馆和商务印书馆印刷厂在闸北一带,遭日本侵略者的肆意破坏,损失惨重,他决定将印刷厂改为分散经营。原计划在杨树浦平凉路购地皮建厂,以地处公共租界东部,靠近吴淞口,不够安全,故改变计划,几次亲自赴香港实地勘查。1934 年香港厂建成,占地 17 亩。次年,又在上海澳门路购置地皮 12 亩建厂。在此期间,从日本和德国购置四色凹版轮转机、双色胶印机、制版机等新式设备,同时聘请德籍和日籍技师和中国技术人员一起工作,兼取几方面的长处。中华书局编辑出版的《中华大字典》、《辞海》、《四部备要》、《古今图书集成》等大部头古籍和工具书;徐悲鸿珍藏的《八十七神仙卷》和张大千、齐白石、徐悲鸿、刘海粟、潘玉良等著名画家的画集以及刘海粟编的《世界名画集》、《世界裸体美术》、《欧洲名画大观》等精美画册的出版;丁文江、翁文灏、曾世英为《申报》60 周年编绘的中型地图集《中华民国新地图》和 16

　　① 李湘波:《出版印刷事业的开拓者陆费伯鸿先生》,载俞筱尧、刘彦捷编:《陆费逵与中华书局》,中华书局 2002 年版,第 73～74 页。

开缩印本《中国分省新图》(一般习惯称"申报馆地图")的印制,其印制质量都称得上是世界一流的。

经过 20 年的努力,到 20 世纪 30 年代中华书局印刷厂实力雄厚,印刷技术精湛,在远东处于先进水平。中华书局印刷厂营业额的增长十分迅速,1930 以后与总公司、各地分公局在营业室额上大致相当。以后更由于大量印刷钞票以及证券等,其营业额和盈利日趋增长。1934 年,中华的印刷老厂又承印了四川省地方银行的辅币券,在印刷界提高了声誉,其营业额也大幅增长。1935 年,国民政府开始大量印刷法币。由于中华书局印刷厂设备完备,印刷技术先进,印刷质量优异,而承印了不少法币工作。1936～1937年,中华书局总公司和各地分局约有职工 1000 人,而上海新老两印刷厂的人员就有 2000 多人,香港印刷厂的人员 2000 多人,共达 5000 多人。[1]

除了将主要精力集中于图书的出版和发展印刷事业之外,陆费逵还领导中华书局涉足其他领域的经营,扩大书局的从业范围,为书局的发展奠定了较好的基础。在书局创办不久,他就着手增加教学文具、仪器等经营项目,在营业所设仪器文具部,在发行所设文具仪器课,以之与图书销售相配套。并创办了教具厂,教育用具厂发展迅猛,工作人员达 300 多人,产品品种众多,规格齐全,呈现出了系列化、精密化的特点。1934 年,为了扩大经营,中华书局在发行所二楼专门开辟门市部,陈列各类文具仪器产品。另外,他还曾与商务印书馆和《申报》馆等企业合资在浙江温溪筹办造纸厂,后因抗日战争爆发,致使正在建设中的温溪造纸厂不得不中止。1937 年,面对抗战的严峻形势,陆费逵在上海创设保安实业公司,专门制造军用橡皮登陆艇、防毒面具和桅灯等,后来因战事而将该厂移至香港继续生产,以专为抗日国防做准备。

## 四、章锡琛

章锡琛是民国时期著名的出版家之一,创办并主持开明书店;也是一名编辑,曾主编《妇女杂志》、《新女性》等杂志。综观其出版生涯,章担任编辑的时间虽然短暂,却对他的出版生涯产生了重要影响。他将主要的精力投注于书店的业务,在出版社发展过程中扮演着举足轻重的角色,堪称"开明

---

① 俞筱尧:《陆费逵与中华书局》,载俞筱尧、刘彦捷编:《陆费逵与中华书局》,中华书局 2002年版,第 233 页。

第一人"。

章锡琛(1898—1969)字雪村,出生于浙江省会稽县五山乡的一个农民之家。家庭历代以小商业为主,勉强温饱,从未出过读书人。章锡琛从小就承载着家里人的梦想,希望有朝一日能考取功名,光宗耀祖。9 岁时进入私塾学习四书五经,后入城里私塾。在那里他接触到更多的新知识,"从书店里看到《新民丛报》、《浙江潮》一类的杂志,感到新奇,便买几本来瞎七瞎八地阅读,后来读上瘾,模模胡胡地知道一点世界大势"①。在课堂学习之余,他开始自修日语、英语和算学,但所学的终究太过于粗浅,难以深入。直到遇到陶碌生,改变了他一生的道路,"我的读书也可以说是从陶先生开始的,他并没有设塾授徒,也不是在校讲授,只有我一个人住在他家里,早晚听他的教导"②,这为章提供了充裕的学习资源和良好的学习环境。他的知识面日渐扩大,不仅了解了先秦诸子、宋明理学、六书音韵、书法绘画、诗词戏曲等等方面的知识,而且还阅读新译的许多哲学、心理学、社会学等等方面的著作,为以后从事编辑工作做了知识上的准备工作。

不久之后,他在东文传习所、通艺学堂学习,因经济条件的限制,最终失学,接管家里的生意,成为家中的"小店王"。但他对店里的生意没有太大的兴趣,对办学逐渐产生兴趣。他和朋友创办了"育德学堂",招收大约五六十个学生,开始了他一年的"先生"生活。在教学中,他逐渐感到所学知识的有限,便到城中的简易师范继续学习。在学期间,他表现优秀,受到杜海生的赏识和器重。毕业后,在杜的推荐下,他从教于简易师范的附属小学,并担任师范传习所的讲师。后来,在杜海生的推荐下,他在商务印书馆谋得一职,于 1912 年前往上海,开始了编辑生涯。

在商务印书馆的日子里,他勤勤恳恳,兢兢业业的工作,并发表多篇文字。当时新文化运动对刊物提出了新的要求,商务的刊物由于内容守旧,受到诸多批评。在外界的压力之下,商务印书馆更换各杂志的主编,出版适应读者的口味的刊物。章锡琛担任《妇女杂志》的主编,从上任起,便下决心令《妇女杂志》焕然一新,为此邀请周建人一起参加编辑。他们在刊物上发表提倡妇女解放、婚姻自由的文章,一改"专说些叫女子当男子奴隶的话"③的旧貌,受到读者的广泛欢迎,杂志的销售量飞增。此时的章颇为得意,对妇

---

① 章锡琛:《从商人到商人》,《出版史料》1983 年 12 月第 2 期,第 12 页。
② 章锡琛:《从商人到商人》,《出版史料》1983 年 12 月第 2 期,第 13 页。
③ 罗家伦:《今日中国之杂志界》,《新潮》第 1 卷第 4 期,1919 年 4 月。

女问题兴趣更浓，"但因此写滑了手，在《妇女杂志》上经常发表和当局一见不甚相合的文字来，常常受到警告"①。1925 年 1 月，《妇女杂志》的《新性道德专号》上，发表了章锡琛《新性道德是什么》、周建人《性道德的科学标准》引起守旧人士的强烈不满，尤其是陈大齐所发的《一夫多妻的新护符》，引发了一场公开的文字战。章、周两人写文进行反驳，引起"轩然大波"。商务印书馆当局对此极度恐慌，便将章调到国文部当编辑，选注章学诚的《文史通议》。他的遭遇为身边的同事所同情，对当局的做法极为不满。在朋友的支持下，章锡琛办起《新女性》，与《妇女杂志》唱对台戏，以"吴觉农"名义发行。王云五在得知此事之后，便以商务员工不得经营与商务同一性质的事业为理由，将章辞退。自此，他结束了在商务的编辑生涯。

　　《新女性》的发行成为他出版生涯的一个转折点。他一人负责杂志的编辑、校对、装帧及发行。经过努力，《新女性》获得了巨大的成功，并有不菲的收益，还陆续出版妇女问题研究丛书"新性道德文集"、"妇女问题十讲"等书。在朋友们的建议下，他萌生了办出版社的想法，于 1926 年 8 月创办了开明书店。书店主要发行妇女研究会、文化研究会以及立达学园的一些作品，后来承印、发行《语丝》、《国学门周报》等。所出书籍质量较高、校对精细、装订考究，在读者中广受赞誉。随着书店业务的发展，章锡琛延请夏丏尊、叶圣陶等入局工作，这大大充实了开明的编辑队伍和力量。与此同时，书店确定了以中学生为主要读者的发展方向，走上了一条稳健的发展道路，最终跻身于民国大书店的行列。

　　少年时期多舛而复杂的教育经历，使章深深意识到教育的重要性，这是开明书店以教育作为出版重点的深层原因。早期商务的从业经历是章锡琛出版事业的起点，为他的从事出版事业作了专业方面的准备。章的出版观在当时已初露端倪，在开明的出版实践中不断丰富和发展。

　　章锡琛注重团结作家，"不拘一格"地培养人材。书店创办之初，他不断团结进步作家和作者，为书店网络了一批优秀的作家。丰子恺、顾均正、赵景深、索非、王蒻史、王漫之等是早期的工作人员，虽然人数有限，工作条件低下，但还是出版了质量很高的作品。20 世纪 30 年代，商务大量裁员之际，开明趁此机会吸收了王伯祥、周予同、贾祖璋等富有经验的编辑。他对年轻的编辑人员，注重挖掘其潜力，发挥其特长。钱君匋回忆道，他在开明工作的日子里，经常受到章的鼓励和支持，这使他可以随性设计，随意创新，

---

　　①　章锡琛：《从商人到商人》，《出版史料》1983 年 12 月第 2 期第 16 页。

用料用色完全自由。"每一帧完成以后,章老板总是百般赞叹,在人前夸耀其设计新型别致,大大激发了我的创作热情";在音乐五线谱方面,当时只有商务印书馆有铅制的符号可以排印,但形式较旧。在章的鼓励下,钱君匋发明了一种五线谱净绘法,实现了乐谱版的革新,印制出来的乐谱,既大方又美观,达到了当时业界的先进水平。钱君匋说,"如果没有章老板的明智、关怀和爱护,在装帧上我也难于取得像今天的成就,也不会有今天这样的地位。我的成就和开明、和章老板是分不开的"[①]。莫志恒当时是个失业青年,穷困潦倒,但章锡琛大胆录用,经常给予鼓励,注重对其进行培养。后来,莫成为有名的装帧设计人员,为开明书店设计了许多新颖的作品。

　　章锡琛的出版眼光比较独特,"急流勇进",善于寻找市场空白点。当时的英语教材存在诸多弊端,他意识到市场的巨大需求,决定出版适应学生阅读的教材。在资金紧张的情况下,他答应给林语堂先生每月300元的费用,来编写《开明英文读本》。对当时的小书店来说,这确实是个大胆冒险的举动。《开明英文读本》的风行以及丰厚的回报为开明书店进军教科书市场打开了局面。各书局也效仿出版通俗易懂的英语教材,均无出其右。《读书通》系海宁朱丹九三十年的研究成果,有很高的学术价值。该书首先介绍给商务,遭到拒绝,后在各家出版社辗转,没有出版的机会。各出版社考虑到书中生僻字、古字太多,成本相当高,而且在市场上已经出现《辞源》、《辞海》大部头的工具书,《读书通》可能没有市场空间。在得知此事之后,章锡琛独具慧眼,答应出版此书。为增强在市场上的竞争力,他建议将书名改为《辞通》,并附上索引和四角号码查询法。《辞通》刚出版即倾售一空,还多次增印,在市场上占有一席之地。《辞通》发行成功增强了开明书店在古籍出版方面努力的信心。

　　章锡琛"量才分工",营造良好的企业环境。书店早期的岗位分配完全依照员工的特长和素质,以最优化的方式安排。他请杜海生出任总经理,自己则任出版部主任;后因杜海生健康原因,他勉强就任总经理之职。后因范洗人的突出才华,他提议范洗人担任经理。1945年书店改组之时,他更主动让贤,只担任常务董事。他丝毫不以书店元老的身份自居,这种做法保证了开明书店内部的团结。开明书店从没有因权力分配问题产生纠葛,人事关系单纯,职员相处融洽,形成了良好的"开明风"。

　　章锡琛"以质取胜"的编辑思想。面对众多的作品,章锡琛决定出版与

---

　　①　钱君匋:《回忆章锡琛先生》,《出版史料》1983年12月第2期第19页。

否的关键在于作品的质量,而不是作者的知名度。对质量较差的作品,即使是所谓的名家,他也会拒之门外;反之,较好的作品,即便是默默无名的作者,他也乐于出版。近现代许多作家的处女作,都在开明书店发行出版。在政治敏感的时候,章锡琛丝毫不会因作家的党派身份而拒绝优秀的作品。1927年,夏衍经吴觉农介绍给章锡琛时,毫不介意地说出他的身份。章锡琛和夏丏尊没有丝毫芥蒂,决定出版他的著作。瞿秋白牺牲之后,所著的《海上述林》在当时国内没有印刷所愿意接受。当鲁迅找到章锡琛时,章爽快答应,加班赶点在美成印刷厂印刷完。这种编辑思想,使章及开明书店成为作者、读者所信赖的朋友,树立起良好的书店形象。

## 五、邹韬奋

邹韬奋(1895—1944),是我国近代著名的新闻工作者、政论家和编辑出版家,也是杰出的爱国主义者和共产主义战士。自1926年主编《生活》周刊始,至1941年被迫停刊《大众生活》止,从事编辑出版工作15年,先后创办6报1刊,撰文百万字,出版译著数十种。他始终站在大众的立场,将编辑事业与民族命运紧密联系在一起。周恩来曾评价道:“在他的笔底,培育了中国人民的觉醒和团结,促成了现在中国人民的胜利。”[1]

邹韬奋,原名恩润,祖籍江西,1895年11月5日出生于福建永安的一个没落官僚地主大家庭。[2] 幼时接受私塾教育,打下良好的国学基础。1912年考入南洋公学附属小学,阅读了《古文辞类纂》、《经史百家杂钞》、《明儒学案》等大量文史书籍。因喜读梁启超、黄远生的文章,在小学最后一年便立志从事新闻出版事业。他曾回忆,为梁氏动人的笔触感染,常常违背校纪,在夜里偷点蜡烛看《新民丛报》。后来,又迷上了《时报》中黄远生的《北京通讯》,“希望自己将来也能做成那样一个新闻记者”。[3]

中学时期,随着家中经济每下愈况,邹韬奋不得不靠自己来赚钱维持学业。他凭借良好的国文功底,及在南洋公学所受的较好的英文教育,开始以“谷僧”为笔名,从英文杂志中选译一些短文,向《申报》副刊《自由谈》投稿。同时,又用“邹恩润”的真名,向商务印书馆主办的《学生杂志》投稿,发表一

---

① 周恩来:《周恩来致邹韬奋夫人沈粹缜的慰问信》,《生活·读书·新知三联书店文献史料集》编委会编:《生活·读书·新知三联书店文献史料集》(上),三联书店2004年版,第24页。

② 复旦大学新闻系研究室编:《邹韬奋年谱》,复旦大学出版社1982年版,第9页。

③ 邹韬奋:《韬奋文集》第三卷,三联书店1955年版,第19页。

些关于学生修养的文章。这些"豆腐块"屡见报端，不仅解决了读书期间的部分费用，更使得他"在组织材料和构思方面比较地多得一些训练"，①增强了他成为一名编辑记者的信心。

南洋公学以工科见长，是培养工程师的摇篮。而出于对文科的偏爱，以及成为一名新闻编辑的志向，邹韬奋渐渐发现，这里并不适合自己。在升入大学二年级后，他决定转读圣约翰大学的文科。1919 年 9 月，邹韬奋以工科大学二年级生的资格破格考入圣约翰大学文科三年级，主修西洋文学，辅修教育。

1921 年，邹韬奋在圣约翰大学毕业，获得文学学士学位，开始了"曲线就业"之路。他本想进入新闻界，但苦于没有合适的机缘。于是，先进入上海纱布交易所担任了一名英文秘书，每天的工作是翻译几页关于纱布的英文电讯。尽管收入不菲，但邹韬奋并不感兴趣。进入新闻界成为一名编辑，一直是他魂牵梦绕的理想。于是，他找到《申报》经理张竹平，当起了《申报》的一名"练习生"，协助申报馆翻译英文函件。虽然最终没能进入《申报》，但这段经历对他此后的编辑生涯也颇有意义。

1922 年，邹韬奋向黄炎培毛遂自荐。恰巧，黄炎培主持的中华职业教育社正在物色一名中英文俱佳的编辑人员。经过一番考察之后，黄炎培聘请邹韬奋到中华职业教育社担任编辑股主任，主编《教育与职业》月刊，编译《职业教育丛书》。此后至 1925 年止，邹韬奋先后编译了《民主主义与教育》、《职业教育研究》、《职业指导》、《职业心理学》、《职业智能测验法》、《职业教育概论》等书籍，均署名"邹恩润"，由商务印书馆出版。② 在不懈的努力和追求之下，邹韬奋终于踏上了心仪已久的编辑之路。

邹韬奋刚到中华职业教育社编辑"职业教育丛书"时，由于编译经验尚浅，他的第一本译作就遭到了黄炎培的批评。邹韬奋编译的第一本书是《职业智能测验》。他按照英文原著内容，依样译成中文，完全没有考虑中国读者的理解力、心理及需要。黄炎培看后，批评道，在任何时候都不能忘却服务的对象是中国的读者。这番批评对邹韬奋的思想产生了深远影响。他说："黄先生给我的这个教训，却很有益于我以后的著作方法，很有助于我以后办刊物时的技术。"因此，他形成了办刊的一条重要原则："在写作的时候，

---

① 邹韬奋：《韬奋文集》第三卷，三联书店 1955 年版，第 18 页。

② 张仲实：《一个优秀的中国人》，上海韬奋纪念馆编：《韬奋的道路》，三联书店 1958 年版，第 37 页。

不要忘记了你的读者"。① 之后,邹韬奋主办报刊数种,出版译著数十部,均风行一时,这都得益于以读者为中心的编译方针。

1926 年 10 月,邹韬奋接任《生活》周刊主编,这是他编辑生涯的重要转折点。《生活》周刊,由中华职业教育社创办于 1925 年 10 月,以"专门宣传职业教育及职业指导的消息和简要的言论"为宗旨,王志莘为第一任主编。创刊之初,该报仅发行一千余份,且多为赠送性质。邹韬奋接任后,将宗旨修定为"暗示人生修养,唤起服务精神,力谋社会改造。"②锐意革新,关注社会,竭诚为读者服务。

"有趣味有价值"是该报的编辑方针。设置众多栏目是当时刊物吸引读者的一个举措,《生活》也吸收了这个经验,扩展栏目。除了一些言论、专论之外,还有事业与修养、处世之道、名人轶事、人物介绍、平民生活素描等等。同时,每版都配有照片或漫画,力求新颖动人。为了做到"有价值",该报特意开辟了"读者信箱"和"小言论"两个栏目。每一期的"小言论",邹韬奋都会以"恩润"为笔名,发表对社会热点问题的看法,针砭时弊,以至于"后来有读者来信说,他们每遇着社会上发生一个轰动的事情或问题,就期待着看这一栏的文字。"③"读者信箱"也是邹韬奋用力颇多的一个栏目,为解答众多读者的问题,他常常回信到深夜,竭力为读者服务。在以后创办的刊物中,这两个栏目也一直保留着,成为他编辑刊物的一个显著特点。

"为人民大众服务"是该刊的一个重要原则。邹韬奋提出,《生活》要"永远立于大众的立场",作民众的喉舌,替民众发出"对于社会的呼吁",该报大量刊载反映群众生活疾苦和揭露社会黑暗的文字。④ 他在《〈生活日报〉的创办经过和发展计划》中写到:"我不想做资本家,不想做大官,更不想做报界大王。我只有一个理想,就是要创办一种为大众所爱读,为大众喉舌的刊物⋯⋯我们一定要创办一种真正代表大众利益的日报。"⑤

随着民族危机的加深,邹韬奋把编辑事业与民族的解放事业紧密联系起来。"九一八"事变后,邹韬奋在《生活》撰文,号召全国同胞支持、援助抗日,收转读者捐款 12 万元。1932 年"一·二八"事变后,为支持十九路军抗

---

① 《韬奋全集》(7),上海人民出版社 1995 年版,第 173～174 页。

② 《我们的立场》,《生活》第 6 卷第 1 期,1930 年 12 月 13 日。

③ 《韬奋全集》(7),上海人民出版社 1995 年版,第 198 页。

④ 《本刊与民众——本刊的动机的重要说明》,《生活》第 2 卷第 21 期,1927 年 3 月 21 日。

⑤ 《〈生活日报〉的创办经过和发展计划》,《韬奋全集》(6),上海人民出版社 1995 年版,第 679 页。

日,《生活》不仅作了大量宣传和支援工作,还建立"生活伤兵医院",为伤员服务。这些活动,使《生活》成为全国闻名的主张抗日救亡的刊物,销量达到15万份,打破了中国杂志发行纪录。由于《生活》周刊站在人民大众立场,抨击国民党的腐败统治,揭露社会的黑暗现象,坚决主张抗日救亡,其政治态度与国民党渐行渐远。在国民党的压力下,《生活》周刊与中华职业教育社分离,成为独立的实体。

1932年7月2日,邹韬奋在《生活》上发表了一篇文章——《我们最近的趋向》,指出中国"只有社会主义的一条路走。"①对此,国民党十分震怒,开始在一些省市禁止《生活》周刊的发行。在此困境下,邹韬奋接受胡愈之的建议,在《生活》书报代办部的基础上成立生活书店。1933年12月,国民党当局以"言论反动、思想过激、毁谤党国"的罪名将《生活》周刊查封,生活书店则继续营业。可以说,《生活》周刊时期,是邹韬奋编辑思想形成的最重要时期。此后,他所创办的《大众生活》、《生活日报》、《生活星期刊》等刊物,都延续了《生活》的办刊风格和编辑思想。

1933年初,邹韬奋因参加中国民权保障同盟触怒国民党,被迫流亡海外长达两年多。这期间,邹韬奋思想发生了重大转变,开始接受共产主义思想。1935年8月27日,邹韬奋回到上海。此时,国内团结抗战的呼声日益高涨,邹韬奋经过两个多月的积极筹备,于1935年11月创办《大众生活》,声称:"中国大众的唯一生路是在力求民族解放的实现,从侵略者的剥削压迫中解放出来。这是中国大众的生死问题,也是我们所要特别注意的重要目标。"他表示:"我们愿竭诚尽力,排除万难,从文化方面推动这个大运动的前进!"②《大众生活》继续了《生活》周刊的优良传统,以"力求民族解放的实现,封建残余的铲除,个人主义的克服"为三大目标,积极宣传中国共产党的抗日民族统一战线主张,批评和揭露国民党的对外妥协对内实行独裁专制的政策,受到读者的广泛欢迎,发行量最高达20多万份。

1936年6月,邹韬奋在国民党的压力下再度流亡香港,《大众生活》停刊。1936年6月7日,邹韬奋又在香港创办《生活日报》。在《〈生活日报〉创刊词》中,邹韬奋指出:"本报的两大目的是努力促进民族解放,积极推广大众文化,这也是从民众的立场,反映全国民众在现阶段内最迫切的要

<hr/>

① 《我们最近的趋向》,《生活》周刊第7卷第26期,1932年7月2日。
② 《我们的灯塔——〈大众生活〉发刊词》,《大众生活》创刊号,1935年11月16日。

求。"①该报大力宣传建立抗日民族统一战线的政治主张,呼吁抗日救亡,反对内战。该报在香港出版55天后,移往上海出版,改名为《生活星期刊》。1936年11月22日,邹韬奋与救国会的沈钧儒、李公朴、沙千里、史良、章乃器、王造时等七人被国民党逮捕。《生活星期刊》也于12月13日被查封。

全面抗战爆发后,邹韬奋获释,先后在上海、汉口、重庆主编《抗战》、《全民抗战》等刊物,主持生活书店,参加进步出版事业。1938年6月被聘为国民参政员。在参政会开会期间,多次提出议案,维护出版与言论自由。1941年皖南事变后,生活书店的分店除了重庆外全部被国民党查封,《全民抗战》也被迫停刊。邹韬奋愤而辞去参政员职务,出走香港,复刊《大众生活》。日军占领香港后,邹韬奋在中国共产党的帮助下,辗转赴广东东江游击区,于1942年到苏北解放区。次年秘密赴上海治癌症,1944年7月病逝。

作为一名爱国知识分子,邹韬奋半生从事新闻出版工作,积累了极其丰富的经验,为中国新闻出版事业留下了宝贵的财富。他所主持的《生活》周刊和生活书店,在中国新闻书版史上都享有很高的地位。他有关新闻出版的一些见解,直到今天仍闪耀着睿智的光芒。他在中国近代出版文化史上地位,正如胡愈之所评价的:"他不是什么大作家,但是他的作品得到非常广大的读者;他不是政治家,而他有广大的群众拥护;他不是学者,可是他在中国大众文化运动上有极重要的位置。"②

## 六、胡愈之

胡愈之(1896—1986),是我国近现代史上著名的学者、作家、翻译家、社会活动家和编辑出版家。他从18岁开始从事编辑工作,先后在商务印书馆、生活书店、开明书店、《南洋商报》、《南侨日报》、《光明日报》等近现代著名的出版社、报馆任职。民国时期,他以文字作为社会斗争、民族斗争的武器,揭露国民党的腐败,宣传抗日救亡,支持进步文化活动,成为文化战线的进步编辑。新中国成立后,他担任国家出版总署署长,长期工作在中国新闻出版界,为新中国的出版事业做出了巨大贡献。

胡愈之,原名学愚,字子如,1896年9月9日出生于浙江省上虞县丰惠镇一个书香世家,幼年接受的是传统儒家教育。1911年初,胡愈之考入绍

---

① 《〈生活日报〉创刊词》,《生活日报》创刊号,1936年6月7日。
② 胡愈之:《韬奋与大众文化》,邹嘉骊编:《忆韬奋》,学林出版社1985年版,第152页。

兴府中学堂,接受过鲁迅先生的教诲。1913 年,从读于浙东名师薛朗轩专修国文,从而打下了扎实的国学功底。1914 年,胡愈之给商务印书馆寄去几篇文章,得到编译所所长张元济的赏识,随即被录取为商务印书馆编译所的练习生。1915 年,胡愈之正式成为《东方杂志》的编辑,直到 1933 年被迫离开,在商务印书馆工作了近 20 年之久。

应该说,胡愈之的出版活动从少年时代就开始了。胡愈之的父亲胡庆皆是当地开明人士,创办过小学堂、女学堂,家中订有不少新式报刊,如《新民丛报》、《浙江潮》、《时报》等。胡愈之从小就爱看这些报刊,是一个"小报迷"。在这些报刊的影响下,他不仅萌发了民主思想,而且产生了从事新闻出版的愿望。他曾与两个弟弟创办了几份家庭手抄报《家庭三日报》、《家庭杂志》、《后咫园周报》,持续出版了四五十期。这些活动,应该说对胡愈之一生的出版事业有重要影响。

从胡愈之早年的求学经历看,其学历并不高。进入商务之后,胡愈之充分利用商务得天独厚的藏书条件,一边工作一边自学,不断拓宽自己的视野,最终使自己成为一个知识渊博、见识卓越的学者。他广泛地阅读了介绍各种新思潮、新科学的书刊,开始在《东方杂志》等刊物上撰文,翻译介绍国外新的科学知识、思想与理论,宣传民主和科学,反对迷信与专制,提倡民主、自由、平等,抨击封建礼教和孔子学说。

五四运动后,胡愈之响应新文化运动潮流,不仅努力发表译著,还积极参加各类社会活动。1921 年,胡愈之和郑振铎、沈雁冰发起成立"文学研究会",致力于外国文学的译介,以此推进新文化运动。1923 年之后,胡愈之把自己的主要精力放在对国际问题的研究和写作上,逐渐成为国际问题方面的专家。1924 年,《东方杂志》创刊 20 周年,胡愈之利用《东方杂志》刊载过的文章选编成一套《东方文库》,实为当时文学、哲学、社会科学的发展介绍和论文集锦。1924 年后,胡愈之作为《东方杂志》的主要编辑,对《东方杂志》的选题和文风进行了大胆的改革,在内容上不断革新,给商务带来了新的生气。他还和沈雁冰积极推动《东方杂志》使用白话文。

1927 年,"四一二"反革命政变发生之后,胡愈之奋笔疾书写了一封抗议书,在 4 月 15 日的《商报》上发表,谴责国民党的血雨腥风,遭到国民党忌恨。为避锋芒,1928 年胡愈之被迫以《东方杂志》驻欧洲特派员的身份流亡法国。流亡期间,胡愈之为《东方杂志》撰写了 17 万多字的评论和通讯。1931 年,胡愈之取道莫斯科返回上海后,把他对莫斯科为期七天的访问考察,撰写成《莫斯科印象记》一书。这是我国第一部系统的介绍苏联政治、经济和人民生活的著作,出版后在国内引起了强烈的反响。1932 年 8 月,胡愈之担任《东方杂志》主编,把自己满腹的理想付诸杂志,在他的精心组织下创造了《东方杂志》短暂的辉煌。1933 年元旦,胡愈之策划了一个"新年的梦想"特辑,特邀全国各界知名人士执笔撰写,在社会上引起了强烈反响。但其间因存有对国民党当局的挖苦讽刺,王云五迫于压力解除了胡愈之的主编职务。1933 年 3 月,胡愈之被迫离开了工作近 20 年的商务印书馆。

胡愈之在商务期间,就积极推动进步文化事业,大力支持章锡琛创办"开明书店"。章锡琛是胡愈之的同事及好友,1912 年进入商务,1921 年出任《妇女杂志》主编,提倡妇女解放运动。1925 年 1 月,《妇女杂志》出版《新性道德专号》,主张性生活必须以爱情为基础,引起商务内外一些封建卫道士的不满,章锡琛被迫离开主编岗位。之后,在胡愈之的建议和帮助之下,章锡琛创办《新女性》杂志,继续宣传妇女解放,与商务的《妇女杂志》唱"对台戏"。在此基础上,又于 1926 年成立开明书店,这是由知识分子自己创办的第一家书店,"是新民主主义革命中诞生的一个进步的书店"。[①] 由于胡愈之为开明书店制定经营方针和出版计划,撰稿、编书、团结作者,因此被称为"开明书店的主心骨"。[②]

离开商务印书馆后,胡愈之在法国驻上海的哈瓦斯通讯社担任中文编辑工作。除每天工作两个小时外,胡愈之把精力投入到《生活》周刊的编辑出版工作上。《生活》周刊 1925 年由黄炎培主持的中华职业教育社创办,后由邹韬奋接办,以"暗示人生修养,唤起服务精神,力谋社会改造"[③]为宗旨。胡愈之常为《生活》周刊撰写文章,以"伏生"和"景观"为笔名,纵论国际大势、评述国内问题,成为《生活》周刊的一大特色。受胡愈之影响,该刊与现实政治联系愈加紧密,渐渐转变为"主持正义的舆论机关"。[④] 1932 年 7 月,胡愈之建议邹韬奋把《生活》周刊改组为生活书店,除刊物之外,还可以出版书籍。胡愈之与生活书店的关系日益密切,参与生活书店的大量店务和编务工作,成为"《生活》周刊事实上的编辑顾问"。[⑤]

---

① 胡愈之:《纪念开明书店创建六十周年》,《中国出版》1985 年第 12 期。
② 叶至善:《胡愈之和开明书店》,费孝通等著:《胡愈之印象记》(增补本),中国友谊出版公司 1996 年版,第 134 页。
③ 《我们的立场》,《生活》第 6 卷第 1 期,1930 年 12 月 13 日。
④ 邵公文:《胡愈之与邹韬奋》,《胡愈之印象记》(增补本),中国友谊出版公司 1996 年版,第 124 页。
⑤ 胡耐秋:《生活书店的总设计师》,《胡愈之印象记》(增补本),中国友谊出版公司 1996 年版,第 113~119 页。

　　1933 年 7 月,杨杏佛事件后,邹韬奋也上了国民党黑名单,为免遭国民党迫害流亡国外。胡愈之接管了《生活》周刊的编务和生活书店的工作。这一时期,他在生活书店先后筹划创办了《文学》、《太白》、《译文》、《妇女生活》、《生活教育》、《读书与出版》、《光明》等多种进步刊物,并创办主编了《世界知识》半月刊。1933 年底,由胡愈之执笔的"小言论"《民众自己起来吧》触怒了国民党,《生活》周刊被查禁停刊。在《生活》周刊被禁的两个月后,胡又与邹韬奋的挚友杜重远策划、创办了《新生》周刊,编辑工作仍由胡愈之负责,成为当时销售量最大的政论性刊物。

　　抗战爆发后,生活书店被迫内迁。1939 年 1 月,胡愈之来到重庆,应邀与邹韬奋等详细商讨生活书店的工作方针,被选为编审委员会主席。1940年,邹韬奋在生活书店《店务通讯》上谈及胡愈之对生活书店的发展所做的贡献时说:"胡主席是本店的最有功勋的一位同事。他在《生活》周刊时代就经常替我们写国际文章……他参加本店创办时的计划,等于本店"大宪章"的"社章"就是由他起草的。他对本店的重大贡献不仅是编审,在实际上是包括了我们的整个事业。"①1948 年 10 月,生活书店、读书出版社、新知书店三大书店合并,成立了三联书店。

　　1936 年 6 月,埃德加·斯诺的《红星照耀中国》由英国出版,它让西方社会第一次从中领略了毛泽东等一批中共领袖的超群风采。1937 年底,埃德加·斯诺送给胡愈之一本《红星照耀中国》。胡愈之凭着一个出版家敏锐的直觉,感到应该把这部让世界震撼的作品,先向中国人介绍,让中国人振奋。1938 年 2 月 10 日,由胡愈之策划,林淡秋、梅益等十二人集体承译,以复社名义出版的《红星照耀中国》第一个中文全译本在上海孤岛问世,译本起名为《西行漫记》。这部 30 万字的书,从翻译、发稿、付印到出书,前后不到两个月,成为翻译、出版史上的奇迹,将出版业与国家的前途和命运紧紧地联系在了一起,在国内外引起了强烈的反响。其后,胡愈之在此成功的基础上又编印了《鲁迅全集》。经过三个月紧张的工作,1938 年 8 月 1 日,第一部《鲁迅全集》正式发行。关于胡愈之在这个过程中的贡献,许广平在《鲁迅全集》编校后记中说:"此中一切擘画策动,则全赖胡愈之先生。"②

　　抗战期间,胡愈之主要在桂林从事抗战文化工作,负责编辑《国民公

---

　　①　邹韬奋:《我们的胡主席》,韬奋纪念馆、北京印刷学院编:《店务通讯》(中),学林出版社 2007 年版,第 925 页。

　　②　许广平:《鲁迅全集编校后记》,《鲁迅全集》(第 20 卷),人民文学出版社 1973 年版,第 662 页。

论》,组织创办桂林文化供应社,并协助生活书店桂林分店和开明书店展开工作。1940年6月,胡愈之受命前往新加坡开展进步文化工作。1948年8月,胡愈之结束了南洋七年半海外生活,到达华北解放区。1949年9月,胡愈之被聘为新华书店总编辑,全面负责编辑出版工作。同年10月,又被任命为中华人民共和国出版总署署长。作为新中国出版事业的主要领导人,胡愈之为建国初期出版工作做出了重大贡献,不仅制定了一系列关于图书出版的方针政策,还亲自筹划和创办了《新华月报》,以"记录新中国人民的历史"。[①] 1954年9月,出版总署撤销并入文化部,胡愈之担任文化部副部长一职,仍然负责出版工作,并担任中国文字改革委员会副主任。

胡愈之是文化战线上"少有的全才",新中国新闻出版事业的"佘太君"。他当过编辑、记者、翻译、编审,做过主编,任过社长,从最基层的编译所的练习生,做到中华人民共和国出版机关的领导人。他以文字作为民族斗争、社会斗争的利器,支持进步出版活动,将编辑出版事业与民族命运联系在一起,是文化战线上的进步学者、作家、翻译家、社会活动家和编辑出版家。

## 七、叶圣陶

叶圣陶是民国时期著名的编辑家之一,涉足的领域非常广泛,在文学、教育、出版、社会活动方面均有卓越的成就。他身兼数职,集作家、教师、编辑等角色于一体。他常说:"如果有人问起我的职业,我就告诉他,我当过教员,又当过编辑,当编辑的岁月比当教员的岁月多得多。"[②]作为编辑的叶圣陶,先后在商务印书馆、开明书店、人民教育出版社供职,编辑生涯长达70余年。开明时期是他编辑思想形成和实践的关键时期。

叶圣陶(1894—1988)出生在江苏省苏州市一个平凡的市民家庭,生活贫苦,家风笃实。他少年时期,受到良好的家庭教育,3岁时,开始在家中描红,6岁时入家塾学习。因聪慧好学,表现突出,他颇受先生欣赏和同辈人的羡慕。之后就读于苏州长元吴公小学,学校的教师章伯寅、朱遂颖等都为戊戌维新的健将,办学方针独具一格,开设历史、地理、博物、体育课,组织学生远足旅游,这种开放式的教学对他产生了很大的影响。1907年,叶圣陶

① 郑曼:《〈新华月报〉的创办》,《胡愈之印象记》(增补本),中国友谊出版公司1996年版,第164页。
② 刘岚山:《叶圣陶与开明书店》,刘增人、冯光廉编:《叶圣陶研究资料》,北京十月文艺出版社1988年版,第148页。

跨年级升入苏州公立中学,与顾颉刚、王伯祥等人为同窗好友。当时他的兴趣非常广泛,写作才能逐渐显露。他与顾颉刚等同学编辑《学艺日刊》,后又发起一种《课余丽泽》,自己写版,自己印发,每期两三页,在同学中颇受欢迎。

中学毕业后,因家庭经济状况恶化,他被迫辍学,在坊言子庙小学任教。他独特的教学风格,遭到非议和排挤,遂辞职离校。为改善家庭的经济窘况,他开始了"卖文为生"的写作生涯,先后在《礼拜六》、《小说海》、《小说丛报》、《妇女杂志》等刊物上发表文章。1915年经郭绍虞的推荐,他任教于商务印书馆的尚公小学,还开始为商务编辑小学国文课本。之后,他主要从事教育工作,较少涉及编辑事务。直到1923年,经朱经农的介绍,他正式成为商务印书馆的一名编辑,主要负责编辑《新学制初中国语教科书》。叶多年从教的经验,对学生的喜好、教科书的利弊有比较深刻认识,因而所编写的新教科书符合教学规律,生动活泼,激发学生的学习兴趣。此书的出版发行,弥补了教科书市场的空白,大受欢迎,曾多次再版。在任教和编辑之余,叶圣陶还从事文学创作,参与文学社团的活动。在文学研究会,他创刊和承办了《诗》月刊,后因稿源和发行问题,杂志停办。不久,他相继参与编辑了文学研究会的会刊《文学旬刊》、《小说月报》等。他在商务的另一项工作是从事整理、选编古典文化。他先后选注了《荀子》、《传习录》、《苏辛词》等文化典籍,这些均被编入《学生国学丛书》,由商务印书馆发行。同时,他还担任了《小说月报》和《妇女杂志》的主编。1930年底,应章锡琛之邀,叶圣陶到开明书店工作,成为"开明人",迈入了编辑生涯最关键的时期。

多年的教学经历和早期的编辑工作是叶圣陶教育出版观形成的重要时期。教育实践使他深谙学生心里,了解教材的优弊,能适时针对学生的需求,编辑适合学生口味的书刊;也使他能以平等的身份,与学生交朋友,了解他们的喜恶,成为读者的"知心人"。这是叶教育出版观的主要内容,也是他在编辑工作中坚守和实践的理念。

叶圣陶在开明任编辑长达20余年,在编写教科书、杂志和整理古籍方面皆有所作为。在教科书方面,叶圣陶先后编写了《开明古文选类编》、《开明语体文选类编》、《开明小学国语课本》、《初中国文教本》、《开明新编国文读本》、《少年国语读本》、《开明新编高级国文读本》、《开明文言读本》、《儿童国语读本》等书籍。这些书籍在"在选材时,注意保留传统文化的精华部分""同时还注意加强国文与其他学科间的横向联系""结合不同年龄青少年的特点,让学生在学习知识的基础上,涉及更广泛的知识领域"①,注重提高学生阅读和写作能力。所出版的教材"符合语文训练的规律和程序",②语言生动活泼,图文并茂,受到广大师生的一致好评。在整理古籍方面,他参与选注《秦始皇本纪》、《项羽本纪》等 23 篇;编纂了《十三经索引》和《十三经经文断句》,整理出版了《艺概》、《白雨斋词话》等。其中《十三经索引》是集全家人的力量而成的著作,母亲、妻子、妹妹、孩子等人都参与其中,按照他制定编辑的凡例和各部经书各篇篇目的简称,然后把这十三种传统的儒家经典著作按诵读时的停顿拆分为一个个单句;断句后,就由家人依句剪贴、编排,历经五年,后由开明书店出版。"从此,手持此书,便可以遍知某句出于某经,把终生记诵的典籍化为极易掌握的文句库。"③叶圣陶在开明书店先后编辑了一些刊物,《中学生》、《开明少年》、《中学生文艺》、《新少年》等,以《中学生》为主。叶圣陶曾对《中学生》要求:"我们的工作是教育工作的一个组成部分……我们做的工作,就是老师的工作。我们跟老师一样,待人接物都得以身作则,我们要诚恳地以平等的态度对待我们的读者,给他们必要的条件,让他们成长为有益于社会的人。"④他所编辑的《中学生》杂志以平等亲切为口味,处处从读者的实际状况出发,循循善诱,娓娓动听,把知识传授,提高修养,内化为读者的主动渴望和追求。叶在编辑《中学生》时,更是亲力亲为,"几乎没有一次不是用全力来对付的,一切琐碎的事,甚至校对,都由他自己动手"。⑤他有时校对《中学生》一看就是一整天;积极与读者用文章进行交流,创办了《中学生文艺》刊登读者的作品,关心《中学生》的成长,在文章中加以指导和启发,使《中学生》真正成为中学生的良友。1939年《中学生》复刊后,增加对政治问题的关注,培养中学生的政治意识,关注国家民族的命运。叶圣陶的这种处处以读者为考虑的编辑风格,深受读者的喜爱,这体现在《中学生》来稿量的增加以及发行量的增加,成为学生学习必备的刊物。

　　"有所为有所不为"是叶圣陶在编辑中坚守的另一个原则。用叶圣陶的话来说,"有所为,就是出书出刊物,一定要考虑如何有益于读者;有所不为,

---

　　① 冯春龙:《中国近代十大出版家》,广陵书社 2005 年版,第 135 页。

　　② 《我和儿童文学》,叶至善、叶至美、叶至诚:《叶圣陶集》(第九卷),江苏教育出版社 1990 年版,第 384 页。

　　③ 冯春龙:《中国近代十大出版家》,广陵书社 2005 年版,第 129 页。

　　④ 欧阳文彬:《叶老和〈中学生〉》,《出版史料》1986 年第 3 期,第 14 页。

　　⑤ 商金林:《叶圣陶年谱》,江苏教育出版社 1986 年版,第 126 页。

明知对读者没有好处甚至有害的东西，我们一定不出。……我们决不为了追求经济效益而不顾社会效益，我们决不肯辜负读者"。[①] 这要求编辑"不管在内容上或形式上，都要有所为有所不为，不要兼收并蓄。倘若下不了这个决心，至少也得有所侧重"。[②] 这不仅仅体现在编辑出版上，更体现在面对大是大非立场的选择上。面对日本的侵略以及国民党文化控制，以叶圣陶为代表的开明并非"两耳不闻窗外事"，而是积极投入到文艺界的反抗运动中。1935 年，叶圣陶还签名参加了文化界反对"读经"及"做文言文"的运动，发表《我们对于文化运动的意见》。面对国民党的文化检查，叶圣陶丝毫不为所惧，巧妙地发表了许多反抗对当局意见的文章。这种"有所为有所不为"构成开明的文化内涵，也是"开明人"所坚守的出版准则。

---

① 叶圣陶：《在开明书店创建 60 周年纪念会上的讲话》，人民政协报 1985 年 11 月 29 日。

② 叶圣陶：《叶圣陶散文乙集》，北京三联书店 1984 年版，第 504 页。

# 主要参考文献

## 一、中文文献

### （一）基本史料

北京天平天国历史研究会主编：《天平天国译丛》第 2 辑，中华书局 1983 年版。

昌言报馆编：《昌言报》，沈云龙主编：《近代中国史料丛刊三编》（第 33 辑），文海出版社 1987 年版。

陈胜粦、廖伟章、王化三编：《林则徐奏稿·公牍·日记补编》，中山大学出版社 1985 年版。

陈弢辑：《同治中兴京外奏议约编》，上海书店 1984 年版。

陈洙：《江南制造总局译书提要》，江南制造局，1909 年。

《筹办夷务始末·同治朝》，沈云龙主编：《近代中国史料丛刊三编》（第 62 辑），文海出版社 1966 年版。

《筹办夷务始末·咸丰朝》，沈云龙主编：《近代中国史料丛刊三编》（第 59 辑），文海出版社 1966 年版。

丁日昌：《丁中丞政书》，沈云龙：《近代中国史料丛刊续刊》（第 77 辑），文海出版社 1980 年版。

方行、汤志钧整理：《王韬日记》，中华书局 1987 年版。

冯桂芬：《校邠庐抗议》，中州古籍出版社 1987 年版。

高时良主编：《中国近代教育史资料汇编·洋务运动时期教育》，上海教育出版社 1992 年版。

葛士濬：《皇朝经世文续编》，沈云龙主编：《近代中国史料丛刊》（第 75 辑），文海出版社 1966 年版。

葛元煦：《沪游杂记》，上海人民出版社 2006 年版。

顾廷龙、戴逸主编：《李鸿章全集》，安徽教育出版社 2008 年版。

故宫博物院明清档案部编：《清末筹备立宪档案史料》，中华书局 1979 年版。

广东省文史研究馆:《鸦片战争与林则徐史料选译》,广东人民出版社1986年版。

郭嵩焘著、杨坚校补:《郭嵩焘奏稿》,岳麓书社1983年版。

郭嵩焘:《郭嵩焘日记》,湖南人民出版社1980年版。

贺长龄:《皇朝经世文编》,沈云龙主编:《近代中国史料丛刊》(第74辑),文海出版社1966年版。

何良栋:《皇朝经世文四编》,沈云龙主编:《近代中国史料丛刊》(第77辑),文海出版社1966年版。

胡林翼:《胡文忠公政书》,湖南粮储道署刊,1899年。

黄时鉴整理:《东西洋考每月统记传》,中华书局1997年版。

李楚材编著:《帝国主义侵华教育史资料——教会教育》,教育科学出版社1987年版。

李希泌、张椒华:《中国古代藏书与近代图书馆史料》,中华书局1982年版。

黎难秋:《中国科学翻译史料》,中国科学技术大学出版社1996年版。

林乐知主编:《教会新报》,台湾华文书局1968年版。

林乐知、傅兰雅主编:《上海新报》,沈云龙主编:《近代中国史料丛刊三编》(第59辑),文海出版社1990年版。

林乐知主编:《万国公报》,美华书馆,1874～1906年。

林则徐:《林则徐集》,中华书局1985年版。

林则徐著、杨国桢编:《林则徐书简》,福建人民出版社1985年版。

林志钧编:《饮冰室合集》,中华书局1988年版。

刘哲民编:《近现代出版新闻法规汇编》,学林出版社1992年版。

罗尔纲、王庆成编:《中国近代史资料丛刊续辑·太平天国》,广西师范大学出版社2004年版。

马新贻:《马端敏公年谱》,沈云龙主编:《近代中国史料丛刊》(第33辑),文海出版社1978年版。

麦仲华:《皇朝经世文新编》,沈云龙主编:《近代中国史料丛刊》(第78辑),文海出版社1966年版。

彭泽益主编:《中国工商行会史料集》(上册),中华书局1995年版。

彭泽益选编:《清代工商行业碑文集粹》,中州古籍出版社1997年版。

钱钟书编:《弢园文新编》,生活·读书·新知三联书店1998年版。

上海通社编:《上海研究资料》,上海书店1984年版。

上海图书馆编:《汪康年师友书札》,上海古籍出版社 1986 年版。

上海市出版工作者协会编:《出版史料》,上海学林出版社 1982 年版。

《商务印书馆九十年》,商务印书馆 1987 年版。

《商务印书馆九十五年》,商务印书馆 1992 年版。

《商务印书馆一百年》,商务印书馆 1998 年版。

申报馆:《申报》,上海书店影印,1983 年。

沈葆桢:《沈文肃公牍》,福建人民出版社 2008 年版。

沈卫编:《陕西味经官书局书目》,陕西味经官书局,1903 年。

《生活·读书·新知三联书店文献史料集》编委会编:《生活·读书·新知三联书店文献史料集》,三联书店 2004 年版。

盛康:《皇朝经世文编续编》,沈云龙主编:《近代中国史料丛刊》(第 84 辑),文海出版社 1966 年版。

时务报馆编:《时务报》,沈云龙主编:《近代中国史料丛刊三编》(第 33 辑),文海出版社 1987 年版。

松浦章、内田庆市、沈国威著:《遐迩贯珍》,上海辞书出版社 2005 年版。

宋原放主编:《中国出版史料·近代部分》,湖北教育出版社 2004 年版。

宋应离、袁喜生、刘小敏编:《20 世纪中国著名编辑出版家研究资料汇辑》,河南大学出版社 2005 年版。

宋原放主编:《中国出版史料·现代部分》(第一卷),湖北教育出版社 2004 年版。

孙中山:《孙中山全集》第 7 卷,中华书局 1985 年版。

王韬:《重订法国志略》,长洲王氏淞隐庐,1890 年。

王韬:《弢园尺牍》,沈云龙主编:《近代中国史料丛刊续辑》(第 100 辑),文海出版社 1983 年版。

王韬:《弢园尺牍续钞》,上海淞隐庐,1893 年。

王韬:《弢园老民自传》,江苏人民出版社 1999 年版。

王韬著:《弢园文录外编》,中州古籍出版社 1998 年版。

王韬:《瀛壖杂志》,岳麓书社 1988 年版。

王韬:《瓮牖余谈》,沈云龙主编:《近代中国史料丛刊三编》(第 61 辑),文海出版社 1974 年版。

王树敏、王廷熙:《皇清道咸同光奏议》,沈云龙主编:《近代中国史料丛刊》(第 34 辑),文海出版社 1966 年版。

王云五:《岫庐八十自述》,上海人民出版社 2007 年版。

汪耀华选编:《民国书业经营规章》,上海书店 2006 年版。

王栻:《严复集》(第三册),中华书局 1986 年版。

魏源:《海国图志》,中州古籍出版社 1999 年版。

魏源:《魏源全集》,岳麓书社 2004 年版。

魏允恭:《江南制造局记》,沈云龙主编:《近代中国史料丛刊》(第 41 辑),文海出版社 1966 年版。

吴松等点校《饮冰室文集点校》,云南教育出版社 2001 年版。

徐蜀、宋安莉:《中国近代古籍出版发行史料丛刊》,北京图书馆出版社 2003 年版。

严帆:《中央革命根据地新闻出版史》,江西高校出版社 19991 年版。

印刷印钞分会编:《中国印刷史料选辑》,印刷工业出版社 1990 年版。

叶圣陶著:《叶圣陶》,人民文学出版社 1985 年版。

叶圣陶著:《叶圣陶出版文集》,中国书籍出版社 1996 年。

叶圣陶,叶子善著:《叶氏父子广告集》,上海三联书店 1988 年。

叶至善、叶至美、叶至诚:《叶圣陶集》,江苏教育出版社 1990 年。

叶圣陶:《叶圣陶散文乙集》,北京三联书店 1984 年。

曾国藩:《曾国藩全集》,中国致公出版社 2001 年版。

曾国荃:《曾国荃全集》,岳麓书社 2006 年版。

张德坚:《贼情汇纂》,中国史学会主编:《中国近代史资料丛刊·太平天国》,上海人民出版社 1957 年。

张静庐辑注:《中国近代出版史料初编》,中华书局 1957 年版。

张静庐辑注:《中国近代出版史料二编》,中华书局 1957 年版。

张静庐辑注:《中国近代出版史料补编》,中华书局 1957 年版。

张静庐辑注:《中国现代出版史料》(甲编),中华书局 1957 年版

张静庐辑注:《中国现代出版史料》(乙编),中华书局 1957 年版。

张静庐辑注:《中国现代出版史料》(丙编),中华书局 1957 年版。

张静庐辑注:《中国现代出版史料》丁篇(下卷),中华书局 1957 年版。

张静庐辑注:《中国现代出版史料(丁编)》(下卷),中华书局 1959 年版。

张静庐辑注:《中国现代出版史料》(补编),中华书局 1957 年版

张元济:《涉园序跋集录》,古典文学出版社 1957 年版。

张元济:《张元济日记》(上),商务印书馆 1981 年版。

张元济:《张元济书札》,商务印书馆 1981 年版。

张之洞:《张文襄公全集》,沈云龙主编:《近代中国史料丛刊》(第 49

辑),文海出版社 1970 年版。

浙江官书局编:《浙江官书局书目》,浙江官书局,1892 年。

直隶官书局编:《直隶官书局运售各省官刻书籍总目》,直隶省城官书局,1902 年。

中央档案馆编:《中共中央文件选集》(第 1 册),中共中央党校出版社 1983 年版。

中央档案馆编:《中共中央文件选集》(第 3 册),中共中央党校出版社 1989 年版。

中央档案馆编:《中共中央文件选集》(第 4 册),中共中央党校出版社 1989 年版。

中国社会科学院新闻研究所编:《中国共产党新闻工作文件汇编》(上),新华出版社 1980 年版。

中国社会科学院近代史研究所编:《近代史资料》,中国社会科学出版社 1956－2004 年。

中国科学院历史研究所编:《刘坤一遗集》,中华书局 1959 年版。

中国史学会主编:《中国近代史资料丛刊·洋务运动》,上海人民出版社 1961 年版。

中国社会科学院近代史研究所中华民国研究室编:《胡适的日记》(上册),中华书局 1985 年版。

中华书局编辑部编:《回忆中华书局》(上编),中华书局 1987 年版。

周振鹤:《晚清营业书目》,上海书店出版社 2005 年版。

周林、李明山主编:《中国版权史研究文献》,中国方正出版社 1999 年版。

朱有瓛主编:《中国近代学制史料》,华东师范大学出版社 1983 年版。

朱士嘉编:《官书局书目汇编》,中华图书馆协会,1933 年。

左宗棠:《左宗棠全集》,岳麓书社 1990 年版。

**(二)著作**

曹之:《中国古籍版本学》,武汉大学出版社 1992 年版。

陈伯海:《上海文化通史》,上海文艺出版社 2001 年版。

陈挥:《韬奋传》,江西人民出版社 2001 年版。

陈胜粦著:《林则徐与鸦片战争论稿(增订本)》,中山大学出版社 1990 年版。

陈向阳:《晚清京师同文馆组织研究》,广东高等教育出版社 2004 年版。

陈旭麓:《近代中国社会的新陈代谢》,上海人民出版社 1992 年版。

陈寅恪:《金明馆丛稿二编》,上海古籍出版社 1980 年版

程国赋:《明代书坊与小说研究》,中华书局 2008 年版。

戴逸:《中国近代史通鉴:1840～1949》,红旗出版社 1997 年版。

段怀清:《传教士与晚清口岸文人》,广东人民出版社 2007 年版。

范慕韩主编:《中国印刷史初稿》,印刷工业出版社 1995 年版。

方汉奇:《中国新闻事业通史》,中国人民大学出版社 1996 年版。

方厚枢:《中国出版史话》,东方出版社 1996 年版。

费孝通等著:《胡愈之印象记》(增补本),中国友谊出版公司 1996 年版。

费正清:《剑桥中国晚清史》,中国社会科学出版社 1985 年版。

冯天瑜:《中华文化史》,上海人民出版社 2005 年版。

冯志杰:《中国近代科技出版史研究》,中国三峡出版社 2008 年版。

冯春龙著:《中国近代十大出版家》,广陵书社 2005 年版。

冯自由:《革命逸史》,中华书局 1981 年版。

冯自由:《中华民国开国前革命史》上卷,中国文化服务社印行,1946 年。

复旦大学新闻系研究室编:《邹韬奋年谱》,复旦大学出版社 1982 年版。

戈公振:《中国报学史》,上海古籍出版社 2003 年版。

顾长声:《传教士与近代中国》,上海人民出版社 1981 年版。

顾长声:《从马礼逊到司徒雷登》,上海人民出版社 1985 年版。

广西太平天国史研究会:《太平天国论文集续集》,广西人民出版社 1989 年版。

胡太春:《中国近代新闻思想史》,山西人民出版社 1987 年版。

黄丽镛:《魏源年谱》,湖南人民出版社 1985 年版。

何大进:《晚清中美关系与社会变革》,江苏人民出版社 1998 年。

黄遵宪:《日本国志》,天津人民出版社 2005 年版。

胡愈之:《我的回忆》,江苏人民出版社 1990 年版。

胡愈之:《胡愈之文集》,三联书店 1996 年版。

胡愈之:《胡愈之出版文集》,中国书籍出版社 1998 年版。

吉少甫:《中国出版简史》,学林出版社 1991 年版。

来新夏:《林则徐年谱新编》,南开大学出版社 1997 年版。

来新夏《中国近代图书事业史》,上海人民出版社 2000 年版。

雷雨田主编:《近代来粤传教士评传》,百家出版社 2004 年版。

李明山:《中国近代版权史》,河南大学出版社 2003 年版。

李仁渊:《晚清的新式传播媒体与知识分子:以报刊出版为中心的讨论》,稻乡出版社 2005 年版。

李瑞良:《中国出版编年史》,福建人民出版社 2006 年版。

李喜所:《五千年中外文化交流》,世界知识出版社 2002 年版。

李瑞良:《中国出版编年史》(下册),福建人民出版社 2004 年版。

李白坚:《中国出版文化概况》,广西教育出版社 1999 年版。

李明杰:《宋代版本学研究——中国版本学的发源及形成》,齐鲁书社 2006 年版。

梁启超:《中国近三百年学术史》,中国书店 1985 年版。

梁启超著、夏晓虹辑:《饮冰室合集集外文》,北京大学出版社 2005 年版。

梁元生:《林乐知在华事业与万国公报》,香港中文大学出版社 1978 年版。

林治平主编:《近代中国与基督教论文集》,台湾宇宙光出版社 1981 年版。

刘泱泱,郭汉民:《魏源与近代中国改革开放》,湖南师范大学出版社 1995 年版。

刘杲著:《出版笔记》,河北教育出版社 2006 年版。

刘增人著:《叶圣陶研究资料》,北京十月文艺出版社 1988 年版。

刘增人著:《叶圣陶传》,江苏文艺出版社 1995 年版。

鲁湘元:《稿酬怎样搅动文坛》,红旗出版社 1998 年版。

罗尔纲:《太平天国散佚文献勾沉录》,贵州人民出版社 1993 年版。

罗尔纲:《天平天国史稿》(增订本),中华书局 1957 年版。

罗香林:《香港与中西文化交流》,中国学社 1961 年版。

马光仁:《上海新闻史》,复旦大学出版社 1996 年版。

茅家琦:《太平天国通史》,南京大学出版社 1991 年版。

莫立民:《晚清词研究》,中国社会科学出版社 2006 年版。

彭斐章:《中外图书交流史》,湖南教育出版社 1998 年版。

祁龙威:《太平天国史学导论》,学苑出版社 1989 年版。

钱存训著、郑如斯编订:《中国纸和印刷文化史》,广西师范大学出版社 2004 年版。

钱炳寰:《中华书局大事记》,中华书局 2002 年版。

史静寰、王立新:《基督教教育与中国知识分子》,福建教育出版社 1998年版。

宋原放、李白坚:《中国出版史》,中国书籍出版社 1991 年版。

苏精:《马礼逊与中文印刷出版》,台湾学生书局 2000 年版。

苏精:《清季同文馆及其师生》,台北上海印刷厂 1985 年版。

商金林著:《叶圣陶传论》,安徽教育出版社 1995 年。

《上海通志》编纂委员会编:《上海通志》第 9 卷,上海人民出版社、上海社会科学院出版社 2005 年版。

上海韬奋纪念馆编:《韬奋的道路》,三联书店 1958 年版。

韬奋纪念馆编:《邹韬奋研究》第 1 辑,学林出版社 2004 年版。

韬奋纪念馆、北京印刷学院编:《店务通讯》(中),学林出版社 2007年版。

《韬奋文集》第三卷,三联书店 1955 年版。

田建平:《元代出版史》,河北人民出版社 2003 年版。

王尔敏:《上海格致书院志略》,香港中文大学出版社 1980 年版。

王建辉:《出版与近代文明》,湖南大学出版社 2006 年版。

王建辉:《文化的商务:王云五专题研究》,商务印书馆 2000 年版。

王立新:《美国传教士与晚清中国现代化》,天津人民出版社 1997 年版。

王林:《西学与变法——〈万国公报〉研究》,齐鲁书社 2004 年版。

王立群:《中国早期口岸知识分子形成的文化特征》,北京大学出版社 2009 年版。

王绍曾:《近代出版家张元济》,商务印书馆 1984 年版。

汪家熔:《商务印书馆史及其他——汪家熔出版史研究文集》,中国书籍出版社 1998 年版。

汪家熔:《中国出版通史·清代卷》(下),中国书籍出版社 2008 年版。

汪原放:《回忆亚东图书馆》,学林出版社 1983 年版。

魏隐儒:《中国古籍印刷史》,印刷工业出版社 1984 年版。

吴永贵:《中国出版史》,湖南大学出版社 2008 年版。

《我与开明》,中国青年出版社 1985 年版。

吴义雄:《在宗教与世俗之间——基督教新教传教士在华南沿海的早期活动研究》,广东教育出版社 2000 年版。

夏东元:《洋务运动史》,华东师范大学出版社 1992 年版。

肖东发:《中国编辑出版史》,辽宁教育出版社 1996 年版。

肖东发：《中国图书出版印刷史论》，北京大学出版社 2001 年版。

肖占鹏、李广欣著：《唐代编辑出版史》，南开大学出版社 2009 年版。

忻平：《王韬评传》，华东师范大学出版社 1990 年版。

熊月之：《西学东渐与晚清社会》，上海人民出版社 1994 年版。

熊月之主编：《上海通史·民国文化卷》，上海人民出版社 1999 年版。

辛广伟：《版权贸易与华文出版》，重庆出版社 2003 年版。

徐登明著：《编辑出版家叶圣陶》，中国书籍出版社 1994 年版。

许焕隆：《中国现代新闻史简编》，河南人民出版社 1988 年版。

许广平：《鲁迅全集编校后记》，《鲁迅全集》第 20 卷，人民文学出版社 1973 年版。

严文郁：《中国书籍简史》，台湾商务印书馆 1992 年版。

杨国桢：《林则徐论考》，福建人民出版社 1989 年版。

杨国桢：《林则徐传》，人民出版社 1981 年版。

杨寿清：《中国出版简史》，永祥印书馆，1946 年。

姚福申：《中国编辑史》（修订本），复旦大学出版社 2004 年版。

叶德辉撰，刘发、王申、王之江校点：《书林清话》，辽宁教育出版社 1998 年版。

叶再生：《中国近代现代出版通史》，华文出版社 2002 年版。

叶再生主编：《出版史研究》，中国书籍出版社 1994 年版。

叶宋曼瑛：《张元济的生平与事业：1867～1959》，商务印书馆 1985 年版。

叶至善著：《父亲长长的一生》，江苏教育出版社 2004 年版。

殷莉：《清末民初新闻出版立法研究》，新华出版社 2007 年版。

俞筱尧、刘彦捷编：《陆费逵与中华书局》，中华书局 2002 年版。

俞月亭：《韬奋论》，河北教育出版社 1991 年版。

于友先：《胡愈之传》，新华出版社 1993 年版。

张景月、刘新风：《商史通鉴》，九州图书出版社 1996 年版。

张静庐：《在出版界二十年》，江苏教育出版社 2005 年版。

张绍勋：《中国印刷史话》，山东教育出版社 1991 年版。

张树栋、庞多益、郑如斯：《简明中华印刷通史》，广西师范大学出版社 2004 年版。

张树年：《我的父亲张元济》，东方出版中心 1997 年版

张秀民：《张秀民印刷史论文集》，印刷工业出版社 1988 年版。

张秀民:《中国印刷史》,上海人民出版社 1989 年版。

张先清:《史料与视界:中文文献与中国基督教史研究》,上海人民出版社 2007 年版。

张馨保:《林钦差与鸦片战争》,福建人民出版社 1989 年版。

张志春:《王韬年谱》,河北教育出版社 1999 年版。

章克标著:《九十自述》,中国文联出版公司 2000 年。

章宏伟:《出版文化史论》,华文出版社 2002 年版。

郑士德:《中国图书发行史》,中国时代经济出版社 2009 年版。

郑逸梅:《书报话旧》,学林出版社 1983 年版。

中国近代现代出版史编纂组:《中国近代现代出版史学术讨论会文集》,中国书籍出版社出版 1990 年版。

中国韬奋基金会韬奋著作编辑部编:《韬奋全集》(6),上海人民出版社 1995 年版。

中国韬奋基金会韬奋著作编辑部编:《韬奋全集》(7),上海人民出版社 1995 年版。

周其厚:《中华书局与近代文化》,中华书局 2007 年版。

朱联保:《近现代上海出版业印象记》,学林出版社 1993 年版。

朱迎平:《宋代刻书产业与文学》,上海古籍出版社 2008 年版。

朱顺佐、金普森:《胡愈之传》,杭州大学出版社 1991 年版。

(三)论文

曹予庭:《党在早期建立的出版发行机构》,《出版史料》第 1 辑,1982 年 12 月。

陈刚:《中国近代图书市场研究》,《编辑学刊》1995 年第 2 期。

《创造社元老与泰东图书局——关于赵南公 1921 年日记的研究报告》,《中华文学史料》第 1 辑,1991 年。

储品良:《1916~1931 年的大东书局》,《出版史料》1990 年第 4 期。

傅兰雅:《江南制造总局翻译西书事略》,张静庐辑注:《中国近代出版史料初编》,上海书店出版社 2003 年版。

广隶:《一九二一年的泰东图书局》,《出版史料》,1990 年第 2 期。

韩琦:《19 世纪上半叶西方人对中文活字之研制》,载《活字印刷源流》,印刷工业出版社 1990 年版。

韩琦、王扬宗:《石印书的传入与兴衰》,宋原放主编:《中国出版史料·近代部分》,湖北教育出版社 2004 年版。

贺圣鼐:《三十五年来中国之印刷术》,张静庐辑注:《中国近代出版史料初编》,上海书店出版社 2003 年版。

胡国祥:《近代传教士出版研究》,华中师范大学 2008 年博士学位论文。

华问渠:《贵阳文通书局的创办和经营》,《出版史料》1991 年第 4 期。

江澄波:《晚清江苏三大官书局刻书》,《出版史研究》第 2 辑。

江汉文:《广学会是怎样的一个机构》,《出版史料》1990 年第 4 期。

江文汉:《李提摩太与广学会》,《文史资料选辑》1964 年 3 月第 43 辑。

净雨:《清代印刷史小记》,张静庐辑注:《中国近代出版史料二编》,上海书店出版社 2003 年版。

李希圣:《京师译学馆沿革略》,张静庐辑注:《中国近代出版史料补编》,上海书店出版社 2003 年版。

陆费逵:《六十年来中国之出版业与印刷业》,1932 年 7 月 15 日《申报月刊》第 1 卷第 1 号。

梅宪华:《晚清的官书局》,《出版史料》1989 年第 3、4 期合刊。

申作宏:《陆费逵的同业竞争策略》,《出版发行研究》2005 年第 4 期。

钱君匋:《回忆章锡琛先生》,《出版史料》1983 年 12 月第 2 期。

王建辉:《1935～1936 年:中国近代出版的高峰年代》,《武汉大学学报》2000 年第 5 期

汪家熔:《清末地方官书局》,《图书馆杂志》1990 年第 1 期。

汪家熔:《印刷史三题》,《出版史料》1989 年第 1 期。

王树槐:《清季的广学会》,《"中央研究院"近代史研究所集刊》第 4 辑。

王扬宗:《江南制造局翻译馆史略》,《中国科技史料》1988 年第 3 期。

吴家驹:《清季各省官书局考略》,《文献》1989 年第 1 期。

吴铁声:《解放前中华书局琐记》,《出版史料》,第 4 辑,1985 年 12 出版。

谢荫明:《冲破文化"围剿"的北平左翼文化运动》,《新文化史料》1992 年第 6 期。

杨福馨:《澳门印刷技术及其发展》,《印刷杂志》2000 年第 3 期。

叶再生:《广学会初探》,《出版史研究》第 4 辑。

叶再生:《现代印刷出版技术的传入与早期的基督教出版社》,《出版史料》1990 年第 1 期。

俞筱尧:《爱国教育家出版家陆费伯鸿——并介绍早年中华书局的发展概况》,《新文化史料》1997 年第 4 期。

张宗文:《晚清官书局的图书发行》,《编辑学刊》1999 年第 3 期。

章锡琛:《从商人到商人》,《出版史料》1983 年 12 月第 2 期。

邹振环:《京师同文馆及其译书简述》,《出版史料》1989 年第 2 期。

邹振环:《晚清西书中译对及对中国文化的影响》,《出版史研究》第 2 辑。

邹振环:《基督教近代出版百年回眸——以 1843－1949 年的上海基督教文字出版为中心》,《出版史料》2002 年第 4 期。

邹振环:《上海出版业的百年历程》,《档案与史学》,2001 年第 2 期。

**(四)译著及其他资料**

埃德加·斯诺:《西行漫记》,生活·读书·新知三联书店 1979 年版。

丁韪良著:《花甲记忆——一位美国传教士眼中的晚清帝国》,广西师范大学出版社 2004 年版。

柯文:《在传统与现代性之间——王韬与晚清改革》,江苏人民出版社 1998 年版。

米怜:《新教在华传教前十年回顾》,大象出版社 2008 年版。

卡特著,吴泽炎译:《中国印刷术的发明和它的西传》,商务印书馆 1991 年版。

李提摩太著,李宪堂、侯林莉译:《亲历晚清四十五年——李提摩太在华回忆录》,天津人民出版社 2005 年版。

吟唎著,王纬周、王元化译:《太平天国革命亲历记》,上海人民出版社 1997 年版。

马礼逊夫人编、顾长声译:《马礼逊回忆录》,广西师范大学出版社 2004 年版。

威廉·亨特著,沈正邦译:《旧中国杂记》,广东人民出版社 1992 年。

G.麦金托什著,方丽译、车茂丰校:《美国长老会书馆(美华书馆)纪事》,《出版史料》1987 年第 4 期。

黄宝忠:《近代中国民营出版业研究:以商务印书馆和中华书局为考察对象》(未刊博士论文)。

## 二、英文文献

### Works

A Cycle of Cathay:Or, China, South and North. With Personal Reminiscences, William Alexander Parsons Martin, Oliphant Anderson and Ferrier,1896.

Forty—five years in China: reminiscences, Timothy Richard, Frederick A. Stokes,1916.

Memoirs of the Rev. Walter M. Lowrie Missionary to China, Walter Lowrie, William. S. Martien 1850.

Records of the General Conference of the Protestant Missionaries of China, Shanghai American Presbyterian Mission,1877.

Records of General Conference of the Protestant Missionaries of China, Shanghai American Presbyterian Mission, 1890.

The Chinese periodical press 1800－1912, Roswell S Britton, Columbia university,1933.

Warren Candler, Y. J. Allen, The Man Who Seeded China, Cokesbury Press ,1931.

Alexander Wylie , Memorials of Protestant missionaries to the Chinese giving a list of their publications, Shanghai American Presbyterian Mission press,1867.

Chinese Repository, canton: printed for the proprietors,1832－1851.

McIntosh, Gilbert, The Mission Press in China, Shanghai, American Prebyterian Mission Press,1895.

The Chinese:A General Description of the Empire of China and Its Inhabitants,John Francis Davis,John Murray,Albemarle street, 1857.

The Chinese periodical press, 1800－1912,Roswell S. Britton,1933.

The Journal of Two Voyages Along the Coast of China, Karl Friedrich August Gützlaff,John P. Haven, No. 148 Nassau Street,1833.

The life and labors of Elijah Coleman Bridgman, Anson D. F. Randolph,1864.

William Milne, A Retrospect of the First Ten Years of the Protestant Mission to China, the Anglo—Chinese press, 1820.

XiantaoZhang, The origins of the modern Chinese press, Routledge, 2007.

## Papers

David Wright, John Fryer and the Shanghai Polytechnic Making Space for Science in Nineteenth—Century China David Wright. The British Journal for the History of Science, vol. 29, No1.

David Wright, the translation of modern western science in nineteenth—century China, 1840—1895. Isis, Vol. 89, No4。

Natascha vittinghoff, Readers, Publishers and Officials in the Contest for a Public Voice and the Rise of a Modern Press in Late Qing China (1860—1880) . T'oungPao. vol. 87.

Mesd T. Cain, The Maps of the Society for the Diffusion of Useful Knowledge A Publishing History , Imago Mundi, vol. 46.

Tobie Meyer—Fong, The Printed World: Books, Publishing Culture, and Society in Late Imperial China, The Journal of Asian Studies, Vol. 66, No. 3.